A Filosofia Contemporânea
Figuras e Movimentos

Título original:
A Filosofia Contemporânea. Figuras e Movimentos

© Sofia Miguens e Edições 70, 2023

Revisão:
Joaquim E. Oliveira

Capa:
Susana Villar

ISBN 978-972-44-2722-5

Depósito Legal n.º

Paginação:
MJA

Impressão e acabamento:
???????

para
EDIÇÕES 70
Maio 2023

Todos os direitos reservados

EDIÇÕES 70, uma chancela de Edições Almedina, S.A.
Avenida Emídio Navarro, 81, 3D
3000-151 Coimbra
e-mail: editoras@grupoalmedina.net

Esta obra está protegida pela lei. Não pode ser reproduzida,
no todo ou em parte, qualquer que seja o modo utilizado,
incluindo fotocópia e xerocópia, sem prévia autorização do Editor.
Qualquer transgressão à lei dos Direitos de Autor será passível
de procedimento judicial.

Sofia Miguens
A Filosofia
Contemporânea
*Figuras e
Movimentos*

ÍNDICE

PREFÁCIO À 2.ª EDIÇÃO 13

INTRODUÇÃO: O QUE SIGNIFICA «FILOSOFIA CONTEMPORÂNEA»? 21

PARTE I
O SÉCULO XIX

UM ANTECESSOR INCONTORNÁVEL (AOS OLHOS DE ALGUNS):
KANT 43

HEGEL: A DOMINAÇÃO DA RAZÃO 67

COMO CONTESTAR HEGEL? 85
    Marx 87
    Kierkegaard 94
    Schopenhauer 102
    Nietzsche 109

PARTE II
A PRIMEIRA METADE DO SÉCULO XX

FREGE E HUSSERL: A FILOSOFIA ANALÍTICA
E A FENOMENOLOGIA NASCENTES 123
    Frege 126

Excurso — Bertrand Russell 135
Husserl 142

Os «discípulos» de Frege e Husserl 153
    Wittgenstein 153
    Excurso sobre formas de vida e acordo no juízo 173
    Heidegger 177

PARTE III
A SEGUNDA METADE DO SÉCULO XX

PENSAMENTO FRANCÊS 193
    A geração de Sartre e Merleau-Ponty 196
        Sartre 196
        Merleau-Ponty 202
    A geração de Foucault, Derrida e Deleuze 208
        Foucault 208
        Jacques Derrida e Gilles Deleuze 211
        Derrida 211
        Deleuze 216
    Figuras inenquadráveis: Ricœur e Levinas 220
        Ricœur 221
        Levinas 224

TRADIÇÃO ALEMÃ 229
    A Escola de Frankfurt: Horkheimer, Adorno, Benjamin
    e Habermas 229
        Benjamin 232
        Habermas 237

TRADIÇÃO ANGLÓFONA 241
    Filosofia da linguagem comum: Austin 242
    Mente e interpretação: Quine e Davidson 258
        Quine 260
        Davidson 271
    Pragmatismo: o caso de Rorty 280

PARTE IV
SÉCULO XXI

ÉTICA E ESTÉTICA: RUMOS E ORIENTAÇÕES 289
   Badiou, Rancière, Žižek e Agamben 289
   Feminismo e género: o caso de Butler 304
   Orientações wittgensteinianas 308
      Diamond 309
      McDowell 319
      Cavell 333

O FINAL 341

BIBLIOGRAFIA 343

ANEXO
AS «FIGURAS» — PRINCIPAIS OBRAS CONSIDERADAS 353

«O mais difícil é ser realista não sendo empirista.»

Ludwig Wittgenstein

PREFÁCIO À 2.ª EDIÇÃO

Este livro, que aparece agora com um novo título, *A Filosofia Contemporânea — Figuras e Movimentos*, não tem um propósito estritamente historiográfico. É certo que ele oferece uma visão panorâmica de figuras do pensamento contemporâneo que considero marcantes: partindo de Kant e Hegel, passa por críticos deste último que dão rosto à filosofia do século XIX, como Marx, Kierkegaard, Schopenhauer e Nietzsche, concentra-se em seguida nos inícios de duas tradições centrais da filosofia do século XX, a fenomenologia e a filosofia analítica, demorando-se em quatro autores que ilustram as vicissitudes e cisões de tais inícios (Husserl e Heidegger, Frege e Wittgenstein), para chegar a autores mais próximos de nós, já do século XXI, tais como Judith Butler, Slavoj Žižek, Cora Diamond ou Stanley Cavell. No entanto, mesmo se esta é uma série cronologicamente ordenada, o livro não foi pensado como uma história do pensamento, uma história concebida como sequência de factos enfileirados e inertes, como diria Walter Benjamin. O propósito do livro é ajudar-nos a fazer filosofia hoje. Todos os filósofos sobre quem escrevo neste livro fazem parte da nossa forma de trabalhar conceptualmente, fazem parte da nossa forma de pensar sobre o pensamento e de pensar sobre nós próprios. É difícil formular hoje os nossos problemas filosóficos; a sugestão deste livro é que o façamos em diálogo directo com as figuras e os movimentos que aqui incluo. Eles ajudam-nos a olhar para o futuro olhando para o passado.[1]

---

[1] Defendi isto mesmo em duas discussões em torno da primeira edição do livro que estão disponíveis online, no *podcast* 45 Graus, do *Público* (entrevista de José Maria Pimentel), e na Academia do Pensamento (entrevista de Tomás Magalhães).

Além de não ser uma história do pensamento concebida como uma sequência de «factos acerca de factos», este livro não segue a partição ordenada das disciplinas da filosofia. Não se encontrará, seguindo-se umas às outras ordeiramente, a lógica, a epistemologia, a metafísica, a ética, a estética ou a filosofia política. No entanto, o livro contém orientações e sugestões para todas essas áreas, até mesmo, ainda que mais subterraneamente, indícios abundantes da minha orientação pessoal.[2] Pode, sem dúvida, ser elucidativo expor os assuntos da filosofia por disciplinas — eu própria o faço muitas vezes, nomeadamente em contextos didácticos. Contudo, ao seccionar de tal forma os assuntos da filosofia, arriscamo-nos a esquecer que as mesmas questões atravessam todas as «disciplinas». Dito isto, um olhar mais atento detectará no livro, entre a disposição das figuras e movimentos, linhas de contributo para disciplinas filosóficas específicas: são disso exemplo, no caso da epistemologia, uma linha ligando Kant, Quine e J. L. Austin, e que inclui a filosofia transcendental, a epistemologia naturalizada e o contextualismo; no caso da filosofia política (e ontologia da socialidade), uma linha que inclui Hegel, Marx, a Escola de Frankfurt, Foucault e o pragmatismo liberal de Rorty; no caso da estética e da filosofia da arte, uma linha que passa por Kant, Nietzsche, Heidegger, Benjamin e chega a Cavell.[3] Porém, mais importante do que isso é os instrumentos conceptuais introduzidos nos permitirem abordar os temas filosóficos que importam hoje, e que vão da natureza da representação e da percepção à natureza do eu, da consciência e da autoconsciência à natureza e ao papel da lógica e da linguagem no facto de podermos pensar, das relações entre cognição, senciência e emoção à arqueologia e objectos das nossas formas de pensar éticas, estéticas ou políticas e a questões como a animalidade (nossa e de outros animais), a Inteligência Artificial, a justiça, o género e as relações entre a ciência e a filosofia ou entre a religião e a filosofia. Todas elas têm como denominador comum a questão das relações pensamento-mundo, ou mente-mundo.

---

[2] A identificação explícita dessas orientações pode ser encontrada no meu artigo «A Filosofia Contemporânea e o Futuro da Filosofia», no volume *Sim ou Não à História da Filosofia* (Braga, Axioma, 2023), coordenado por Diana Couto, João Faria e Silva e Raúl Vasques. Respondo aí às críticas e aos comentários de colegas filósofos que foram apresentados no colóquio organizado em torno da primeira edição do presente livro (2019).

[3] Esta última linha foi desenvolvida por mim recentemente no meu livro *Arte Descomposta — Stanley Cavell, a Estética e o Futuro da Filosofia* (Edições 70, 2021).

Chego, finalmente, à motivação maior deste livro. Este livro não separa nem exclui tradições da filosofia da filosofia contemporânea, nomeadamente, não isola entre si a filosofia analítica e a filosofia continental. É assim que procuro trabalhar e escrever há muitos anos, é assim que concebo, e procuro moldar, os assuntos e as estruturas da investigação à minha volta.[4] Este livro é em si uma leitura das razões por que o abismo entre a filosofia analítica, a tradição de língua inglesa na filosofia contemporânea, e a filosofia continental, a tradição centrada nas línguas alemã e francesa, deixou hoje de fazer sentido. Há pelo mundo muitos filósofos que pensam da mesma forma que eu e muitos têm colaborado com aquilo que fazemos na Universidade do Porto. Outros, é claro, continuam a tomar como estruturante da disciplina o «combate» entre filosofia continental e filosofia analítica. O problema da separação entre filosofia analítica e continental não é, de resto, particularmente importante para quem vem de fora da filosofia e está interessado em filosofia, por exemplo, porque está interessado em ciência, em arte ou em política. Ora, é importante que a filosofia extravase a filosofia, que chegue a outros públicos e outros ouvidos que não os da estrita filosofia académica. Um propósito explícito deste livro é, pois, dizer, ou mostrar, a quem vem de fora da filosofia o que a filosofia hoje é e faz, sem exclusão de tradições. Esta orientação pública da filosofia, bem como a necessidade de fazer comunicar tradições incomunicantes, sem que isso signifique um ecumenismo reconciliador[5], eram claras num filósofo de Harvard que muito admirei e admiro, Hilary Putnam. Devo-lhe muita ajuda e pensamento sobre as coisas da filosofia. Ele esteve

---

[4] Era assim que eu pensava quando, por exemplo, dirigi, entre 2019 e 2022, uma unidade de investigação de grande dimensão na Universidade do Porto, o Instituto de Filosofia, que agregava dezenas de investigadores em filosofia. A pluralidade quase ensurdecedora das agendas de investigação não deixava nunca de me fazer pensar que eram necessários denominadores comuns. Na verdade, a ideia de explorar convergências das tradições da filosofia contemporânea no Instituto de Filosofia da Universidade do Porto vem já de 1996, quando foi criado o Gabinete de Filosofia Moderna e Contemporânea, que tinha um braço fenomenológico (na altura, centrado em Husserl, Merleau-Ponty e Levinas, e coordenado por Maria José Cantista) e outro braço analítico (na altura, focado na filosofia da mente e no trabalho — meu e do meu colega da Universidade do Porto João Alberto Pinto —, e que ficou materializado nos nossos primeiros livros sobre filosofia da mente, respectivamente, *Uma Teoria Fisicalista do Conteúdo e da Consciência — Daniel Dennett e os Debates da Filosofia da Mente* e *Superveniência, Materialismo e Experiência*). A pluralidade ensurdecedora é, no entanto, precisamente a marca da realidade: apenas um objecto de pensamento como este, um livro, pode procurar opor-se-lhe.

[5] No texto que referi em nota anterior explico porque não.

presente na minha forma de pensar quando iniciei o meu grupo de investigação na Universidade do Porto, o Mind, Language and Action Group, por volta de 2003-2004. Putnam procurava há muito fazer em Harvard aquilo que acabo de descrever — fazer comunicar tradições, em nome daquilo que importa fazer em filosofia (também ele pensava que o que importa fazer em filosofia não está naturalmente espartilhado em disciplinas). A posição e o esforço de Putnam eram notórios, por exemplo, nos seus diálogos com filósofos alemães como Dieter Henrich e Jürgen Habermas, diálogos que decorriam nos fins do século passado, tendo então como pano de fundo os embates (em grande medida acerca da natureza da nossa racionalidade) entre os defensores da Modernidade e os filósofos «pós-modernos» (os pós-modernos que Habermas, num livro ainda hoje muito iluminador, o *Discurso Filosófico da Modernidade*, reconduz a Nietzsche). Creio que são hoje importantes, para a filosofia que se faz, lugares como Harvard, Chicago, Pittsburgh, Paris ou Leipzig, tanto quanto nesses lugares se continua a empreender o diálogo de tradições que entusiasmava Putnam, com o objectivo último e comum de compreender, como diria Robert Pippin, a senciência, a sapiência e a agência tal como estas estão no mundo e se articulam nas nossas formas de vida. A minha convicção é que a melhor filosofia que hoje se faz sobre estes tópicos se faz para lá do cisma entre a filosofia analítica e a filosofia continental, e é essa a proposta deste livro para o futuro da filosofia.

Afirmei que este livro nasceu de uma reacção contra a pluralidade ensurdecedora da agenda filosófica e intelectual em geral.[6] Ele surgiu, ainda, de uma outra reacção. O nosso tempo é um tempo em que a investigação e o conhecimento se tornaram uma indústria.[7] A importância que o facto de saber coisas sobre as coisas tem para nós, para aquilo que somos, desapareceu, ou quase desapareceu. Ora, que a investigação se tenha tornado «indústria» afecta (também) a filosofia e conduz a uma ênfase em áreas práticas da filosofia, como a bioética ou a filosofia da

---

[6] Foi a situação da filosofia académica portuguesa que me levou a escrever este livro — a situação internacional da filosofia tem, no entanto, exactamente as mesmas características.

[7] O que não deixa de conter em si aspectos também positivos — por exemplo, o nosso país passou em não muitas décadas de quase não ter investigação nas universidades para uma situação em que existe investigação académica de bom nível internacional. É impossível, contudo, ignorar os aspectos negativos. É impossível pensar que a importância social e moral da filosofia (ou da ciência, ou da arte) se identifique com a indústria da investigação.

Inteligência Artificial. Essas áreas são importantes, sem dúvida, mas não se sustentam sozinhas, e o predomínio de áreas aplicadas na disciplina faz esquecer o pano de fundo e a ambição maior dos projectos filosóficos. É precisamente porque penso que essa ambição maior não deve ser esquecida que este livro foi escrito tendo sempre em mente temas que podem parecer tradicionais ou *démodé*, temas como a representação ou a verdade. Esses são termos que podem parecer tabu, que são vistos como funestos e são certamente considerados ultrapassados em certos círculos. A verdade, no entanto, é que eles nunca desapareceram da discussão filosófica sobre fundamentos, e nem sequer do discurso dos críticos. Mesmo se está necessariamente no caminho das humanidades em geral, e também no da filosofia, lidar com as questões da ficção e da arte, a questão da verdade não pode ser simplesmente lançada pela janela fora (por «verdade» quero dizer o ser verdadeiro, a questão do verdadeiro entendida no sentido aristotélico e que Aristóteles define como dizer ou pensar daquilo que é que é e daquilo que não é que não é, por contraste com o falso, que consiste em dizer ou pensar daquilo que é que não é ou daquilo que não é que é). Podemos não querer entrar nos debates técnicos das teorias da verdade, travados hoje em termos de correspondência, identidade, descitação ou deflacionismo. Não poderemos, no entanto, discutir tópicos como o conhecimento, a objectividade ou racionalidade tal como estes se estendem desde a metafísica à política, sem ter pelo menos uma orientação acerca deste ponto. Nem aqueles que proclamam em público posições relativistas, nem aqueles que falam apaixonadamente contra o relativismo acerca da verdade, sejam filósofos ou não filósofos, estão inocentes ou têm as mãos totalmente limpas: não há quem fale a partir de lugar nenhum.[8] Por tudo isto, os clamores contra a representação ou contra a verdade devem ser entendidos *cum granum salis*. A verdade é que poder falar de verdade e representação em filosofia tem urgência política no nosso tempo da pós-verdade, das *fake news*, dos factos alternativos, um tempo em que a questão da verdade parece estar de rastos. Como mostrou o filósofo inglês Bernard Williams em *Truth and Truthfullness*, o próprio Nietzsche, a quem tal clamor contra a verdade e a representação pôde ser reconduzido, não deixou nunca de querer saber da verdade (Bernard Williams, ele

---

[8] Será, por exemplo, que a democracia é um espaço de razões, como muitos defendem, se aquilo que ela visa é o consenso e não a verdade? Embora pouco paremos para pensar sobre ela, esta é uma questão epistemológica que faz muito trabalho em filosofia política.

próprio um nietzschiano, leva esta ideia a peito na sua conhecida defesa das humanidades e da filosofia como uma disciplina de humanidades nesse belo texto que é *Philosophy as a Humanistic Discipline*).

Revisitados os propósitos deste livro alguns anos depois de ele ter começado a existir, quero terminar agradecendo a várias pessoas que marcaram o espírito desta segunda edição. Agradeço muito especialmente a todos aqueles que apresentaram as suas críticas e comentários no simpósio que em 2020 foi organizado em torno do livro então chamado *Uma Leitura da Filosofia Contemporânea*: Diogo Ferrer, Sílvia Bento, Diana Couto, Nuno Venturinha, Nuria Sanchez Madrid, João Alberto Pinto, José Meirinhos e Vítor Guerreiro, e também ao João Faria e Silva, ao Raúl Vasques e à Diana Couto, que coordenaram a publicação que daí resultou. Em conjunto, fizeram-me enfrentar problemas claramente levantados pelo livro, desde logo o problema da compatibilidade dos vários métodos filosóficos e o problema da natureza social do pensamento, por contraste com qualquer centramento da filosofia no «sujeito».

Finalmente, *last but not least*, agradeço muito ao João Moita, das Edições 70, que me lançou o desafio inicial e apoiou ao longo de todo este processo. Sem ele, a nova edição do livro não viria à luz. As Edições 70 têm feito um trabalho valiosíssimo para a filosofia no nosso país — têm tornado clássicos de novo disponíveis e têm tornado acessível ao público muita filosofia contemporânea em português. Noutras palavras, têm feito precisamente aquilo de que este livro necessita para a concretização da sua missão.

Porto, 17 de Fevereiro de 2023

AGRADECIMENTOS

Sem as leituras da história da filosofia de Jocelyn Benoist, Vincent Descombes, Jacques Bouveresse, José Maria Costa Macedo, António Marques e Filomena Molder, este livro não existiria.

Sem a minha amiga de Viena, Gabriele Mras — que me ensinou tanto sobre os universos distintos, quase paralelos e incomunicantes, que existem na filosofia de língua alemã, e que tanto é capaz, ela própria, de ensinar Frege como Kant e Hegel —, este livro seria muito diferente.

Agradeço à Suzana Ramos, da Edições 70, por ter acreditado neste projecto.

Dedico este livro à Professora Maria José Cantista, a minha professora de Filosofia Contemporânea no Porto.

INTRODUÇÃO

O QUE SIGNIFICA «FILOSOFIA CONTEMPORÂNEA»?

O que se segue é uma leitura pessoal, um percurso meu por entre figuras e movimentos da filosofia contemporânea. As escolhas, as ênfases e as orientações poderiam perfeitamente ser diferentes. Penso, apesar disso, que o resultado, além de apresentar um quadro multifacetado e fértil de formas de trabalhar em filosofia, poderá ser visto como um guia para a exploração pessoal da filosofia contemporânea pelo leitor, acompanhado idealmente pelas fontes, isto é, pelas obras dos autores, e por obras de referência.[1]

A elaboração de qualquer percurso pela filosofia contemporânea confronta-se com o carácter problemático da própria noção de «filosofia contemporânea». No caso da filosofia antiga, da filosofia medieval ou da filosofia moderna, podemos simplesmente considerar que são exemplificadas por autores como Platão ou Aristóteles, Anselmo de Cantuária

---

[1] Uma obra de referência extremamente apropriada para acompanhar o percurso que aqui proponho é a *Stanford Encyclopedia of Philosophy* (ed. Edward N. Zalta; http://plato.stanford.edu/). Sugiro também, porque a centração em figuras do percurso traçado neste livro é uma sugestão intencional quanto à forma de abordar pela primeira vez a filosofia contemporânea (e coexiste com a ideia de que cada figura pode exceder em muito o presente percurso), que, quando estas estão disponíveis, sejam utilizadas biografias que contextualizem historicamente as figuras-chave. Alguns exemplos do tipo de biografia que tenho em mente são as biografias de Kant (*Kant: A Biography*, de Manfred Kuehn), Hegel (*Hegel: A Biography*, de Terry Pinkard), Kierkegaard (*Kierkegaard: A Biography*, de Alastair Hannay), Wittgenstein (*Ludwig Wittgenstein: The Duty of Genius*, de Ray Monk) ou Heidegger (*Martin Heidegger: Between Good and Evil*, de Rüdiger Safranski), bem como as autobiografias de W. V. Quine, Donald Davidson e Hilary Putnam nos volumes da colecção «The Library of Living Philosophers» (Chicago, Open Court) dedicados a cada um destes filósofos americanos.

ou Tomás de Aquino, Descartes, Hume ou Leibniz. Se queremos ter uma noção dos problemas e das teses em causa, não nos enganaremos muito se os procurarmos. As obras destes autores, as suas questões e as suas posições, mostram-nos em concreto aquilo que podemos esperar da filosofia antiga, da filosofia medieval ou da filosofia moderna. Os contornos da filosofia contemporânea são bem mais difíceis de traçar. Como poderemos orientar-nos por entre autores como Husserl, Heidegger, Sartre, Merleau-Ponty, Levinas, Gadamer, Ricœur, Foucault, Derrida, Adorno, Benjamin, Arendt, Deleuze, Rancière, Agamben, Žižek, Badiou, Frege, Russell, Wittgenstein, Moore, Quine, Austin, Putnam, Goodman, Davidson, Dummett, Searle, Rawls, Rorty, Kripke, Diamond, Williamson, McDowell, Cavell, Anscombe ou Parfit? Como poderemos orientar-nos por entre termos como fenomenologia, filosofia analítica, existencialismo, pragmatismo, feminismo, pós-modernismo, nietzschianismo, naturalismo, materialismo ou cognitivismo?

Comecemos por pensar nos nomes dos autores que listei acima. Quase todos são autores do século XX (alguns estiveram, ou estão, vivos no século XXI). Poder-se-ia por isso tentar um projecto supostamente neutro: o projecto de fazer uma «História da filosofia do século XX», ou de mapear as «Tendências da filosofia no século XX». Mas a verdade é que a periodização, ela própria, é também polémica. Afinal, porque não havemos de chamar contemporâneo estritamente e apenas àquilo que se faz *agora*, na segunda década do século XXI, em filosofia, e apenas a isso? Porquê recuar até aos inícios do século XX ou aos fins do século XIX? Ou mesmo recuar ainda mais — de uma forma que deixa incrédulos sobretudo os filósofos de língua inglesa, mas que para muitos outros filósofos faz sentido —, recuar, como aqui farei, aos finais do século XVIII, nomeadamente à obra de Kant, ou ver em Hegel e nos seus críticos (como Marx, Kierkegaard ou Nietzsche) um núcleo essencial para compreender a filosofia contemporânea?[2] Porquê sequer recuar, e não fazer apenas,

---

[2] Cf. por exemplo Cantista (2006), uma obra que mantenho como pano de fundo deste livro, no qual tal opção é clara: Kant, Hegel e Husserl são aí tomados como os autores fundamentais para compreender a filosofia contemporânea. Note-se, a propósito, a dificuldade em traduzir «filosofia contemporânea» para o inglês. A expressão «modern philosophy» é usada de forma corrente para aquilo que em português se chama «filosofia contemporânea». Por exemplo, um autor como John McDowell, na sua célebre obra *Mente e Mundo*, fala de *modern philosophy* não para referir a filosofia posterior à filosofia medieval, como as palavras *moderne*, em francês, ou «moderno», em português, podem fazer-nos pensar, mas para falar de Quine ou Davidson, i.e., para falar de filosofia contemporânea.

por exemplo, um mapa, por disciplinas, da filosofia que neste momento se faz?[3]

Eis algumas das minhas razões. Uma das vantagens de recuar no tempo é a possibilidade de compreender, por esse meio, uma divisão que pode parecer definitiva e que caracteriza a filosofia contemporânea. Trata-se de um quase abismo actualmente existente entre tradições filosóficas, entre formas de fazer filosofia, um abismo que não existiu noutras épocas da história da filosofia. Esse abismo separa as chamadas tradição analítica e tradição continental (na qual a filosofia francesa, ou pensamento francês, é central, até mesmo para a recepção de um autor alemão, ele próprio central na filosofia do século XX, como Martin Heidegger). Pessoalmente, sou cada vez mais céptica quanto à pertinência de tal separação, tomada em absoluto. As coisas são muito mais complicadas do que parecem, por inúmeras razões. Uma das razões por que sou céptica quanto à pertinência de tal separação (talvez a principal razão) é o forte parentesco entre a fenomenologia e a filosofia analítica nascentes nos finais do século XIX, inícios do século XX. As causas que movem os dois autores fundadores da fenomenologia e da filosofia analítica, Edmund Husserl e Gottlob Frege (dois matemáticos-filósofos de língua alemã)[4], são

---

A expressão «contemporary philosophy», quando usada em inglês, parece, em contraste, direccionar-nos para o pensamento francês.

[3] Essa é, de resto, uma opção muito pertinente, e é, por exemplo, a opção de GALVÃO (coord.) (2012), obra na qual participei e que, aliás, também recomendo para acompanhar este livro. Aí, o mapa daquilo que se faz em filosofia contemporânea é traçado na independência da história da filosofia. Retrata-se aquilo que se faz *neste momento* quando se faz lógica, metafísica, epistemologia, ética, filosofia política, filosofia da religião, filosofia da ciência, filosofia da linguagem, filosofia da mente, filosofia da acção ou estética (e filosofia da arte). Mesmo se o retrato visa sobretudo a tradição analítica, ele é uma óptima iniciação aos problemas da filosofia, tal como estes são contemporaneamente tratados. Permite ainda compreender o que significam disciplinarmente termos como «epistemologia» e «metafísica», que se tornaram tão «carregados» que nalguns contextos podem ser usados pejorativamente antes de se ter consciência daquilo que significam (isto aconteceu sobretudo no pensamento francês do século XX). Confesso que não compreendo o que se poderá querer dizer com fazer filosofia se não estivermos a trabalhar precisamente nesses campos: lógica, metafísica, epistemologia, ética, estética, filosofia política, etc. Tenho a convicção de que é possível para cada uma das figuras analisadas neste livro, se forem verdadeiramente valiosas filosoficamente (esta é uma decisão que deixo a cargo do leitor), recolocar nesses termos aquilo que propõem.

[4] Será talvez preferível ver Husserl como austríaco, uma vez que nasceu na Morávia, que era então parte do Império Austro-Húngaro. A distinção entre filosofia alemã e filosofia austríaca, no seio da filosofia de língua alemã, não é despicienda. Na tradição da filosofia austríaca, há uma inclinação realista, enquanto na tradição da filosofia alemã

exactamente as mesmas. Como o filósofo de Oxford Michael Dummett há muito fez notar[5], a fenomenologia e a filosofia analítica partilham problemas, partilham «local» de nascimento e até partilham posições, pelo menos nos seus inícios.[6] Ambas pretendem distinguir uma abordagem psicológica de uma abordagem propriamente filosófica da natureza do pensamento, e ambas são movidas pela rejeição do psicologismo e do naturalismo. Duas observações, uma de Frege, outra de Husserl, ilustram isto mesmo. Frege pergunta, em *Os Fundamentos da Aritmética* (1884), ironicamente e com uma certa estupefacção: será mesmo possível que alguém pense que a quantidade de cálcio no meu cérebro é relevante para compreender a verdade do teorema de Pitágoras? Husserl, por seu lado, observa, nas *Ideen II*: os lobos do meu cérebro não aparecem na minha consciência, logo não são, por essa razão, objecto de análise para a fenomenologia.[7]

Seja como for, e mesmo admitindo o meu cepticismo quanto à pertinência de uma separação definitiva das «tradições», vou prestar suficiente atenção a tais divisões no que se segue, uma vez que uma intenção importante deste livro é traçar genealogias e, nesse sentido, fazer *história da filosofia contemporânea*. É no quadro da história da filosofia contemporânea que se torna possível posicionar estas duas tradições, bem como vários outros «movimentos».

Uma outra razão para a minha história comparativa é o meu interesse pela questão do método da filosofia. O método da filosofia foi pensado de forma nova na filosofia contemporânea, em contraste com a filosofia antiga, medieval e moderna. No núcleo deste livro está a intenção de mostrar de que forma. Ora, no que diz respeito à questão do método da filosofia, a divisão entre tradição analítica e tradição continental tem um sentido específico (pelo menos se considerarmos a fenomenologia central na tradição continental — o que é algo que vou aqui assumir).

---

o idealismo foi uma corrente dominante (e espalhou-se a outras tradições europeias). Cf. SIMONS (2000).

[5] Cf. DUMMETT (1993).

[6] Dummett pensa que aquilo que as separa é o *linguistic turn*, i.e., a importância atribuída à linguagem na análise do pensamento na tradição analítica. Na tradição fenomenológica, seria atribuído «sentido» (no mesmo sentido) à linguagem e à experiência não linguística, nomeadamente à percepção (este seria já o caso, por exemplo, do próprio Husserl nas *Ideen I*). Tendo, evidentemente, a tradição analítica muito a dizer sobre a percepção, não lhe atribui, em geral, sentido no mesmo sentido em que se considera que quando há linguagem há «sentido» (e referência e verdade).

[7] Cf. o comentário do fenomenólogo Rudolf Bernet (BERNET, 2013, p. 138).

Mas voltemos às vantagens de recuar e olhar para a história da filosofia contemporânea. Uma segunda grande vantagem é compreender como as propostas de filosofia aplicada, i.e., propostas em ética, estética e filosofia política, se enquadram em, e pertencem a, projectos filosóficos mais gerais, com orientações epistemológicas e metafísicas determinadas.[8] Estas propostas da filosofia aplicada parecem-me um aspecto incontornavelmente importante da filosofia e podem por vezes parecer formuladas em completo isolamento de um projecto filosófico mais amplo. No entanto, pelo menos as mais sólidas e desafiadoras de entre essas propostas têm a ambição de estar sustentadas nos ditos projectos filosóficos mais gerais, em que a questão das relações pensamento-mundo, ou a questão «O que é pensar?» (formulemo-la como entendermos), é directamente enfrentada. Olhar para a história da filosofia contemporânea, e olhar em paralelo para as tradições analítica e continental, é assim a única forma de compreender, por exemplo, como o pensamento de Wittgenstein pode hoje dar origem a propostas em ética e estética, ou o facto de a inspiração marxista continuar a ser incontornável em formas «continentais» de pensar sobre a arte. Pode fazer-nos também parar para pensar que talvez não seja uma boa ideia, por exemplo, tomar Kant, simplesmente, como a nossa orientação em filosofia moral e política, assumindo que a epistemologia e a metafísica tratarão de si próprias.

Consideradas estas vantagens de um olhar panorâmico e comparativo, a verdade é que rapidamente nos deparamos com objecções à ideia de simplesmente utilizar como guia de percurso a divisão entre tradição analítica e tradição continental, o que seria certamente confortável, dada a semelhança das suas origens. Desde logo, essas duas tradições não cobrem exaustivamente o campo da filosofia contemporânea: por exemplo, é difícil enquadrar numa tal caracterização uma (de alguma forma terceira) tradição que é o pragmatismo. Apesar da reiterada assimilação (frequentemente acompanhada de forte crítica) da filosofia analítica actual com a filosofia americana[9], o pragmatismo é uma filosofia com

---

[8] O próprio evitamento da questão (por exemplo, recusando entrar em considerações metafísicas aparentemente levantadas por alguma questão de filosofia aplicada) é por si mesmo um posicionamento. Um caso interessante aqui seria o de John Rawls, um dos mais importantes filósofos políticos do século XX, quando recusa que o seu liberalismo político (nome que dá, a certo ponto, à sua teoria da justiça) tenha alguma base metafísica. Richard Rorty, por exemplo, duvida desta neutralidade metafísica do projecto de Rawls.

[9] Talvez sobretudo no sentido sociológico, não necessariamente muito relevante aqui, em que a filosofia americana envolve um enorme número de participantes «in the

raízes americanas, nascido com autores como Charles Sanders Peirce (1839-1914), William James (1842-1910), John Dewey (1859-1952), que precede em várias décadas a chegada da filosofia analítica aos EUA (a outra tradição filosófica «nativa» dos EUA, diga-se de passagem, foi o transcendentalismo de Ralph Waldo Emerson [1803-1882] e Henry David Thoreau [1817-1862]; note-se que o primeiro teve forte influência num filósofo europeu como Nietzsche). De entre os três pragmatistas clássicos, Peirce é um leitor compulsivo de Kant (diz a «lenda» que lia a *Crítica da Razão Pura* todos os dias), enquanto Dewey se vê como um historicista hegeliano — de novo a ligação à filosofia «continental» é clara. Uma coisa é certa: os primeiros pragmatistas escrevem antes de a filosofia americana se ter tornado «analítica». Em contrapartida, é verdade que alguns dos maiores filósofos analíticos americanos contemporâneos — W. V. Quine, Donald Davidson e Hilary Putnam — se filiam na tradição pragmatista. A verdade é que a chegada da filosofia analítica aos EUA é em grande parte uma consequência da emigração académica provocada pela ascensão de Hitler ao poder na Europa.[10] Que a filosofia analítica tenha chegado aos EUA por emigração diz-nos de resto imediatamente que ela nasceu noutro lugar — mais precisamente, que tem origens na Europa germanófona, no coração de uma das culturas europeias mais «voltadas para a filosofia»[11], aquela onde nasceu não apenas a filosofia analítica, com autores-fundadores como Frege e Wittgenstein, mas também o idealismo (alemão), a fenomenologia, bem como autores como Nietzsche e Marx. Quando se afirma, como pretendo afirmar aqui, que a filosofia analítica tem origem no mundo filosófico de língua alemã — a «nação» que se vê ou viu (para o bem e para o mal) como uma nação de *Dichter und Denker*[12], poetas e pensadores —, essa afirmação deve aparecer

---

profession», como é usual dizer-se. Considerem-se, por exemplo, os milhares de sócios da APA (American Philosophical Association).

[10] Para detalhes históricos, cf. LIMBECK-LILIENAU e STADLER (2015). Uma data recorrente no trabalho histórico que conduziu a este livro é 1933: algo de definitivo aconteceu na Europa em torno dessa data, com um enorme impacto na filosofia académica. Que esse acontecimento tenha ocorrido na Alemanha e que o «eixo» de pelo menos alguma vanguarda filosófica tenha passado para os EUA é revelador.

[11] Pelo menos na sua autoconcepção.

[12] Talvez isto soe estranho àqueles que entendem que só na alma lusitana há lugar para a poesia. Eça de Queiroz captura finamente esse espírito com o seguinte episódio de *Os Maias*. Trata-se de um serão em casa dos Gouvarinhos, envolvendo um *habitué* da casa, Sousa Neto, e Carlos da Maia, convidado também para o serão. Sousa Neto questiona Carlos sobre a Inglaterra, terra de carvão, negócio, frio, e habitada por um «povo prático»: «— E diga-me uma coisa — prosseguiu o Sr. Sousa Neto, com interesse, cheio

como correctora da visão mais usual que liga as origens da filosofia analítica a pessoas como Bertrand Russell[13] e G. E. Moore, e portanto ao mundo filosófico de língua inglesa, com a sua específica herança intelectual, nomeadamente uma herança de empirismo. De qualquer forma, a língua de Kant e Hegel é a língua de Marx, Schopenhauer e Nietzsche, é a língua de Frege e Wittgenstein (este último, uma das figuras centrais naquilo que se segue, sempre se sentiu estrangeiro em inglês[14]), é a língua de Husserl e Heidegger.

Esta forma de ver a história da filosofia contemporânea dando grande importância à filosofia de língua alemã é uma opção estruturante no que se segue. Uma outra opção, que dela decorre, é a seguinte. Se tivéssemos de entrar no jogo da exemplaridade que acima me fez considerar Platão emblemático da filosofia antiga, Tomás de Aquino exemplar da filosofia medieval e Descartes emblemático da filosofia moderna, penso que poderíamos procurar traçar o retrato da filosofia contemporânea em torno de dois pares de autores — Husserl e Frege, Heidegger e Wittgenstein. Estes podem, por si, ser tão exemplares da filosofia contemporânea e dos rumos desta como Platão ou Descartes o são da filosofia antiga e moderna, respectivamente. É essa a opção que está no coração do presente livro. E isso torna particularmente interessante o seguinte facto: se é verdade que Frege e Husserl têm propósitos comuns e mesmo teses convergentes, Heidegger e Wittgenstein, os seus «discípulos», já não poderiam sequer, talvez, entender-se entre si.[15] Aquilo que entendem por filosofia é radicalmente divergente, e até incomunicante (na verdade, Heidegger abdica do próprio termo «filosofia», preferindo «pensamento», *Denken*).

---

de curiosidade inteligente. — Encontra-se por lá, em Inglaterra, desta literatura amena, como entre nós, folhetinistas, poetas de pulso? [...] Carlos deitou a ponta do charuto para o cinzeiro, e respondeu, com descaro: — Não, não há disso. — Logo vi — murmurou Sousa Neto. — Tudo gente de negócio» (pp. 399-401 da edição Livros do Brasil). Agradeço à minha colega Isabel Pires de Lima a localização deste episódio.

[13] Embora as minhas próprias afinidades filosóficas não passem por Russell, ele é, sem dúvida, do ponto de vista da história da filosofia analítica, e em particular da importância que a filosofia da linguagem teve para a história da filosofia analítica, uma figura fundamental. Cf. MIGUENS (2007), Parte II: «Sentido e referência: história da filosofia da linguagem», Bertrand Russell (Lições 11 a 14). Cf. também a biografia de Ray Monk, bem como a autobiografia de Russell, assim como a sua autobiografia filosófica, *My Philosophical Development*.

[14] Um pouco como Samuel Beckett, que certamente viu vantagens nesse sentir-se estrangeiro na língua em que se escreve.

[15] Certamente Heidegger não leria Wittgenstein. Em contrapartida, Wittgenstein parece ter lido Heidegger; existem alguns comentários sobre ele nas suas conversas com Friedrich Waismann.

Apesar de tudo, curiosamente, Heidegger e Wittgenstein têm algo em comum: ambos são, poderíamos dizer, «filósofos da linguagem». Mas o que é que entendem por «linguagem»? Eis quanto a isso uma outra comparação, relevante e mesmo central para a forma de Heidegger e Wittgenstein entenderem a filosofia: o último Heidegger, o Heidegger da «escuta do ser», lê (cripticamente) o poeta Friedrich Hölderlin, enquanto o último Wittgenstein, o Wittgenstein dos jogos de linguagem, o autor das *Investigações Filosóficas*, lê o matemático David Hilbert e deixa-se inspirar pelo formalismo que este defende quanto à matemática para conceber a natureza desses mesmos jogos de linguagem.[16] Cada um faz o que faz porque no centro dos seus interesses estão as relações pensamento-linguagem-mundo.

Olhemos mais um pouco para as práticas de Heidegger e Wittgenstein enquanto filósofos. Nenhum deles é um filósofo *cientificista*, i.e., nenhum deles identifica filosofia com ciência: a filosofia não é ciência; aquilo que estão a fazer como filósofos não é, nem pretende ser, ciência. Podemos, no entanto, fazer um pequeno teste à forma como vêem a relação da filosofia com as ciências. Heidegger afirmou, e essa afirmação polémica ficou célebre, que a ciência não pensa (*Wissenschaft denkt nicht*).[17] Aquilo que ela opera é a tecnologia, o *Gestell* na terminologia do último Heidegger, que nos EUA e na Rússia do seu tempo via o mesmo triste frenesim tecnológico — sem razão para distinção entre eles. Eis aí, de resto, uma possível raiz da adesão absolutamente convicta e nunca retractada de Heidegger ao nacional-socialismo.[18] Mas embora a afirmação «A ciência não pensa» tenha sido ridicularizada, recebida com irritação (por ser considerada

---

[16] Penso no Heidegger posterior a *Ser e Tempo* e no Wittgenstein posterior ao *Tratado Lógico-Filosófico* (e, portanto, no «segundo» Heidegger e no «segundo» Wittgenstein). Em ambos os casos se trata de pensar sobre linguagem, e sobre pensamento e linguagem. Filosofia e poesia aproximam-se para Heidegger. O formalismo de Hilbert inspirou o pluralismo dos jogos de linguagem de Wittgenstein.

[17] A afirmação encontra-se no ensaio «O que quer dizer pensar?» [*Was heisst denken?*] (cf. HEIDEGGER, *Essais et conférences*), que reproduz textos de cursos dados em Friburgo em Brisgóvia em 1951-1952.

[18] Esta é uma das muitas razões por que tantos filósofos de língua alemã sentem ainda hoje um enorme embaraço pelo facto de o primeiro nome associado à filosofia alemã ser o de Heidegger (outras razões têm obviamente que ver com a rejeição da forma heideggeriana de fazer filosofia por um grande número de filósofos de língua alemã actuais). Os *Schwarze Hefte* (Cadernos Negros), cadernos de apontamentos privados, que começaram a ser publicados em 2014 (editados por Peter Trawny), não vieram senão confirmar a sinceridade das convicções políticas de Heidegger, nomeadamente o seu anti-semitismo.

pretensiosa, intolerante e irracionalista), não é imediatamente absurda. Heidegger não era nem queria ser um epistemólogo ou um filósofo da ciência, ele não aborda a ciência procurando compreendê-la como conjunto de afirmações sobre aquilo que a realidade é, em termos de verdade, justificação ou provas. Se Heidegger se interessa pela ciência, é para a pensar como acontecimento civilizacional, como forma de os humanos habitarem a Terra. E aquilo que lhe interessa enquanto filósofo é o sentido do ser, a história do Ocidente, a crítica da modernidade, o destino da civilização. Se, para Heidegger, a ciência não pensa, é porque ela não é pensamento do sentido do ser, mas aquilo a que ele chama pensamento objectivante. As ciências são apenas «um modo de ser da existência», os métodos científicos foram criados para explorar os entes, não para «escutar» o ser dos entes. Ora, pensar é, para Heidegger, pensar o Ser, e não conhecer os entes. Note-se de passagem que parte do que está em jogo quando se afirma que a ciência é um modo de ser da existência é a seguinte ideia: aquilo a que chamamos o mundo não está aí só para, ou principalmente para, ser conhecido, mas para ser «lidado». As ciências são uma forma de o fazer, tal como o nosso lidar conceptualmente menos sofisticado com o mundo, o nosso pensamento comum, o é já também. Note-se que, mesmo do ponto de vista da teoria do conhecimento, e não do ponto de vista do pensamento do ser e da avaliação das civilizações, é possível dizer algo semelhante: como diz o filósofo alemão Jürgen Habermas, uma das muitas pessoas cuja indignação perante Heidegger não cessa, é o que fazem, por exemplo, todos os filósofos pragmatistas — o que tem isso de novo ou extraordinário?, pergunta.

E Wittgenstein, como é que faz filosofia? Ao contrário de Heidegger, que chega à filosofia através da teologia[19], Wittgenstein começa por estudar engenharia aeronáutica e chega à filosofia através da lógica e da matemática. O seu primeiro e único livro, de 1921–1922, o *Tratado Lógico-Filosófico*, resulta dos estudos, feitos com Bertrand Russell, sobre os fundamentos da lógica e da matemática. A linguagem e a lógica são temas

---

[19] Nunca é despiciendo ler Heidegger à luz das relações do seu pensamento com a religião e com a teologia. O teólogo alemão Rudolf Bultmann (1884–1976) chamou-lhe *o* especialista de Lutero, alguém que «vem do catolicismo», mas é totalmente protestante. O seu interesse pela mística medieval (nomeadamente por Mestre Eckhart, 1260–1327) é igualmente claro. Dito isto, convém ter também presente que Heidegger abdicou explicitamente da sua fé católica muito cedo na vida e que não consideraria um pensador religioso como, por exemplo, Kierkegaard (que de resto muito o influenciou) como sendo propriamente um filósofo.

essenciais do *Tratado* — no entanto, aquilo que interessa a Wittgenstein é a linguagem em geral, tal como esta permite o nosso pensamento sobre o mundo, e não apenas questões técnicas de filosofia da lógica ou da matemática. De resto, no *Tratado* trata-se também — de forma brevíssima, mas fundamental — do lugar do ético, do estético e do místico no pensamento. Eles serão aquilo que apenas pode ser mostrado, que não pode ser dito (como, de resto, é o caso da própria lógica, que permite, ou sustenta, o pensamento). De acordo com o autor do *Tratado*, podemos pensar o que podemos pensar «modelizando» o mundo em linguagem. E a lógica é (para o autor do *Tratado*, não para o Wittgenstein que lhe sucederá, o autor das *Investigações Filosóficas*) o denominador comum das linguagens, o quadro de estruturação do conhecimento do mundo (o andaime lógico, *logisches Gerüst*). Por isso, a análise do esqueleto lógico do sentido é o primeiro passo em filosofia. E o que a filosofia faz será delimitar o pensável e o dizível «a partir de dentro», demarcar sentido e *nonsense* — esta investigação sobre a significação como prática nossa (sobre o que é fazer sentido, e sobre o que está além disso, e é *nonsense*), em qualquer área de pensamento, das nossas práticas conceptuais matemáticas às nossas práticas conceptuais morais, unifica toda a obra filosófica de Wittgenstein, apesar da suposta divisão entre o primeiro e o segundo Wittgensteins.[20] Ora, é inevitável ouvir nesta ideia ecos da *Crítica da Razão Pura* de Kant, ecos da ideia de delimitar o cognoscível a partir de dentro. É inevitável recordar o propósito da Dialéctica Transcendental, a parte (importantíssima, até mesmo em número de páginas) da *Crítica da Razão Pura* em que Kant se ocupa a desfazer as ilusões (naturais) da razão. Mas talvez não seja inevitável em qualquer circunstância: é claro que estes ecos não serão ouvidos se se chegar a Wittgenstein a partir da filosofia de língua inglesa, uma tradição em que histórica e conceptualmente ressoa sobretudo o empirismo, a tradição de John Locke, George Berkeley e David Hume. Embora considere que o empirismo está muito próximo de ser a orientação acertada em filosofia, e que é extremamente importante considerarmos, ao pensarmos sobre o pensamento, o que nos inclina a sermos empiristas, Wittgenstein é, decididamente, tal como Frege (o seu «mestre»), um antiempirista. Se isso tem alguma relação com Kant, é outra questão.[21] A forma wittgensteiniana de fazer filosofia

---

[20] O Wittgenstein do *Tratado Lógico-Filosófico* em contraste com o Wittgenstein das *Investigações Filosóficas*.

[21] Note-se que intérpretes actuais de Hegel (por exemplo, o filósofo alemão de Leipzig Pirmin Stekeler-Weithofer) vêem em Kant ainda um empirista, dada a grande

aplicar-se-á de qualquer forma a todas as nossas práticas de significação, quer as práticas da ciência quer as comuns, quer as práticas éticas ou estéticas. O denominador comum é a ideia de prática — curiosamente, uma ideia não tão distante assim do rumo que a tradição fenomenológica tomou após o trabalho do seu fundador.

Identifiquei acima uma dificuldade de classificação se nos ativermos apenas à distinção entre a tradição analítica e a tradição fenomenológica para mapear a filosofia contemporânea. Não saberemos onde colocar o pragmatismo. Mas a distinção é perturbada ainda de outras maneiras. O pragmatismo é um caso que ilustra sobretudo que a «filosofia americana» não tem de ser filosofia analítica.[22] Mas podemos também pensar em fenomenólogos actuais[23] que, por exemplo, se dedicaram de perto ao trabalho lógico e semântico do primeiro Husserl, o Husserl das *Investigações Lógicas*, e que concebem como bem mais importante para a filosofia que querem fazer hoje o que há de comum entre esse Husserl e Frege[24] do que aquilo que se seguiu a Husserl na tradição fenomenológica, e que conduziu, por entre críticas e contracríticas, da fenomenologia ao estruturalismo, ao pós-estruturalismo e a autores como Jacques Derrida[25], apesar das ligações materiais muito mais directas nesta linhagem.

Ou então podemos olhar para a Escola de Frankfurt. Olhando para Jürgen Habermas (o autor maior da segunda geração da Escola, que sucedeu aos autores da primeira geração como Max Horkheimer, Theodor W. Adorno ou Herbert Marcuse), encontraremos antes de mais uma

---

(excessiva) importância dada na sua filosofia à mente individual. A correcção sugerida por Stekeler-Weithofer passa por Hegel, numa tese que tem sido aproximada à do filósofo americano Robert Brandom (um nome geral para uma posição semelhante à de Stekeler--Weithofer-Brandom seria «pragmatismo analítico»).

[22] Cf. MIZAK (2008), para mostrar que, em alguns aspectos, a «filosofia americana» pode ser tão paroquial e pouco interessante como tentativas mais próximas de nós, e em vários outros países, de fazer uma «filosofia nacional». Evidentemente, tal não se aplica a nomes como Peirce ou Quine ou Putnam.

[23] Um exemplo é o filósofo francês Jocelyn Benoist, professor de Filosofia Contemporânea (Universidade Paris I Panthéon-Sorbonne), cujos trabalhos históricos e próprios foram essenciais para a forma como fui vendo a filosofia contemporânea. Actualmente, Benoist não se reconhece como fenomenólogo, preferindo ver o que faz como «análise». No entanto, num primeiro momento, foi um autor central nos trabalhos nesta tradição, que, de resto, permanece completamente presente na sua obra. Para uma discussão, cf. MIGUENS (2019a).

[24] Cf. MIGUENS e CADILHA (2013).

[25] Curiosamente, alguns dos primeiros trabalhos académicos de Derrida foram precisamente sobre Husserl.

incontornável referência a Marx, e assim a necessidade de compreender como se situa Marx na história e genealogia da filosofia contemporânea, o que desde logo só é possível considerando Hegel. O eclectismo filosófico de Habermas fará que, na sua forma de prosseguir o programa iluminista, o programa de emancipação da Teoria Crítica de Frankfurt, erigido desde as origens em torno de Marx, e das ideias marxianas de desalienação e emancipação, viva lado a lado com a tentativa de fundamentação de uma teoria da acção comunicacional na teoria dos actos de fala (*speech acts*) de autores como J. L. (John Langshaw) Austin e John Searle[26], no Husserl do tema tardio da *Lebenswelt* (mundo da vida)[27] e no Wittgenstein dos jogos de linguagem. Mas o ponto fundamental é que temos em Habermas alguém para quem a filosofia contemporânea não pode ser entendida sem Hegel ou sem Marx. Não pode ser entendida sem Hegel ou sem Marx porque não pode ser entendida senão como um projecto prático, moral e político, um projecto iluminista de emancipação. É esta a pedra de toque da orientação filosófica da Escola de Frankfurt.

Mas os problemas com a partição do universo da filosofia contemporânea em duas tradições não terminam com o pragmatismo e com a Escola de Frankfurt. Um outro ponto relativo à (suposta) tradição analítica ela própria é, por exemplo, a grande diferença existente entre a filosofia inglesa e a filosofia americana, na qual a proposta de Quine de uma naturalização da epistemologia, resultante da sua crítica ao Positivismo Lógico[28], nos anos 1950 e 1960, foi influentíssima desde meados do século xx e se estendeu às mais variadas áreas da filosofia, da filosofia da mente, à ética, à epistemologia, à própria filosofia da matemática e da lógica.[29] É essa ideia de naturalização da epistemologia que em última análise conduz, hoje, uma certa forma de fazer filosofia à constante procura do cérebro e da neurociência; na filosofia inglesa, em contraste, um tal naturalismo nunca foi dominante.[30] E ainda quanto

---

[26] Habermas refere-se, portanto, à filosofia da linguagem dos anos 1950 e 1960 na tradição analítica, que dista já várias décadas (e várias vagas de crítica) da fundação desta tradição por Frege, Russell e Wittgenstein.

[27] O último Husserl, o Husserl da *Krisis*, vem a corrigir o apelo à «originariedade da consciência» com este apelo ao «solo» do mundo da vida. Autores como Merleau-Ponty, e muitos outros, aproveitarão tal caminho.

[28] Para uma detalhada análise histórica, política e sociológica do Círculo de Viena, cf. LIMBECK-LILIENAU e STADLER (2015).

[29] Pense-se, por exemplo, na filósofa da matemática e da lógica Penelope Maddy.

[30] Para um retrato da filosofia inglesa, ver, por exemplo, TRAVIS e KALDERON (2013). O realismo de Oxford será tratado mais à frente no ponto «Filosofia da linguagem comum».

à tradição «de língua inglesa», como daremos conta da actual pujança dos estudos kantianos e hegelianos no seio desta?[31] Como enquadrá-los? Eles vão, por exemplo, ao encontro de questões relativas à percepção ou à acção tal como estas são tratadas na filosofia analítica — Kant ou Hegel aparecem hoje como meios perfeitamente actuais de lidar com tais questões. A minha decisão de incluir Kant e Hegel no percurso proposto neste livro justifica-se também dessa forma (mas não apenas dessa forma; as razões históricas, aquelas que ressoam num autor como Habermas, foram as razões fundamentais).

Movimentos que têm, ou tiveram, muita repercussão pública fora das paredes da academia, tais como o existencialismo, o pós-modernismo[32] ou o feminismo, tornam as coisas ainda mais complicadas. Talvez só mesmo o segundo, o pós-modernismo, se o termo tem ainda alguma significação específica, além do interesse que a obra do filósofo francês Jean-François Lyotard pode ter ainda para a estética, possa hoje restringir-se à filosofia «continental». Um autor existencialista como, por exemplo, Jean-Paul Sartre é há muito tratado por filósofos de língua inglesa, de Iris Murdoch a Richard Moran. Nos seus aspectos moral e político, o feminismo conta há muito com autoras centrais de língua inglesa, muitas delas mais do que minimamente conhecedoras quer da tradição analítica quer da continental (no caso de Judith Butler, por exemplo, a teoria dos actos de fala de Austin é muito importante, embora o Austin de Butler seja importado via Derrida e lado a lado com Austin encontremos Foucault ou Benjamin)[33]. O mesmo Austin é também usado por Jennifer Hornsby (uma filósofa inglesa que tanto escreve sobre lógica filosófica como sobre temas feministas) para abordar a natureza e os efeitos da circulação de pornografia no espaço público.

Afirmei já que uma questão que nos pode permitir um percurso sistemático através da heterogeneidade dos autores, bem como comparações

---

[31] O sucesso do hegelianismo analítico na filosofia de língua inglesa pode parecer mais estranho ainda do que o dos estudos kantianos, mas pense-se em autores hoje extremamente relevantes como Robert Brandom, John MacFarlane, Robert Pippin, Terry Pinkard ou Paul Redding.

[32] Uma caracterização breve poria em relevo a ênfase no fim das grandes narrativas, no fim da teleologia (veja-se, por exemplo, um representante como o filósofo francês Jean-François Lyotard [1924–1998]) e também no «fragmentário» como aquilo que se opõe ao Sistema («sistema» significando Hegel, «fragmentário» podendo remeter para autores como Nietzsche ou Benjamin).

[33] Cf. Moati (2014) para uma análise do célebre «debate» entre John Searle e Jacques Derrida a propósito do legado de Austin.

que, se conhecermos ambos os termos da comparação, são, então sim, legítimas e valiosas, é a questão do método da filosofia. Essa questão perpassa este livro. Gostaria por isso que ele fosse lido tendo em mente a pergunta: afinal, o que se está a fazer quando se faz filosofia? Que prática intelectual é esta? O que estão a fazer autores como Frege e Husserl? O que estão a fazer autores como Heidegger e Wittgenstein? E Marx? E Nietzsche? E Kierkegaard? E Kant? Vemos alguns filósofos utilizarem métodos formais em investigações de orientação lógica, o que tem repercussão na sua forma de encarar a metafísica. Vemos outros autores apoiarem-se sobretudo em investigações históricas e interpretações de textos. O que distingue então a filosofia, por exemplo, da ciência — obviamente, também ela um processo de inquérito intelectual sistemático? O que a distingue da história ou da literatura? Uma das coisas que tornam tradições como a fenomenologia e a filosofia analítica tão importantes na história da filosofia contemporânea, pelo menos tal como esta será considerada no presente livro, é o facto de neste ponto de fundação de tradições encontrarmos respostas explícitas a esta questão, e respostas distintas. Noutras palavras, mesmo se a questão, ela própria, faz parte da filosofia desde os seus primórdios — ler hoje os diálogos platónicos, por exemplo *O Banquete* ou *O Sofista*, é ainda uma das melhores iniciações em concreto, do ponto de vista intelectual e também literário, ao que se entende por filosofia e àquilo que se quer da filosofia[34] —, a verdade é que houve respostas novas na filosofia contemporânea. E também aqui algo une a fenomenologia e a filosofia analítica nascentes: em ambos os casos se tratou de uma proposta de método filosófico, e de uma reacção a uma vaga naturalista e psicologista na forma de pensar sobre o pensamento (uma vaga que, pode pensar-se, está de regresso hoje e é mesmo muito importante, constituindo talvez até uma ortodoxia dominante em alguma filosofia anglófona actual). É claro que também poderíamos dizer que se tratou de uma reacção ao idealismo (embora isso nos deixe em território menos claro quanto a Husserl, já que, após a primeira fase da sua obra, a fase das *Investigações Lógicas*, Husserl — nomeadamente o Husserl das *Ideen* — é frequentemente considerado um idealista). No caso da filosofia analítica (por exemplo, num autor como

---

[34] Neste caso, quer-se ontologia, estética, epistemologia e também uma concepção do método filosófico em acto — uma concepção que, para alguns intérpretes (cf., por exemplo, as interpretações do filósofo finlandês Thomas Wallgren), tem uma relação íntima com a forma de Wittgenstein considerar a natureza da filosofia (Wallgren refere-se ao método socrático e não, evidentemente, ao pensamento de Platão em geral).

Bertrand Russell), tratou-se certamente de uma reacção ao idealismo que se tornara dominante no mundo filosófico de língua alemã, e que reenvia à obra de Hegel, que tinha influenciado os idealistas britânicos (Thomas Hill Green, Francis Herbert Bradley, Bernard Bosanquet, J. M. E. McTaggart). Este foi o alvo do Russell dos finais do século XIX, inícios do século XX, o Russell fundador da tradição analítica.[35]

Mas voltemos à nossa questão. Qual é então o método da filosofia? Kant dá uma resposta: o método é transcendental. Hegel dá uma resposta: o método é a dialéctica. Nietzsche dá uma resposta: o método é a genealogia. Frege dá uma resposta: o método é a análise (do pensamento, não da linguagem). Husserl dá uma resposta: o método é a descrição de essências na consciência. Wittgenstein dá uma resposta: o método é elucidação (*Erläuterung*) e terapia conceptual, através da linguagem. Cada uma destas respostas é complexa; na verdade, é muito artificial listá-las assim isoladas e descontextualizadas. No entanto, uma coisa é certa: as caricaturas simplistas, que são muito usuais, não podem senão enganar-nos. Pensemos numa dessas caricaturas: se na filosofia analítica a análise conceptual e a argumentação são metodologicamente fundamentais, na perspectiva de muita filosofia continental a filosofia está, antes, mais próxima da literatura. Na verdade, em casos radicais, não se distingue metodologicamente da cultura e da literatura (talvez sob cobertura de uma crítica à modernidade e à racionalidade instrumental dominadora, o que lhe acrescenta laivos políticos). Numa concepção genealógica mais crítica, o que a filosofia faz é genealogia (o termo genealogia provém de Nietzsche e encontra-se incorporado no núcleo da prática filosófica de autores como Michel Foucault), tanto quanto se trata de discussão das relações entre experiência, história, memória, esquecimento. Em autores como Heidegger, Derrida ou Deleuze, fala-se de escuta do Ser, de desconstrução, de criação de conceitos. É verdade que estas propostas (escuta do Ser, desconstrução, criação de conceitos) são as respostas à questão «O que é a filosofia?» dadas por estes autores, mais do que propriamente explicitações da natureza do método filosófico. Porque, na verdade, relativamente à forma de fazer filosofia, como poderia um filósofo «escapar» à análise conceptual e à argumentação? Estas não são seguramente apanágio exclusivo dos filósofos analíticos.

---

[35] Uma vez que, de entre o trio de autores fundadores da tradição analítica, darei neste livro menos atenção a Russell, dada a opção pela atenção à filosofia de língua alemã, sugiro aqui a introdução ao autor no meu manual de filosofia da linguagem (MIGUENS, 2007).

Por exemplo, nas exemplares e provocadoras obras de história da filosofia escritas por Gilles Deleuze — sobre Hume, Espinosa, Leibniz, Kant, Nietzsche ou Bergson[36] —, certamente se encontra análise conceptual e argumentação — afinal, de que outra forma poderia alguém falar ou escrever? A diferença talvez resida, portanto e mais propriamente, no autoesclarecimento desssas noções, e em como esse autoesclarecimento faz parte da forma explícita de conceber o método da filosofia, no quadro de uma concepção da natureza do pensamento e da relação deste com a realidade, do que na prática ela própria.

E tal autoesclarecimento não tem evidentemente — para contrariar desde já uma visão caricatural frequente da filosofia analítica — de resultar na ideia de que fazer filosofia é fazer lógica ou aplicar a lógica à análise de argumentos. Esta é a imagem caricatural que muitos filósofos treinados na tradição continental têm da filosofia analítica. A imagem caricatural da filosofia analítica ainda hoje comum entre os «filósofos continentais» é que esta seria qualquer coisa como uma mistura de lógica e positivismo — ainda hoje, essa imagem domina a mente daqueles cujo modelo de filosofia contemporânea se restringe ao pensamento francês. Ora, se a ideia de positivismo, pelo menos, corresponde ao propósito programático de um movimento histórico importante na filosofia analítica na primeira metade do século xx, o Círculo de Viena, e por isso, por mais que possa ser considerada uma imagem desactualizada em pelo menos 80 anos, pelo menos corresponde a algo que realmente existiu[37], já a identificação da filosofia analítica com a lógica é bastante mais incompreensível. Por muito importante que o pensamento sobre a natureza da lógica tenha sido — histórica e metafisicamente — para a filosofia analítica nascente (e foi-o muitíssimo, basta pensar em Frege, Russell e Wittgenstein, o trio fundador, o trio da *early analytic philosophy*),

---

[36] É Deleuze, ele próprio, quem transparece em todas estas suas leituras de filósofos, o que justifica uma célebre afirmação sua sobre o seu método em filosofia, que não posso deixar de recordar aqui. Segundo Deleuze e nas suas próprias palavras, o seu método é *enculage*: é aquilo que Deleuze considera que pratica com estes autores que admira, dando origem aos «monstros» que são Nietzsche-Deleuze, Espinosa-Deleuze, etc.

[37] Na recepção do Positivismo Lógico, o travestismo histórico assume contornos políticos: o denegrir usual do Círculo de Viena, que talvez tenha começado na filosofia de língua francesa, e que certamente chegou a Portugal, passa por cima, a título de exemplo, do engajamento político democrático dos filósofos do Círculo de Viena nos anos 1930, em claro contraste com o reaccionarismo explícito e voluntário de «heróis» da filosofia francesa como Heidegger (que, apesar da sua adesão ao nacional-socialismo, pôde surpreendentemente, quando importado para França, de alguma forma tornar-se um símbolo da «esquerda»).

é evidente que a filosofia não se identifica com a lógica. Trabalhar em lógica, ou lógicas, é algo que pode perfeitamente ser feito sem relação com a filosofia, algo que pode ser feito na matemática ou nas ciências da computação, sem ter obrigatoriamente de ter intenção filosófica ou uso filosófico em mente. Além de que fazer lógica, se entendemos fazer lógica não no sentido de fazer lógica do lógico, mas no sentido de dominar a nossa própria argumentação, atender à sua validade e a possíveis falácias, não nos diz ainda sequer o que é a lógica nem nos dá uma posição sobre a natureza da lógica. Nem tem porque o fazer. É perfeitamente possível concordar em práticas lógicas elementares e ter filosofias da lógica completamente diferentes, de platónicas a empiristas. Trabalhar em lógica não nos diz tão-pouco qual é o papel da lógica quando se trata de método filosófico. No entanto, a questão da natureza da lógica é absolutamente decisiva quando se trata de fazer a pergunta «O que é pensar?» Dois autores cruciais na minha visão global da história da filosofia contemporânea — Kant e Wittgenstein — estão neste ponto unidos pela sua visão antipsicologista da natureza da lógica, que se reflecte nas respectivas concepções daquilo que é pensar. Noutras palavras: embora a lógica tenha sido particularmente importante na tradição analítica nascente, o que está em causa em filosofia, nomeadamente na filosofia analítica, não é a lógica ela própria, mas sim pensar sobre as relações pensamento-linguagem-mundo (o que, convenhamos, qualquer filósofo continental também pensa estar a fazer). No caso da filosofia analítica, aí se enquadra, e aí se utiliza, a lógica. No entanto, aonde vamos chegar (i.e., a posição particular sobre as relações pensamento-linguagem-mundo) não está determinado à partida por tal enquadramento. O método filosófico da filosofia analítica não pode, portanto, identificar-se com a lógica. Noções como análise de conceitos, análise da linguagem, ou a noção wittgensteiniana de *Erläuterungen*, esclarecimentos (prefiro «trabalho de esclarecimento»), ou mesmo a muito duvidosa ideia recente de uma filosofia experimental[38], concorde-se ou não com ela, são elas sim concepções do método da filosofia. Embora na filosofia analítica menos consciente metodologicamente se fale com frequência de análise conceptual e esta análise conceptual possa de forma apressada ou simplista ser identificada com análise de conceitos, sendo os conceitos pensados como entidades mentais, na mente de cada um de nós convém ter muito claro

---

[38] Para explorações nossas, cf. MAURO, MIGUENS e CADILHA (2013), que inclui uma entrevista com Joshua Knobe, representante central desta proposta.

que a filosofia analítica desde os seus inícios fregianos esteve sempre vários passos à frente deste uso não sofisticado do termo «conceitos». A ideia de conceitos como entidades mentais individuadas está em casa na filosofia moderna — por exemplo, em autores empiristas dos séculos XVII-XVIII como John Locke ou David Hume, que falavam de ideias como particulares mentais —, não na filosofia contemporânea. A filosofia analítica contemporânea nasce precisamente já sobre a recusa dessa forma ingénua de conceber o mental — por isso deu tanta importância à linguagem desde o início. Não precisamos, no entanto, sequer de ir à filosofia analítica nascente — já Kant não se permitia tal forma de conceber o mental. Em autores como Kant ou Frege, é o juízo que constitui o foco da abordagem da natureza do pensamento, não os conceitos (isso será importante no que se segue, e para uma comparação entre ambos).

Apenas mais uma palavra sobre método. Se aceitarmos as ideias de análise e esclarecimento, a questão seguinte que se coloca é a de saber se o esclarecimento do pensamento é uma tarefa «teórica» ou também uma tarefa prática, uma tarefa de desmistificação, em que a tradição continental tanto insiste, com o seu afecto por autores como Marx e Nietzsche. Podemos, no entanto, pensar que já o próprio Kant tinha em mente uma tarefa prática e a praticava, por exemplo, na Dialéctica Transcendental da *Crítica da Razão Pura*, ao defender que nem Deus, nem Alma, nem Mundo nos são dados pela pura razão ela própria. Essa é uma outra questão que perpassa este livro.

O que se segue é a forma histórica que escolhi para elaborar um mapeamento e um tratamento inicial das questões que identifiquei.[39] A Parte I («O século XIX») tem no seu centro Kant e Hegel, e é estruturada pela crítica a Hegel, tal como esta moldou a filosofia do século XIX. A Parte II está estruturada em torno dos dois fundadores das duas tradições maiores da filosofia no século XX, a fenomenologia e a filosofia analítica, Husserl e Frege, e de dois «discípulos» destes, totalmente distintos entre si, cada um deles com boas pretensões a ser o mais importante filósofo do século XX: Heidegger e Wittgenstein. A Parte III explora linhagens e movimentos da segunda metade do século XX, não exaustivamente, mas através da exemplificação: o pensamento francês, a Escola de Frankfurt, a filosofia da linguagem comum, o pragmatismo.

---

[39] Essa forma é apenas aproximadamente cronológica: não me coibi de iniciar a caracterização da Parte I com Kant ou de incluir a Escola de Frankfurt na Parte III («A segunda metade do século XX»). Pretendi uma organização com sentido mais do que uma datação escrita. A natureza de tal sentido é evidentemente problemática.

Termino com filosofia aplicada (Parte IV), considerando orientações actuais em ética e estética muito diversas entre si. Passo por formas de presença actual do marxismo e da psicanálise no pensamento francês, por relações da teoria do género com a questão da performatividade e, finalmente, por propostas wittgensteinianas como as de John McDowell, Cora Diamond e Stanley Cavell.

Na minha própria forma de conceber historicamente a filosofia contemporânea, Kant e Wittgenstein são fundamentais.[40] Interessa-me a forma como o trabalho de esclarecimento, a compreensão do fazer sentido e a separação entre sentido e *nonsense* se vai fazendo a partir de dentro, no pensamento em acto, nas várias áreas do nosso pensamento. Creio, no entanto, que outros caminhos podem perfeitamente ser percorridos a partir do que adiante se apresenta. Procurarei oferecer referências de partida para percursos vários, por vezes mais aprofundadas, por vezes mais breves. A minha esperança é que os quadros gerais que aqui proponho iluminem aquilo a que chamamos a «filosofia contemporânea».

---

[40] Cf. MIGUENS (2019d).

PARTE I

O SÉCULO XIX

UM ANTECESSOR INCONTORNÁVEL (AOS OLHOS DE ALGUNS): KANT

Podemos temer estar a recuar demasiado, mas uma coisa é certa: Immanuel Kant (1724–1804) mapeou, nas suas três *Críticas*, a *Crítica da Razão Pura*, a *Crítica da Razão Prática* e a *Crítica da Faculdade do Juízo*, tarefas específicas para a filosofia de uma forma que ainda faz sentido para nós. São até hoje defendidas posições kantianas, ou influenciadas por Kant, da epistemologia e da filosofia da mente até à filosofia moral e política e à estética.[41]

Kant nasceu e estudou em Königsberg, uma pequena cidade, então da Prússia, actualmente da Rússia.[42] Foi inicialmente preceptor e depois, professor universitário. Ensinou, nessa qualidade, inúmeras matérias, de Geografia Física e Antropologia até Lógica e Metafísica. Os seus primeiros escritos (os escritos «pré-críticos», que veio a renegar) incidiram sobre física e astronomia. Depois de ter sido nomeado definitivamente professor na universidade, não publicou nada durante 11 anos. Após esse longo silêncio, escreveu torrencialmente, tornando-se um autor famoso e influente. Nunca deixou a sua pequena cidade, nunca se casou ou formou família, mas foi um homem sociável, que gostava de receber, de conversar e de intervir na vida intelectual e pública, e que foi, enquanto tal, um símbolo para os seus concidadãos e para os seus herdeiros intelectuais.

---

[41] Pense-se, por exemplo, em Wilfrid Sellars e John McDowell, no caso da epistemologia e da filosofia da mente; em John Rawls ou Christine Korsgaard, no caso da filosofia moral e política; em Roger Scruton ou Jean-François Lyotard, no caso da estética.

[42] Actual Kaliningrad.

O ano de 1781 é a data da primeira edição da *Crítica da Razão Pura*, publicada quando Kant tinha 57 anos. A segunda edição da *Crítica* (escrita em parte para mostrar que aquilo que se propõe não é um idealismo à maneira de George Berkeley)[43] é de 1787. A segunda *Crítica*, a *Crítica da Razão Prática*, é publicada em 1788. A terceira *Crítica*, a *Crítica da Faculdade do Juízo*, é publicada em 1790. Outros escritos de relevo são, por exemplo, *Prolegómenos a Toda a Metafísica Futura* (1783), explicando e defendendo ideias da primeira crítica, a *Fundamentação da Metafísica dos Costumes* (1785) e *A Metafísica dos Costumes* (1797), relacionadas com o âmbito da segunda *Crítica* e visando questões relativas a liberdade, moralidade e direito, e opúsculos tais como a *Ideia de Uma História Universal de Um Ponto de Vista Cosmopolita* (1784), *O Que É o Iluminismo?*[44] (1784), *A Religião nos Limites da Simples Razão* (1793) e *A Paz Perpétua* (1795), que estendem a abordagem das questões da liberdade e moralidade a concepções sociais e políticas. Referirei mais à frente algumas das teses sobre o papel da razão na história humana presentes nesses escritos.

Embora em obras como os *Princípios Metafísicos da Ciência da Natureza* (publicada apenas no início do século XX e conhecida como o *Opus Postumum*) ou a *Antropologia de Um Ponto de Vista Pragmático* (compilada em 1798, a partir de cursos leccionados) Kant pareça tentar de alguma forma recolocar o seu «sujeito transcendental» na natureza, na sua filosofia crítica, concentrada nas três *Críticas*, não o faz ainda; o que está em causa é uma análise do próprio sujeito, o sujeito transcendental. Na *Crítica da Razão Pura*, o problema é compreender o que fazemos quando representamos e conhecemos o mundo; na *Crítica da Razão Prática*, o problema é compreender o que fazemos quando agimos livre e moralmente; e, na *Crítica da Faculdade do Juízo*, o problema é compreender o que acontece quando apreciamos algo esteticamente, seja a natureza, sejam objectos de arte. Uma teoria transcendental é uma abordagem das condições de possibilidade dessas nossas capacidades.

No quadro da primeira *Crítica*, Kant está particularmente interessado em considerar se as nossas representações alcançam ou não alcançam

---

[43] O mote do idealismo berkeliano é *esse est percipi* (ser é ser percebido, i.e., percepcionado). Ser idealista no sentido berkeliano recusado por Kant significa indexar a existência ao pensamento, i.e., considerar que o ser de alguma coisa — por exemplo, dos números naturais ou de uma maçã verde — depende do facto de essa coisa ser pensada. Kant não é idealista nesse sentido.

[44] No original, *Was ist Aufklärung?* Compreender a ideia de *Aufklärung* é fundamental para compreender Kant.

a realidade (a que Kant chama «númeno», ou realidade em si [*an-sich*], por oposição a «fenómeno», o termo que usa para o mundo representado, a realidade para nós [*für-uns*]). Defenderá sempre, neste contexto epistemológico, que as nossas representações são representações do fenómeno, i.e., do mundo para nós, sem que isso impeça a objectividade do conhecimento. As representações que lhe interessam particularmente, por serem o veículo do conhecimento objectivo, são os chamados «juízos sintéticos *a priori*». Estes encontram-se em ciências como a matemática ou a física, e são caracterizados por uma universalidade e necessidade que, por exemplo, os nossos juízos usuais de percepção não têm. Kant concorda com David Hume, o filósofo empirista escocês do século XVIII, ao afirmar que características conceptuais fortes do conhecimento tais como a universalidade e a necessidade, que estão presentes nos juízos sintéticos *a priori* (por exemplo, num juízo aritmético como $7 + 5 = 12$), não podem provir da experiência. Para formularmos o conhecimento a que chamamos científico, temos de dizer coisas como «sempre», «todos», «necessariamente». Ora, embora essas características estejam presentes nas nossas pretensões de conhecimento, não podemos nunca, nenhum de nós pode, ter experiência directa do conteúdo correspondente a tais termos. O que seria afinal experienciarmos «*todos* os homens» ou experienciar que algo se passa «sempre e necessariamente»? Não somos, pura e simplesmente, seres capazes de experienciar tais totalidades ou necessidades: somos seres finitos, limitados, espaciotemporalmente locais; a nossa experiência é correspondentemente limitada. O argumento de Kant é então o de que, se estas características estão presentes nos nossos juízos e representações sobre o mundo, e se elas não vêm da experiência, então só podem provir do sujeito e das estruturas *a priori* deste. A filosofia transcendental de Kant é em grande medida uma análise dessas estruturas *a priori* da subjectividade que ele considera condições de possibilidade de conhecer. O objecto de Kant é portanto a subjectividade capaz de produzir conhecimento, mais do que directamente o conhecimento ele próprio. E o que é a subjectividade para Kant? Kant vê a subjectividade como um «composto», um composto de passividade (sensibilidade), espontaneidade (entendimento) e poder heurístico de realizar unificações (razão). Em cada um dos três componentes (sensibilidade, entendimento e razão), Kant vê elementos *a priori*. A forma *a priori* da nossa receptividade, i.e., da sensibilidade, são as intuições puras (o espaço e o tempo); a forma *a priori* da espontaneidade do entendimento são as categorias (tais como substância ou causalidade);

as formas *a priori* da Razão são as Ideias da Razão (Deus, Alma, Mundo, os três tópicos tradicionais da metafísica).

Na segunda *Crítica*, a *Crítica da Razão Prática*, Kant prossegue a análise transcendental, agora com a intenção de compreender a natureza do agir livre e racional, por contraste com o fazer instintivo que nos é propriamente natural e característico da nossa animalidade. A ideia-chave é que, embora do ponto de vista da representação teórica só alcancemos a realidade (inclusive a nossa própria realidade física e mental) como fenómeno (i.e., só podemos conhecê-la tal como ela é para nós, marcada pelas nossas estruturas *a priori*), a nossa experiência do agir livre é uma «porta de entrada» para a realidade em si (a que Kant chama, recorde-se, númeno). Assim, segundo Kant, a nossa experiência de nós próprios enquanto agentes racionais, o nosso agir por dever, revela-nos mais acerca de nós próprios (e do mundo) do que as nossas representações fenoménicas: revela-nos que a nossa natureza é liberdade. Essa liberdade pode ser determinada por nós na acção racional através daquilo a que chama o imperativo categórico. Este é uma ordem dada pelo sujeito à sua própria vontade, sob a forma de uma regra susceptível de ser tomada como regra por qualquer agente racional. Podemos dar a lei à nossa vontade e devemos também poder querer, diz Kant, que as máximas que regem a nossa vontade sejam universalizadas (i.e., devemos poder querer que elas fossem queridas por qualquer agente racional e se tornassem assim lei universal). Esta é obviamente uma ideia, e uma ideia muito influente, acerca da natureza do «legislador» de qualquer querer: este seria a vontade racional humana e nada mais — nada acima disso. Compreensivelmente, muito pensamento ético e político contemporâneo tem como referência esta concepção kantiana do querer racional, um querer que não é desejo, mas sim vontade, que não é heterónomo, mas sim autónomo. Um exemplo particularmente importante é John Rawls, cuja teoria da justiça, permeada de influência kantiana, está no centro de muita filosofia política contemporânea.[45] Apesar disso, poucos filósofos aceitariam hoje os dualismos entre liberdade e desejo, realidade representada e realidade em si, que subjazem ao pensamento de Kant. Com a sua promessa de universalidade e de fundamentação do agir moral na racionalidade, a filosofia moral kantiana é extremamente atractiva. No entanto, choca de frente com a necessidade de recolocar o pensamento na natureza que se impõe a muito do pensamento actual

---

[45] Cf. RAWLS (1993).

sobre comportamento moral. O agir racional e livre que interessa a Kant nada retém do animal que somos (um animal cujos comportamentos seriam claramente heterónomos no sentido de Kant, i.e., seriam em mim, mas não seriam meus, como é o caso de todo o meu comportamento instintivo).[46]

A terceira *Crítica* de Kant, a *Crítica da Faculdade do Juízo*, é ainda hoje crucial na estética e na filosofia da arte.[47] Não trata directamente de arte, mas da natureza do juízo reflexivo estético (*ästhetisches Reflexionurteil*), da relação do nosso espírito com o belo e o sublime, bem como do papel que a componente estética do nosso pensamento tem nas relações pensamento-mundo globalmente consideradas.[48] Esta terceira *Crítica* foi particularmente importante para os idealistas alemães e pode mesmo ser considerada o culminar da filosofia transcendental kantiana.[49] As principais ideias defendidas são que o juízo estético é um juízo reflexivo (por contraste com os juízos analisados na *Crítica da Razão Pura*, ditos «juízos determinantes») e que envolve o prazer desinteressado (i.e., uma apreciação que não deseja incorporar ou utilizar o objecto apreciado), bem como um pensamento da finalidade nas coisas. Uma vez que finalidade e teleologia não fazem parte, segundo Kant, da representação científico-natural do mundo que está em causa nos juízos de conhecimento, abre-se a possibilidade de o pensamento da finalidade nas coisas depender de alguma forma da nossa natureza mental. Este é o ponto de ancoragem para uma importância mais lata do aspecto estético do nosso pensamento quando se considera as relações pensamento-mundo — essa importância não se restringe às questões do belo e da arte.

Para Kant, o juízo estético, dito juízo de gosto (*Geschmacksurteil*), que constitui o foco da análise, não é o único tipo de juízo estético: também os juízos acerca do agradável são juízos estéticos. Em geral,

---

[46] Resta saber se isso é ou não um problema. Se queremos, por exemplo, defender que a normatividade característica do nosso agir moral não é de todo redutível ao nosso comportamento animal, então certamente consideraremos que Kant está no bom caminho.

[47] Agradeço a João Lemos e a Arata Hamawaki a minha mais recente incursão no pensamento estético de Kant e nas interpretações contemporâneas deste.

[48] E, portanto, do assunto das três *Críticas*. Esta componente estética tem um papel na totalidade do nosso pensamento, o que significa também, para Kant, na filosofia ela própria entendida como sistema. Aqui tomarei o método kantiano como transcendental. Uma compreensão mais profunda obrigar-nos-ia a pensar em termos de sistema e arquitectura.

[49] Cf. MARQUES (1987).

juízos estéticos são aqueles cujo fundamento de determinação só pode ser «subjectivo». O que Kant quer dizer com isto é que há aí um elemento subjectivo que não é parte do conhecimento: é o prazer (*Lust*) ou desprazer (*Unlust*) que se liga à representação do objecto percepcionado. Apesar de no contexto da terceira *Crítica* o juízo reflexivo ser contrastado com o *Erkenntnisurteil*, o juízo de conhecimento, a faculdade de julgar (*Urteilskraft*) envolvida nos juízos estéticos de gosto é a mesma faculdade de julgar que está presente nos juízos determinantes na *Crítica da Razão Pura* e que analisarei mais à frente. Embora o juízo estético não constitua conhecimento, as faculdades cognitivas superiores estão nele envolvidas, e Kant procura explicar como. Diz-se usualmente que estão envolvidas sem conceitos, ou sem subsunção a conceitos, i.e., sem os conceitos tal como estes estarão envolvidos nos juízos de conhecimento. Em parte, daqui sairá a definição de belo de Kant: belo é aquilo que é, sem conceito, objecto de uma satisfação universal.

Volto ao contraste entre juízo estético acerca do agradável e juízo estético de gosto. No juízo estético de gosto, sensação (*Empfindung*) e sentimento (*Gefühl*) não estão presentes apenas empiricamente — este é o caso, segundo Kant, no juízo acerca do agradável, que certamente também envolve prazer e desprazer, bem como interesse e desejo (*Begierde*). Mas, no juízo estético de gosto, o prazer e o desprazer estão enquadrados pela faculdade de julgar, e um ponto fulcral é precisamente, em contraste, a ausência de interesse (*Interesse*) na existência do objecto. O interesse pressupõe necessidade. Ora, existindo tal necessidade, o juízo sobre o objecto não seria livre (e o juízo estético é livre para Kant, o prazer envolvido no juízo estético é livre). Kant procura capturar o contraste entre um comprazimento que é inclinação e um comprazimento que não é inclinação. Finalmente, uma pressuposição crucial em causa na terceira *Crítica* é a de uma concordância (*Zusammenstimmung*) que se «revela» no operar do juízo estético de gosto da nossa faculdade de julgar com a natureza. É isso que faz da terceira *Crítica* o ponto culminante da filosofia de Kant. O nosso sentimento de prazer enlaça-se com a finalidade na natureza: o espírito encontra assim lugar para si próprio naquilo que há. Kant assinala esta conformidade a fins da natureza com a nossa forma de a representar evocando o «supra-sensível».

Como se vê nesta breve visão panorâmica das três *Críticas*, a análise de Kant é uma análise do nosso espírito enquanto capaz de comportamentos diversos perante (ou no seio de) aquilo que existe: representar, determinar o agir, ajuizar esteticamente. Ora, segundo Kant a nossa mente não é um espelho ideal, uma transparência em relação ao mundo. Um pensador humano não é um pensador qualquer: o nosso tipo de mente é um tipo específico de mente, e aquilo que a nossa mente é marca a nossa forma de representar o mundo e ajuizar sobre ele. Antes de mais, um pensador humano é caracterizado por um particular tipo de sensibilidade e de (para usar o termo de Kant) animalidade. Em seguida, um pensador humano não é apenas «razão teórica», representação de como as coisas são: é também razão prática e apreciação. Um outro ponto muito importante a considerar é que, ao contrário de um filósofo como Descartes, que considerou que pensamento é consciência e que a consciência é imaterial, ao descrever a subjectividade, Kant não está a presumir a imaterialidade do pensamento. O programa transcendental kantiano para a filosofia é um programa de análise da razão pela razão; a célebre metáfora que utiliza é a da razão comparecendo a um tribunal no qual o juiz é a própria razão. Este programa transcendental pretende tomar o lugar da metafísica a que Kant chama «transcendente». A metafísica transcendente — que Kant critica ao escrever a *Crítica da Razão Pura* — era precisamente uma tentativa de alcançar de forma puramente conceptual e apriorista objectos que nunca poderiam ser dados na experiência (nomeadamente os grandes objectos que interessam à razão humana, tais como Deus, a Alma, o Mundo, centrais na metafísica tradicional). A metafísica tradicional é claramente metafísica transcendente e de resto corresponde, segundo Kant, a algo de profundo e inerradicável na alma humana (Kant fala de *metaphysica naturalis* e vê-a como inevitável). No entanto, ela não conduz a lado nenhum. Kant escreveu toda uma parte fundamental da *Crítica da Razão Pura*, a Dialéctica Transcendental[50], que ocupa uma larga parte do livro, para desconstruir os fantasmas produzidos por esta *metaphysica naturalis*.

Uma questão que Kant coloca a si próprio na *Crítica da Razão Pura* é a de saber por que razão a metafísica tradicional se apresenta como apresenta (i.e., como um caótico campo de batalhas não resolvidas), e

---

[50] A estrutura da *Crítica da Razão Pura* corresponde à estrutura da subjectividade humana tal como esta é vista por Kant: a Estética Transcendental corresponde a uma análise da sensibilidade; a Analítica Transcendental, a uma análise do entendimento; e a Dialéctica Transcendental, a uma análise da razão (estas duas últimas partes são organizadas no livro sob o título de «Lógica Transcendental»). Explicarei mais à frente o uso do termo «lógica» por Kant. Note-se que, além de utilizar o termo para o «componente» da subjectividade que não é nem sensibilidade nem entendimento, Kant chama também «Razão» àquilo que chamei aqui de subjectividade, globalmente considerada.

a sua resposta é que a maioria das doutrinas da metafísica tradicional é falaciosa e ilegitimamente obtida usando conceitos do entendimento sem dispor de evidência da sensibilidade. Segundo Kant, as falácias e as ilegitimidades não acontecem por acaso. Somos para elas empurrados pela inclinação natural da razão para uma completude que não pode nunca ser dada na experiência. Vejamos alguns exemplos dos movimentos problemáticos do pensamento com que os metafísicos se comprometem. Confunde-se, por exemplo, a simplicidade lógica do eu, característica da nossa forma de pensar, com saber que somos uma alma simples, imaterial e imortal. Desconstruir esta confusão é o objectivo da parte da Dialéctica Transcendental chamada «Paralogismos da razão pura».[51] Ou então pensa-se que a ideia de um fundamento de toda a possibilidade é equivalente a conhecer a existência necessária de tal fundamento, i.e., Deus. É disto que trata a parte da Dialéctica Transcendental intitulada «Ideal da razão pura», na qual Kant analisa e recusa todas as provas tradicionais da existência de Deus.

O caso é um pouco diferente com os paradoxos metafísicos que são as «Antinomias da razão pura» (esta é outra parte da Dialéctica Transcendental, a parte em que se lida com a ideia de «mundo» tal como esta é usada na metafísica tradicional). Relativamente ao mundo como conjunto de todos os fenómenos, Kant considera quatro antinomias (i.e., «pares» tese/antítese). As duas primeiras antinomias dizem respeito ao facto de o mundo ter (ou não ter) começo e limites no espaço e no tempo, e ao facto de todo o composto ser composto por simples (ou nada existir de simples). Elas são afastadas reconhecendo o espaço e o tempo como forma da nossa intuição. Por exemplo, no caso da primeira antinomia, isso significa que as coisas em si não são nem infinitas nem finitas temporal e espacialmente. A terceira e a quarta antinomias não estão ligadas da mesma forma à estrutura da sensibilidade humana; Kant propõe que estes são casos em que, uma vez aceite a distinção entre fenómeno e númeno, a tese e a antítese podem ser ambas verdadeiras. Por exemplo, a terceira antinomia opõe a ideia de mundo como totalidade causal fechada à causalidade pela liberdade (assim «introduzindo» no domínio da razão teórica aquilo que será o próprio núcleo das questões da razão prática: a liberdade). Kant sugere que o mundo fenoménico pode ser concebido como um domínio de existências contingentes

---

[51] Um paralogismo é definido como a falsidade de um raciocínio quanto à forma, seja qual for o seu conteúdo.

governado por leis naturais (i.e., uma totalidade causal fechada), ao mesmo tempo que se pensa que no mundo numénico existem acções livres. Na discussão da liberdade na Dialéctica Transcendental, Kant não pretende expor a realidade da liberdade nem demonstrar a possibilidade da liberdade. Pretende apenas tratar a liberdade como uma Ideia Transcendental, uma ideia pela qual a razão pensa iniciar absolutamente, pelo incondicionado do ponto de vista sensível, a série das condições no fenómeno.

De qualquer das formas, e isto é muito importante para compreender a natureza da filosofia de Kant, a Dialéctica Transcendental é uma *lógica da ilusão*. A razão, no seu uso teórico, conduz-nos, segundo Kant, através do campo da experiência e, como neste campo não pode nunca encontrar satisfação completa, introduz ideias especulativas. Estas, por sua vez, trazem-nos de novo à experiência e cumprem um papel, um papel útil, heurístico, mas que não está de todo de acordo com a nossa expectativa para a metafísica, que seria conhecer racionalmente a realidade tal como esta é em si mesma. O que essas ideias fazem é algo diferente: elas permitem «grandes unificações». Pensar envolve, segundo Kant, uma «tendência para as grandes unificações», uma tendência para dar um sentido global àquilo que vamos conhecendo objectivamente. Essa é, no entanto, uma tendência à qual não devemos chamar conhecimento: podemos, precisamente, chamar-lhe «pensamento», mas pensamento é menos (ou mais) do que conhecimento.

A verdadeira chave kantiana para o futuro da metafísica não estará então na razão teórica. A razão prática (i.e., a moralidade) será o caminho frutífero e a chave será a liberdade. Desde logo, a pedra de toque da liberdade é o dever. O dever é qualquer coisa que não ocorre em qualquer outra parte da natureza que não no humano. É qualquer coisa de diferente daquilo que o entendimento pode conhecer: o entendimento só pode pensar acerca da natureza o que esta é, foi ou será. O dever, em contrapartida, exprime uma acção possível cujo fundamento é um simples conceito. Kant pensa que a liberdade, como ideia da razão especulativa, permaneceria puramente problemática se o facto da lei moral não nos ensinasse que somos livres. Mas esse facto impõe-se-nos, constatamo-lo: somos capazes de dar uma lei ao nosso querer. A liberdade não deve então ser considerada apenas negativamente, como independência relativamente a condições empíricas, mas também positivamente, como faculdade de iniciar por si próprio uma série de acontecimentos. Um lance muito importante da filosofia de Kant é, assim, contrapor ao relativo insucesso da filosofia da razão pura no seu uso especulativo, i.e., teórico, o sucesso num outro caminho: o caminho do uso prático da razão pura (na terminologia de Kant, «prático» é tudo aquilo que é possível pela liberdade). Esta é uma ideia fulcral na sua obra como totalidade e é a este âmbito que diz já respeito uma parte da *Crítica da Razão Pura* chamada «Cânone da razão pura». Kant pensa que o propósito final da especulação da razão prática diz respeito a três objectos: a liberdade da vontade, a imortalidade da alma e a existência de Deus. Não há «uso imanente» para estes três objectos (os postulados da razão prática): pensá-los seria um esforço ocioso se não fosse o nosso fortíssimo interesse moral. Note-se que a liberdade (a ideia, criada pela razão, de uma espontaneidade que poderia começar a agir por si mesma, sem que uma outra causa a devesse ter precedido) goza de um privilégio em relação às outras ideias da razão prática (imortalidade da alma e Deus). O facto de nós nos podermos determinar praticamente (i.e., podermos agir por dever) dá às coisas em si o sentido ou a garantia de um facto, faz-nos efectivamente penetrar no mundo inteligível.

Na própria *Crítica da Razão Pura*, encontram-se assim já temas que serão o foco da filosofia moral de Kant. Na parte da *Crítica da Razão Pura* que referi acima, encontra-se uma secção intitulada «Do ideal do sumo bem como um fundamento determinante do fim último da razão pura», na qual Kant expõe aquilo que pensa encontrar neste caminho. Procura fazê-lo respondendo à questão «O que me é permitido esperar?» A sua resposta relaciona a liberdade com a moralidade e a felicidade. A relação é feita através de Deus: aquilo a que chama o «ideal do sumo bem» é a ideia de uma inteligência que comanda o mundo de acordo com leis morais e que faz convergir a esperança de ser feliz com o esforço incessante de se tornar digno da felicidade. O mundo inteligível (um mundo moral, do qual devemos pensar fazer parte enquanto seres morais e livres, embora os sentidos só nos apresentem o mundo fenoménico) só pode ser para seres como nós um mundo futuro. Deus e uma vida futura (i.e., a imortalidade da alma) são, assim, pressupostos que o uso de uma razão livre nos impõe. Se nada disto for o caso (se não existir Deus, se a alma não for imortal), as leis morais serão vãs quimeras. Kant chama a este discurso «teologia moral». Podemos resumir da seguinte maneira a forma de pensar do domínio da razão prática: nós somos capazes de agir por dever, somos capazes de impor regras racionais à nossa vontade. Descobrimos assim a nossa liberdade. Mas agir por dever não garante de modo algum a nossa felicidade nesta vida. Por isso deve haver (esperemos que haja) alguma adequação ou ajustamento de outra ordem; por isso se espera, para que seja possível conjugar o nosso agir por dever com a nossa felicidade, que a nossa alma seja imortal e que Deus exista. Mas isto são apenas postulados (da razão prática), não são demonstrações racionais (se Kant acreditava em Deus ou não, é uma questão independente e uma questão em aberto; alguns dos seus contemporâneos consideraram-no ateu — ele não parece, de qualquer forma, ter tido grande apreço pela religião organizada).

Em suma, embora o teor a que podemos chamar teológico, ou de inspiração teológica, da metafísica transcendente que Kant critica seja afastado do ponto de vista teórico, ele é recuperado de um ponto de vista prático, i.e., moral. Assim, a crítica que Kant faz da metafísica tradicional na *Crítica da Razão Pura* deixa afinal aberta, por uma outra via, a possibilidade de Deus. Aqui se enraíza a metafísica-moral caracteristicamente kantiana. Tudo isto é de qualquer forma muito diferente da metafísica transcendente anterior. Deixando de lado os voos teológicos, o núcleo da filosofia moral de Kant é a afirmação da autonomia humana. Os seres humanos são autónomos, ou seja, são eles próprios a origem da lei pela qual se regem. Isto é assim mesmo se eles são, também, seres físicos num mundo a pensar como determinista. E a vontade dos seres humanos cuja autonomia está em causa não é (já) desejo. Em suma: Kant pensa que há uma forma superior do querer que é descontínua em relação ao desejo sensível e que é o lugar de uma legislação universal. Pela lei moral, colocamos a máxima que rege a nossa vontade como princípio de uma legislação universal. Uma vontade determinada pela pura forma da lei, independentemente da condição sensível, é aquilo a que Kant chama uma vontade livre. A legislação da qual os seres humanos são os autores incide sobre a causalidade de seres livres (aquilo pelo qual seres livres são causa de alguma coisa).

Compreende-se melhor as relações entre a filosofia teórica (epistemológica e metafísica) de Kant e a sua filosofia prática (moral) se considerarmos que Kant foi um *Aufklärer*, um iluminista, i.e., alguém que confiou e apostou nas potencialidades da racionalidade em termos científicos, morais, sociais e históricos. Os escritos *Was ist Aufklärung?* (*O Que É o Iluminismo?*) e *Ideia de Uma História Universal de Um Ponto de Vista Cosmopolita* são bons exemplos disso. No primeiro, Kant avança e explora o famoso «*Sapere aude*» («Ousa saber») como divisa iluminista para os humanos. No segundo, procura reconstituir o fio da história humana, vendo nesta finalidade o progresso em direcção a uma liberdade materializada historicamente em instituições, primeiro da sociedade civil e depois de um estado cosmopolita universal.

Was ist Aufklärung? foi escrito em resposta a uma discussão pública sobre o Iluminismo, na qual Kant não foi o único interveniente. Kant defende que o Iluminismo, i.e., o esclarecimento, é o destino da humanidade: os humanos estão destinados a chegar à maioridade. Eles libertar-se-ão historicamente da incapacidade de seguirem o seu próprio entendimento e juízo (Kant não considerava que isso estivesse já feito no seu tempo). A menoridade é vista por Kant como falta de resolução e de coragem para querer pensar por si, falta de coragem para querer saber sem ser direccionado por alguém. Ela é assim, frequentemente, da responsabilidade do próprio «menor».

A verdade, contudo, é que Kant admite que os humanos reais, históricos, não são propriamente seres morais ou autónomos. Na *Ideia de Uma História Universal de Um Ponto de Vista Cosmopolita*, Kant fala de um «plano» e uma «finalidade» na história que é a realização social e institucional da racionalidade. Mas esse plano só será realizado através de uma «astúcia da Razão», já que tem como «material» a «madeira retorcida» que são os humanos reais e históricos, e a sua insociável sociabilidade. Note-se que, apesar de Kant estar aqui de alguma forma a avançar uma filosofia da história, o registo é sempre heurístico, i.e., Kant não pretende estar a descrever uma progressão da razão na própria realidade — em contraste com o que, como veremos, será a marca de Hegel ou Marx. É precisamente a razão iluminista kantiana que Hegel irá considerar limitada e que procurará superar com o seu próprio sistema. Linguisticamente, estes debates ficam marcados pelos usos em filosofia das palavras alemãs *Verstand* e *Vernunft*, «entendimento» e «razão»: quando utilizadas de um ponto de vista crítico, como será, por exemplo, o ponto de vista de Hegel sobre Kant, a primeira é tomada como significando (quase pejorativamente) «mero entendimento, forma científica de pensar»; a segunda, como algo muito mais ambicioso, uma visão de mundo. O Kant iluminista será acusado por filósofos posteriores de, na sua filosofia, se limitar ao entendimento.

Já fiz notar que, no que respeita a uma abordagem do mental, Kant é muito diferente de alguém como Descartes: ao teorizar a natureza da subjectividade, não está a falar da consciência como substância imaterial, e o apriorismo que defende não tem de maneira nenhuma de ser um inatismo imaterialista. Aquilo que existe *a priori* no sujeito, a marca da mente naquilo que é conhecido, não é apanágio de uma alma com ideias inatas. A ideia cartesiana de consciência como substância imaterial não tem lugar na *Crítica da Razão Pura* a não ser para ser desconstruída.

Kant nega que possamos provar de forma puramente apriorista e racional não apenas a imaterialidade ou a imortalidade disso que em nós podemos chamar alma, mas também a existência de Deus. Como já vimos, isto não quer dizer que Deus ou a imortalidade da alma não possam ter uma função no pensamento humano — para Kant, estas ideias têm uma função prática, heurística —, mas estaremos a pensar mal no que é, por exemplo, pensar sobre Deus se pensarmos que podemos argumentar e demonstrar racionalmente a sua existência. Como sublinhei, toda uma parte da Dialéctica Transcendental, na *Crítica da Razão Pura*, é destinada a desconstruir todas as provas racionais tradicionais da existência de Deus. Segundo Kant, pura e simplesmente não podemos lidar conceptualmente dessa forma apriorista com objectos dos quais não temos experiência. Que existem limites inultrapassáveis àquilo que é cognoscível e que existem constantemente ilusões na nossa forma de pensar é a última palavra de Kant acerca da nossa representação cognitiva do mundo.

Regresso agora brevemente a um olhar mais concreto sobre aspectos lógicos, epistemológicos e de filosofia da mente da teoria kantiana da representação que nos permitem compreender como Kant «participa» em discussões actualmente em curso nestas áreas. Já vimos que, perante o seu olhar sobre o nosso tipo de subjectividade ou mente (o termo que Kant utiliza para mente é *Gemüt* ou, também, *Geist*), esta não é nem o intelecto intuitivo de um deus, nem é aconceptual como seria a mente de um outro animal. Na análise que Kant faz do nosso tipo de mente em cada uma das três *Críticas*, o juízo é central. Ora, a forma como Kant considera a natureza do juízo está directamente relacionada com a forma como considera a natureza da lógica. Este ponto é muito importante para comparar Kant com autores posteriores do nosso percurso, nomeadamente Frege, mas também com um autor tão próximo no tempo como Hegel. É, de qualquer forma, aqui que se joga o antipsicologismo de Kant.[52] Embora a posição de Kant quanto à natureza da lógica seja nitidamente distinta do antipsicologismo de autores posteriores como Frege, Husserl ou Wittgenstein, ele inicia o importante trilho antipsicologista na filosofia contemporânea.

---

[52] Psicologismo é um termo (pejorativo) para a ideia segundo a qual a lógica trataria do processo psíquico do nosso pensamento.

Porque é que o foco da filosofia kantiana no juízo é tão importante? Observei na Introdução que é extremamente simplista considerar que a análise de conceitos é o método da filosofia e que já relativamente a Kant isso seria simplista. Uma razão por que isso é simplista (por mais que tal linguagem possa até ser comum nos nossos dias, em práticas muito diferentes da filosofia) é a própria noção de mente que tal ideia envolve. Ver as nossas mentes como esferas interiores de conceitos soltos, um caleidoscópio de ideias atómicas, que gravitariam umas em torno das outras e se associariam para formar crenças, é uma imagem metafórica, pobre e insustentável.[53] É, além do mais, uma imagem datada: essa forma de pensar na mente como esfera interior de conceitos pertence mais propriamente ao empirismo e racionalismo da filosofia moderna do que a um autor como Kant. Sobre ideias e conceitos, Kant tinha algo de mais sofisticado a dizer; afinal, ele não pensa sequer que uma esfera mental interna e imaterial exista. No centro da sua concepção do mental está uma teoria do juízo, não uma concepção de conceitos como «coisas mentais» numa esfera interna. Ora, para a plena compreensão da natureza do juízo, é crucial, para Kant, não apenas compreender a relação entre juízo e lógica, mas também a relação entre juízo consciência.

Para Kant, um juízo é um acto mental de síntese (*Synthesis*). Essa síntese é feita sob uma forma lógica. Da forma lógica é dito ser forma de uma síntese discursiva, síntese discursiva essa que se relaciona com a síntese do diverso (*Mannigfaltigkeit*) na intuição (*Anschauung*), a síntese sensível. Kant pensa que a mesma função que confere unidade às diversas representações num juízo dá também unidade à síntese de representações diversas numa intuição (i.e., àquilo que percepcionamos).[54]

Na posição de Kant acerca do juízo como síntese, está em causa a ligação íntima entre aquilo que é articulado, discursivo, i.e., o juízo, e aquilo que é sensível, que recebemos passivamente, que nos é dado, i.e., a unidade da multiplicidade (*Mannigfaltigkeit*) na nossa intuição

---

[53] Esta imagem é metafórica, mas não pretende ser uma caricatura: ainda hoje uma concepção behaviorista-associacionista-conexionista do mental tem pertinência. Não é, no entanto, essa a orientação de Kant.

[54] Esta ideia acerca das relações entre sensibilidade e entendimento é extremamente polémica e muito discutida na actual filosofia da percepção, no contexto do debate sobre conteúdo (não) conceptual da percepção. Ela é, por exemplo, extremamente importante para a discussão entre John McDowell e Charles Travis a respeito da noção de «dado» em filosofia da percepção. Cf. MIGUENS (2017).

(*Anschauung*). Noutras palavras, o juízo é uma função psicológica de unidade que não apenas faz convergir e conceptualiza representações sob uma forma lógica[55], mas também *sustenta como unidade a unidade do dado*, i.e., o mundo que nos aparece, nomeadamente a unidade de algo que é percepcionado, como as coisas que vemos como coisas, por exemplo, os objectos e as suas propriedades.

Kant define ainda juízo como a maneira pela qual representações dadas (ou cognições; a palavra que Kant usa é *Erkenntnisse*) são trazidas à unidade objectiva da apercepção, i.e., à unidade da autoconsciência. Ele culpa os lógicos seus contemporâneos de não terem chegado a esta definição, limitando-se a afirmar que o juízo é uma relação entre dois conceitos; Kant pensa que a sua definição dá um passo em frente relativamente ao que se encontra na «lógica da escola». A questão da natureza do juízo liga directamente a *Crítica da Razão Pura* à *Crítica da Faculdade do Juízo* (cujo título original é *Kritik der Urteilskraft*, crítica do poder de julgar). Como já referi atrás, o objecto da *Crítica da Faculdade do Juízo* não são os juízos ditos determinantes (por exemplo, juízos aritméticos ou juízos de percepção), mas sim os juízos ditos reflexivos, os juízos teleológicos e estéticos (juízos acerca da finalidade e juízos acerca do belo e do sublime). Mas o ponto importante é que a capacidade de julgar é uma só. A expressão de Kant é «*Vermögen zu urteilen*». Esta é distinta de «*Urteilskraft*», i.e., da força (*Kraft, vis*) que se actualiza. A *Urteilskraft* é a actualização da capacidade, de *Vermögen zu urteilen*, a capacidade de julgar (a tradução inglesa, por exemplo do especialista em Kant Paul Guyer, é *power of judgement*). No vocabulário filosófico do tempo de Kant, *Vermögen* é *facultas*, tendência a agir, possibilidade de agir; associado a *Vermögen* há um *conatus*, uma tendência ou esforço de se actualizar (este é um termo de Espinosa e Leibniz). Quando essa tendência se actualiza, torna-se *Kraft, vis*, força, sendo assim já acção e não apenas tendência, disposição ou possibilidade. Porque a mente não é uma substância,

---

[55] Há, segundo a tabela dos juízos na *Crítica da Razão Pura*, juízos universais, particulares e singulares; afirmativos, negativos e infinitos; categóricos, hipotéticos e disjuntivos; problemáticos, assertóricos e apodícticos. A estes juízos de Quantidade, Qualidade, Relação e Modalidade correspondem as categorias da Quantidade (Unidade, Pluralidade, Totalidade), Qualidade (Realidade, Negação, Limitação), Relação (Inerência e Substância, Causalidade, Comunidade), Modalidade (Possibilidade--Impossibilidade, Existência-Não-existência, Necessidade-Contingência). Kant defende que as categorias são deduzidas dos juízos (i.e., nós somos capazes de julgar e, porque somos capazes de julgar precisamente destas formas determinadas, vimos a descobrir a existência desses *templates* nas nossas mentes que são as categorias).

nem deve ser entendida no quadro de uma metafísica da substância, a caracterização kantiana do mental é remetida para capacidades ou «faculdades»: o mental não é uma coisa ou substância; é um ser capaz de fazer. *Vermögen* é precisamente o termo de Kant para todas as faculdades: *Verstand, Urteilskraft, Vernunft* (entendimento, faculdade de julgar, razão).

Assim, a *Urteilskraft*, o poder de julgar que dá o nome à terceira *Crítica*, é a actualização dessa mesma *Vermögen zu urteilen*. Na Introdução à *Crítica da Faculdade do Juízo*, Kant afirma, numa passagem célebre, que o poder do juízo é em geral o poder de pensar o particular como contido no universal. Se o universal (a regra, o princípio, a lei) é dado, então o poder do juízo, que subsume o particular sob o universal, é *determinante*. Se o particular é dado, e para csse dado o poder do juízo deve encontrar o universal, então o poder do juízo é meramente *reflexivo*. Esta passagem refere o contraste mais óbvio e mais conhecido — mas omite o comum. O comum é a comparação-reflexão-abstracção que caracteriza qualquer juízo. Os juízos estéticos são *apenas* reflexivos, o que não impede os juízos determinantes de serem eles próprios *também* reflexivos.[56]

Os juízos aparecem ordenados na *Crítica da Razão Pura* numa tabela classificatória, e na história da recepção de Kant essa tabela foi usualmente considerada secundária relativamente à tabela das categorias. Seria a partir das categorias que as teses de Kant sobre as relações pensamento-mundo seriam mais directa e simplesmente formuláveis. Esta imagem vem dos neokantianos do século XIX até, por exemplo, aos autores de duas muito conhecidas interpretações de Kant no século XX, Martin Heidegger[57] e Peter Frederick Strawson.[58] O próprio Hegel foi o primeiro a afirmar[59] que, dado o carácter *ad hoc* e arbitrário da tabela kantiana dos juízos, mais valia que Kant tivesse olhado directamente para a experiência, em vez de ter ido buscar tal tabela aos manuais da escola.[60] A importância da tabela dos juízos reside no facto de por trás dela estarem actos de pensamento, o que contrasta com a rigidez da tabela das categorias, na qual estas aparecem como dadas, determinadas. Um juízo

---

[56] É preciso ter em mente que o uso do termo «reflexão» em Kant é muito peculiar e muito pouco psicológico; ele usa o termo para falar de formas lógicas do juízo, e não, por exemplo, daquilo a que chamará o sentido interno, a automonitorização da mente.

[57] Cf. *Kant e o Problema da Metafísica*, 1953.

[58] Cf. *The Bounds of Sense*, 1966.

[59] Cf. *Ciência da Lógica*, 2018.

[60] É interessante, diga-se de passagem, notar que não há nenhum manual de escola específico a que Kant tenha ido buscar exactamente aquela tabela organizada em Quantidade-Qualidade-Relação-Modalidade que conhecemos.

é algo que se faz, um exercício de uma capacidade. Isto é importante porque o argumento central da *Crítica da Razão Pura* — o argumento a favor da aplicabilidade das categorias à experiência (que aparece na «Dedução transcendental das categorias», na Analítica Transcendental) — se apoia precisamente na relação que Kant procura estabelecer entre a síntese discursiva do juízo e a síntese da multiplicidade, i.e., a síntese sensível. Ora, este argumento só pode ser plenamente compreendido na sua ambição se o relacionarmos com a teoria do juízo. É verdade que, mesmo se o procedimento de Kant é tudo menos introspectivo, podemos considerar que o argumento é mentalista, ou psicologista. Mas isso não é razão para abdicarmos de o compreender. E o ponto é que, sem atenção ao fio condutor que é o juízo, se perde a perspectiva do caso global de Kant na *Crítica da Razão Pura*.

É essencial também compreender a relação do juízo com a lógica, e para isso é preciso compreender o que Kant entendia por «lógica». Muitos leitores actuais de Kant acusam-no simplesmente de, pelo facto de não dispor da lógica de que nós dispomos, dizer apenas coisas perfeitamente desinteressantes e desactualizadas. Kant seria simplesmente um momento não relevante na história da lógica. Uma forma de continuar a considerar Kant importante seria então a de considerar que aquilo que continua vivo e pertinente no seu pensamento (por exemplo, para fazer epistemologia e filosofia da mente) é a questão das relações das categorias com a experiência. Por isso, e apenas por isso, vale a pena continuar a ler e discutir Kant. Mas porque Kant tem uma concepção completamente desactualizada de lógica, decide-se ignorar aquilo que é explicitamente dito vir da Lógica (i.e., da lógica geral), por exemplo, especificamente, a tabela dos juízos.

Ninguém nega que Kant concebia a lógica de forma muito diferente da nossa. No entanto, se queremos levar Kant a sério, não podemos simplesmente dizer que tinha uma visão completamente desactualizada da lógica e ficar por aí. Já sabemos que encontraremos em Kant uma abordagem da lógica que (ao contrário do que o próprio Kant proclama) aparecerá, a olhos contemporâneos, como sendo, pelo contrário, psicologista (*psicologista* exactamente porque tem como objecto *actos do entendimento*). Mas o que é que isso significa? O que é que Kant pensa, então, que é a lógica?

A parte da *Crítica da Razão Pura* intitulada Lógica Transcendental, que contém a Analítica Transcendental e a Dialéctica Transcendental, abre com uma separação entre lógica geral e lógica transcendental. A primeira (a lógica geral) teria, segundo Kant, chegado completa da «escola» — trata-se da lógica aristotélica. Estaria feita e acabada de uma vez por todas. Mas a segunda (a lógica transcendental) é de alguma forma o assunto da própria *Crítica* — é teoria do conhecimento e teoria da mente. É da primeira, a lógica geral, que Kant diz que é *formal*. A pergunta importante a fazer é em que sentido é que a lógica geral é formal. É formal tanto quanto abstrai dos conteúdos da cognição e lida somente com a forma do pensamento em geral, i.e., com a cognição discursiva. É claro que isto é completamente diferente do entendimento contemporâneo de «formal» — «formal» significa, hoje, quando falamos de lógica formal, «respeitante aos traços estruturais relevantes para a preservação da verdade, expressos num cálculo e dizendo respeito a consequência» (i.e., ao-que-se-segue-de-quê). Aquilo de que Kant fala quando fala de «formal» é diferente: ao contrário dos lógicos de hoje, Kant está a falar de cognição. A concepção kantiana de lógica está mais próxima da dos lógicos de Port Royal, para quem a lógica expunha a reflexão sobre as operações da mente, do que da nossa concepção de lógica. Em ambos os casos (no de Kant e no dos lógicos de Port Royal), a lógica é algo como o autoconhecimento (Kant usa a palavra *Selbsterkenntnis*) do entendimento e da razão quanto à forma.

Além de ser importante ter claro o que Kant quer dizer com «formal», é também conveniente ter ideias claras quanto ao que ele defende quanto a analiticidade. É verdade que Kant afirma que todos os juízos lógicos (da lógica geral) são juízos analíticos[61], mas não é verdade que equacione o domínio da lógica transcendental com o domínio da analiticidade. Veremos mais à frente que Frege, o pai da lógica formal contemporânea, tem constantemente os olhos em Kant e batalha contra a concepção «pobre», cognitivamente não produtiva, de analiticidade em Kant. É essa mesma concepção de analiticidade que leva Kant a dizer de forma altaneira que a lógica é analítica e que por isso daí não virá nada de novo.[62] Sabemos bem que poucas décadas mais tarde tal se revelou

---

[61] A distinção entre juízos analíticos e juízos sintéticos, fundamental na *Crítica da Razão Pura*, e muito cedo apresentada, reporta-se à forma *S é P* como sendo a forma de qualquer juízo. De acordo com a definição kantiana, num juízo analítico o conceito do predicado está contido no conceito do sujeito, enquanto num juízo sintético a predicação, i.e., a atribuição a S do conceito do predicado, alarga o que era concebido em S. O juízo é, assim, dito extensivo, por contraste com explicativo.

[62] Na *Jäsche Logik*, Kant chega mesmo a afirmar que nos tempos presentes (i.e., no seu tempo, finais do século XVIII, inícios do século XIX) não houve lógicos famosos e

completamente falso.⁶³ Mas a discussão não pára nesse ponto, porque as formas lógicas da tabela dos juízos não são apenas formas dos juízos analíticos no sentido de Kant. As formas lógicas da tabela dos juízos são formas quer dos juízos analíticos quer dos juízos sintéticos, dos juízos extensivos e dos juízos não extensivos (dos «que apenas explicam o que já está contido no conceito do sujeito» e dos outros). É por isso que ao compreender a forma lógica dos juízos estaremos também a compreender a natureza das sínteses de intuições sensíveis, i.e., a forma como percepcionamos e pensamos objectos. Esta é uma questão epistemológica e de filosofia da mente, e continua a ser uma questão muito importante. Se não formos empiristas e se não quisermos identificar «realidade» com estimulação (como veremos, por exemplo, Quine, mais à frente neste livro, fazer), o caminho que Kant está a abrir é um caminho alternativo possível ainda hoje.

Há um outro ponto de grande importância naquilo que Kant pensa sobre a lógica. Além de ser formal no sentido acima explicado, a lógica, diz Kant, estuda as leis necessárias do entendimento. O que é que isto quer dizer? Uma interpretação possível é a seguinte: para Kant, a lógica não é nem uma investigação metafísica da natureza da realidade[64] nem uma descrição psicológica de como os humanos raciocinam. A lógica é uma articulação dos princípios formais constitutivos do pensamento[65], e precisamente por isso será a fonte, ou a referência, da ontologia (do mundo tal como este é para-nós, representado, fenoménico). Esta é uma ideia que terá futuro; é neste sentido que Kant é antipsicologista.

Esta relação da lógica com a ontologia tem ainda de ser ligada com a questão da consciência. Retire-se do que foi dito até aqui que o juízo é importante em Kant acima de tudo porque não há consciência, não

---

que não são precisas invenções para a lógica, porque ela contém apenas a forma do pensamento.

[63] A história da lógica a partir do século XIX «explodiu» em novidade filosoficamente relevante: pense-se apenas em George Boole, Gottlob Frege, Alan Turing ou David Hilbert.

[64] Ao contrário do que é o caso em Aristóteles ou Leibniz, para quem a lógica está fundamentada na ontologia, para Kant, em contraste, a lógica será, por ser a articulação dos princípios formais constitutivos do pensamento, a fonte dos conceitos ontológicos.

[65] Cf. MIGUENS (2019d), no prelo. Esta ideia tem continuidade em Frege (há aqui obviamente grandes discussões em filosofia da lógica) e seria desenvolvida em Wittgenstein. Opor-se-ia a concepções psicologistas de lógica que se encontram de Descartes a Quine (cf. CONANT, 1991).

há unidade da autoconsciência, não há categorias em relação com a autoconsciência a estabelecer a objectividade do conhecimento sem o esforço em direcção ao juízo. É isso que o mental é: esforço em direcção ao juízo e, enquanto tal, consciência. Kant declara de forma célebre que o «eu penso» acompanha, ou pode acompanhar, todas as minhas representações. Isso quer dizer, por um lado, que eu posso dizer ou pensar que as minhas representações são minhas — constatar que sou consciente das minhas representações, sou eu quem pensa aquilo que penso. Isso é uma coisa, e para Kant é algo que envolve apenas análise. Mas o próprio pensar serem minhas as minhas representações pressupõe que uma síntese do diverso dado na intuição esteja a acontecer, e isso é uma coisa diferente. A unidade da apercepção (ou consciência) é (*originariamente*) *sintética* segundo Kant, i.e., dá-se ou faz-se experiencialmente, tem de estar a acontecer, não é apenas uma questão de análise. Esta é uma ideia fundamental acerca da consciência na *Crítica da Razão Pura*. A consciência como unidade sintética originária não pode de modo algum ser identificada de forma simplista, por exemplo, com o sentido interno (ainda hoje, olhando para a filosofia da mente, vários filósofos da mente têm uma concepção de consciência como sentido interno ou percepção voltada para o interior, automonitorização, auto-inspecção). Não é essa a ideia de Kant. A ideia de sentido interno também se encontra em Kant (que diz, na Estética Transcendental, que o tempo é a forma do sentido interno) e é uma ideia com a qual Kant provavelmente faz eco de John Locke, que fala, no seu *Ensaio sobre o Entendimento Humano*, da reflexão da mente sobre as suas próprias operações e representações, do voltar-se sobre si. Mas este sentido interno, a captação da mente por si própria, não pode ser identificado com a unidade sintética originária da apercepção. Sentido interno seria uma monitorização, um espelhamento, um simples tomar de algo já em si determinado. Ora, a consciência não é para Kant apenas isso; a consciência é, na sua terminologia, «espontaneidade» e «síntese».

Não é simples compreender o alcance, hoje, do conjunto das teses de Kant sobre percepção, pensamento e consciência. Merleau-Ponty, o fenomenólogo francês, afirmou na sua *Fenomenologia da Percepção* que o que Kant faz é apenas reviver o racionalismo tradicional: ele assume que uma garantia *a priori* está já dada, de uma vez por todas, que o sensível, o dado, é acessível a conceitos, que uma explicação total já foi conseguida nalgum lado. Mas é muito duvidoso que Kant seja um racionalista tradicional nesse sentido. Fora ou além do esforço em direcção ao juízo, um «sensível» (i.e., o mundo) garantidamente e de uma vez por todas acessível a conceitos é algo que para Kant não existe.

Traçado este quadro, o que é, para Kant, pensar? Pensar é representar por conceitos, identificar e reconhecer objectos sob conceitos. Ao fazer uma análise da capacidade de julgar, *Vermögen zu urteilen*, estamos precisamente a dar substância a esta resposta. Pensar, para Kant, é ainda algo mediato, em contraste com a imediaticidade da intuição, que no nosso caso é sempre intuição sensível. Disse que pensar é identificar e reconhecer objectos sob conceitos (acerca de conceitos, exploraríamos agora os conceitos puros, e os conceitos empíricos, uns sendo os «moldes» dos outros). Como ficamos quanto a conteúdo e consciência? Ficamos com a ideia de que nem todas as representações são conscientes; apenas as representações por conceitos são conscientes, são pensamentos. Pensamento no sentido próprio é diferente de outras coisas a que podemos talvez chamar «mentais»: por exemplo, relativamente a animais, a ideia é que estes não reconhecem (*erkennen*), embora discriminem. Assim, perante o célebre «eu penso» que *deve poder acompanhar* todas as minhas representações, devemos estar conscientes de que isto não significa que necessariamente, actualmente, as acompanhe.

E o que é que, para Kant, significa *objecto*? Consideremos uma colecção de afirmações da *Crítica da Razão Pura*: «objecto» é isso no conceito do qual a multiplicidade de uma intuição dada é reunida; «objectos» são objectos representados por nós de acordo com as formas lógicas dos juízos, «objecto» é um X que indica o lugar da intuição sensível no juízo. Um objecto é um algo em geral, não é nada de específico antes de ser pensado por conceitos. Como devemos pensar a determinação deste objecto X? Ele é dado como determinável, ou dado já determinado, como uma unidade?

Perante estas e outras definições, há dois aspectos de objecto a considerar. O primeiro é a ideia de *objecto como aparência*. Objecto é o objecto indeterminado de uma intuição empírica; aquilo que está ainda indeterminado por conceitos. Objecto é o determinável. O segundo é a ideia de *objecto como fenómeno*. Um objecto é aquilo no conceito do qual a multiplicidade de uma intuição dada é unida. Esta forma de pensar sobre objectos é fundamental para se compreender a ontologia de Kant, que é, como fiz notar, uma ontologia feita por meio da lógica, e portanto através de uma referência à nossa capacidade de julgar. A pergunta a fazer aqui é se isto será uma forma de idealismo (como uma interpretação fenomenista da noção de fenómeno pode fazer pensar).

É, de qualquer modo, uma forma de pensar totalmente nova na história da filosofia.

O filósofo americano Richard Rorty (1931-2007), de quem falarei mais à frente, vê Kant como um exemplo daquilo a que chama uma «centração epistemológica da filosofia». Com isto, Rorty quer dizer que Kant consideraria a ciência a preocupação maior da filosofia. Dada a latitude dos interesses de Kant como filósofo, tal observação é desde logo contestável: a filosofia não cessa para Kant com a compreensão do conhecimento científico-natural, e mesmo a compreensão do conhecimento científico-natural está associada, em Kant, a uma concepção do mental, da lógica e da ontologia — definitivamente, não se trata apenas de epistemologia e filosofia da ciência. Não deixa de ser verdade, no entanto, que Kant limita o conhecimento objectivo ao conhecimento científico. Mas a sua filosofia não pára aí. Um dos golpes de asa de Kant quanto à razão humana diz respeito às repercussões morais e políticas da autonomia e espontaneidade da Razão. Evidentemente, isso não é o mesmo que pensar que a Razão «penetraria» a totalidade da realidade conhecendo-a. Quem trilhou tal caminho foram os seus sucessores, nomeadamente Hegel. Aí teremos não a centração epistemológica de que fala Rorty, mas a centração na Razão maiusculada, a que se seguiram, no século XIX, reacções irracionalistas apaixonadas. Entretanto, muita filosofia feita depois de Kant se afastou da ciência. Essa não era a posição de Kant, que viu a representação científica da natureza pelo pensamento humano como um dos grandes feitos do espírito humano.[66]

Mas mais do que pretexto para um afastamento relativamente à ciência, o pensamento de Kant serviu, por mais paradoxal que tal possa parecer, de pretexto para um afastamento relativamente à razão. O primeiro grande movimento de oposição à centralidade da razão, defendida por iluministas como Kant, foi o Romantismo, um movimento nas artes que em filosofia esteve ligado ao idealismo, em particular ao idealismo alemão. O Romantismo foi um movimento cultural e artístico contra-iluminista que representou uma fortíssima influência na cultura europeia e americana nas últimas décadas dos séculos XVIII e nas primeiras décadas do século XIX. Na literatura em Inglaterra, encontramos nomes como William Wordsworth, Byron, Percy Bysshe Shelley, William Blake; em França, Chateaubriand ou Alfred de Musset; em Portugal, nomes como Garrett ou Bocage, na poesia; nos EUA, Edgar Allan Poe ou

---

[66] E por isso pôde inspirar alguém como Albert Einstein.

Nathaniel Hawthorne. Na arquitectura, encontramos o reviver do estilo gótico; na pintura, Delacroix ou Goya; na música, Chopin, Schumann ou Liszt.

Mais do que exclusivamente um movimento artístico, o Romantismo constituiu uma certa manifestação global de rejeição do pensamento racional. Porque é que isso nos importa aqui? Porque o expoente máximo do pensamento racional seria precisamente o pensamento científico. Ora, acontece que, a partir desta perspectiva, a racionalidade científica é considerada prosaica e desespiritualizadora. Curiosamente, é em parte à filosofia kantiana que os românticos vão buscar a própria definição de realidade como espiritualidade (mais especificamente às ideias de Kant, que referi atrás, acerca da realidade numénica da liberdade). Daí passam, contudo, para uma posição de certa forma pouco kantiana: a ideia de que a «verdadeira» realidade não pode ser acedida de forma intelectualista, mas apenas através da intuição, da emoção, do sentimento.

Noutras palavras, por trás dos traços programáticos do romantismo em arte — a exaltação da natureza, da expressão dos sentimentos, da emoção, da intuição, da imaginação, o culto do exótico — está uma determinada rejeição da civilização enquanto relação racional com o mundo, bem como a rejeição da identificação da «Razão» com algo de universal, tratando-se antes de algo localizado em tempos e sociedades determinados. Para os românticos, apenas acontecimentos de intuição e de emoção, e não, por exemplo, investigação racional ou argumentos racionais, nos darão acesso ao «eterno enigma do mundo». Para fundamentar filosoficamente este programa, os românticos alemães foram buscar a Kant a ideia de número ou realidade em si como liberdade. Da ideia de realidade em si como liberdade em cada um de nós passaram à ideia de realidade total como Espírito, aspirando à realização. O caso mais extremo desta tendência — que assumiu surpreendentemente a forma de um hiper-racionalismo, estilhaçando por completo a distinção fenómeno-número defendida por Kant — foi a filosofia de Georg Wilhelm Friedrich Hegel.

HEGEL: A DOMINAÇÃO DA RAZÃO[67]

Georg Wilhelm Friedrich Hegel (1770-1831) estudou Teologia em Tübingen, onde teve como colegas o filósofo Friedrich W. J. Schelling e o poeta Friedrich Hölderlin. Os três partilharam aposentos em Tübingen, bem como ideais morais e intelectuais, e mantiveram uma ligação ao longo da vida.[68] Não há como negar a importância da teologia na tradição filosófica alemã, em particular no idealismo; ela é certamente muito importante em Hegel. Mas, por mais que isso possa parecer estranho aos nossos olhos, a teologia era para os três jovens de Tübingen uma forma de pensar sobre a sociedade, a política e a cultura do seu tempo, e não necessariamente apenas, ou sobretudo, uma forma de pensar sobre religião. De resto, se o jovem Hegel se interessou, por exemplo, pelo significado do cristianismo primitivo, e se um motivo do seu pensamento é, desde os inícios, uma incorporação do cristianismo na filosofia, a forma panracionalista como cultiva tais interesses é tudo menos ortodoxa do ponto de vista religioso. A verdade é que Hegel pôde ser visto quer como panteísta, quer como ateu, sendo que nunca deixou de se ver a si próprio como um cristão luterano.[69]

---

[67] A leitura aqui apresentada será de alguma forma ortodoxa e, nesse sentido, implicitamente crítica — para uma abordagem mais próxima do autor, procurando recuperar Hegel para a filosofia contemporânea, leiam-se, por exemplo, Terry Pinkard, Robert Pippin ou o filósofo alemão Pirmin Stekeler-Weithofer, cujo Hegel se aproxima do Hegel de Robert Brandom.

[68] Uma ligação por vezes conturbada, como foi o caso das relações entre Hegel e Schelling. Este último tornou-se um autor famoso muito antes de Hegel ter feito ouvir a sua voz.

[69] O certo é que a inspiração religiosa (cristã) está presente no seu pensamento. Hegel usa a religião para fazer filosofia, e pensa que a filosofia é, de certo modo, um

A sua grande realização como filósofo é um sistema metafísico, um sistema ao qual nada escapa. O Sistema é um sistema do Espírito Absoluto, realizando-se dialecticamente na natureza e na história. Este Espírito Absoluto é concebido por Hegel como Sujeito, i.e., como poder espontâneo de diferenciação.[70] O próprio existir e acontecer da natureza, bem como o desenrolar da história, são vistos, no sistema de Hegel, como racionais, desenvolvendo-se de forma a culminarem no conhecimento de si próprios pelo Espírito ou Absoluto. Ora, isto significa que, previamente à sua «exteriorização» na natureza e na história, o Espírito não se conhecia. Esta é uma ideia com ressonâncias gnósticas: Deus começa por não se conhecer, é desconhecido para si próprio, precisa da criação para vir a conhecer-se.

Deixando de lado este possível aspecto quase místico do pensamento de Hegel, convém ter em mente que muito do que se passa na história da filosofia do século XIX e ainda na filosofia do século XX é uma reacção ao racionalismo sem limites da visão da realidade desenvolvida por Hegel. O filósofo francês Jean-François Lyotard, nos seus escritos explicativos da ideia de pós-modernidade, pôde simplesmente dizer (e disse-o em 1986, não em 1886, ou 1806) que «Hegel é a Modernidade», e portanto aquilo contra o que a pós-modernidade se ergue.[71] Dizer

---

retomar e um revelar conceptual da religião. Como exemplos do uso da religião para fazer filosofia, pense-se, por exemplo, na importância que a tríade tese-antítese-síntese tem na chamada dialéctica hegeliana: podemos ver a tríade como *Trindade*. Pense-se ainda na possibilidade de ver a exteriorização-alienação do Espírito como *Encarnação*.

[70] Retomo o termo de Maria José CANTISTA (2006, p. 69).

[71] Cf. LYOTARD (1993). Um sentido imediato que tal afirmação pode assumir, na linguagem das «Grandes Narrativas» associada a Lyotard, é que a filosofia hegeliana é o próprio epítome de uma «Grande Narrativa», i.e., uma história racional global da natureza e do mundo, uma história que nada deixa no seu exterior, e que a tudo dá um sentido no todo. Nas palavras de Lyotard: «As "meta-narrativas" de que se trata em *A Condição Pós-Moderna* são aquelas que marcaram a modernidade: emancipação progressiva da razão e da liberdade, emancipação progressiva ou catastrófica do trabalho (fonte do valor alienado no capitalismo), enriquecimento da humanidade inteira através dos progressos da tecnociência capitalista, e até, considerando-se o próprio cristianismo na modernidade (opondo-se neste caso ao classicismo antigo), salvação das criaturas através da conversão das almas à narrativa crística do amor mártir. A filosofia de Hegel totaliza todas estas narrativas, e neste sentido concentra em si a modernidade especulativa» (1993, p. 31). É contra esta ideia de Modernidade-como-Racionalidade que, a certa altura no século XX, foi defendida a chamada pós-modernidade. O principal oponente de Lyotard nestes debates dos anos 1980 e 1990, o filósofo alemão da Escola de Frankfurt Jürgen Habermas, que neles intervirá como defensor do programa social, moral e político emancipatório da modernidade, para isso retomando o papel de autores

que Hegel é «racionalista» significa algo muito mais ambicioso do que, por exemplo, afirmar que Descartes ou Leibniz são racionalistas: nestes autores, o termo aplica-se antes de mais a uma teoria do conhecimento. Ora, racionalismo em Hegel é muito mais do que isso: é a ideia de que *a realidade ela própria* é intrinsecamente racional. Também se poderia dizer que a racionalidade é real: um dito por vezes utilizado para resumir o pensamento de Hegel é: «O Real é Racional e o Racional é Real.» A realidade é racional num sentido muito concreto: para Hegel, tudo aquilo que há — a natureza, a história — é racionalidade, realizando-se (i.e., vindo a ser temporalmente, acontecendo — o termo-chave aqui, um termo que terá uma história posterior pesada, nomeadamente no marxismo, será «dialéctica»). A racionalidade realiza-se, desenrola-se. Há um sentido, i.e., uma direcção, uma finalidade, um *télos*, nesse desenrolar. Isto quer dizer que para Hegel há um «sentido» no decurso da história da humanidade, na sequência de civilizações e impérios, na sequência de formas culturais. Esse sentido é o autoconhecimento do Espírito Absoluto, o voltar a si próprio do Espírito, a reconciliação (*Versöhnung*) consigo próprio, após a exteriorização ou alienação (*Entfremdung*). O Saber Absoluto, autoconhecimento do Espírito, é a verdade que se realiza no fim da história (no «fim», o tempo pode continuar, obviamente o tempo histórico continua, mas nada haverá de «novo»). A arte, a religião e a filosofia, que são as três formas do Espírito Absoluto hegeliano, são as formas sucessivas deste auto-entendimento. Hegel considera que aquilo que foi «novo» ao longo da história foi preservado naquilo que é negado (i.e., que deixou de ser) — isto aplica-se à sua visão da história, à sucessão que considera e analisa nos seus escritos, do mundo grego ao mundo romano, ao mundo cristão, ao mundo alemão. Pode assim falar-se de progresso propriamente dito. O termo que Hegel utiliza aqui é *Aufhebung. Aufhebung* (i.e., elevação-superação) é um outro termo fundamental para compreender o pensamento de Hegel, além do termo «dialéctica». O termo *Aufhebung* diz que a negação (que é

---

alemães clássicos como Kant, Hegel e Marx, identificará, também ele, Hegel como o «filósofo da modernidade» (Cf. HABERMAS, 2010, Capítulo II, «O conceito hegeliano de modernidade»). A causa que Habermas defende contra os pós-modernistas é que o potencial (racional) emancipatório da modernidade simplesmente *não é para ser rejeitado, não deve ser rejeitado*. A «substituição» de Hegel por Marx no seu quadro de referências significa, no entanto, entre outras coisas, que a ligação (hegeliana) do projecto da modernidade com a religião é um aspecto a eliminar.

para Hegel característica da própria realidade)[72] preserva algo num processo de transformação, sublimando-o. A *Aufhebung* é fundamental na concepção hegeliana de dialéctica. Para Hegel, a filosofia — e também a realidade — é dialéctica. Procurarei explicar melhor em que sentido, mas não posso deixar de chamar a atenção desde já para a diferença de valor que o termo «dialéctica» assume de Kant para Hegel. Em Kant, «dialéctica» é um termo de alguma forma pejorativo: significa lógica das aparências, significa que o nosso pensamento é naturalmente presa de ilusões. Em Hegel, «dialéctica» é o nome do método da filosofia e um termo que se aplica à natureza da própria realidade enquanto racional.

Repare-se que a forma de Hegel pensar na história como um todo com uma direcção significa que se pode falar de uma «História Universal» propriamente dita, i.e., que é compreensível pensar que tudo aquilo que aconteceu à humanidade faz sentido globalmente. Noutras palavras, temos aqui uma filosofia da história, ou seja, uma visão teleológica, finalista, de um sentido nas coisas humanas, que é para Hegel uma marcha da consciência na sequência das formas sociais e políticas, até chegar à autoconsciência no Espírito Absoluto. É certo que para Hegel o Sujeito desta «marcha» não são os humanos, os indivíduos: o sujeito é a Razão, o Espírito, o Absoluto (estes são sinónimos para Hegel). Todo este vocabulário teórico hegeliano está ligado a uma visão da história e será extremamente importante para compreender textos de Marx e dos marxistas dos séculos vindouros.

Maior ambição (metafísica, teológica, especulativa) do que aquela que Hegel tem para a racionalidade é dificilmente imaginável. Por isso, a reacção a Hegel que marca o teor de muita da mais interessante filosofia do século XIX aparecerá como *irracionalismo*, como uma rejeição feroz desta ideia de que a realidade seja ela própria «racional». É isto que move autores como Kierkegaard, Schopenhauer ou Nietzsche — Marx, que é, também ele, como Hegel, um crente na racionalidade na história e da história, e portanto na natureza dialéctica da realidade, é uma excepção entre as reacções a Hegel. É o mais hegeliano de todos estes autores que reagem a Hegel. Evidentemente, outra forma de reagir a Hegel é reagir não ao racionalismo, mas ao idealismo, tomado aqui como a ideia de que a realidade é racionalidade *porque é Espírito*. Assim, o realismo da

---

[72] Que algo de lógico-linguístico como a negação seja atribuído à realidade ela própria por Hegel imediatamente aliena um grande número de leitores, que vêem aqui especulação totalmente fora de controlo.

filosofia analítica nascente, de que um autor como Bertrand Russell é exemplo, aparecerá como reacção aos idealistas britânicos seguidores de Hegel (estes são por exemplo J. M. E. McTaggart, Bernard Bosanquet ou Francis Herbert Bradley).

O vocabulário teórico que acabei de introduzir não pode deixar de ser extremamente estranho. Como falar de Hegel de uma forma que nos diga alguma coisa ainda hoje? Durante muito tempo, Hegel foi tomado pelos filósofos analíticos como o próprio exemplo de como não fazer filosofia, o epítome do obscurantismo intelectual.[73] Embora nos últimos anos o debate filosófico sobre o mental e a cognição tenha «redescoberto» o idealismo alemão, especialmente Kant e Hegel, abrindo assim um diálogo novo entre a filosofia continental e a filosofia analítica (alguns exemplos deste diálogo são autores como John McDowell, Robert Brandom, Robert Pippin, Markus Gabriel, Pirmin Stekeler-Weithofer ou Sebastian Rödl), este interesse renovado é bastante recente e não é suficiente para esconder a estranheza. É verdade que o interesse por Marx e pelo marxismo desde sempre trouxe consigo o interesse por Hegel, já que Hegel está claramente por trás do pensamento de Marx.[74] No que se segue, farei o possível para tornar Hegel um pouco mais próximo (mesmo que artificialmente), e uma das formas de o fazer será sublinhar as suas conexões com Marx, já que a conexão Hegel-Marx é outra das razões para a presença de Hegel na filosofia contemporânea (nomeadamente na filosofia francesa do século XX).

Mas se a ligação com Marx é importante, convém também, sempre, pensar em Hegel comparando-o com Kant; ele próprio sempre pretendeu fazê-lo. Ora, se Kant se deu a si próprio a obrigação intelectual de delimitar o funcionamento do pensamento a partir de dentro, analisando as características do nosso tipo de mente e apontando os limites do cognoscível, antes de nos pronunciarmos acerca de magnos assuntos metafísicos, para não corrermos o risco de nos pronunciarmos acerca daquilo de que não temos experiência (é isto que a Dialéctica Transcendental na *Crítica da Razão Pura* critica de fio a pavio, é este passo de Kant que é um antecessor do motivo wittgensteiniano da delimitação do sentido e do *nonsense*), Hegel deixa cair todas as cautelas. Volta decididamente e sem pruridos às grandes teses metafísicas, às teses acerca da natureza íntima

---

[73] Heidegger seria o concorrente mais próximo.

[74] Falo dos *Manuscritos Económico-Filosóficos de 1844*, não de *O Capital*. O vocabulário marxiano da alienação, da autoconsciência e da mediação que se encontra nos *Manuscritos* é vocabulário hegeliano.

e global da realidade, precisamente aquelas contra as quais Kant tinha prevenido, considerando-as uma ultrapassagem ilegítima, especulativa, dos limites da experiência. Esse passo vem acompanhado de um desafio explícito a Kant: segundo Hegel, a razão (*Vernunft*) pode e deve ultrapassar a limitação kantiana ao entendimento (*Verstand*). Para Hegel, a (suposta) «razão» kantiana nunca foi mais do que entendimento, e isso é muito pouco. O «entendimento» deixa-se ficar na rigidez da oposição dos conceitos, sem procurar a génese destes. Uma outra forma de formular esta crítica segundo a qual Kant nunca ultrapassa o entendimento, que é uma crítica recorrente e central de Hegel a Kant, é dizer que Kant, pensando sobre o pensamento, nunca se desembaraçou do dado, i.e., daquilo que é exterior ao sujeito e à razão. Ora, é precisamente disso, do dado, que Hegel pretende desembaraçar-se com a sua ideia de que a realidade é conceito e o conceito é genético, ou seja, faz-se, é feito, não está «já feito». Se a Razão admitisse o Dado, então ela não seria já Absoluta, e Hegel pensa que a razão é absoluta. Admitir o dado é precisamente o que Kant faz (e não se envergonharia disso, obviamente: é com esse passo que Kant evita o idealismo que quer evitar; recorde-se que Kant se esforça por mostrar que não é um Berkeley, i.e., que não é um idealista que pensa que «ser é ser percepcionado»). No entanto, é precisamente a reverência ou submissão de Kant perante o «Dado» que desencadeia a crítica de Hegel. Hegel acusa Kant de ver o pensamento como uma mera justaposição à realidade, uma justaposição que apenas determina aquilo que o transcende. Curiosamente, esta disputa entre Hegel e Kant acerca do que seria o Dado tem paralelos com a que se passa hoje na filosofia analítica, nomeadamente na filosofia da percepção, em que encontramos uma discussão em torno do Mito do Dado e do conteúdo conceptual da percepção.[75] Claramente, Hegel vê o «Dado» (a que acusa Kant de se submeter) como um mito — para Hegel, não há «Dado», no sentido em que a noção de uma consciência imediata ou, como se verá, não «socializada», de um algo puramente aí é uma noção que não se sustenta. Esta crítica de Hegel a Kant (a submissão de Kant ao Dado) aplica-se especificamente à razão teórica em Kant, i.e., à *Crítica da Razão Pura*. Ela não se aplica ao território e ao tema da *Crítica da Razão Prática*, que será o próprio ponto de partida para Hegel: «Liberdade», a liberdade numénica kantiana, é um outro nome para o Espírito, ou Absoluto («Deus» é,

---

[75] A expressão «Mito do Dado» (*Myth of the Given*) é do filósofo americano Wilfrid Sellars (1912–1989), cujo ensaio *Empirismo e Filosofia da Mente* (1953) pode ser considerado um marco na crítica à posição sobre percepção associada ao Positivismo Lógico.

evidentemente, ainda um outro). O ponto de Hegel é então que, no plano da razão teórica, Kant se teria mantido ao nível de uma cisão, de um dualismo sujeito-objecto. A sua filosofia transcendental é por isso uma teoria do sujeito, não uma teoria do «Todo». Mas é precisamente esta cisão sujeito-objecto que é insustentável para Hegel — o Sistema hegeliano pretende ser um sistema da totalidade. A cisão sujeito-objecto, e portanto uma teoria do sujeito, é apenas um passo, um momento a ser superado. Isto reflectir-se-á de modo fundamental no contraste entre as concepções kantiana e hegeliana de consciência. A visão kantiana da consciência, como vimos atrás, é uma visão de representações acompanhadas do «eu penso». Em Hegel, encontramos a origem da visão de consciência como negatividade, que será depois incorporada, por exemplo, por um autor como Sartre, com a sua ideia de consciência como nada (*néant*), buraco no ser, desenvolvida em *O Ser e o Nada* (*L'être et le néant*). Esta consciência como negatividade «trabalha» na realidade e reconhece-se a si própria no fim de um percurso. À importância da negatividade na concepção hegeliana de consciência deve acrescentar-se a importância da presença do desejo (*Begierde*) no processo e progresso das formas (temporais) dessa mesma consciência. Sem nada e sem desejo não há concepção possível da consciência: esses são aspectos introduzidos por Hegel e que terão um largo futuro filosófico. Também por isso, i.e., pela importância do desejo e da consciência no seu sistema, se compreende que Hegel tenha sido a certo ponto incorporado pela psicanálise. No século XX, em França, o psicanalista Jacques Lacan (1901–1981) será um dos ouvintes ávidos das leituras que o filósofo franco-russo Alexandre Kojève faz, entre 1933 e 1939, da *Fenomenologia do Espírito* hegeliana. Alexandre Kojève teve enorme influência na filosofia francesa do século XX devido à sua forma de «contar a história» da fenomenologia do espírito hegeliana.[76] Nesta

---

[76] Alexandre Kojève (1902–1968) nasceu na Rússia, numa família abastada. Era sobrinho do pintor Wassily Kandinsky. Estudou na Alemanha (em Berlim e Heidelberg). Fez a sua tese de doutoramento com Karl Jaspers. Trouxe para França, com as suas leituras de Hegel, ecos de Marx e Heidegger. Foi, toda a vida, amigo do filósofo político Leo Strauss (que fora seu colega em Berlim) e, na sua bem-sucedida carreira política posterior à Segunda Guerra Mundial, foi uma figura fundamental na criação da União Europeia (o então «Mercado Comum»). Não foi apenas Lacan quem foi infuenciado por Kojève (nomeadamente, pensando sobre o estádio do espelho nos termos da dialéctica senhor-escravo de que falarei mais à frente); de Georges Bataille, Merleau-Ponty e Raymond Aron até Foucault e Derrida, todos eles o foram também. Convém notar que ler Hegel da forma que Kojève sugere não é ver em Hegel um racionalista: muitos foram os que procuraram em Hegel uma forma de pensar o que precede ou excede a razão individual (foi esse o caso, por exemplo, de Merleau-Ponty).

forma de contar a história da consciência e do seu desenvolvimento, a dialéctica do desejo, i.e., o reconhecimento de uma autoconsciência por outra autoconsciência, é fundamental. Ela marcará definitivamente a filosofia francesa a partir dos anos 1930.

Mais em geral, quando é incorporado no pensamento francês, por exemplo, por um autor como Sartre, Hegel será visto sobretudo como o filósofo da alienação e desalienação da consciência. E é verdade que a alienação (*Entfremdung*) e a reconciliação (*Versöhnung*) são fundamentais no sistema de Hegel. Do ponto de vista do indivíduo, a procura da reconciliação é uma procura de superação da alienação, da consciência infeliz (isto será importante para Marx). Do ponto de vista do Espírito Absoluto, o Fim da História será uma reconciliação do Sujeito consigo mesmo. Neste quadro, a filosofia é, segundo Hegel, como a Coruja de Minerva, que voa quando está a chegar o crepúsculo. A imagem é do próprio Hegel, na sua *Filosofia do Direito* (1821): a coruja, animal associado à sabedoria, é o animal que acompanha a deusa Minerva (correspondente à deusa grega Atena). Isto significa que a sabedoria (da filosofia) vem sempre «depois», vem tarde, nomeadamente na história; ela apenas apodera ou recupera em pensamento aquilo que já foi. A filosofia, para Hegel, não é assim, por exemplo, crítica ou transformação do que quer que seja (como Marx pretenderá), mas um reapoderar, recuperar e legitimar em pensamento — nesse sentido, estamos perante um conservadorismo no sentido mais literal, um conservar em pensamento daquilo que houve, e que há, justificando-o na sua racionalidade.[77] Se algo existe, então é racional. Se isto é Hegel, então há aí um nada de crítica, dirá Marx. Nenhuma edificação, acusará Kierkegaard.

Entretanto, e dentro deste enquadramento metafísico maior, hiper-racionalista e idealista-absoluto, Hegel desenvolve ideias mais sóbrias e que são ainda hoje muito influentes, por exemplo, ideias acerca de política, Estado e direito, mas também ideias acerca de percepção e consciência. É nestas últimas que me vou concentrar. Sigo assim uma longa tradição de não olhar para aquilo que parece mais estranho e inaceitável em Hegel,

---

[77] O que isto significa para a filosofia política de Hegel é susceptível de várias interpretações: Hegel deslumbra-se com a Revolução Francesa e com Napoleão (é célebre a sua frase: «Vi o Espírito do Mundo entrar a cavalo na cidade» quando vê Napoleão), e isso não seria «conservadorismo». Por outro lado, a sua ideia de que o Estado é a encarnação ou realização da ideia moral (*Sittlichkeit*), uma manifestação em acto da liberdade concreta, abre a porta a interpretações totalitárias. A *Filosofia do Direito*, baseada em cursos dados em Heidelberga e na secção sobre Espírito Objectivo da *Enciclopédia*, é de qualquer forma a principal obra de filosofia política de Hegel.

uma tradição que certos intérpretes do filósofo — por exemplo, o filósofo francês François Châtelet (1925-1985) — criticaram, por ignorar deliberadamente aquilo que para Hegel, ele próprio, foi talvez o fundamental: o panlogismo dialéctico e o teor teológico-religioso da sua filosofia. É importante não esquecer essa crítica enquanto preparamos um Hegel mais aceitável para o nosso palato presente, e que talvez corresponda ao recente «renascimento» de Hegel e dos estudos hegelianos.

Considero em seguida alguns aspectos das principais obras hegelianas.

A *Fenomenologia do Espírito*, publicada em 1807, é a primeira grande obra de Hegel e é uma descrição da experiência da consciência, que vai da «certeza sensível» aos grandes feitos civilizacionais como a Arte, a Religião e a Filosofia. Estas são vistas como as mais altas realizações do Espírito e como formas do «Espírito Absoluto». O livro é uma espécie de história da mente, uma história que começa com a percepção sensível do suposto aqui e agora imediato (a mente como «eu»-aqui-e-agora-em--frente-a-isto)[78] até chegar ao ponto em que a realização dialéctica do Espírito, inicialmente inconsciente de si e exteriorizado e alienado na natureza, termina no próprio Hegel, i.e., no sistema filosófico hegeliano, que se vê a si próprio como a autoconsciência daquilo que existe.

Para compreender a especificidade do propósito da *Fenomenologia do Espírito* na obra de Hegel, convém compará-la com duas outras obras fundamentais, a *Ciência da Lógica* (1812, 1813, 1816) e a *Enciclopédia das Ciências Filosóficas* (1817). A perspectiva ou o ponto de entrada dessas obras sobre o (mesmo) Sistema é muito diferente da perspectiva da consciência-que-começa-com-a-certeza-sensível e que progride dialecticamente que se explora na *Fenomenologia*. A primeira, a *Ciência da Lógica*, descreve «o pensamento de Deus antes da criação do mundo». Na verdade, isto significa que Hegel propõe aí a sua ontologia e a sua lógica. Nessa lógica-ontologia o papel da contradição e do não-ser é central. É importante, nomeadamente, para compreender a «dialéctica» como movimento da realidade ela própria. Se no capítulo anterior comparei a concepção kantiana de lógica com a nossa concepção actual, de forma que se sublinhasse a distância entre elas, devo agora dizer que, quando comparadas com a lógica de Hegel, a concepção kantiana e a nossa parecem até bastante próximas entre si. A lógica da *Ciência da Lógica* não é apenas uma «teoria do pensamento»: a lógica da *Ciência*

---

[78] É precisamente aqui que entronca a crítica à imediatidade e ao dado, que atrás referi sob a forma de crítica a Kant.

da Lógica pretende descrever o «mecanismo» da própria realidade do Espírito realizando-se, i.e., caminhando em direcção a si próprio. É precisamente a isso que Hegel chama dialéctica — a sua lógica é uma lógica dialéctica. *Dialéctica* não significa aqui apenas discussão, como significou para os Gregos, ou método de dissolução de ilusões da razão, como significou para Kant: a dialéctica é a natureza da realidade ela própria. Os momentos da dialéctica são a tese, a antítese e a síntese. A realidade na sua actualidade é a cada momento superação de contrários, trabalho negativo e de passagem à síntese. É neste quadro dialéctico que Hegel pretende compreender a natureza e o papel da identidade e da negação. Ele procura a génese do conceito como imanente ao próprio ser da realidade, a determinação do abstracto, a integração da universalidade e da diferença. A proposta é que a negação é o motor da realidade (como a luta de classes será o motor da realidade para o marxismo). Noutras palavras, trata-se da introdução do nada no ser, sendo o ser aquilo que se está a determinar. Com esse motor, a realidade auto-engendra-se, conservando, no seu devir teleológico, o «progresso» que vai sendo feito — a negação é o próprio núcleo, as entranhas, da realidade, as coisas negam-se umas às outras (isto é exemplificado numa famosa e citadíssima passagem de Hegel em que uma flor desabrocha, vem a ser, torna-se outra). A identidade que interessa a Hegel não é a identidade formal ou a igualdade, o A = A. Nos seus termos, a identidade «estará no final e não no início». A identidade estará no final como integração de opostos, e como reconhecimento. De novo aqui encontramos a ideia de *Aufhebung* (a elevação-superação, que preserva em si aquilo que é superado ou ultrapassado), que é, como disse, crucial para compreender a visão hegeliana da realidade e da história. No fim, é essa a proposta, haverá identidade do ser e do conceito.

A segunda obra, a *Enciclopédia das Ciências Filosóficas*, expõe o saber. O saber não é um arquivo exteriorizado de coisas conhecidas, mas sim saber de um Sujeito. A *Enciclopédia* divide-se em três «disciplinas»: Lógica, Filosofia da Natureza e Filosofia do Espírito. A primeira trata dos princípios lógico-ontológicos acima referidos; a segunda, da alienação ou exteriorização do Espírito exteriorizado na Natureza; e a terceira, das «formas culturais». Hegel considera o Espírito Subjectivo, o Espírito Objectivo (aqui se inserirão questões relativas a moralidade, direito, Estado e as famosas discussões de Hegel sobre *Sittlichkeit*, eticidade) e o Espírito Absoluto (Arte, Religião e Filosofia). Estas três formas do Espírito Absoluto têm, de acordo com Hegel, o mesmo conteúdo, mas são formas sucessivamente mais próximas da autoconsciência (i.e., do Espírito que se conhece a si próprio como se tendo manifestado e realizado no mundo, primeiro opacamente na natureza material, depois em formas culturais e históricas progressivamente mais transparentes, que são primeiro a arte, depois a religião, depois a filosofia).

É preciso dizer que o Hegel que sobrevive nos séculos xix e xx e que chega até nós é sobretudo o Hegel ligado ao pensamento da história, da cultura, do direito, e também da mente e da consciência. É sobretudo uma questão delicada o facto de o outro lado desta filosofia do Espírito na *Enciclopédia* ser uma filosofia da natureza. O que é, afinal, a filosofia da natureza de Hegel? O que é uma filosofia da natureza, que não é ciência da natureza? A filosofia hegeliana da natureza foi muito atacada por ser totalmente insustentada cientificamente.[79] Ela não é certamente ciência, nem uma filosofia da ciência que de facto se faz, como era o caso em Kant; é antes uma visão metafísica daquilo que a natureza material é. E o que é a natureza segundo Hegel? A natureza é Espírito alienado de si próprio. No fim, o Espírito vem a estar em si próprio (*bei sich selbst*) na realidade; mas na natureza, como pura exterioridade morta, o Espírito encontra-se alienado. Não sabe ainda o que é, ou que é. A natureza, pensada como matéria, é alienação, chega Hegel a afirmar. Esta é uma forma nova de ser idealista na história da filosofia — uma forma muito diferente, por exemplo, do idealismo do bispo irlandês George Berkeley, o empirista que é o epítome do idealismo na filosofia moderna, mas cujo idealismo consiste apenas em defender o *esse est percipi* (ser é ser percebido) da realidade.

Como disse, considerarei aqui sobretudo a *Fenomenologia do Espírito*, com referências ocasionais a outros escritos. Temos então que, no seio de uma tese que pode parecer despudoradamente especulativa — a tese de que a realidade é Espírito (*Geist*), espírito que inicialmente não se conhece, mas que produz dialecticamente a realidade para finalmente se conhecer —, passos tão sóbrios quanto a proposta de uma teoria da percepção na qual se rejeita a imediatidade do dado, uma proposta que interessa ainda hoje epistemólogos e filósofos da mente, puderam ser dados. Além da certeza sensível e da imediatidade do aqui-agora, a *Fenomenologia do Espírito* é lida também por um aspecto específico que foi muito importante para a posteridade, também (mas não apenas) para o pensamento de Marx. Trata-se da dialéctica do senhor (*Herr*) e

---

[79] Encontra-se uma tese diferente num especialista de Hegel como Kenneth Westphal (cf. WESTPHAL, 2008).

do escravo (*Knecht*), ou, dito de outra forma, o ponto do pensamento de Hegel em que se trata do papel do desejo e do reconhecimento na intersubjectividade humana (ou ainda, como diria o filósofo americano Robert Pippin, o tratamento hegeliano da questão da intersubjectividade e do papel desta na subjectividade e no pensamento).[80]

É uma questão para os leitores e intérpretes de Hegel saber se a *Fenomenologia do Espírito* é uma obra sistemática, ou antes uma odisseia ziguezagueante guiada por caprichos e escolhas idiossincráticas feitas por Hegel de momentos particulares da história da humanidade que seriam filosoficamente significativos. É um facto que na *Fenomenologia* Hegel conta uma história aqui e uma história ali. É um facto também que está frequentemente a caracterizar a posição «do outro lado» e não a falar em nome próprio, o que dificulta a leitura. Uma coisa é certa: aquilo que encontramos é um *patchwork* extravagante de materiais heteróclitos. Os tópicos da *Fenomenologia* vão de questões epistemológicas (acerca da certeza sensível) a análises de figuras históricas, descrições de formas de vida social, de épocas históricas como o Iluminismo, de escolas filosóficas como o estoicismo e o cepticismo, até à tragédia e à comédia gregas, até formas históricas sucessivas de religião. Poderá uma mistura como esta alguma vez ser sistemática?

A forma mais sensata de ver as coisas aqui é começar por notar que termos como «sistema» e «sistemático», para autores como Kant ou Hegel, não significam uma apresentação organizada de um texto ou de uma doutrina — «sistema» e «sistemático» têm, nesse contexto, um sentido «técnico» em filosofia: significam um elevar ao estatuto de ciência, um ultrapassar do mero agregado de informação. Nesse sentido, assim como Kant, que com sinceridade pensava não ser muito bom escritor, considera apesar disso os seus escritos *sistemáticos*, também Hegel considera a *Fenomenologia* sistemática. A célebre imagem da flor que desabrocha e que Hegel utiliza quer na *Fenomenologia*, quer nas *Lições sobre Filosofia da História* pode ilustrar a natureza do sistematismo: assim como a semente tem já em si a natureza da árvore e o sabor dos frutos que virão, o Espírito, mesmo nas suas primeiras e mais incipientes manifestações, contém já em si toda a história. As formas da realidade e da consciência sucedem-se e superam-se umas às outras, e esse conflito é necessário para o desenvolvimento da realidade. O conhecimento deve corresponder a essa

---

[80] Pippin não se coíbe de aproximar Hegel de, por exemplo, Donald Davidson, com a sua tese da relação subjectivo-intersubjectivo-objectivo (cf. mais à frente «Tradição anglófona: Mente e interpretação»).

natureza da realidade ela mesma. Assim, o conhecimento só é actual, segundo Hegel, como Ciência ou Sistema. E a *Fenomenologia* pertence a essa ciência ou sistema, e por isso é sistemática.

Admitindo isto, temos de nos avir com o facto de haver pelo menos duas linhas de apresentação no livro. Temos, por um lado, aquilo que parece ser a apresentação «psicológica» da vida de uma consciência individual (por exemplo, em torno da certeza sensível e da dialéctica senhor-escravo) e, por outro lado, o que parece ser uma apresentação histórica, de formas sociais e culturais, formas de consciência de uma época (*Zeitgeist*), formas de praticar a arte, ou a religião, ou a filosofia.

Darei atenção à primeira, a apresentação psicológica da vida, ou desenvolvimento de uma consciência individual. Note-se que subjacente à própria ideia de uma necessidade de traçar a história percorrida pela mente humana está o propósito de criticar as ideias (alternativas) de que a verdade e a objectividade são dados imediatos, ou de que sujeito e objecto podem ser separados. São estas ideias que conduzem a fazer o que Kant pretendeu fazer em filosofia: uma filosofia do sujeito transcendental a-histórico. Para Hegel não apenas não há imediatidade, como sujeito e objecto são faces de uma mesma moeda.

A consciência começa por tomar o isto imediato qualitativamente determinado da certeza sensível (*sinnliche Gewissheit*) como sendo a «verdade» do seu objecto. Aprende depois a tomar essa qualidade imediatamente percebida como sendo apenas um aspecto do objecto mais complexo da percepção (*Wahrnehmung*): aprende que o objecto da percepção tem uma estrutura interna e propriedades fenomenais mutáveis. Depois, a percepção aprende que o seu objecto é ainda mais complexo — o entendimento penetra-o (com isto, Hegel faz apelo à distinção entre aquilo a que hoje poderíamos chamar imagem manifesta e imagem científica).[81]

Esta «complexificação» sucessiva do objecto da consciência que se dá a partir da consciência como certeza sensível dar-se-á de forma análoga com a certeza da autoconsciência: toda a simplicidade da «consciência de si» desaparece sob análise.

A grande tese de Hegel quanto à autoconsciência será que ela existe em si e para si apenas quando existe para outra autoconsciência, i.e., quando é reconhecida (*Fenomenologia*, § 178). Hegel fala de *Anerkennung*, reconhecimento — este reconhecimento é um tema fundamental da

---

[81] De novo evocando Sellars.

Fenomenologia, o núcleo da ideia de natureza social da razão que se encontra em Hegel. Se o reconhecimento é apenas ou sobretudo questão na dialéctica do senhor e do escravo, de que falarei a seguir (como a influente leitura de Kojève fez crer), é já outra questão. A crítica maior à leitura de Kojève é que ela ignora tudo aquilo que, na *Fenomenologia*, não serve a agenda marxista, daí o seu foco na dialéctica senhor-escravo, sendo que, no próprio Hegel, na própria *Fenomenologia*, o tema do reconhecimento excede a dialéctica senhor-escravo.

A importância e o papel (para a consciência) do reconhecimento de uma autoconsciência por outra autoconsciência é, de qualquer forma, a lição-chave da dialéctica do senhor e do escravo, na passagem «Dependência e independência da autoconsciência: domínio e servidão» (*Herrschaft und Knechtschaft*). Este é o capítulo único da secção B (antecedida pela secção A, sobre Consciência, e precedendo a secção C, sobre Razão).

Qual é então a concepção hegeliana de consciência? A consciência, que começa como atitude que toma o ser-dado de algo como indicando a existência independente desse algo, está primeiro orientada para algo diferente de si e que parece existir por si, i.e., sem a consciência. Noutras palavras, está orientada para os objectos, que, muito embora sendo experienciados, parecem poder existir sem ser experienciados. Mas ao estar consciente de um objecto, a consciência vem a estar consciente de si — o que parecia ser dado é afinal constituído por si. E depois vem a estar consciente de si própria enquanto sendo para uma outra consciência, sendo para um outro. Tudo isto se opera não como contemplação, mas como actividade, provocada pelo desejo (*Begierde*). Note-se que a palavra *Begierde* é uma palavra bastante concreta, que evoca apetites corporais e sensíveis, não algo de mais elevado (também aqui uma comparação com Kant é pertinente: a filosofia prática de Kant centra-se no querer enquanto vontade (*Wille*), que é algo de mais elevado, de explicitamente distinto da heteronomia do desejo).

Com o desejo, está criado o espaço para o percurso da consciência: há uma diferença entre a forma de ser-para-si imediata da consciência e o seu ser-em-si. Hegel injectará neste ponto, para poder haver a consideração do para-si da consciência como um em-si (para outra consciência), considerações a que podemos chamar naturalistas. Para todos os efeitos, está a falar-se da vida e da vida de organismos. Ora, organismos são coisas que são para-si, mas que também aparecem a outros organismos como objectos que estão aí. Temos então um objecto «automovente», uma consciência-desejo, que pode ser «observado» por outrem a agir sobre outros objectos, negando-os («Vida», *Fenomenologia*, § 168). Há portanto dois pontos de vista sobre o desejo: um a partir de dentro, como um imediatamente para si, e outro a partir de fora, como algo observado, como algo dirigido a algo.

Recapitulando: o desejo é imediatamente para si próprio, mas é também dirigido a algo; esta estrutura vai ser sucessivamente negada e *aufgehoben* (elevada-superada). Crucial nesta negação-superação será o enfrentamento dos desejos dos «objectos automoventes». Quanto a tais objectos desejantes e automoventes, Hegel segue Aristóteles ao pensar que os animais não-humanos apenas reconhecem particulares, não reconhecem naquilo que há nada de universal — nada de universal-conceptual será desejado, portanto, a não ser pelos humanos. No entanto, no enfrentamento dos desejadores humanos, no desafio que estes se lançam mutuamente e que os entrelaça, será precisamente o universal a estar em causa. A questão importante aqui é a seguinte: como se atinge a satisfação do desejo? Como pode a autoconsciência atingir satisfação? Ora, a tese crucial de Hegel é que a autoconsciência é desejo e só atinge satisfação numa outra autoconsciência. De que forma? Antes de mais, é preciso ter-se passado do reino da mera vida (os outros animais, os animais não-humanos) para o universal concreto da vida mental dos humanos a que Hegel chama *Geist*, Espírito. O reconhecimento virá então a ser fundamental em actividades superiores humanas que envolvem compromissos mútuos, tais como o contrato. Em geral, o Direito tem uma base muito profunda neste enfrentamento de autoconsciência e desejos, e isso é algo que Hegel procura explicitar. Seja como for, e é isso que é importante para uma concepção da sociedade e da história, apenas seres autoconscientes podem captar objectos de desejo em termos de universais (i.e., conceptualizá-los). E o que se segue a isso é uma luta (*Kampf*), um antagonismo entre autoconsciências desejantes. Esta tomará forma e cristalizar-se-á na relação senhor-escravo. Esta é uma relação de submissão-dominação estabelecida no enfrentamento das autoconsciências. Dois pontos importantes aqui são que a desejada aniquilação de um objecto (querer e obter) por uma autoconsciência desejante tem por trás o universal e que pode haver desafio à realização desse desejo. A estrutura é, no fundo: «Eu tenho aquilo que tu queres/Tu queres aquilo que eu tenho.» É isto que gera e estrutura a luta (*Kampf*).

A luta acaba com a dominação-submissão, i.e., com uma diferença entre vencedor e vencido. Sublinhe-se que esta luta não é, para Hegel, a luta que se trava no mundo animal, no mundo orgânico, entre dois animais não-humanos, por exemplo. Não é uma luta pela sobrevivência ou por alimento, que podemos considerar que acontece no estado de natureza de animais não-humanos. Esta luta é uma luta na consciência, entre consciências. Os objectos de luta e disputa não são objectos naturais — são objectos já «banhados» de universal, i.e., conceptualizados. A proto-sociedade humana mínima é então precisamente esta estrutura vencedor-vencido, senhor-escravo, que sai do enfrentamento dos desejos. De um lado, temos a consciência dependente, que é para a outra, vive para a outra; do outro lado, temos a consciência independente.

Curiosamente, o que Hegel quer finalmente dizer é que cada parte pode ocupar cada um dos lados da estrutura: a forma senhor-escravo não é estática. Desde logo, o papel do escravo foi escolhido pelo próprio, não é um dado. O senhor só pode usar o escravo para os seus próprios fins com o consentimento do escravo — o escravo não é um em-si, como um objecto natural é um em-si; o escravo é um ser desejante. Este compromisso, este laço, é uma forma primitiva da instalação da razão na socialidade humana.

Vejamos agora como a situação se inverte. Como afirmei, esta sociedade embrionária é instável. Cada um dos membros — o senhor, o escravo — vem a tomar as características do outro. De que forma? O senhor encontrou no escravo uma autoconsciência que, renunciando ao seu próprio desejo, efectiva a negação em si própria (isto é já, recorde-se, vida do Espírito, não vida orgânica). A distinção inicial da dependência e independência da autoconsciência não é recíproca: uma das autoconsciências é reconhecida, a outra reconhece. Isto significa, na linguagem de Hegel, que o senhor não estabelece a negação dentro de si próprio, e portanto não pode reconhecer-se a si próprio como um indivíduo autoconsciente. A razão é que, ao tratar o escravo como coisa, não o reconhece explicitamente como autoconsciência. Quererá isto dizer que é o escravo quem leva a melhor no aprofundamento da consciência de si? É isso que Hegel quer dizer? O senhor está a falhar, a negar as condições para a sua própria autoconsciência. Ao trabalhar para o senhor, o escravo aprende a dominar a natureza — é ele quem aprende, não o senhor. É por isso que é o escravo quem se liberta: «*Er kommt zu sich selbst*», diz Hegel, ele vem a si.

É possível ver a dialéctica hegeliana do senhor e do escravo como a estrutura da história humana concebida como luta pelo reconhecimento.

Foi precisamente isso que muitas interpretações de Hegel (as marxistas, especialmente) fizeram. Queria fazer aqui uma nota. No nosso vocabulário usual, falamos de negação quando temos p e pomos ~p, e falamos de contradição quando afirmamos ao mesmo tempo p e ~p. Mas somos nós, humanos, pensadores, quem faz isso. Ora, Hegel pensa que é a realidade que faz coisas semelhantes — é isso o «motor dialéctico» da realidade, tal como é, por exemplo, aqui descrito na dialéctica do senhor e do escravo. Compreender esta ideia é muito importante para ter noção do (enorme) peso lógico-metafísico da dialéctica senhor-escravo.

Embora segundo Hegel também o Espírito esteja «alienado» na natureza, o tema da alienação é talvez mais bem compreendido neste contexto humano; é neste sentido antropológico e histórico-político que ele vai ser importante para Marx e para o marxismo (nesse contexto «humano», o conceito é utilizado para pensar sobre a natureza do *trabalho* e o papel do trabalho na natureza do homem). A alienação que Hegel tenta «resolver» em pensamento, com o seu sistema metafísico, é a alienação que Marx considerará concretamente, na história, e que proporá que deve ser superada numa sociedade comunista futura. Quer em Hegel quer em Marx, temos, de qualquer forma, uma mesma aposta: a convicção de que a realidade histórica é em si mesma racional, racionalmente inteligível, e que a história tem um sentido, no sentido de finalidade, *télos*. Noutras palavras, quer Hegel quer Marx apresentam visões teleológicas do acontecer histórico. Se para Hegel o fim da história será o vir à consciência e ao conhecimento de si do Espírito no Espírito Absoluto, para Marx será a sociedade comunista ideal.

Quer em Hegel quer em Marx, temos uma estrutura da história como envolvendo relações de submissão e dominação, e também o trabalho como domínio sobre a natureza e, assim, libertação ou emancipação. A emancipação, que era já um tema fundamental em Kant, no Kant iluminista, ganha assim uma conotação material e histórica: ela acontece através do trabalho. É nesta constelação que a autoconsciência progredirá.

Como já aqui fiz notar, a influente leitura de Kojève projecta Marx sobre o Hegel da dialéctica senhor-escravo, vendo aí uma antropologia filosófica que concebe o trabalho como autolibertação da humanidade. Talvez seja preferível pensar que essa leitura vale o que vale, i.e., vale por si, e que talvez não coincida com o que Hegel está a propor na *Fenomenologia do Espírito*. Ela foi, sem dúvida, muito importante historicamente, sobretudo para a filosofia francesa do século XX. Mas o facto é que, na *Fenomenologia*, a dialéctica senhor-escravo não é sequer o único local para o reconhecimento, nem talvez seja tão importante assim para Hegel. Talvez o lugar por excelência para o reconhecimento no qual Hegel está mais profundamente interessado seja o Espírito Absoluto — a arte, a religião e a filosofia — e não o «Espírito Objectivo» — o domínio da história humana, da materialidade desta. O reconhecimento que em última análise interessa a Hegel é o reconhecimento do Espírito pelo Espírito, não o reconhecimento do homem pelo homem. Este último é, no entanto, seguramente o domínio que interessará a Marx, que verá o Espírito Absoluto hegeliano como mera superestrutura cultural, sem importância filosófica e antropológica comparável às questões históricas do trabalho, da alienação e do reconhecimento do homem pelo homem. Entre Hegel e Marx está em causa, note-se de passagem, o estatuto da cultura na sua tripla manifestação, estética, religiosa e filosófica: será que a cultura é um fim, um *télos*, ou é apenas uma superfície, um reflexo? Hegel opta pela primeira opção, Marx, pela segunda. É também isso que significa o seu materialismo.

A verdade é que, para Hegel, o ponto de paragem, o fim da história, é a filosofia, o auto-reconhecimento do Espírito Absoluto. Ora, este é um ponto de destino e de paragem *teórico*, e Marx estará interessado em práxis e em transformação. Além de que, obviamente, Marx já não tem Deus ou o Espírito ou o Absoluto à mão: Marx é ateu. Mesmo se o Sistema hegeliano pode ser visto como eliminando Deus porque identificando Deus com o mundo, Marx é *muito mais ateu do que isso*. Quanto a Hegel, ele não se coibiu de afirmar que a Filosofia *é* Teologia, e a religião cristã (em contraposição com as religiões a que chama «étnicas») é a verdade. Chegou a afirmar, nas *Lições sobre Filosofia da História*, que o que acontece todos os dias não só não está fora de Deus, como é essencialmente a sua obra.

Considerações teológicas à parte, se quisermos formular de forma mais contemporânea a natureza e utilidade de alguns *insights* de Hegel, veremos na sua obra uma sofisticada proposta de metafísica social.[82] Mais geral, no entanto, temos simplesmente, para o bem ou para o mal, *metafísica*, num sentido que um grande número de filósofos posteriores se esforçará por rejeitar.

---

[82] A comparar com as que são hoje tão discutidas na filosofia analítica. Pense-se, por exemplo, em John Searle (*The Construction of Social Reality*, 1997), ou em abordagens da agência, da agência colectiva e das *we-intentions*, por exemplo, em torno do filósofo finlandês Raimo Tuomela.

COMO CONTESTAR HEGEL?

São muitos os filósofos do século XIX que podem ser vistos como contestando Hegel. Karl Marx (1818–1883) retoma as ideias de dialéctica, negação, alienação e racionalidade da realidade, e substitui o idealismo por materialismo. O filósofo dinamarquês Søren Kierkegaard (1813–1855) nega a importância de um sistema global da realidade para cada um de nós e traz o indivíduo e a sua existência para o centro da filosofia. Arthur Schopenhauer (1788–1860) e Friedrich Nietzsche (1844–1900) negam a racionalidade da realidade; Schopenhauer identificando o Númeno kantiano (a realidade em si) com a Vontade (que não é racional) e o Fenómeno com a representação, Nietzsche partindo de Schopenhauer para propor uma interpretação estética da existência, a única possível, sob a forma dos princípios Apolo e Dioniso.

Analisarei cada um destes casos. Gostaria, contudo e antes de mais, de sublinhar uma consequência global, algo que acontece em grande parte da filosofia europeia, no período posterior a Kant. Para usar a expressão do filósofo americano Richard Rorty em *A Filosofia e o Espelho da Natureza* (1979), estaremos perante uma «descentração epistemológica da filosofia»[83], bem como perante a instalação da oposição a um certo racionalismo dentro da própria filosofia. O racionalismo, encontramo-lo ainda em Kant; a oposição irracionalista, na verdade, chega até nós — o trabalho de vários filósofos contemporâneos, por exemplo, o de um dos maiores filósofos do século XX, Martin Heidegger, autor de *Ser e Tempo*, pode ser radicado aqui. A separação entre a filosofia e a ciência, devido

---

[83] Rorty fala de uma centração epistemológica da filosofia num autor como Kant.

à suposta ligação entre a ciência e um certo racionalismo afastado pela filosofia, não pode ser considerada consumada no próprio Kant — por mais que Kant proclame a divisão do trabalho entre os teóricos da forma, os teóricos do sujeito, que analisam como a mente ou espírito opera nas suas várias vertentes, e os teóricos do conteúdo, que produzem conhecimento de primeira ordem (i.e., os cientistas), a *Crítica da Razão Pura* é uma obra de teoria da ciência e de teoria do conhecimento de acordo com a qual fazer teoria da ciência é um empreendimento central para compreendermos *o que significa representar e conhecer racionalmente o mundo*.

Mas o que veremos após Kant é a entrada em cena, no século XIX, de uma certa ideia de filosofia como crítica ético-político-existencial e como prática mais ou menos poética (pense-se na escrita de Nietzsche; a diferença relativamente a alguém como Kant é profunda). Este estado pós-kantiano da filosofia é importante para compreender a cisão entre duas grandes tradições filosóficas nossas contemporâneas, a filosofia analítica, que é a tradição filosófica dominante no mundo de língua inglesa, e a filosofia a que os filósofos analíticos chamam «continental», que é (ou foi tradicionalmente)[84] a mais praticada entre nós e que tem origens sobretudo francesas e alemãs. Sintomaticamente, Hegel é considerado um grande filósofo na tradição continental: não compreenderíamos o pensamento francês do século XX sem compreender a sua importância; ele parece continuar a ser um contemporâneo e um adversário em muita filosofia francesa do século XX. Todavia, os filósofos que trabalham na tradição analítica consideraram-no, maioritariamente, um autor obscuro e incompreensível, selvagemmente especulativo. Kant, pelo contrário, constitui, pelo menos nalguns aspectos, uma referência para ambas as tradições. O que me parece importante para compreender as linhagens da filosofia contemporânea é notar que houve sequelas do desvio anti-racionalista da filosofia do século XIX: na prática, muita filosofia nascida desta época, na tradição franco-alemã, deu por si divorciada de um outro tipo de pensamento, que continuava a decorrer ao seu lado, e que se ia tornando social e civilizacionalmente cada vez mais omnipresente e incontornável, o pensamento científico. Ao contrário do que Kant fazia ainda, essa filosofia desistiu de pensar na questão «o que é representar» tomando como discurso de primeiro grau a ciência. A filosofia hoje chamada «continental» (se por tal nome entendermos aquela que tem

---

[84] Muita coisa mudou nas últimas décadas na filosofia praticada em Portugal.

como figuras de referência autores como Nietzsche, Heidegger, Foucault ou Derrida, ou Deleuze, ou Badiou) está historicamente ligada, mesmo que de modo longínquo, à rejeição da imagem racionalista do mundo que se observa neste período.

Marx[85]

Compreender Karl Marx (1818-1883) é fundamental para compreender muita filosofia do século XX, em particular o pensamento francês, da geração de Sartre e Merleau-Ponty à geração estruturalista dos anos 1960 até, nos nossos dias, um autor como Alain Badiou. Marx é também fundamental para situar a Escola de Frankfurt, criada nos anos 1930 e propositadamente pensada e desenhada para incorporar de forma crítica o marxismo nas sociedades ocidentais avançadas. Mais fundamental ainda, obviamente, é o facto de as ideias de Marx terem tido um impacto directo sobre milhões e milhões de seres humanos, do século XIX até hoje. Nos nossos dias, depois do ponto de maior refluxo do interesse pelo marxismo que foi a queda do «comunismo» no Leste da Europa, ouve-se proclamado por muitos um regresso a Marx, ou a importância da «hipótese comunista».[86] Não é difícil compreender porquê: pense-se, por exemplo, no livro recente (2013) do economista francês Thomas Piketty, *O Capital no Século XXI*, cujo título é uma referência directa à obra *O Capital* do próprio Marx, e que abre perguntando «se a dinâmica da acumulação privada do capital inevitavelmente conduz à concentração da riqueza nas mãos de um número cada vez menor de indivíduos, como Karl Marx pensava no século XIX». A questão de Marx é compreensivelmente relevante nos nossos dias.

Karl Marx foi um judeu alemão nascido em Trier em 1818 (na verdade, o pai convertera-se ao cristianismo para poder exercer advocacia, dadas as leis antijudaicas da Prússia). Começou por estudar Direito em Bona e Berlim, e foi até certo ponto na sua vida um intelectual alemão típico, com os seus estudos de história e filosofia, e mergulhado em Hegel. Fez uma tese de doutoramento em Filosofia em 1841 sobre o materialismo

---

[85] O que se segue deve muito ao filósofo e sociólogo norueguês Jon Elster.

[86] Um encontro organizado em 2009 no Birkbeck Institute for the Humanities, em Londres, em torno de *A Hipótese Comunista* de Badiou atraiu uma audiência de quase mil pessoas — o que é certamente pouco usual na academia.

na filosofia antiga (em Demócrito e Epicuro).[87] Só bastante mais tarde, quando a carreira no jornalismo, escolhida porque o seu ateísmo e radicalismo político nunca lhe teriam permitido uma posição académica, se interrompe, ele aproveitará a oportunidade para mergulhar na economia política de então (o que significa autores como Adam Smith e David Ricardo). À parte a sua actividade jornalística (exercida primeiro na Alemanha e depois em Londres como correspondente europeu do *New York Daily Tribune*, jornal para o qual escreveu centenas de artigos sobre assuntos políticos correntes), Marx nunca teve um emprego «convencional». Passou a maior parte da sua vida emigrado em Londres, depois de ter saído da Alemanha e de ter vivido algum tempo em Paris com a sua bem-amada e aristocrática esposa, Jenny von Westphalen. Foi-lhe por isso muitas vezes essencial o apoio financeiro do seu amigo Friedrich Engels, que tinha fortuna familiar, e com quem foi co-autor, por exemplo, do *Manifesto Comunista* (1848).

Marx escreveu milhares e milhares de páginas, durante cerca de 40 anos. Os seus escritos misturam-se por vezes com os escritos de Engels, e a situação torna-se ainda mais complexa pelo facto de Engels ter sido dos primeiros responsáveis pela difusão da obra de Marx. Além da necessidade de distinguir Marx de Engels, os especialistas sugerem que é muito importante distinguir o que é marxiano (o pensamento de Marx, estritamente) e o que é marxista (i.e., que tem a marca da política real, do marxismo-leninismo, e da história dos Estados e organizações comunistas, do século XIX até ao nosso tempo). Por exemplo, expressões conhecidas como «materialismo histórico» ou «concepção materialista da história» são posteriores à morte de Marx.[88] A recepção e a interpretação

---

[87] O materialismo clássico tem para Marx a virtude de compreender a natureza — que para Marx é fundamentalmente física — do mundo. No entanto, não tem lugar para a enorme importância da sociedade e da história, e portanto da interacção dos humanos entre si, na constituição dos humanos — para compreender essa importância Marx precisará de Hegel. Será Hegel a fonte dos seus instrumentos conceptuais para compreender a natureza fundamentalmente *activa* dos humanos.

[88] *A Ideologia Alemã* (1845–1846), que é talvez a mais completa apresentação do que se chamaria «materialismo histórico», é um texto escrito em co-autoria e não publicado durante a vida de Marx. Aí se começa a desenvolver a concepção materialista da história e os conceitos de que se necessita para ela, tais como condições materiais, meios e materiais de produção. É nesses termos que se descreverá a existência histórica desses seres produtivos que são os humanos na sua relação com a natureza. Os homens distinguem-se dos outros animais a partir do momento em que criam os seus meios de subsistência e a sua vida material. Os meios materiais de produção evoluem, as estruturas sociais e económicas ascendem e decaem historicamente. A estrutura económica é uma

de Marx tornaram-se demasiado importantes, política e ideologicamente (como a edição das suas obras em Berlim e Moscovo comprova[89]), para que seja boa ideia avançar desprevenido.

A outra questão que se coloca é a da relação de Marx com a filosofia. Alguns dos seus escritos parecem directamente compreensíveis à luz do treino filosófico — é o caso dos *Manuscritos Económico-Filosóficos de 1844*, que tão importantes serão para os leitores humanistas franceses quando forem traduzidos nos anos 1930. Já, por exemplo, *O Capital*, o seu *opus magnum*, publicado em 1867[90], é mais complexo, desde logo porque aí se discute tudo, de zoologia a política. Marx não tinha propriamente respeito por fronteiras disciplinares e era um leitor omnívoro. Dos três livros de *O Capital*, talvez a obra-prima de Marx, são particularmente relevantes, no primeiro livro, a questão do valor de uso e valor de troca das mercadorias, e, no segundo livro, por exemplo, os temas do fetichismo da mercadoria e das capacidades que o capitalismo tem de segregar ilusões sobre a sua própria natureza.

Um texto historicamente célebre como o *Manifesto Comunista* (1848), que foi encomendado pela Liga dos Comunistas, uma organização de trabalhadores, e escrito em parceria com Engels, que é ao mesmo tempo uma declaração de princípios teóricos e um exercício de propaganda política, é um bom ponto de partida para a abordagem a Marx. É claro que, dada a sua natureza pública e panfletária, não é necessariamente o melhor guia para o pensamento mais sofisticado de Marx.

O que se diz então no *Manifesto Comunista*? Diz-se que a história das sociedades é a história da luta de classes. Que a sociedade burguesa moderna saiu da sociedade feudal, mas não eliminou as contradições de classe. Que a burguesia produz os seus próprios coveiros. Que uma nova sociedade comunista deverá emergir no futuro da humanidade. Eis *in nuce* a filosofia de Marx: uma visão da história coroada com um apelo à práxis (de forma célebre, Marx afirmou na 11.ª das «Teses sobre Feuerbach» que «os filósofos até agora não fizeram mais do que interpretar o mundo,

---

questão do desenvolvimento das forças produtivas e é básica, a superestrutura (política, legal, cultural) é explicada pela estrutura económica. O texto é escrito em polémica com os Jovens Hegelianos e contra a interpretação de Hegel feita por estes (não lhes passa pela cabeça, diz Marx, relacionar a filosofia alemã com a realidade alemã). Uma primeira parte, mais longa, é escrita contra Ludwig Feuerbach; a segunda, contra Bruno Bauer; a terceira, contra Max Stirner.

[89] As obras completas terão cerca de cem volumes.

[90] O segundo volume é de 1885 e o terceiro volume é de 1894. Ambos foram publicados postumamente e editados por Engels.

sendo que o que é necessário é transformá-lo»)[91]. No seio de tal visão da história desenvolve-se uma antropologia — esta antropologia até a Heidegger interessará (nomeadamente na *Carta sobre o Humanismo*). E obviamente o que se faz é economia política, mas não em interacção directa com o *mainstream* da economia política tal como a encontramos na história do pensamento económico.

Usando a filosofia para compreender Marx, o que é mais óbvio é a presença de Hegel. O trabalho de Marx tem lugar no contexto do movimento dos chamados Jovens Hegelianos, que não viam necessidade de interpretar a filosofia de Hegel como conduzindo a um conservadorismo político (o que outros intérpretes certamente pensavam ser o caso) e criticavam as doutrinas hegelianas da religião e do Estado (um nome importante aqui é o de Ludwig Feuerbach, [1804–1872]). Marx aceita a ideia de Feuerbach de que Deus é inventado pelos homens à sua imagem (na verdade, Marx, enquanto estudioso da filosofia dos Gregos, sabia bem que tal ideia é bem mais antiga do que Feuerbach). Virá a afirmar (nas *Contribuições à Crítica da Filosofia do Direito de Hegel*) que a «religião é o ópio do povo», mas não deixa de ter aberta a possibilidade de que a religião persista em sociedades politicamente mais livres do que a da Alemanha do seu tempo (o exemplo que Marx dá são os EUA). Em contraste com Feuerbach, Marx defenderá que não basta desconstruir teoricamente a alienação religiosa, é preciso compreender porque os homens caem nas malhas da religião e transformar as condições materiais que provocam essa queda.

A alienação é o grande tema comum a Hegel e a Marx. No entanto, Marx inflecte o tema, usando-o para pensar não sobre o Espírito Absoluto realizando-se na natureza e na história, como faz Hegel, e sim sobre a história económica da humanidade. A alienação torna-se, nas suas mãos, sobretudo um instrumento conceptual para abordar a situação dos indivíduos nas sociedades capitalistas: estes encontrar-se-iam alienados, despojados, os seus desejos distorcidos ou frustrados, as suas vidas dominadas pela falta de entendimento e de controlo sobre o ambiente social. Afirma-se por vezes que a teoria da alienação pertence apenas ao Marx da juventude, estando ausente dos seus escritos económicos da maturidade. A alienação é certamente um tema dos *Manuscritos Económico-Filosóficos de 1844*, cuja publicação em 1932 rompeu com a

---

[91] As «Teses sobre Feuerbach» foram escritas em 1845 e publicadas por Engels em 1888.

interpretação do pensamento de Marx como uma forma de «socialismo científico» (Marx contrastava o seu socialismo científico com o socialismo utópico ou filantrópico de contemporâneos seus, como Proudhon e Robert Owen, precisamente por se apoiar numa «ciência» da história e na economia política). Marx via o socialismo anterior ao seu — o socialismo utópico — como pouco científico, além de moralizante e moralista. Também no anarquismo via ingenuidade — as condições materiais dos homens não mudam com boas intenções, ou com mera compaixão perante condições de vida e salários. Ao moralismo e à compaixão Marx opõe a compreensão científica e a transformação das condições materiais, fazendo acontecer o fim do Estado, o fim da propriedade privada, o fim da sociedade de classes. Noutras palavras: Marx pensa que aos filantropos franceses e ingleses do seu tempo falta a metafísica alemã para pensar sobre a natureza da sociedade e do socialismo. No entanto, o utopismo não está ausente do pensamento do próprio Marx: de acordo com a sua visão da história, o comunismo abolirá a alienação, abolirá a falta de sentido da experiência histórica concreta dos seres humanos e acabará com os desejos de auto-realização não satisfeitos. O trabalho — o lidar transformador dos humanos com a natureza, que é antropologicamente fundamental — deve, segundo Marx, escapar à alienação para que os humanos se apoderem de si próprios como humanos e deixem de ser (mais uma) «mercadoria» (pelo menos no jovem Marx isto é dito em linguagem hegeliana). Com a concepção económico-filosófico-antropológica de produção e de trabalho, decorre, nos escritos de Marx, a análise e crítica do capitalismo. Os defeitos deste são para Marx a ineficiência, a exploração e, como já sublinhei, a alienação dos homens.

De acordo com as célebres análises do trabalho alienado nas sociedades capitalistas dos *Manuscritos Económico-Filosóficos de 1844*, o fruto do trabalho é tirado ao produtor, o exercício do trabalho é um tormento, os homens produzem cegamente e não como expressão das potencialidades humanas, e tudo isto marca o carácter instrumental e não comunitário, e de necessidade mútua, das relações com os outros humanos.

No núcleo do pensamento de Marx está a vontade de compreender a natureza do trabalho e da riqueza, e assim toda uma galáxia anexa de conceitos, tais como a propriedade privada ou a separação capital-trabalho, não deixando de considerar as circunstâncias descritas. Na opinião de Marx, a economia política começa com a propriedade privada, não a explica. Ora (como foi, por exemplo, o caso do filósofo empirista inglês do século XVII John Locke), Marx pretende compreender os inícios históricos da propriedade privada. Por outro lado, conceitos como os de salário e lucro devem ser compreendidos no contexto das condições descritas.

Para compreender os aspectos histórico-sociológicos da alienação dos humanos, Marx retoma a dialéctica hegeliana do senhor e do escravo, bem como a ideia de que existem «contradições» na história ela própria, i.e., na própria realidade.[92] O homem é o animal diferente dos outros animais, um animal no qual o uso de instrumentos para a alteração da natureza produz a sua própria natureza (como disse atrás, até Heidegger se mostrará interessado neste aspecto antropológico de Marx). É esta visão antropológica, centrada no trabalho como relação com a natureza, que culmina na ideia de uma auto-realização dos seres humanos no comunismo futuro. Este comunismo futuro teria obviamente de ser um paraíso de abundância. No paraíso comunista da abundância, os homens «caçariam e pescariam de manhã, e fariam crítica à noite». A auto-realização humana estaria assim à mão, e a chave dessa emancipação do humano como humano seria o trabalho não-alienado. Noutras palavras: o trabalho não é «intrinsecamente» mau ou alienado. O trabalho é crucial antropologicamente, como exercício de potencialidades humanas, e como pertença a uma comunidade. Contudo, o trabalho alienado, nas circunstâncias que Marx tinha debaixo dos olhos, não é senão exploração e fonte de sofrimento (note-se que a psicologia da motivação aqui implícita será acusada de ser extremamente simplista; na verdade, a própria compatibilidade da auto-realização individual com o comunismo pode ser, e foi, questionada). Para Marx, a realização do humano é o *télos* da história concebida de um ponto de vista materialista (em contraste com a realização do Espírito no idealismo de Hegel, que já vimos). Está assim justificada a necessidade dos passos a dar em direcção à revolução.

Relativamente à necessidade histórica da revolução em que Marx acredita, convém relacionar esta ideia com a sua concepção do Estado. O Estado é, para Marx, algo muito diferente daquilo em que o pensamento político liberal seu contemporâneo crê. Segundo Marx, o Estado

---

[92] Como já disse antes, alguns filósofos analíticos que tanto têm feito para distinguir, mesmo no âmbito da experiência perceptiva, aquilo sobre o que se pode legitimamente usar conceitos lógicos tais como o conceito de contradição e aquilo que é uma aplicação ilegítima de tais conceitos ficariam com os cabelos arrepiados com a boa consciência e a ingenuidade que caracterizam aqui o hiper-racionalismo metafísico comum a Hegel e a Marx.

defende sempre a classe dominante — simplesmente não é possível, numa sociedade de classes, um árbitro que defenda o interesse geral. Numa sociedade sem classes, por outro lado, o Estado seria desnecessário e desapareceria naturalmente. A ditadura do proletariado seria assim, para Marx, uma fase transitória em que o proletariado suprimiria todas as outras classes e a propriedade privada desapareceria, tornando-se social. Com isso, a função do poder político estaria terminada e o Estado desapareceria. Nas sociedades capitalistas do seu tempo, o que se passa entretanto é a «exploração do homem pelo homem». Não há uma harmonia de interesses entre trabalhador e capitalista. O que se passa, de acordo com a visão marxiana do lucro que Marx analisara n'*O Capital*, é o seguinte. O capitalista quer acumular mais capital. O seu objectivo é o lucro. Ora, este lucro, para Marx, vem exclusivamente do trabalho não pago ao trabalhador (o capitalista, ao pagar o salário ao trabalhador, não o paga integralmente, ou não retiraria lucro da sua empresa). O trabalhador é por isso roubado. O interesse do trabalhador reside em melhorar salário e condições de trabalho, o interesse do capitalista reside em aumentar o lucro. Há aqui «contradição», não harmonia. Por outro lado, à medida que progressivamente mais máquinas substituem os homens, o lucro tenderá a diminuir. Dar-se-á a pauperização dos trabalhadores e o empobrecimento generalizado. A situação é uma «contradição viva». Esta levará, segundo Marx, à falência do capitalismo. Não há nenhuma tendência para o equilíbrio do mercado, ao contrário do que pensam os liberais. O capitalismo esboroar-se-á e a história marchará em direcção ao comunismo. (Quando no século XX os autores da Escola de Frankfurt procurarem «formular um marxismo para as sociedades ocidentais avançadas», estarão a assumir que a pauperização dos trabalhadores e o empobrecimento generalizado não aconteceram. Hoje, quase um século depois, a questão premente parece ser a da repetição das questões de Marx no novo cenário da globalização.)

Como se vê, o pensamento de Marx é uma visão da história. Trata-se de uma visão dialéctica em que as contradições imanentes à própria realidade conduzem ao aparecimento de novas formas sociais e formas de produção, até certo ponto permitindo o «progresso» da história, mas depois constituindo um obstáculo a este progresso. Finalmente conduzem a um fim da história. Do ponto de vista da filosofia, estes temas são claramente hegelianos. No entanto, o comunismo, que é para Marx o *télos* da história humana (um *télos* imanente e material, portanto, em contraste com a visão de Hegel), é também, para o bem e para o mal, uma utopia. É uma utopia apoiada numa visão antropológica — o homem faz-se pelas relações que estabelece com a natureza (o trabalho) e com os outros homens (a dialéctica senhor-escravo hegeliana transforma-se na luta de classes marxiana). Marx concorda com Hegel em muita coisa na análise da história e também num ponto essencial quanto à concepção de consciência: as formas da consciência não surgem, segundo Marx, de forma a-histórica; elas desenvolvem-se na interacção dos homens com a natureza e com os outros homens. As formas da consciência não são, porém, transformações idealistas e dialécticas do Espírito Absoluto, mas sim adventos materiais. Precisamente por essa razão, o trabalho é uma categoria antropológica tão fundamental e determinante.[93]

Kierkegaard

Afirmei atrás que a obra do filósofo dinamarquês Søren Kierkegaard (1813-1855) pode ser enquadrada numa reacção irracionalista mais generalizada ao Sistema de Hegel. Sendo Kierkegaard usualmente apontado como o fundador do existencialismo, este movimento fica assim ligado desde a origem a uma reacção a Hegel. Aquilo que no existencialismo substitui o Sistema panracionalista hegeliano é a centração na existência humana individual caracterizada como possibilidade e angústia — este é o motivo central dos escritos de Kierkegaard.[94] Mas de que fala Søren Kierkegaard, esse dinamarquês intenso e exaltado, apaixonado pela sua língua, que viveu uns parcos 42 anos e em cuja vida, além de ter escrito de forma imparável, pouco parece ter acontecido além de breves estudos na Alemanha e de um noivado quebrado com Regine Olsen? De que fala ele, como filósofo? Ele escreve sobre tornar-se (num

---

[93] Mais à frente, retomarei o marxismo como fio condutor com Alain Badiou. Não posso deixar de fazer aqui uma breve referência a um outro prolongamento do marxismo no século xx, o chamado marxismo analítico, associado a autores como G. A. Cohen (cujas leituras se ergueram contra as do influente marxista francês Louis Althusser), John Roemer, Philippe Van Parijs, ou o filósofo e teórico social norueguês Jon Elster. Com o seu «Non-Bullshit Marxism», os marxistas analíticos procuraram recuperar para a filosofia política contemporânea questões marxianas que consideravam ser ainda hoje fundamentais.

[94] No século xx, Heidegger retomará muitos dos motivos de Kierkegaard, não apenas o motivo da angústia, mas também os motivos da repetição e da importância para a nossa existência do pensamento da nossa própria morte. De acordo com alguns especialistas em Kierkegaard, este retomar vai até ao ponto da imitação não reconhecida.

verdadeiro) cristão no cristianismo.[95] E como se concretiza o seu querer ser um cristão no cristianismo? Dando um passo atrás e servindo-me de uma obra sua (ironicamente)[96] intitulada *«Post Scriptum» Conclusivo não-Científico às «Migalhas Filosóficas»* (1846), gostaria de mostrar antes de mais como é difícil, em geral, saber quem diz e quem quer dizer o quê na obra de Kierkegaard. É difícil fazê-lo dada a multiplicação de *personae* e pseudónimos. Ora, interessa ter claro que essa forma é muito significativa do ponto de vista do método filosófico — este é, portanto, um ponto importante para o tema do método da filosofia que atravessa este livro. A forma múltipla e «dissociada» dos escritos de Kierkegaard é um meio para conduzir um trabalho sobre si próprio e este trabalho é, segundo Kierkegaard, filosoficamente fundamental.

É difícil entendermo-nos por entre os pseudónimos de Kierkegaard: aos nomes de Johannes de Silentio, Johannes Climacus, Anti-Climacus, Victor Eremita, Frater Taciturnus, Constantin Constantius, Nicolaus Notabene, Hilarius Bogbinder, junta-se um autor chamado Søren Kierkegaard, que aparece para desmentir aquilo que os outros disseram. Dispositivos vários de autodesvalorização como autor estão por toda a parte: pseudónimos, *post-scripta*, apêndices, interlúdios e prefácios, publicação de mais de um livro no mesmo dia com perspectivas contraditórias — e ao mesmo tempo a obsessão com o autor, com a autoria, com o dizer. Por exemplo, na «Primeira e Última Declaração», que conclui o *Post Scriptum* e é assinada por Søren Kierkegaard ele próprio, lê-se (traduzido do inglês):

Primeira e última declaração

Por uma questão de forma, e em prol da ordem, venho por este meio reconhecer o que dificilmente pode ser de algum interesse real para alguém, *a saber*, que sou eu, como as pessoas costumam dizer, o autor de *Ou-Ou* (Victor Eremita), Copenhaga, Fevereiro de 1843, *Temor e Tremor* (Johannes de Silentio), 1843, *A Repetição* (Constantin Constantius), 1843, *O Conceito de Angústia* (Vigilius Haufniensis), 1844, *Prefácios* (Nicolaus Notabene), 1844, *Migalhas Filosóficas* (Johannes Climacus), 1844, *Estádios no Caminho da Vida* (Hilarius Bogbinder:

---

[95] Não me aterei aqui à distinção entre os escritos filosóficos e os escritos edificantes de Kierkegaard, uma distinção muito importante quando se considera mais de perto a sua obra.

[96] Um *post scriptum* costuma ser curto, e aqui estamos perante uma obra de 500 páginas.

William Afham, o Assessor, Frater Taciturnus), 1845, «*Post Scriptum* Conclusivo não-Científico às «*Migalhas Filosóficas*» (Johannes Climacus), 1846, um artigo no *Faedrelandet*, n.º 1168, 1843 (Victor Eremita), dois artigos no *Foedrelandet*, Janeiro de 1846 (Frater Taciturnus).

A minha pseudonímia, ou polinímia, não teve uma base *acidental* na minha *pessoa* (certamente não por medo de alguma penalidade aos olhos da lei, com respeito à qual não estou ciente de ter cometido ofensa alguma, e ao tempo da publicação, o impressor, com o censor como funcionário público, sempre foi oficialmente informado de quem era o autor), mas uma base *essencial* na produção ela própria, em razão das linhas e variedade nas distinções psicológicas nas personagens individuais, que por razões poéticas requeria a ausência de escrúpulo quanto ao bem e ao mal, corações partidos e altos ânimos, desespero e arrogância, sofrimento e exultação, etc., limites que são marcados apenas idealmente, em termos de consistência psicológica, e que nenhuma pessoa factual permite, ou poderia permitir, a si própria nos limites da conduta moral na actualidade. O que está escrito é na verdade por isso meu, mas apenas tanto quanto eu coloquei a visão da vida da individualidade criadora, poeticamente actualizada, na sua boca, em linhas audíveis, pois a minha relação é ainda mais remota do que a de um poeta, que *cria* personagens e, no entanto, no prefácio é *ele próprio* o *autor* [...] em segunda pessoa, um *souffleur* que produziu poeticamente os *autores*, cujos prefácios são, por sua vez, sua produção, sim, como são os seus *nomes*. Por isso nos livros pseudónimos não há uma única palavra minha. Não tenho nenhuma opinião sobre eles excepto enquanto parte terceira, nenhum conhecimento do seu significado a não ser como leitor, nem a mais remota relação privada com eles, isso sendo impossível numa comunicação duplamente reflectida. Uma única palavra minha, pessoalmente, em meu nome, seria um caso de esquecimento assumido de que nessa palavra única, de um ponto de vista dialéctico, incorreria a aniquilação dos pseudónimos. Em *Ou-Ou* tão-pouco sou o editor Victor Eremita como o sedutor ou o Assessor, exactamente tão-pouco. Eremita é um pensador subjectivo poeticamente actualizado, tal como nos deparamos com ele em *In Vino Veritas*. Em *Temor e Tremor* tão-pouco sou Johannes de Silentio como o cavaleiro da fé que ele retrata, exactamente tão-pouco, e de novo tão-pouco sou o autor do prefácio ao livro, que são as linhas poeticamente actualizadas do pensador subjectivo. [...]

O que está Kierkegaard a fazer quando chama a si próprio constantemente «autor» e escreve sobre «o ponto de vista» do autor? Precisamente, está a *fazer* alguma coisa, não está a reflectir especulativamente. «Reflectir especulativamente» significa, no vocabulário de Kierkegaard, Hegel, e Hegel significa para Kierkegaard o que não se deve fazer em filosofia. Kierkegaard concebe-se como o anti-Hegel.[97] A reflexão especulativa contamina totalmente a seriedade do existir singular — Kierkegaard opõe-se sistematicamente a tudo aquilo que Hegel representa e, antes de mais, ao nivelamento histórico daquilo que é ser um indivíduo, i.e., existir. O que é delicado e decisivo não é encontrar a abstracção do ser, como fizeram os Gregos, mas a concretude do existir — é portanto directamente em choque com o sistema hegeliano que Kierkegaard proclama o interior cristão, único, distinto, subjectivo: a paixão subjectiva que o indivíduo é. A realidade não é, ao contrário do que Hegel pensa, racionalidade; ser real para cada um de nós é existir, e existir não é um problema que possa ser encarado e resolvido racionalmente. Isto é algo que a filosofia de Hegel ignora totalmente ao «transformar a realidade em objecto» (apesar das suas pretensões de ver o Absoluto como Sujeito). Ela elimina a possibilidade, elimina o futuro individual, que é, claramente, essencial para a existência do indivíduo. Em Hegel não há futuro: o fim da história já aconteceu. No meu existir enquanto indivíduo, no entanto, nada é assim: há um «nada de ser», um estar aberto a possibilidades, que é precisamente aquilo que me preocupa existindo, que me angustia, que pode até desesperar-me. É perante isto, perante este material que são os sentimentos do existir e do existente, que a filosofia deve, segundo Kierkegaard, ser edificante. Mais uma vez, este é um golpe contra Hegel: para Hegel, a filosofia, Coruja de Minerva, não é, não pode nem deve ser edificante. Estes são os motivos constantes de Kierkegaard, motivos que serão repetidos na história futura do existencialismo.[98]

É verdade, porém, que, ao mesmo tempo que está obsessivamente ocupado com o indivíduo, e que se vê como um pensador subjectivo, Kierkegaard está também de alguma forma muito preocupado com o seu tempo. Ao mesmo tempo que acusa o seu tempo de estar obcecado com o espírito do tempo (precisamente, a filosofia sistemática hegeliana vem preencher esse desejo, essa obsessão com o espírito do tempo, satisfazendo-a com uma visão racional e teleológica da história),

---

[97] A filosofia de Hegel tinha sido introduzida na Dinamarca por J. L. Heiberg, e bem acolhida em Copenhaga na Faculdade de Teologia e pelos intelectuais. Kierkegaard estudou Filosofia e Teologia na Universidade de Copenhaga.

[98] Dado este nascimento anti-hegeliano do existencialismo, é no mínimo interessante que um existencialista do século XX como Jean-Paul Sartre seja, de fio a pavio, um hegeliano (considere-se, por exemplo, *O Ser e o Nada*).

Kierkegaard pensa que o seu tempo necessita de um antídoto para o espírito do tempo. É o que ele procura oferecer: a sua obra como autor, o seu procurar ser cristão no cristianismo, é isso mesmo. Ao contrário de Hegel, a sua arma de ataque é a ironia como absoluta negatividade — Kierkegaard pensa que Hegel seria o maior pensador que já existiu se ao menos tivesse visto o Sistema como uma experiência de pensamento. Mas não foi isso que aconteceu; Hegel levou o seu sistema muito a sério, e por isso tornou-se cómico. Haveria muito mais a dizer sobre seriedade e humor (o excesso de seriedade de Hegel e o humor de Kierkegaard) quando se trata de estilo filosófico, mas quero a partir de Kierkegaard prestar atenção à ideia de escrita como acto e, enquanto acto, como um fazer negativo. Essa é uma questão de forma que interessa para pensar sobre o método da filosofia.

Mas, antes de mais, olhando nós próprios para trás no tempo, recuando mais de 150 anos (penso nas datas das obras principais de Kierkegaard: 1843, 1844, 1845, 1846, ...), conhecendo nós o que se seguiu na história da Europa e na história do mundo, se pensarmos na forma como Kierkegaard desenvolve o seu contra-hegelianismo, vemos desenhar-se um quadro complicado. Contra o hegeliano que «gosta da floresta e esquece as árvores», ele pensa que será preciso sangue; só mártires poderão guiar o mundo, chega a defender. Noutras palavras, defende a religião como paixão ante a racionalização e normalização da religião que Hegel representa. Por outro lado, no comunismo do seu contemporâneo Karl Marx, Kierkegaard chega a ver ingredientes da religiosidade cristã que a época procura. Da mesma forma que Marx, é contra o cristianismo burguês das massas que Kierkegaard se insurge.[99] Da mesma forma que Marx e Nietzsche, Kierkegaard é um analista do declínio e da confusão da Europa, que vê (estamos aproximadamente em 1850) como estando sem paixão nem decisão, envelhecida.

Uma coisa é certa: para Kierkegaard, o singular, o indivíduo, o seu aqui e agora, o ser si próprio são o fundamental da existência, e a existência é aquilo que é fundamental em filosofia. Curiosamente, a individuação, que tão problemática será, por razões metafísicas, para autores como Schopenhauer e Nietzsche, é em Kierkegaard maximamente valiosa e de certa forma não problemática; a existência, que é existência individual, é o que importa, e é precisamente ela que distancia pensar e ser de uma

---

[99] Cf. LÖWITH, 1969 (Première Partie, III — «Marx et Kierkegaard brisent les médiations hegeliennes en options antagonistes»).

forma que Hegel não compreendeu de todo. É daí que emerge aquilo que podemos ver como uma polémica sem descanso de Kierkegaard contra o conceito hegeliano de realidade. E além do indivíduo ele não deixa escapar o desespero: não é apenas o afundar do indivíduo no Espírito que horroriza Kierkegaard em Hegel — a doença mortal do desespero impediria em qualquer caso o gozo consigo próprio do Espírito Absoluto hegeliano, a reconciliação. O desespero é a doença do indivíduo — mas é uma doença a prezar. É o sentimento da possibilidade que eu sou na relação comigo mesmo. Ora, não há sinal disso em Hegel. Mas, ao contrário do que Hegel pensou, o ser não é um presente eterno, sem futuro, ou uma contemplação do passado; a existência exerce-se, não se contempla retrospectivamente. A cada momento, diz Kierkegaard, posso arrepender-me do meu passado e ressuscitar. Existir é, assim, ser sobre um abismo, sobre um nada, e isso provoca angústia. Este sentimento será muito importante em *Ser e Tempo* (1927); Heidegger distingui-lo-á famosamente do medo, que tem, ao contrário da angústia, um objecto específico.

Os tópicos que identifiquei até aqui são os tópicos de Kierkegaard, os tópicos que encontramos nas suas obras mais conhecidas, de *Ou-Ou* a *O Conceito de Angústia, Temor e Tremor* ou os *Estádios no Caminho da Vida*, obras já atrás listadas pelo autor do *Post Scriptum*.

A célebre ideia kierkegaardiana dos estádios de uma vida, o estádio estético, o estádio ético e o estádio religioso[100], é uma elaboração da experimentação pelo indivíduo desta sua condição de possibilidade, paixão e angústia. A figura do esteta — por exemplo, no *Diário de Um Sedutor*, em *Ou-Ou* —, na qual Kierkegaard projecta traços da psicologia do romântico alemão, corresponde ao indivíduo preso à experiência sensorial e que transcende o tédio do instante transfigurando-o poeticamente. Essa recriação do mundo dá-se de forma egoísta, é certo, como evitamento de qualquer compromisso e responsabilidade, sem reconhecimento da existência comum. Mas o esteta recria o mundo com imaginação, ironia e artifício, e assim usufrui do prazer da manipulação das possibilidades e do recolher voyeurista da sua manipulação. Apesar de um certo tom crítico, é claro que Kierkegaard não poderá ter um desprezo definitivo pelo esteta — há nele próprio muito disso mesmo. Mas a auto-imagem de Kierkegaard é a de um poeta (e por isso um esteta) religioso.

---

[100] Apresentados como uma progressão, o que põe evidentemente o problema do carácter «dialéctico», *à la* Hegel, de tal progressão.

As coisas não podem por isso parar no estádio estético. A ironia do esteta encontrará continuidade no humor religioso, a transfiguração estética do mundo comum encontrará continuidade na transfiguração religiosa. Mas entretanto temos o estádio ético: o estádio ético encena o universal, a norma social, o «homem casado», a *Sittlichkeit* hegeliana — este é o lugar do compromisso e da responsabilidade, o ponto de vista a partir do qual a vida do esteta não é mais escapismo e irresponsabilidade. A vida ética não é certamente a atracção de Kierkegaard. O que é realmente importante para ele é uma certa *Aufhebung* (mesmo que pródiga) do estético e do ético no estádio religioso. O estádio religioso ganha rosto, por exemplo, na figura de Abraão, a quem Deus pede que mate, que sacrifique, o seu próprio filho, Isaac. E Abraão está pronto a fazê-lo. Este é o lugar para a concepção kierkegaardiana de fé. A fé não é para Kierkegaard uma questão social, de costumes, de dogmas, ou de igreja: é uma questão de paixão subjectiva e de salto no abismo. O estádio religioso kierkegaardiano preserva assim todo o infinito de imaginação e possibilidades do estádio estético — mantendo do estádio ético a superação do egoísmo.

Um filósofo central no século XX, o filósofo austríaco Ludwig Wittgenstein, um dos fundadores da filosofia analítica, leu Kierkegaard apaixonadamente e considerou-o o maior pensador do século XIX. No entanto, nada parece haver de comum em termos temáticos a Kierkegaard e Wittgenstein — o que os liga então? Uma possibilidade seria a ideia de comunicação indirecta. A ideia tratariana de que há coisas que não podem ser ditas e só podem ser mostradas (o *Tratado Lógico-Filosófico*, após análise da lógica, da linguagem e da representação, do sentido e do *nonsense*, termina com a afirmação: «Acerca daquilo de que não podemos falar, devemos calar-nos») ecoaria o motivo kierkegaardiano segundo o qual não se pode comunicar directamente mas apenas indirectamente. James Conant[101] atribui a ambos, Kierkegaard e Wittgenstein, algo mais prático a que chama um gesto de revogação; é a natureza deste gesto de revogação que ele pensa que devemos procurar compreender para os compreendermos como filósofos. O *Tratado* e o *Post Scriptum* são exemplos de obras de revogação. No caso do *Tratado*, isto é bem conhecido: no final da obra, lê-se famosamente, na proposição 6.54:

---

[101] Cf. CONANT (1992 e 2004). Conant é um dos representantes da chamada «leitura austera» ou «New Wittgenstein» — uma interpretação de Wittgenstein que se tem tornado importante nos últimos 20–30 anos, aproximadamente.

As minhas proposições são esclarecedoras na medida em que aquele que me compreende acaba por as reconhecer como *nonsense* — quando já subiu através delas, por meio delas. (Ele tem de, por assim dizer, deitar fora a escada, depois de ter subido por ela.) Tem de superar estas proposições; depois pode ver o mundo a direito.[102]

Quem me compreende, diz Wittgenstein, verá este livro, i.e., a coisa que fica dita, como *nonsense*. Compreender o que fica dito não é, portanto, compreender-me a mim, aquele que escreveu. Ver esta diferença é essencial para usar como «escada» aquilo que fica dito: aquele que me compreende usa as minhas proposições como uma escada, e depois de ter subido por ela, vê o mundo a direito e pode deitá-la fora. As proposições deste livro são *nonsense*; tudo o que aqui ficou dito é *nonsense*. Quanto ao *Post Scriptum*, o livro que é escrito por Johannes Climacus, além de ser ele próprio um *post scriptum*, i.e., uma nota posterior de mais de 500 páginas, é seguido de uma «Primeira e Última Declaração», que citei longamente mais atrás, e na qual, como vimos, se lê que este livro foi escrito por Søren Kierkegaard, como de resto, do ponto de vista legal, o foram *Temor e Tremor, O Conceito de Angústia, Migalhas Filosóficas, Estádios no Caminho da Vida*, etc. A autoria do autor que assina, Johannes Climacus, é, portanto, revogada.

Porque é que o *Tratado* e o *Post Scriptum* têm tal forma? Porque é que alguém escreveria obras que se revogam a si próprias? Para compreender a natureza de tais gestos de revogação, é preciso compreender o que faz o filósofo como autor. O que Wittgenstein reteve de Kierkegaard foi precisamente uma concepção do trabalho do filósofo como autor, relacionada com uma concepção do que se faz quando se faz filosofia. E a ideia é que o trabalho da filosofia é um trabalho prático, um trabalho sobre nós próprios, sobre a nossa própria forma de pensar — e pensar sobre a nossa própria forma de pensar é fundamentalmente um empreendimento ético, um estar envolvido com um trabalho de transformação que tem como matéria o próprio. Por outro lado, e pelo menos na medida em que a efectividade desse empreendimento depende da forma daquilo que se faz (como a estrutura das obras de Kierkegaard e Wittgenstein mostra), é um empreendimento com aspectos estéticos.

---

[102] «*Meine Sätze erläutern dadurch dass sie der, welcher mich versteht, am Ende als unsinnig erkennt, wenn er dadurch sie — auf ihnen — über sie hinausgestiegen ist (Er muss sozusagen die Leiter wegwerfen, nachdem er auf ihr hinaufgestiegen ist.) Er muss diese Sätze überwinden, dann sieht er die Welt richtig.*»

A direcção ensimesmada para o nosso próprio interior, que deixa de fora, ou retira importância, à consideração da realidade humana como social e política, será frequentemente criticada ao existencialismo — será, por exemplo, criticada em Kierkegaard por Theodor W. Adorno, o filósofo alemão da Escola de Frankfurt, que sobre ele escreverá a sua tese de *Habilitation* (agregação).[103] Para a forma de ver a natureza da filosofia da Escola de Frankfurt, fundamentalmente marcada por Marx, como uma prática de emancipação, isto é simplesmente uma falha. No entanto, e apesar de críticas, talvez em parte devido à sua original prática do trabalho filosófico, a influência de um autor tão *sui generis* como Kierkegaard será surpreendentemente vasta no século XX: ela vai de Heidegger a Jacques Derrida e Judith Butler, passando por wittgensteinianos como Stanley Cavell, James Conant ou Cora Diamond.

Schopenhauer

Schopenhauer (1788–1860) desprezava Hegel. Em Berlim, em 1820, Hegel era famoso e ensinava mesmo ao seu lado, cheio de estudantes e de influência, enquanto ele, Schopenhauer, não atraía mais de dois ou três ouvintes. Por outro lado, Schopenhauer considerava Kant um génio inultrapassado; a sua própria obra é em grande medida um diálogo com a obra de Kant (a segunda grande inspiração é Platão). Schopenhauer é dos mais célebres pessimistas da história do pensamento: pensa que melhor seria que a nossa existência não tivesse acontecido, que ela é, e não poderá deixar de ser, sofrimento e que decorre num mundo que não é um lugar inteligível (esta ideia de que o mundo seja um lugar inteligível, a que por exemplo o Princípio da Razão Suficiente, formulado por Leibniz como *Nihil est sine ratione*, deu forma, é uma ideia que Schopenhauer contesta nos seus primeiros escritos filosóficos). Schopenhauer dá uma base metafísica ao seu pessimismo. *Metafísica* não é para ele uma preocupação de ser dos seres, ou dos fundamentos do conhecimento: é, em última análise, uma interrogação acerca do significado de uma existência que seria de outra forma «fantasmática». Schopenhauer desenvolve a partir daí uma ética e uma estética, e aquilo a que podemos chamar uma antropologia filosófica e uma filosofia da mente (ou da mente-corpo).

---

[103] Posteriormente publicada em livro, em 1933, sob o título *Kierkegaard: Construção do Estético*.

Na verdade (e neste ponto ele está em pleno contraste com Kant), o autor de *O Mundo como Vontade e Representação* (1818) pretende que a ética, a estética e a metafísica — que teriam sido anteriormente separadas de forma errónea, tal como «a mente e o corpo foram erroneamente separados» — sejam «uma só coisa» no seu pensamento.

Nascido em Danzig (actual Gdansk, na Polónia), ainda no século XVIII (em 1788), Arthur Schopenhauer deveria ter assumido o próspero negócio paterno, mas as suas inclinações foram antes no sentido dos estudos. A sua mãe, Johanna Schopenhauer, manteve, depois de viúva, um salão literário em Weimar, que Goethe frequentava; foi uma autora reconhecida, tendo publicado ensaios, romances e biografias. Schopenhauer estudou Medicina e depois Filosofia em Gotinga e em Berlim. Frequentou cursos que foram da Física e da Fisiologia à Zoologia, à Literatura e à Poesia. A sua tese de doutoramento, em Iena, teve por título *Sobre a Quádrupla Raiz do Princípio da Razão Suficiente* (1813) (nela, o autor lida com a contestação ao Princípio da Razão Suficiente, que referi acima). Muda-se para Dresden, onde trabalha no seu livro mais famoso, *O Mundo como Vontade e Representação* (*Die Welt als Wille und Vorstellung*). Publica-o em 1818, com 30 anos, bem mais jovem, portanto, do que as fotografias conhecidas, e que se colaram à sua imagem, que nos mostram um mal-encarado homem de bastante idade e que datam dos últimos anos da sua vida. Procura ter uma carreira universitária, mas nunca chega a ser bem-sucedido (críticos diriam que desejava falhar) — o episódio de 1820 que relato acima dá-se quando tenta a sua sorte como *Privatdozent* (e a verdade é que marcou o seu curso exactamente para a mesma hora que o curso de Hegel). Nas últimas décadas da sua vida, instalou-se de forma permanente em Frankfurt, vivendo sozinho com os seus cães. Nos últimos anos de vida, foi filosoficamente reconhecido, chegando a ver várias edições do seu livro principal.

Procurarei em seguida, sobretudo, chegar à forma que terão a ética, a estética e a antropologia filosófica e filosofia da mente correspondentes ao monismo naturalista de Schopenhauer, que pode ser visto, paradoxalmente, como materialista ou como idealista. A ética proposta por Schopenhauer é uma ética da contemplação e da abdicação. A sua estética é ao mesmo tempo uma ética e uma forma de «salvação» (*Erlösung*). A antropologia e a filosofia da mente centram-se na importância do corpo e da vontade na consciência (porque a consciência tem também um papel central na epistemologia e na metafísica, para pensar sobre a natureza da realidade e como a conhecemos, vários críticos de Schopenhauer dirão que isto é simplesmente circular).

Partindo da ideia kantiana básica de separação entre fenómeno e númeno, Schopenhauer identifica o fenómeno kantiano com o Mundo-enquanto-Representação e o númeno kantiano com o Mundo-enquanto-Vontade. Embora a Vontade seja a natureza da realidade em si, e o mundo seja só um, estamos de várias formas constrangidos a movermo-nos (em corpo e em pensamento) no plano da representação. O Mundo-enquanto-Representação é, de acordo com Schopenhauer e exactamente como Kant propôs, marcado pelo sujeito, e portanto por formas *a priori*. Estas são, segundo Schopenhauer, e de forma que o afasta um pouco de Kant lido num sentido estrito, o espaço, o tempo e a causalidade (Schopenhauer pensa que se pode simplificar o aparato do *a priori* kantiano, e que o espaço, o tempo e a causalidade são, de entre as formas *a priori*, as fundamentais). É através dessas formas que se constitui o mundo de objectos individuados com que interagimos e que despertam e prendem os nossos desejos, um mundo que é, para Schopenhauer, numa expressão que vai buscar ao pensamento oriental, um «Véu de Maia». Schopenhauer dá assim um passo que Kant não dá, ao considerar que o mundo da individuação (por exemplo, a temporalidade deste) é ilusório — Kant não identifica «fenómeno» com ilusoriedade.

Além deste estatuto de superfície (e, de certa forma, de ocultação) que a Representação tem, o conhecimento é, em geral, para Schopenhauer, um mero instrumento da Vontade. Ao contrário da Representação, a Vontade não está sujeita ao princípio da individuação. Sendo ela que inicia e impele a acção dos seres, a vontade não tem finalidade ou propósito: ela é uma *pressão cega*. Aplicando a visão da vontade à natureza do humano, isto significa que há, de acordo com Schopenhauer, uma clara primazia da Vontade relativamente à consciência — este é um primeiro princípio para a sua antropologia e para a sua filosofia da mente-corpo. Na verdade, encontram-se em Schopenhauer numerosos tópicos e orientações da filosofia da mente e da metafísica contemporânea, não apenas a consideração do estatuto da consciência a partir de uma perspectiva monista (que, como já fiz notar, na metafísica da vontade schopenhaueriana não é nem materialista nem espiritualista), mas também, por exemplo, a análise da natureza da acção voluntária nesse quadro. De uma forma que também o aproxima metodologicamente de muita filosofia da mente contemporânea (concordemos ou não com tal orientação), Schopenhauer interessou-se pela cognição vista de uma perspectiva empírica — não é difícil encontrar nos seus escritos descrições fisiológicas do cérebro, ou mesmo a identificação do intelecto com o cérebro. Também isto o afasta de Kant, o seu modelo intelectual, que de forma alguma identifica o seu sujeito transcendental com o cérebro. Em geral, há muito mais corpo, e muito mais corpo próprio, em Schopenhauer do que em Kant. Obviamente, isto torna ainda mais problemáticas as funções epistemológicas e metafísicas do seu sujeito transcendental — por exemplo, no Livro I de *O Mundo como Vontade e Representação*. Afinal, quando se fala de consciência e dos objectos desta, está a falar-se de corpo e cérebro ou de sujeito transcendental?

Por esta razão e por outras, de um ponto de vista metafísico, o materialismo-naturalismo-idealismo de Schopenhauer não pode deixar de parecer paradoxal. Mas convém recordar que para este filósofo tanto o materialismo como o espiritualismo são pontos de vista falsos sobre a subjectividade, se considerados a partir da coisa em si. A primeira coisa a compreender acerca da sua metafísica é que ela se opõe, antes de mais, às metafísicas do idealismo alemão (de Hegel, Fichte, Schelling). O que opõe, afinal, Schopenhauer ao idealismo alemão, a esses autores que foram seus contemporâneos e que ele se comprazia em atacar pessoalmente além de filosoficamente, é no fundo a ideia de que a essência última do mundo é a vontade. Entenda-se: a vontade inconsciente e irracional — não a liberdade potencialmente racional que os idealistas, começando por Kant, prezaram. A razão e a consciência são, em nós, mera superfície, um instrumento, dessa vontade inconsciente e irracional profunda — não têm de forma alguma o estatuto, a dignidade, que os idealistas pretenderam atribuir-lhes. A realidade não é racional, não está dirigida à liberdade e à consciência. A nossa consciência não vem reapoderar-se da liberdade e da racionalidade, que seriam (já) características da realidade. Nós somos fundamentalmente querer, e não coisas pensantes, e esse querer não é querer racional, ou querer de alguma coisa que faça sentido. Isto aplica-se ao indivíduo e também ao mundo: algo como a filosofia hegeliana da história parece totalmente ridículo a Schopenhauer. No caos e na confusão dos acontecimentos históricos, não há progresso algum, não há sentido algum, apenas a mesma «essência» se manifestando, idêntica e imutável, hoje como amanhã. Os reflexos antropológicos e éticos desta metafísica da vontade traçam, como seria de esperar, um quadro negro da existência humana: a vontade em nós, acompanhada de autoconsciência, faz-nos desejar. Desejar é uma experiência de sofrimento. Nada poderá satisfazer o nosso desejo, a forma como o querer se manifesta. As finalidades e funções que compõem o nosso ser continuarão a manifestar-se como desejo e simplesmente não haverá paragem para esse desejar. Perseguiremos objectos transientes, sujeitos à temporalidade, sempre. O tempo, já o sabemos epistemologicamente, é uma ilusão. A contrapartida ética das ideias metafísicas de Schopenhauer é, assim, um pessimismo ligado ao pensamento budista (que, na sua opinião, vê correctamente a vida como sofrimento) e uma apologia da resignação: para Schopenhauer, não existimos para ser felizes. O que poderia, afinal, ser a felicidade? A felicidade só poderia ser a total destruição, a aniquilação, o não mais ser. Mas a vida é antes um negócio que não cobre os custos, que não compensa — diz famosamente em *O Mundo como Vontade e Representação*. Ou, dito de outra forma, a vida de um indivíduo, vista como um todo e em geral, é uma tragédia; vista de perto e ao pormenor, é uma comédia.

Vejamos um pouco mais da paisagem metafísica e moral desenhada por Schopenhauer: estar vivo, do ponto de vista cósmico, é um pequeno desvio, rodeado pelo tempo infinito antes do nascimento e pelo tempo infinito depois da morte.[104] A «felicidade» enquanto existimos só pode ser negativa — ter a forma de remoção da dor e do desprazer. A satisfação dos desejos conduz não à felicidade, mas sim ao aborrecimento (essa «maldição» dos seres conscientes, diferentemente dos outros animais). Há muito pouco por trás das coisas que se desejam, e o vazio da existência vai-se revelando (o semblante das pessoas de idade mostra o desapontamento dessa revelação, diz Schopenhauer). Ninguém se queixa de não ter existido nos milhões e milhões de anos que precederam o seu nascimento — porque seria então o não existir depois da morte algo indesejável? (É evidente que aqui podemos perguntar de novo a Schopenhauer: mas, afinal, o tempo é real ou não é real?)

Do ponto de vista ético, a proposta de Schopenhauer é o ascetismo. O ascetismo é a negação ou auto-supressão (*Selbstaufhebung*) da vontade, originado no conhecimento da natureza dessa vontade. A vida é algo que não deveria existir. O solo onde a felicidade temporal se encontra está minado, diz Schopenhauer. Pensar que se é feliz só pode por isso resultar de uma perspectiva errada sobre o mundo e a vida. No entanto, aquele que está aprisionado no princípio de individuação vê nas coisas individuais motivos sempre renovados para desejar. Em contrapartida, aquele cujo conhecimento se reporta ao todo verá o seu querer apaziguado: a vontade

---

[104] Poder-se-ia aqui perguntar se o tempo é afinal ilusório ou não.

volta as costas à vida, dá-se uma renúncia voluntária, e a resignação, a castidade, a renúncia a bens materiais trazem a felicidade.

Além da forma como retomou os conceitos kantianos de fenómeno e númeno (como Representação e como Vontade), Schopenhauer considerou ainda uma possibilidade perante a qual, na sua opinião, Kant teria sido cego: um tipo de acesso à natureza da realidade a que chamou *intuição*, i.e., a possibilidade de uma consciência intemporal, de uma visão contemplativa, de uma libertação em espírito pela qual o artista seria mais responsável do que o cientista. Esta possibilidade vai, em última análise, conduzi-lo à visão da arte que é central no seu pensamento.

A arte é, para Schopenhauer, o modo de consideração das coisas independentemente do Princípio da Razão Suficiente, por contraste com a experiência ou a ciência. A percepção estética é contemplativa e desinteressada, libertando-nos por isso mesmo das garras do desejar (Schopenhauer retoma aqui a ideia kantiana de prazer desinteressado associada ao juízo estético). Quando pensa a arte, Schopenhauer desvia-se da sua inspiração platónica — a arte não é apenas aparência da aparência, como Platão declarou, é, sim, algo de fundamental para a existência humana. E acima de todas as artes está a música, a mais metafísica das artes, que apresenta e representa a própria vontade na consciência de si.

Autores e artistas tão diversos e fundamentais como Friedrich Nietzsche, Richard Wagner, Thomas Mann, Sigmund Freud, Ludwig Wittgenstein, Marcel Proust e Samuel Beckett devem muito a Schopenhauer. Wittgenstein, por exemplo, que não sentia nenhuma obrigação ou vontade de conhecer a história da filosofia, admirava profundamente Schopenhauer; Nietzsche abordou toda a história da filosofia à luz de Schopenhauer (Schopenhauer foi provavelmente o único filósofo que Nietzsche, que não tinha formação académica em filosofia, leu integralmente). Não é estranho que tantos artistas tenham concebido o seu trabalho à luz de Schopenhauer: nas palavras de Thomas Mann, a filosofia de Schopenhauer é, por excelência, criativa, uma *filosofia do artista*. De facto, Schopenhauer chega a afirmar que a arte é o único conhecimento objectivo, e é ao artista e não ao cientista, à intuição e não à razão, que atribui a possibilidade de aceder à realidade em si.

Voltando à questão das influências e de porque é que o pensamento de Schopenhauer está na raiz de obras tão determinantes do espírito filosófico do século XX como as de Freud e de Nietzsche, convém notar que as relações entre estes pensadores são complicadas e não demasiado directas. Freud, por exemplo, declara nunca ter lido a obra maior de Schopenhauer, contudo vê claramente quanto o seu pensamento é antecipado pelo de Schopenhauer. Mas afirma sempre que há uma convergência, não uma influência. O que é que isso significa? Pelo menos, que Freud considera que, nas suas descrições da vontade, Schopenhauer antecipa a concepção de Inconsciente (e a intemporalidade deste), bem como a ligação entre felicidade e morte. Quer para Schopenhauer quer para Freud, a vontade de vida derrota-se a si própria. Freud afirmará, em *Para Além do Princípio do Prazer* (1920), outro clássico do pessimismo filosófico, escrito cerca de um século mais tarde, que a morte é o resultado genuíno e o propósito da vida. Schopenhauer pensa o mesmo. Note-se que isto pode ser dito em contraste directo com Hegel: a finalidade da vida é a morte, e não a Razão Absoluta e o seu auto-reconhecimento e reconciliação com o mundo. Não há razão, não há reconhecimento — a única forma de evitar o sofrimento é a renúncia à vontade de viver, o desprendimento relativamente ao nosso eu. É esse o contexto da recomendação schopenhaueriana de ascetismo, de santidade como mortificação da vontade e afastamento da vontade de viver.

As relações de Schopenhauer com Nietzsche são certamente mais directas do que as relações de Schopenhauer com Freud: *A Origem da Tragédia* é um bom exemplo disso. Mas são também relações bastante conturbadas: de facto, Nietzsche, depois de ter considerado Schopenhauer «O Educador» (em *Schopenhauer Educador* — Nietzsche afirma: «Compreendi-o como se ele tivesse escrito para mim»: tudo o que ele diz é duro, honesto e bem-humorado, e ele nunca se engana a si próprio)[105], vem a julgá-lo o próprio expoente de qualquer coisa que considera uma doença do espírito do Ocidente, o niilismo. Apesar disso, a crítica nietzschiana ao pessimismo e niilismo de Schopenhauer será feita nos termos do próprio Schopenhauer, os termos da Vontade de poder (*Wille zur Macht*), que Nietzsche quer ver afirmada e não negada.

---

[105] Schopenhauer tem muito em comum com Montaigne, acrescenta Nietzsche: são mestres da honestidade e da alegria, mesmo se as suas análises da alma humana são sombrias e duras.

Nietzsche[106]

Falando através da voz de Zaratustra[107], Friedrich Nietzsche (1844-1900) clama: Acordai, ó homens! Acordai para aquilo que eu, o porta-voz da vida, o porta-voz do sofrimento, vos digo! E o que Nietzsche vem dizer é que a realidade não é racionalidade, mas vontade de poder, que os homens sofrem com a vontade de criação, mas que essa vontade pode chegar a querer-se a si mesma, pode chegar a querer o Eterno Retorno, chegar a querer exactamente aquilo que é. Esse pensamento do Eterno Retorno só poderá, no entanto, ser pensado pelo *Übermensch*, o super-homem, aquele que superou o homem porque sobreviveu à Morte de Deus, i.e., à constatação da ausência de qualquer finalidade moral para o Universo e para a vida.[108] O super-homem sobreviveu à Morte de Deus e sobreviveu também ao niilismo passivo, à vontade de nada como vontade de extinção. O seu niilismo tornou-se um *niilismo activo*, diferente do desejo schopenhaueriano de dissolução e de morte, vistas como a única cura para a individuação.[109] E assim, na imagética de *Assim Falou Zaratustra*, o espírito, na sua vida sobre a terra, deixou de ser o camelo, que carrega, deixou de ser o leão, que reage violentamente e quebra amarras, e passou a ser a criança — a leveza da existência e o «Sim» à vida.

---

[106] Agradeço a João Constâncio e a Mattia Riccardi por me terem posto em contacto com as mais recentes discussões em torno da filosofia de Nietzsche.

[107] Zaratustra é a personagem central de *Assim Falou Zaratustra: Um Livro para Todos e para Ninguém* (*Also sprach Zarathustra: Ein Buch für Alle und Keinen*), 1883-1885. O modelo para Zaratustra é o persa Zoroastro, que teria sido o primeiro a ter uma visão cosmológica em termos de bem e de mal. Estas seriam as verdadeiras forças que regem o mundo. O livro está cheio de paródias de Platão e dos Evangelhos. Decidir quão irónico é o uso da personagem de Zaratustra é uma questão para os intérpretes de Nietzsche.

[108] O *Übermensch* nietzschiano inspirou a ideologia nacional-socialista. Ninguém escolhe quem nos lerá e recrutará. Em termos pessoais, Nietzsche, ao contrário do que será o caso com, por exemplo, Heidegger, nunca teve as mãos (politicamente) sujas. Teve, no entanto, uma irmã, Elisabeth Förster-Nietzsche, que muito fez para manchar a sua reputação nesse sentido, ao gerir o seu legado literário. O super-homem de Nietzsche foi criado como «o sentido da Terra», «uma alma pesada de frutos», e nunca foi muito explorado além do primeiro livro de *Assim Falou Zaratustra*. É verdade, por outro lado, que inúmeros soldados alemães levaram *Zaratustra* consigo na Primeira Grande Guerra: 150 000 exemplares foram impressos pelo governo alemão e eram a leitura inspiradora oferecida aos jovens soldados além da Bíblia.

[109] Esta interpretação de Nietzsche está marcada por Heidegger; não entrarei aqui em pormenores.

Nietzsche é um autor absolutamente essencial para compreender a filosofia continental no século xx. É essencial nomeadamente para compreender a filosofia francesa da geração pós-1960, a geração de Foucault, Derrida e Deleuze, que o seguiu de muitas maneiras.[110] Em *O Discurso Filosófico da Modernidade,* Jürgen Habermas (que não é de todo um admirador de Nietzsche) chama-lhe «a porta de entrada na pós--modernidade», aquele que abre o caminho que será trilhado por autores como Bataille, Lacan, Foucault, Heidegger ou Derrida. É Nietzsche quem abre a porta de entrada para a pós-modernidade, porque nem um autor crítico como Marx pretendeu alguma vez pôr em causa a modernidade e as ideias-chave desta, como, por exemplo, a ideia de que existe progresso histórico ou a ideia de emancipação humana na sociedade. Mas Nietzsche põe em causa precisamente essas ideias, *desconfia* delas. De novo nas palavras de Habermas, é com Nietzsche que pela primeira vez a crítica filosófica abdica do seu conteúdo emancipatório.[111] Foucault vê-o como o precursor do seu próprio método genealógico, Derrida, como o praticante por excelência da desconstrução. Mas a herança de Nietzsche na filosofia contemporânea não se restringe à filosofia francesa: ele é hoje muito estudado também na tradição de língua inglesa, sobretudo no contexto de discussões em torno de consciência, identidade pessoal, moralidade, instinto e agência. É verdade que muitos filósofos analíticos tendem a considerar que Nietzsche é sobretudo um escritor, um poeta, um artista. Outros, todavia (por exemplo, Richard Rorty, Bernard Williams, Arthur Danto ou Stanley Cavell), atribuem-lhe uma importância mais geral e profunda na própria filosofia, especialmente na filosofia moral e na estética. E a verdade é que a figura de Nietzsche excede em muito, na cultura contemporânea, as portas da academia e transcende os limites disciplinares da filosofia. Nietzsche foi uma espécie de profeta cultural, e as suas ideias acerca de genealogia da moral, Morte de Deus, niilismo e transmutação dos valores fazem parte dos instrumentos intelectuais mais gerais de um grande conjunto de disciplinas das humanidades e das artes. Tomando essas ideias como referência, vou então procurar traçar um perfil deste autor do século xix (Nietzsche morre em 1900) que será tão importante para, pelo menos, uma linhagem da filosofia do século xx.

---

[110] Além de também, obviamente, Heidegger, que incorpora Nietzsche de forma idiossincrática.

[111] Para Habermas, isto é fortemente negativo e criticável.

Friedrich Nietzsche ensaia a sua *persona* como filósofo em *A Origem da Tragédia* (1872)[112], o seu primeiro livro importante, com um comentário à civilização dos Gregos. Para compreender a natureza trágica da vida, estes teriam abraçado a complementaridade de dois deuses, Apolo e Dioniso, o deus do Sol e da aparência, e o deus do vinho e da embriaguez. Os dois deuses, que são o par central do livro, são de certa forma sucessores da Representação e da Vontade schopenhauerianas, tal como estas tinham sido sucessoras, ou interpretações, do fenómeno e do númeno kantianos. A complementaridade de Apolo e Dioniso na particular forma artística que é a tragédia ática é o foco da análise de Nietzsche. Mas Nietzsche não está interessado apenas em minúcias históricas e filológicas em torno da tragédia: esta é louvada como sendo uma forma de compreensão da existência, da existência sã, relativamente à existência doente e ressentida. A existência doente e ressentida é representada por Sócrates, que nos escritos de Nietzsche tem um papel simbólico negativo, o papel do intelectual, daquele que já não vê a vida, que mede a vida pelo pensamento, que apenas critica. O livro abre com o apelo às experiências da embriaguez e do sonho, e culmina com um louvor à obra de arte total de Wagner.[113] Noutras palavras: é uma análise muito pouco ortodoxa do ponto de vista filológico (e convém recordar que Nietzsche, quando o publica, era professor de Filologia em Basileia). O livro não é propriamente um estudo académico metodologicamente controlado — na verdade, é uma obra perfeitamente idiossincrática. Mas o que Nietzsche faz nesse livro — dizer «coisas perigosas e importantes para a vida» — é precisamente o que ele pensa que se deve querer da filosofia. Em filosofia, Nietzsche não quer a seriedade incapaz de verdadeira existência humana, que é para ele simbolizada por um professor regrado

---

[112] O subtítulo de *A Origem da Tragédia* é «a partir do espírito da música» (*Zum Geburt der Tragödie: Aus dem Geiste der Musik*).

[113] Nietzsche e o músico Richard Wagner começaram por ser amigos e por partilhar a admiração e o entusiasmo pelo pensamento de Schopenhauer. Nietzsche veio, no entanto, a ver em Wagner um exemplo de decadência, tendo escrito largamente contra ele e contra os seus ideais artísticos. As intenções artísticas e o percurso de Wagner, nomeadamente as suas ideias segundo as quais caberia à arte recuperar o que foi em tempos o papel da religião, i.e., recuperar os símbolos míticos, operar a reunião e a regeneração dos humanos, são cruciais para compreender a evolução do pensamento de Nietzsche. A pergunta de Nietzsche a Wagner (a pergunta *contra* Wagner) passou, todavia, a ser, a certa altura, como será possível criar música que seja não romântica, mas sim dionisíaca? Segundo Nietzsche, Wagner acabara por mostrar ser um decadente, caindo aos pés da cruz cristã, mostrando assim a Nietzsche que não há esperança a ter no homem moderno romântico.

como Kant (Kant é uma das *bêtes noires* de Nietzsche). A sugestão moral de Nietzsche — expressa perto da conclusão de *A Origem da Tragédia* —, e que é central na sua filosofia, é que só vendo a existência como forma artística se pode suportar existir. Por vezes, fala-se de uma metafísica do artista também em Nietzsche, como em Schopenhauer. A questão a que tal metafísica responde é a questão acerca de como viver, como suportar a vida. Não é qualquer tipo de homem que suporta a ideia de que não há mais sentido na existência do que o facto de esta ser um fenómeno estético: suportar esta ideia, e mesmo querê-la voluntariamente, selecciona o «homem superior». É preciso ser profundo para amar a superfície (das formas), diz Nietzsche, amá-la como superfície e nada mais, deixando de procurar as essências por trás das aparências. Essa era, defende Nietzsche, a profundidade dos Gregos. Depois da Morte de Deus nas sociedades modernas (presumivelmente, Nietzsche está a falar da Europa-América — e aqui se comprova que muita coisa mudou desde que ele escreveu), depois da crise de valores que sucedeu ao processo de secularização, consequência do Iluminismo, apenas esta concepção estética da existência (como trágica) pode salvar-nos. Nos antípodas do espírito trágico, está então essa personagem-símbolo que é Sócrates. Sócrates-o-intelectual é visto por Nietzsche como aquele que sobrepõe o espírito apolíneo ao espírito dionisíaco, abafando assim o equilíbrio da tragédia clássica. O projecto de Sócrates é o projecto da racionalidade e esse projecto é o projecto do Ocidente. Ora, tal projecto é para Nietzsche um projecto falhado.

A Origem da Tragédia sofreu uma famosa e devastadora crítica do importante filólogo alemão Ulrich von Wilamowitz-Moellendorff, que destruiu o livro e afirmou que Nietzsche não devia ser ouvido pela juventude alemã, mas por panteras e tigres (anos mais tarde, o Zaratustra de *Assim Falou Zaratustra* falará para estes animais...).

O que queria Nietzsche dizer com *A Origem da Tragédia*, uma obra de juventude e talvez de ainda imaturidade filosófica? Fundamentalmente, que o optimismo positivista e cientista da cultura do seu tempo fechava os olhos dos humanos para os aspectos dionisíacos e trágicos da existência. Isto é algo que Nietzsche disse de várias formas na sua obra, com o seu explícito escárnio dos «psicólogos ingleses», explicadores utilitaristas e evolucionistas das motivações humanas.[114] Repare-se que há aqui, apesar

---

[114] Nietzsche diz coisas por vezes muito ofensivas sobre personagens estereotipadas, como os Ingleses, os Alemães, ou os Franceses — sendo ele próprio alemão, trata-se aí

de tudo, bastante proximidade: da mesma forma que os «psicólogos ingleses», Nietzsche está realmente interessado nas motivações humanas e na origem destas. Mas não pode aceitar, por exemplo, a ideia que uma visão utilitarista tem da psicologia humana: o bem e o mal não são para Nietzsche a procura do prazer e o evitamento da dor. Isso é pouco, explica pouco, sobretudo não explica aquilo que mais importa compreender: a criação dos valores. Ora, o problema interessante e complexo, o problema fundamental para compreender o animal humano é precisamente a criação dos valores. Para isso, Nietzsche propõe-se estudar a alma humana ao microscópio e dizer toda a verdade, mesmo que essa verdade seja suja, repugnante e anticristã (estas serão aproximadamente as suas palavras em *A Genealogia da Moral*).

É importante ter claro que o niilismo, i.e., a ideia de uma falta de finalidade histórica para a humanidade, dada a Morte de Deus, não impede, segundo Nietzsche, a moral. O que acontece é apenas que a ideia de uma legitimação transcendente para a moral (qualquer que ela seja) deixa de fazer sentido. Na verdade, demora muito tempo a deixar de fazer sentido — o último homem[115] ainda nem compreendeu que Deus morreu: numa cena de *Assim Falou Zaratustra*, o último homem procura, procura, com a sua lanterna, procura sem saber que Deus morreu. E Deus pode ter morrido, pode estar a morrer, mas o agir moral continua sempre — os homens são animais morais. De qualquer forma, o bem e o mal (o nome para a nossa natureza moral) não se identificam com prazer e dor, ou com a contabilidade utilitarista destes.

Sem legitimação transcendente, novas tarefas surgem para o filósofo-moralista que é Nietzsche: essas tarefas que se erguem consistem em compreender as origens da moral e a natureza da escolha dos valores. Consistem também em criar novos valores. Em *A Genealogia da Moral* (1887), na sequência de *Para Além de Bem e Mal* (1886), Nietzsche procura assim as origens (históricas, contingentes) do «bem» e do «mal» — das

---

de um caso de amor/ódio. Por vezes, a alma alemã é caracterizada como profunda, por vezes, como o mais grosseira possível. Na cultura alemã ela própria, quando a medida é a vitalidade e a alegria, Goethe é o bom exemplo, enquanto Kant ou Hegel são os males. De entre os autores que lhe foram historicamente mais próximos, também Schopenhauer e Wagner foram a certo ponto heróis morais para Nietzsche, mas deixaram de o ser.

[115] O último homem é mais uma das personagens conceptuais de Nietzsche. Corresponde ao homem actual (do tempo de Nietzsche), aquele que ainda não deu forma a uma nova moral após a Morte de Deus, e que está sempre prestes a cair no niilismo.

formas da moralidade, portanto. A vontade comporta-se como se tivesse um fim último, mas não o tem, nem pode ter. Não se trata de nada mais, no querer e no agir humano, do que um jogo de forças. Este jogo de forças cristaliza-se em configurações morais historicamente concretas e retraçáveis — em estilos e práticas morais, e são estas que Nietzsche, no seu estilo peculiar, analisa. O que quer Nietzsche dizer com «genealogia», um termo seu que será tão utilizado no futuro? Uma genealogia é uma investigação das origens, nomeadamente uma investigação das origens dos comportamentos morais e da consciência que os acompanha. Nietzsche enfatiza que nas origens não encontraremos nada de nobre ou valioso por si, apenas escolha e força bruta (da mesma forma que, se olharmos para as origens de uma família real reinando num dado país neste momento, aquilo que encontraremos são os descendentes de bárbaros que foram mais fortes do que os bárbaros seus contemporâneos, mas não essencialmente diferentes). Esta visão genealógica das formas da moralidade e da consciência ergue-se como alternativa à detestada (por Nietzsche) *Fenomenologia do Espírito* de Hegel, que, como vimos, põe no lugar da contingência nietzschiana um percurso da racionalidade, formas sucessivas do Espírito, passos da história da consciência em direcção a uma finalidade, um *télos*, que é um conhecimento do Espírito por si próprio. Para Nietzsche, existe certamente um suceder histórico das formas, mas não há racionalidade alguma, não há fim algum — apenas contingência. Contingência e criação, mas criação a partir da imanência, e não da transcendência hegeliana do Espírito.[116] Para Nietzsche, a forma hegeliana de ver a história, além de ser uma distorção irrealista da história psicológica dos humanos, é uma doença, uma doença historicista. A doença hegeliana da história é, de resto, maior do que Hegel: é uma doença da Europa. Para Nietzsche, o homem europeu é velho de mais, carrega demasiado peso histórico nas costas.[117] Esse peso impede-o de ter a leveza de alma de que a criação de valores necessita. É preciso começar outra vez. Esta forma de ver a história e o espírito histórico é uma ideia que vem desde a juventude de Nietzsche. Ele vê o excesso de história como um excesso de saber, um peso que nos

---

[116] Que, para sermos justos, o próprio Hegel não vê como transcendente.
[117] O apreço de Nietzsche pelo pensador americano Ralph Waldo Emerson compreende-se também assim: a Europa é velha de mais, é preciso começar de novo. A América-ideal traçada por Emerson é isto mesmo. Cf. à frente a forma como Stanley Cavell retoma Emerson.

incapacita de agir (di-lo nas suas *Considerações Intempestivas*, falando *Da Utilidade e Inconvenientes da História para a Vida*).[118]

Passo a descrever algumas ideias mais específicas da psicologia moral de Nietzsche que são desenvolvidas neste contexto. Os três ensaios de *A Genealogia da Moral* são, respectivamente, sobre a origem do bem e do mal, sobre a má-fé e sobre o ideal ascético. São certamente os textos de Nietzsche mais lidos no universo de língua inglesa, por serem os mais argumentativos e os mais naturalmente inseríveis numa história da ética. O mínimo que se pode dizer é que Nietzsche foi um psicólogo moral subtil, que isolou de forma marcante os fenómenos do ressentimento e da má consciência. Isto fez que, com Freud, ele tenha modificado radicalmente a forma de pensar nas nossas vidas mentais e morais. Ao fazê-lo, Nietzsche foi também um grande crítico do cristianismo (não necessariamente da figura de Cristo), que viu como um amaldiçoar da vida, uma afeição do ressentimento e da impotência, uma moral do rebanho e da renúncia.[119] Todas essas questões estão em causa no contexto das discussões da genealogia da moral.

Quais são então as origens do bem e do mal (já que não há bem e mal transcendentes, já criados, a que recorrer)? Quais são as origens do bem e do mal nesse animal interessante, nesse animal moral e animal esquecido que é o homem para Nietzsche? Afirma-se em certos contextos, à laia de explicação, que acções altruístas eram no início úteis, que isso foi esquecido, e que elas persistiram e foram consideradas boas. Nietzsche rejeita esta ideia. Quando se pensa acerca da origem do «bem» em termos de utilidade e costume, esquece-se totalmente a actividade de apreciação, que é aquela que ele considera essencial e pretende capturar e compreender. Ora, esta é, sugere ele, privilégio dos homens superiores. A tese de Nietzsche é que foram os homens nobres que julgaram boas as suas próprias acções, porque eram suas, não os destinatários destas que as julgaram boas ao recebê-las. Apesar de o plebeísmo do espírito moderno,

---

[118] As *Considerações Intempestivas* (*Unzeitgemässe Betrachtungen*) são escritos sobre a qualidade da cultura europeia do seu tempo, especialmente a cultura alemã. Aí se encontram os escritos *David Strauss, o Confessor e o Escritor* (*David Strauss, der Bekenner und der Schriftsteller*, 1873); *Da Utilidade e Inconvenientes da História para a Vida* (*Vom Nutzen und Nachteil der Historie für das Leben*, 1874); *Schopenhauer como Educador* (*Schopenhauer als Erzieher*, 1874) e *Richard Wagner em Bayreuth* (1876).

[119] Nietzsche identifica cristianismo com o ideal ascético (sobre o qual terá muito a dizer) e com o desvalorizar da vida em favor de um inventado Além. O platonismo e o humanismo cristão são para Nietzsche alvos a abater. Quanto ao cristianismo em particular, ver o *Anticristo* (escrito em 1888).

de origem inglesa, nos «distorcer» o olhar que apontamos às origens, diz Nietzsche, o que se encontra nas origens é diferente de utilidade e hábito. Em suma, Nietzsche propõe que foi a consciência da superioridade, e não a utilidade, que determinou a origem do «bem» e do «mal». Mas o espírito do ressentimento reverterá isto. A equação entre ser poderoso, ser formoso, ser feliz e ser amado por Deus é atirada por terra. Passa-se a pensar que «eles» são maus, e que apenas os desgraçados, os infelizes (i.e., nós), são bons. Assim começa, afirma Nietzsche, a emancipação dos escravos na moral. Esta emancipação dos escravos na moral tem já vinte séculos e triunfou completamente — é a moral dominante dos nossos tempos (do tempo de Nietzsche), é a moral do ressentimento. Como funciona essa moral? Na moral do ressentimento, em vez de os ideais serem criados pela afirmação de si próprios, eles são criados pelo ódio. A estrutura é a seguinte: se aqui na Terra eu sou pobre e humilhado, e outros à minha volta são fortes, belos e felizes, então eu deverei ser recompensado (por exemplo, num além) e eles deverão ser castigados, deverão sofrer como eu agora sofro. Enquanto a moral aristocrática nasce da afirmação de si mesma, a moral dos escravos apõe um «não» a todas as coisas — é este o único acto criador que tem. Raiva, ressentimento e falta de lealdade para consigo mesmo caracterizam esta psicologia. Em contraste, não levar a sério os seus inimigos é o sinal das naturezas fortes, sempre capazes de regeneração e cura, defende Nietzsche.

Repito que, apesar do seu desdém pelos «psicólogos ingleses», Nietzsche quer, tal como estes[120], esclarecer as tabelas de valores pelo lado psicológico e pelas origens (tal como David Hume fizera nos seus escritos sobre religião e tal como Freud fará). A diferença relativamente a qualquer perspectiva evolucionista-utilitarista (já que é isso que é resumido com a expressão «psicólogos ingleses») é que Nietzsche, ao contrário do que é o caso numa perspectiva evolucionista-utilitarista, não procura apenas compreender as origens dos valores. Ele não se coíbe de avaliar *o valor dos valores*, nomeadamente o seu valor para a saúde e a força da vida — é essa a sua pedra de toque, o seu instrumento de medida. Não se trata, portanto, apenas de algo como uma investigação naturalista, não normativa, mas de uma investigação sobre a criação (de

---

[120] Estamos a falar do pensamento utilitarista e evolucionista que ainda hoje é tão importante para conceber a nossa natureza moral. A nossa situação hoje (por exemplo, nas discussões sobre ética naturalizada num contexto de ciência cognitiva) é muito semelhante àquela que Nietzsche criticava.

valores) que faz dos humanos aquilo que são. Uma forma de moralidade humana pode existir, pode ser um facto, mas não é só isso que interessa compreender: ela pode merecer ser destruída e substituída por outra.[121]

No segundo ensaio de *A Genealogia da Moral*, Nietzsche procura compreender a natureza e a finalidade do ideal ascético, um ideal que atravessa todas as épocas e inúmeras formas de vida, tendo seduzido tantos pensadores, criadores e artistas ao longo da história. Entretanto, analisa a culpa, a má consciência, a punição, bem como a relação entre a vida e a vontade de verdade. Em última análise, Nietzsche esforça-se por compreender as relações do ideal ascético com práticas humanas valiosas como a ciência e a arte. O que é que o ideal ascético favorece? Por que razão tantos humanos se lançaram e lançam nos braços do ideal ascético? Porquê a renúncia voluntária à sensualidade, às relações sexuais, aos bens materiais, para, por exemplo, procurar obter conhecimento ou criar uma obra? O que é que se procura? O que é que se ganha? A resposta não tem obviamente de ser conhecida por quem professa tal ideal — este é um lugar por excelência para a má consciência e para o auto-engano.

Um problema central que aqui se coloca é o de saber interpretar a vontade de verdade nos humanos — é em torno desse problema que se deve tratar a questão do valor da ciência e da arte. À primeira vista, dada a concepção trágica e dionisíaca nietzschiana da existência, em Nietzsche a arte «substituiria» a ciência: se não chegamos nunca à realidade em si, a valorização das aparências por si próprias, nomeadamente na arte, seria uma forma preferível de existir e lidar com a realidade relativamente a tentativas intelectuais (como a ciência) de chegar a um em-si por trás das aparências. Mas as coisas não são assim tão simples. Nietzsche, sobretudo o último Nietzsche, não é um niilista schopenhaueriano que aponta a arte como única solução para a existência humana. A função de Schopenhauer para compreender Nietzsche é análoga à função de Wagner, o seu outro ideal moral de tempos passados e que acaba afastado: compreende-se Nietzsche compreendendo-se a forma como ele se foi distanciando de Schopenhauer e do niilismo deste, tal como se foi distanciando de Wagner e do que veio a ser o cristianismo deste. Tal distanciamento aconteceu desde logo estritamente em termos de estética. Como kantiano, Schopenhauer atém-se à ideia de juízo estético como juízo desinteressado, enquanto Nietzsche lança Stendhal contra Kant:

---

[121] Veja-se mais à frente, no ponto dedicado a John McDowell, a forma como este «Problema de Nietzsche» pode aparecer no seio de uma ética wittgensteiniana.

prefere a ideia de beleza como promessa de felicidade à ideia de desinteresse, e explora aquilo que podemos ver como um sensualismo (talvez simplista)[122], que contrasta com as profundas análises do juízo estético de gosto feitas por Kant. Mas não é apenas a arte e a forma de a concebermos que está em causa. Na pesagem do niilismo e no afastamento de Nietzsche relativamente a Schopenhauer, estão em jogo muitas outras coisas, nomeadamente a possível compatibilidade de uma valorização da ciência, de um «iluminismo», com o naturalismo de Nietzsche. Qual é afinal a posição epistemológica de Nietzsche?, poderíamos perguntar. E porque é ela tratada em conjunto com questões de filosofia moral e filosofia da cultura, tais como o ideal ascético e o niilismo? O certo é que não há, para Nietzsche, um ponto de vista de Deus (para usar a expressão de Hilary Putnam) sobre a totalidade da realidade. Por vezes, pretendendo dar uma imagem mais explícita da filosofia de Nietzsche em termos epistemológicos, fala-se aqui de perspectivismo. O perspectivismo de Nietzsche significaria que as análises éticas e estéticas que introduzi até aqui seriam sustentadas por uma visão metafísica e epistemológica de acordo com a qual não temos representações do mundo em si, apenas perspectivas múltiplas; nenhuma perspectiva única é a objectiva; não há «verdade». Não há verdade porque não atingimos o em-si da realidade, e porque as nossas necessidades e interesses moldam sempre as nossas representações. Alguns filósofos, nomeadamente filósofos analíticos, lendo Nietzsche, procuram assim recolocá-lo de forma mais canónica em termos de epistemologia. Outros pensam simplesmente que não há aqui teoria alguma a fazer: termos como «verdade» ou «conhecimento» são apenas cumprimentos que fazemos a discursos bem-sucedidos (um pragmatista como Rorty, que analisarei mais à frente, coloca as coisas desta forma na sua leitura de Nietzsche). Penso que leituras superficialmente relativistas de Nietzsche falham o alvo e não compreendem o autor — Nietzsche não é um relativista se isso significa, por exemplo, desprezar a ciência ou considerá-la tão boa como outra coisa qualquer na abordagem da realidade. Um gosto pela ciência natural como forma de compreender o mundo e o animal humano acompanhou sempre as meditações estéticas e éticas de Nietzsche sobre as formas de vida dos humanos. Era em parte aí que Nietzsche encontrava as verdades duras e

---

[122] A arte é fisiologicamente como o amor-paixão, dirá. Uma espiritualização da pulsão sexual. O desejo é já prazer, intoxicação, êxtase. Na arte, trata-se de intensificação de força, e não de resignação e renúncia.

anticristãs que procurava. E pensava nelas precisamente como verdades, e portanto como melhores do que a ignorância ou o auto-engano. Não aprofundarei aqui esses aspectos. Quero sobretudo acentuar que deixar de procurar um sentido transcendente para o sofrimento, deixar de precisar de um sentido transcendente para a nossa existência (aquilo que estava no fundo do ideal ascético casado com a vontade de verdade) não significa o fim da vontade de verdade e o inevitável niilismo. Nietzsche possivelmente veio a pensar no niilismo gerado pela ideia de que não atingimos o em-si da realidade como sendo ele próprio mais uma ilusão. Porque havemos de ser presas dessa ilusão e da desilusão a que ela conduz? Se o em-si nunca foi para ser procurado, se era uma má ilusão ligada ao ideal ascético, se a verdade transcendente nunca existiu, se ela era outra má ilusão ligada ao ideal ascético, não há aí perda alguma quando se desfazem essas ilusões. Não há lugar para desilusão alguma. Esta é uma diferença profunda relativamente a Schopenhauer, um dos maiores ídolos da sua juventude. Lançar fora o pressuposto infundado de que existe uma «verdade» a atingir, um em-si a atingir, salva-nos do niilismo e lança-nos na criação de novos valores. Afirmar a aparência como aparência e querê-la — essa, sim, é a última palavra nietzschiana.

Evidentemente, distinções entre ilusão e aparência terão de ser feitas, bem como valorizações de algumas «verdades» como superiores a outras, além da afirmação da «paixão simultânea pela ciência e pela arte»[123] — e é esse o caminho que Nietzsche finalmente segue. Não há justificação racional para a existência, é certo, mas a vida é profundamente desejável, e parte daquilo que é desejável é conhecê-la, mesmo se isso nos traz as revelações mais duras. O conhecimento é uma poderosa paixão (aqui, Nietzsche viu em Espinosa um seu precursor). Nestas circunstâncias, o pessimismo de Nietzsche é um pessimismo da afirmação e do *amor fati*, muito diferente do pessimismo da renúncia niilista schopenhaueriana. Ser puramente naturalista e puramente imanentista, deixar cair todas as ilusões de um além, liberta-nos para a afirmação do valor e do sentido da Terra, como diria Zaratustra. Liberta-nos para uma segunda inocência[124], na qual há lugar não apenas para a criação, mas também para o conhecimento e a ciência. Noutras palavras: Nietzsche não é um puro esteta. É este o resultado final das pesagens e desconstruções das formas que a vontade de verdade assume no animal humano, nomeadamente o cruzamento desta com o ideal ascético.

---

[123] Cf. CONSTÂNCIO (2013).
[124] A expressão aparece em *A Genealogia da Moral*, segundo ensaio.

Com Nietzsche e a sua *Lebensphilosophie*, como foi costume chamar-lhe na sua época, termino o percurso pelas reacções a Hegel. Como se verá a seguir, há uma outra reacção possível, e bastante diferente, ao idealismo que dominou muita da filosofia do século XIX, uma reacção que estará na origem das duas principais tradições novas do século XX, a filosofia analítica e a fenomenologia. É nesse sentido que avanço agora.

PARTE II

A PRIMEIRA METADE
DO SÉCULO XX

FREGE E HUSSERL:
A FILOSOFIA ANALÍTICA
E A FENOMENOLOGIA NASCENTES

A cisão entre a filosofia analítica e a filosofia continental remonta em parte ao momento hegeliano e ao irracionalismo filosófico subsequente que identifiquei na Parte I. Esta mesma história — o momento hegeliano, o irracionalismo — continuará a estar muito presente na filosofia continental no século XX. Nada de semelhante se passa na filosofia analítica. No entanto, as duas tradições precisavam ainda, para nascer, nos finais do século XIX, inícios do século XX, do impulso primeiro que constituíram as obras de Gottlob Frege (1848–1925) e Edmund Husserl (1859–1938). Vou aqui considerar marcos alguns pontos fulcrais dessas obras. Do lado de Frege, considerarei o *Begriffsschrift*, ou «escrita conceptual» (1879), *Os Fundamentos da Aritmética* (1884), «Über Sinn und Bedeutung» («Sobre o Sentido e a Referência», 1892), o artigo emblemático sempre retomado em filosofia da linguagem, e o escrito tardio «Der Gedanke» («O Pensamento», 1918). Do lado de Husserl, considerarei as *Investigações Lógicas* (1900, 1913), as *Ideen I* (1913) e a *Krisis* (*A Crise das Ciências Europeias e a Fenomenologia Transcendental*, 1936). Farei ainda uma breve referência às *Lições para Uma Fenomenologia da Consciência Interna do Tempo* (escritas entre 1905 e 1910).

Como afirmei na Introdução, é bem sintomático o facto de estes dois autores, iniciadores de duas linhagens metodológicas que até hoje se mantêm vivas e que estruturaram a filosofia do século XX, além de terem sido contemporâneos e de terem sido ambos filósofos e matemáticos, terem tido interesses convergentes. Basicamente, quer Frege quer Husserl se interessaram pelo estudo do pensamento e conteúdos deste, e ambos pensaram que esse estudo não incumbia a uma disciplina que então se estabelecia na sua legitimidade e autonomia como ciência natural: a psicologia. Não é à psicologia enquanto ciência empírica que cabe, por exemplo, a investigação sobre os fundamentos do pensamento aritmético — um tema que ocupa ambos os autores. De certa forma, o problema para a filosofia nos finais do século XIX e inícios do século XX era precisamente a sua identidade como disciplina em relação à psicologia. Afinal, o que é que filósofos e psicólogos fazem de diferente, se podemos dizer que em ambos os casos se procura compreender a mente? Não estariam os psicólogos a utilizar finalmente, e bem, os métodos da ciência natural para tratar os tradicionais problemas da filosofia? Para usar um exemplo de Kant na *Crítica da Razão Pura*, porque não havemos de explicar a natureza e a verdade de um pensamento aritmético, tal como 7 + 5 = 12, olhando para o cérebro e para o que lá se passa?[125] Fiz notar na Introdução que quer Frege quer Husserl ficariam horrorizados com esta ideia, a ideia segundo a qual o facto de 7 + 5 = 12 ser verdadeiro tem alguma coisa que ver com o cérebro e não com a forma como as coisas são. A fundação quer da fenomenologia quer da filosofia analítica está relacionada com a rejeição do psicologismo e do naturalismo, que se traduzem numa forma de pensar como essa. Recorde-se os exemplos que evoquei na Introdução. Frege pergunta, em *Os Fundamentos da Aritmética*, se será realmente possível que alguém pense que a quantidade de cálcio no meu cérebro é relevante para compreender a verdade do teorema de Pitágoras. E Husserl observa, nas *Ideen II*, que os lobos do meu cérebro não aparecem na minha consciência, e, por isso, não são objecto para a fenomenologia.

Partamos então de um facto: a fenomenologia e a filosofia analítica, as duas grandes linhagens da filosofia do século XX, foram geradas pela rejeição comum da ideia de que os métodos da ciência natural possam ser usados para compreender a natureza do pensamento e da relação deste com o mundo. Questões relativas à natureza de pensamentos como «7 + 5 = 12» ou «Esta parede é branca», à sua verdade ou falsidade, justificação ou fundamentação, não são os tipos de questão que possam

---

[125] Curiosamente, hoje, na segunda década do século XXI, a alteração das margens entre psicologia e neurociência traz um outro problema — virá a psicologia, que não abdica do vocabulário intencional e mentalista, i.e., da ideia segundo a qual nós somos para nós próprios mentais, a ser substituída pela neurociência e pela consideração segundo a qual somos, enquanto agentes cognitivos, fundamentalmente cérebros? Evidentemente, esta última ideia, embora fisicalista, pode ser acusada de ser dualista, i.e., de separar o cérebro do corpo.

ser abordados com métodos científico-naturais. Como poderão então ser abordados? A criação do método analítico e a criação do método fenomenológico foram tentativas de enfrentar de forma concreta tal desafio. A intenção que subjaz a ambas as orientações é uma intenção de despsicologização do estudo do pensamento. Isto não supõe nenhum desprestígio para a psicologia: significa apenas que a psicologia é uma ciência empírica, uma ciência natural entre as ciências naturais que estuda a cognição, ou o comportamento, e a filosofia não é ciência natural nem quer sê-lo. Os problemas da filosofia não são problemas empíricos, relativos à cognição e comportamento de indivíduos, mas sim problemas que respeitam à natureza do pensamento e à relação pensamento-mundo.[126] O pensamento deve, segundo, respectivamente, a fenomenologia e a filosofia analítica, ser abordado através de uma análise da experiência da consciência ou de uma análise da linguagem. De acordo com a fenomenologia, o objecto da filosofia é a descrição dos conteúdos-da-consciência-tanto-quanto-esta-representa-o-que-quer-que--seja, suspendendo qualquer referência ao mundo físico e ao estudo deste em termos de causalidade que é feito pelas ciências naturais. O mundo natural é o terreno adquirido e legítimo das ciências naturais. À filosofia cabe a descrição do mundo na consciência (é claro que se acabará por encontrar aí de novo o mundo todo, e o próprio conhecimento científico desse mundo, considerado agora enquanto pensamento).

De acordo com a filosofia analítica, que deve muito ao desenvolvimento da lógica formal, o objecto da filosofia é o estudo (englobante, geral) do pensamento. Esse estudo deve ser feito (só pode ser feito) por meio da análise (lógica) da linguagem. Porquê a análise da linguagem? Porque só a linguagem torna o pensamento público e objectivo, por oposição às imagens e sentimentos que povoam as vidas mentais dos indivíduos e que não permitiriam a partilha de pensamentos. Ora, a partilha de pensamentos é um facto. A linguagem possibilita inquéritos racionais comuns e, nas palavras de Frege, a acumulação de um «tesouro comum dos pensamentos da humanidade». Esse tesouro existe — as nossas formas de vida atestam-no — e apenas a linguagem poderia tê-lo possibilitado. A linguagem pode ser um espelho distorcido do pensamento, mas é o único espelho que temos, a única moeda comum.

---

[126] Sugiro aqui que se entenda por «pensamento» a representação de formas como as coisas são, a normatividade de tal representação e a subjectividade de tal representação.

Os inquéritos epistemológicos, metafísicos, éticos, estéticos ou outros assumirão, assim, de acordo com a filosofia analítica, a forma de investigações lógico-linguísticas.

Analiso em seguida as figuras e as teses centrais dos dois filósofos fundadores destas duas tradições.

Frege[127]

Gottlob Frege nasce em 1848, em Wismar. Fez carreira académica na Matemática. Em 1869, ingressa na Universidade de Iena e em 1871, na Universidade de Göttingen. Em 1873, obtém o doutoramento em Matemática (Geometria) na Universidade de Göttingen. Em 1874, obtém a *Habilitation* em Matemática na Universidade de Iena e torna--se *Privatdozent*. Em 1879, torna-se *Professor Extraordinarius* e em 1896, *ordentlicher Honorarprofessor*. Em 1902, recebe de Bertrand Russell uma carta que ficou célebre na história da filosofia e da ciência por ter deitado por terra o seu projecto de reconduzir a aritmética à lógica, o chamado projecto logicista. Em 1917, reforma-se da Universidade de Iena. Morre em 26 de Julho de 1925, em Bad Kleinen.

A obra de Frege permaneceu bastante desconhecida e ignorada no seu tempo; pessoas como Bertrand Russell, Rudolf Carnap e Ludwig Wittgenstein tiveram um papel importante no sentido de a tornar apreciada. Contudo, nos nossos dias, a riqueza do trabalho de Frege, bem como a sua importância como fundador da tradição analítica, tem vindo a tornar-se cada vez mais óbvia. Michael Dummett, em Oxford, foi fundamental para o revitalizar do interesse por Frege, a partir dos anos 1970.[128] O trabalho de Burton Dreben, em Harvard, foi também fundamental na elaboração de uma perspectiva histórica sofisticada sobre os inícios da filosofia analítica que deu a Frege o lugar merecido.[129] A verdade, no entanto, é que Frege é uma espécie de herói retrospectivo — durante muito tempo, a história oficial da filosofia analítica concentrou-se muito

---

[127] Tanto quanto a imagem de Frege que aqui apresento envolve interpretação, esta é em grande medida resultante do projecto de investigação «The Bounds of Judgement — From Frege to cognitive agents and human thinkers» (Instituto de Filosofia da Universidade do Porto, 2011–2014). Cf. algumas publicações daí resultantes, nomeadamente MIGUENS e CADILHA (2013) e MIGUENS (2019d). Cf. também a interpretação de Frege por TRAVIS (2013).

[128] Cf. DUMMETT (1993).

[129] Cf. FLOYD e SHIEH (2001).

mais num autor como Bertrand Russell, um rosto imensamente mais público da filosofia do que Frege alguma vez foi.

Como poderemos compreender, nas suas linhas gerais, o projecto filosófico de Frege? O artigo «Über Sinn und Bedeutung» («Sobre o Sentido e a Referência») é talvez o artigo de Frege mais estudado pelos filósofos analíticos hoje; pertence ao «cânone» da filosofia da linguagem — na verdade, inicia este cânone, é a sua primeira peça. Acontece que, de forma perversa, tal canonização acaba por distorcer a profundidade do pensamento de Frege e por reduzi-lo a algumas teses de manual sobre sentido (*Sinn*) e referência (*Bedeutung*) de termos e frases que contrastariam com as teses de Bertrand Russell. Se se tratasse apenas disso, não seria compreensível que um autor que aparentemente se preocupou sobretudo com questões técnicas, relativas à lógica e à linguagem, tivesse tido um tão grande impacto na filosofia contemporânea. Aquilo que há de profundamente inovador em Frege é, no fundo, uma teoria da significação e a ideia de conceber as investigações filosóficas como girando em torno de uma teoria da significação, e não da consciência ou do conhecimento. Essa inovação revoluciona a forma de pensar sobre o que é pensar, ao pôr no centro do pensamento sobre o pensamento uma investigação semântica com consequências ontológicas, que estão ainda hoje a ser exploradas.

Para compreender este impacto, a primeira coisa a considerar em Frege é a forma inovadora de fazer lógica e de pensar sobre lógica. Frege criou e propôs uma *Begriffsschrift*, uma escrita conceptual, i.e., um simbolismo lógico que deveria permitir ultrapassar a inadequação da linguagem natural para exprimir o pensamento. A *Begriffsschrift* permitiria capturar o conteúdo conceptual de proposições e exprimir deduções. A *Begriffsschrift* é uma escrita e portanto uma linguagem[130], mas isto não significa que Frege identifique a linguagem com o pensamento. Este ponto é fundamental. A *Begriffsschrift* é um meio para levar a cabo investigações filosóficas, e a primeira investigação com que Frege exemplifica o seu projecto é uma investigação acerca da numericidade. A tentativa de responder à questão «O que é o número?» decorre sob a forma de uma análise semântica da linguagem da aritmética: é essa a intenção de *Os Fundamentos da Aritmética*, o seu escrito mais legível por uma audiência não técnica, o escrito mais dialogante com a história da filosofia. É, de resto, em *Os Fundamentos da Aritmética* que Frege formula um princípio

---

[130] Este ponto é controverso.

para todas as investigações sobre significação, ao qual Wittgenstein, que conceberá, também ele, qualquer investigação filosófica como uma investigação sobre significação, se aterá do princípio ao fim da sua obra. Trata-se do princípio do contexto. Ele é assim formulado por Frege: «Os princípios fundamentais que adoptei nesta investigação foram os seguintes: é necessário separar com nitidez o que é psicológico do que é lógico, o que é subjectivo do que é objectivo; só se pode perguntar pela denotação de uma palavra no contexto de uma proposição, e não considerando-a isoladamente; deve manter-se sempre presente a distinção entre conceito e objecto.» Pode parecer pouco, mas as consequências quanto a psicologia, lógica e ontologia são vastas. É este princípio que rege a concepção fregiana daquilo que pensadores como nós fazem quando pensam (linguisticamente) sobre as formas como as coisas são.

Uma ideia fundamental mais geral do que o propósito de trabalhar em lógica é que só se analisa o pensamento analisando-se a linguagem. Afinal, como poderíamos chegar directamente ao pensamento? Olhando para a nossa própria consciência, tal como Descartes propôs? É isto precisamente que Frege recusa. Ele é anticartesiano. Ora, uma vez olhando para a linguagem, o princípio do contexto diz-nos que as palavras não fazem o trabalho da significação isoladamente. Apenas no contexto de unidades maiores — chamemos-lhes frases — a significação tem lugar. A «unidade» a procurar para compreender a significação na sua relação com o mundo não é, assim, a palavra (como, por exemplo, Platão no *Crátilo* pudera pensar, mas também qualquer filósofo empirista que ligasse uma palavra externa com um conceito na mente que seria o significado desta — pense-se em John Locke). A unidade a procurar deverá ser uma unidade capaz de ser verdadeira ou falsa. Apenas a verdade (ou a falsidade) concretiza a ancoragem do pensamento ao mundo e estabelece a relação entre o que é pensado e as formas como as coisas são fora das nossas mentes. Na verdade, Frege não chama à unidade em causa «frase» — para ele, ela é um pensamento (*Gedanke*); a frase é para Frege uma manifestação física do pensamento (hoje, falamos aqui mais frequentemente de «proposição» do que de «pensamento»). Quanto à linguagem, a linguagem para que Frege olha primeiro não é a linguagem natural, i.e., as línguas que falamos, como o português, o chinês ou o alemão. Frege, o fundador da filosofia da linguagem, afirma repetidamente que *a sua preocupação teórica é com o pensamento e com a verdade*, e não com a linguagem ela própria e por si mesma. A linguagem, e muito especialmente a linguagem natural, é para Frege apenas um meio de expressão do pensamento, e um meio que frequentemente obscurece este. A linguagem natural, por contraste com linguagens artificiais como as linguagens lógicas, virá a ser fundamental no futuro próximo da filosofia analítica nascente, nomeadamente com Wittgenstein, mas não o é ainda com Frege. Ele admite, no entanto e em geral, que para nós, humanos, não há outra forma de aceder ao pensamento que não seja pela linguagem.

E que investigações se propõe Frege fazer, regidas por estes princípios (a concentração anticartesiana na linguagem, o princípio do contexto e a atenção ao verdadeiro)? Na verdade, o projecto geral de Frege como filósofo retoma os interesses clássicos da filosofia, os interesses de Platão, Aristóteles, Descartes ou Kant: trata-se de compreender como é possível o pensamento e o que é que é pensado quando pensamos. O primeiro «estudo de caso» de Frege foi a investigação sobre a natureza da numericidade, analisada em *Os Fundamentos da Aritmética*. Ela evidencia como Frege se posiciona perante a história da filosofia. Nesta obra, Frege não põe a uso o simbolismo da *Begriffsschrift*, antes discute de modo «informal» as várias tentativas (empiristas, psicologistas, kantiana) de definir o conceito de número. Kant, que Frege tem muito especialmente em mente, considerara que as verdades aritméticas, como $7 + 5 = 12$, seriam verdades sintéticas *a priori*. Frege discorda desta posição, como, de resto, também discorda das posições empiristas e das posições psicologistas. A sua convicção é a de que as verdades da aritmética têm uma natureza analítica e *a priori*, e podem ser explicadas com meios puramente lógicos.

A forma mais comum de colocar Frege na história da filosofia e da ciência é, na verdade, associar o seu nome ao logicismo e a Bertrand Russell. O logicismo fregiano é precisamente a ideia de compreender a matemática do número com meios exclusivamente lógicos. Ora, é na particular tentativa de abordagem logicista da aritmética que o projecto fregiano é deitado por terra por Russell, que descobre uma contradição no sistema de Frege. Mas o pano de fundo de tais discussões em filosofia da matemática é uma discussão sobre significação e pensamento, e é esta que deixa uma marca indelével na filosofia contemporânea.

Nesse contexto, compreende-se melhor a posição de Frege, comparando-a com a posição de Kant e tendo em conta a diferença entre os conceitos de «analítico» defendidos pelos dois filósofos. Para compreender a ideia kantiana de que juízos aritméticos são juízos sintéticos *a priori*, convém recordar a concepção kantiana de «analítico»: de acordo com Kant, de entre as proposições verdadeiras que têm a forma *S é P*, são analíticas aquelas nas quais o conceito de predicado está contido no conceito de sujeito. Ora, Frege pensa que a ideia kantiana de acordo com a qual todo o juízo tem a forma *S é P* está demasiado próxima da gramática das línguas naturais e deve ser rejeitada. Ao contrário de Kant, Frege, para quem uma proposição é analítica se, e só se, é demonstrável apelando apenas a leis lógicas e definições[131], não considera que todas as verdades analíticas sejam triviais.

Em *Os Fundamentos da Aritmética*, é visível que a atitude de Frege perante os problemas clássicos da história da filosofia é bastante distinta da de alguns filósofos analíticos futuros, por exemplo, do menosprezo manifestado pelos positivistas lógicos (que podem ser considerados seguidores de Frege, já que viam o método da filosofia em termos de lógica e análise da linguagem).[132] Não é indiferente a Frege a forma como os novos métodos de análise permitem tratar os problemas tradicionais da história da filosofia (o caso da comparação de Frege com Kant a propósito da natureza do conhecimento matemático [em aritmética] é um exemplo; poder-se-ia ainda evocar a sua refutação do argumento ontológico a favor da existência de Deus, defendido, por exemplo, por Anselmo de Cantuária e Descartes).[133]

Convém pensar aqui um pouco na ideia de «análise», já que esta é uma ideia fundamental para a ideia de filosofia «analítica». É bom ter muito claro o que «análise» significa e o que não significa em Frege, o fundador da filosofia analítica. Em Frege, análise da linguagem não significa uma fetichização do esclarecimento do significado, uma centração da filosofia na linguagem e na lógica em detrimento do interesse pelo que (da realidade) é pensado. O que interessa a Frege é o pensamento, e a relação deste com a realidade, não a linguagem por si (se pensarmos no seu mote — separar o «lógico» do «psicológico» —, veremos aliás que a linguagem cai do lado do psicológico).

Serão estas investigações, na sua origem formais, lógicas e matemáticas, que vão conduzir Frege a ideias novas sobre pensamento e linguagem

---

[131] Note-se que isto não é idêntico a dizer que «é verdadeira em virtude do significado».

[132] As diferenças são muitas (por exemplo, relativas à concepção de analiticidade, tal como ficou expresso na nota acima), no entanto, uma sobressai: *os positivistas lógicos eram empiristas* e, na sua teoria do conhecimento e daquilo que é «cognitivamente significativo», tomavam como ciência paradigmática a física; Frege é um racionalista, que toma como ciência paradigmática a matemática.

[133] Como Kant, Frege considera que a existência não é um predicado (= não é um conceito de primeira ordem, mas sim um conceito de segunda ordem).

que importam para a filosofia mais em geral, i.e., além da lógica e da filosofia da matemática. É aqui que se situa a importância de «Über Sinn und Bedeutung».

O que Frege traz de qualquer forma de novo é uma ideia metodológica, a ideia de concentrar as investigações filosóficas na linguagem e de usar meios lógicos para o fazer, bem como, evidentemente, o facto de ter desenvolvido, ele próprio, um sistema lógico para apoiar tais investigações. É aqui que a história da lógica se cruza com a história da filosofia de forma revolucionária. O sistema lógico de Frege, a sua *Begriffsschrift*, está para a linguagem comum, pensa Frege, como um microscópio está para o olho (é o próprio Frege quem o afirma, no Prefácio do *Begriffsschrift*). Assevera também que quando há necessidade de «alta resolução» conceptual, a linguagem comum é insuficiente[134] (embora, evidentemente, existam situações em que a «alta resolução» seria descabida e desnecessária).

O sistema proposto no *Begriffsschrift*, com o qual Frege procurará estender da matemática à lógica a análise em termos de função e argumento, substituindo os conceitos de sujeito e predicado, constitui para muitos o maior passo em frente na lógica desde Aristóteles. É costume sublinhar que Frege inaugura a lógica moderna com a introdução de uma notação de quantificadores, permitindo o que hoje conhecemos como lógica de predicados.

Parta-se então do princípio de que os pensamentos são expressos em frases. Estas encadeiam-se. Aquilo que é necessário compreender sistematicamente é a *estrutura da inferência dedutiva*, as transições que preservam a verdade neste encadeamento. Procurando compreender a prática dedutiva baseada na estrutura, Frege tenta compreender a contribuição dos componentes das frases, tal como, por exemplo, os nomes, para a verdade destas. Chega-se assim à problemática de «Über Sinn und Bedeutung».

No início do artigo, encontramos o problema da identidade: será esta uma relação? Se é uma relação, será uma relação entre signos ou nomes de objectos, ou uma relação entre os próprios objectos? A questão pode ser tratada em torno do *Puzzle* de Frege. Este é um problema que rodeia o que se entende por «identidade»: como é possível que o valor cognitivo

---

[134] Esta comparação tem um outro lado: da mesma forma que o microscópio, o *Begriffsschrift* foi concebido para propósitos científicos específicos, e não tem propósito ou utilidade fora deles.

de «A estrela da manhã é a estrela da tarde» seja diferente do valor cognitivo de «A estrela da manhã é a estrela da manhã», se as expressões «a estrela da manhã» e a «a estrela da tarde» designam a mesma coisa (o planeta Vénus)? Motivado pela necessidade de tratar este problema, que reaparece constantemente quando pensamos coisas sobre as coisas, Frege vai propor a sua doutrina do sentido (*Sinn*) e da referência.

Termos singulares, por exemplo, nomes como «Aristóteles», «Londres», «Sofia», «João» ou «Lisboa», são aqueles elementos da nossa linguagem em que aparentemente apontamos ou seleccionamos uma coisa particular no mundo. Falamos e pensamos sobre essa coisa, seguimo-la em pensamento (se não seguíssemos coisas em pensamento como sendo as mesmas coisas à medida que as pensamos, o nosso pensamento seria um caos — Kant viu isto). Aparentemente, nomes próprios da nossa linguagem comum, como os que referi acima, não são os únicos termos singulares na linguagem. Também «descrições definidas» (expressões como «o mais conhecido discípulo de Platão» ou «a capital do Reino Unido») parecem fazer a mesma função. Elas apontam Aristóteles e Londres, respectivamente. Frege considera todos estes termos singulares no mesmo pé — chamemos-lhes Nomes Próprios fregianos.

A primeira parte de «Über Sinn und Bedeutung» é precisamente acerca do sentido e da referência de nomes próprios fregianos. Compreenderemos melhor as propostas de Frege se olharmos com especial atenção para alguns exemplos que ele utiliza.

Consideremos *o exemplo do triângulo*: relativamente a um triângulo determinado, a, b e c são as linhas que ligam cada vértice de um triângulo com o ponto médio do lado oposto. Falamos de «o ponto de intersecção de a e b», «o ponto de intersecção de b e c». Podemos dizer que «o ponto de intersecção de a e b» e «o ponto de intersecção de b e c» nomeiam o mesmo ponto, designam o mesmo objecto, têm a mesma referência. Ou consideremos *o exemplo da Lua*: uma pessoa observa a Lua através de um telescópio, em seguida outra pessoa observa a Lua através do mesmo telescópio. Há aqui três coisas diferentes a considerar. A Lua é o objecto observado ele próprio — a referência. A imagem formada pela lente do telescópio (que é uma perspectiva, mas uma perspectiva «objectiva», que pode ser usada por diversos observadores) é o sentido. À imagem retiniana, que é variável de indivíduo para indivíduo, Frege chamaria *Vorstellung*, representação subjectiva ou imagem privada.

Estes exemplos são formas intuitivas de Frege motivar a sua noção de sentido «como modo de apresentação» (*Art des Gegenbenseins*) da referência. A sua intenção é defender que o sentido (*Sinn*) é diferente de representações (*Vorstellungen*) na mente de cada um de nós. Ele é partilhável. A referência (*Bedeutung*) são as coisas elas próprias.

Formuladas para nomes próprios, as teses de Frege acerca de sentido e referência são então as seguintes. A referência de um nome próprio é o próprio objecto que por seu intermédio designamos. Nada impede que vários indivíduos «capturem» o mesmo sentido (*Sinn*), mesmo se eles não podem ter a mesma representação subjectiva (*Vorstellung*). Um sentido é um «modo de apresentação» partilhável por vários indivíduos. Quer o sentido quer a referência devem por isso ser distinguidos das representações (*Vorstellungen*), que são subjectivas e variáveis. Temos assim que o sentido e a referência são dois ingredientes distintos da significação de um nome próprio. Um nome próprio exprime um sentido e designa uma referência. É o sentido do nome próprio que determina a sua referência, e não o contrário. É por ser o sentido a determinar a referência, e não o contrário, que é possível que um mesmo objecto seja identificado por mais de um nome próprio. O sentido é um critério de identificação da referência, não é uma imagem privada (uma *Vorstellung*).

Estas ideias permitem a Frege explicar o que se passa com nomes próprios co-referenciais, tais como «a estrela da manhã» e «a estrela da tarde», e com nomes próprios vazios (tais como «Pai Natal» ou «Pégaso»). No primeiro caso, o mesmo objecto é identificado por mais de um nome próprio; no segundo caso, temos um sentido, um critério de identificação, que não chega a identificar algo no mundo.

As teses de Frege relativas a frases assertivas completas serão uma extensão deste primeiro núcleo de teses acerca de nomes. Na segunda parte de «Über Sinn und Bedeutung», Frege apresenta as suas teses quanto a sentido e referência de frases. Defende que o sentido de frases assertivas completas é um pensamento (*Gedanke*) e um valor de verdade (Verdadeiro, Falso), a sua referência. Um ponto muito discutido desta doutrina é obviamente a conclusão de acordo com a qual o Verdadeiro é a referência de todas as frases verdadeiras, o Falso, a referência de todas as frases falsas. É uma tese estranha. Uma alternativa considerada e afastada é que a relação de um pensamento com o Verdadeiro seria não uma relação do sentido com a referência, mas uma relação entre sujeito e predicado.

Em «Über Sinn und Bedeutung», Frege considera ainda o princípio da substituibilidade *salva veritate* e os contextos indirectos. Se a referência de uma frase é o valor de verdade desta, este valor de verdade deve manter-se inalterado se uma parte da frase for substituída por outra com a mesma referência. E é esse o caso. Leibniz oferece o princípio, por considerar que exprime a essência da relação de identidade; Frege cita-o em «Über Sinn und Bedeutung»: *«Eadem sunt, quae sibi mutuo substitui possunt, salva veritate»* (são idênticos aqueles que se podem substituir mutuamente, preservada a verdade — o princípio da substituibilidade dos idênticos). De forma que possa manter este princípio perante contra-exemplos, Frege proporá que em contextos indirectos a referência de uma expressão é o seu sentido.

Na terceira parte de «Über Sinn und Bedeutung», Frege considera o sentido e referência em contextos indirectos específicos, em que frases são parte de outras frases. Frege estende às frases compostas a ideia básica sobre discurso indirecto, que tinha sido introduzida para elementos mais simples de frases: nele, as palavras não têm as suas referências habituais.

No último parágrafo de «Über Sinn und Bedeutung», Frege retoma a questão com que iniciara o artigo, a questão da identidade. A questão era, recorde-se, saber como é possível que as frases «a = a» e «a = b» («A estrela da manhã é a estrela da manhã» e «A estrela da manhã é a estrela da tarde») tenham valores cognitivos diferentes quando os nomes «a» e «b» que as compõem designam a mesma coisa.

Uma vez tendo na mão a distinção entre sentido e referência, Frege defende que, para o propósito de adquirir conhecimento, o sentido de uma frase (um pensamento) não é menos relevante do que o seu valor de verdade. Neste caso, o sentido de «a» difere do sentido de «b», logo o sentido de «a = a» difere do sentido de «a = b». As duas frases não têm por isso o mesmo valor cognitivo, é possível aprender algo mais com a descoberta de que «a = b». É agora claro como a distinção entre sentido (*Sinn*) e referência (*Bedeutung*) permite responder à questão inicial de «Über Sinn und Bedeutung». A identidade que está em causa é identidade entre objectos — é por isso que este pequeno problema é tão importante para pensarmos sobre a natureza do pensamento. Ele captura uma estrutura geral da nossa forma de pensar: nós vamos pensando coisas novas sobre coisas que podemos pensar serem «as mesmas» (imaginemos a água num lago em frente a Tales, que pensa sobre ela, e a água para um bioquímico de hoje).

Nos manuais de filosofia da linguagem, fala-se de Frege e Russell em oposição nas teses quanto a sentido e referência. A história resumida é que Frege admite, como se viu, entidades que seriam os *Sinne*, i.e., os sentidos de nomes próprios e frases, enquanto Russell considera essas entidades estranhas e mitológicas e não as admite, propondo a teoria das descrições definidas para as afastar, para eliminar a sua necessidade. O contraste, que está presente em muitas discussões actuais, torna necessário introduzir aqui um pouco do pensamento de Russell.

Excurso — Bertrand Russell

A oposição entre fregianismo e russellianismo é ainda hoje pedra de toque na filosofia analítica, quando se trata de grandes quadros teóricos para pensar sobre a relação do pensamento com os seus objectos. A diferença diz supostamente respeito à existência ou não de contacto directo do nosso pensamento com as coisas pensadas. Para Russell, que toma a noção de contacto (*acquaintance*) como uma noção (epistemologicamente) importante, esse contacto existiria, para Frege não. Repare-se que até agora não vimos Frege dizer nada de epistemológico: ele não está a tratar da mente e de como esta conhece, mas sim fundamentalmente de *semântica*, i.e., dos princípios de uma teoria da significação enquanto teoria do sentido, da referência e da verdade.

Em 1905, Russell publica um célebre artigo na revista *Mind*, o artigo «On Denoting», em que avança uma forma de pensar sobre sentido e referência alternativa a «Über Sinn und Bedeutung». Desde logo, para Russell nomes próprios e descrições definidas *não são*, ao contrário do que Frege pensa, a mesma coisa. Apenas termos logicamente simples são para Russell nomes próprios genuínos. Muitos nomes próprios aparentes da nossa linguagem comum (como «Lisboa» ou «João») são, segundo Russell, descrições definidas disfarçadas. Russell pensa que a análise lógica da linguagem comum torna manifesta a real estrutura profunda da linguagem. A estrutura superficial desta pode ser enganadora. Esta ideia de uma identidade estrutural entre linguagem e realidade prefigura o isomorfismo que encontraremos no *Tratado* de Wittgenstein. Em Wittgenstein, o isomorfismo será acompanhado, como se verá, por uma teoria da linguagem como *Bild*, modelo, a que muitos chamaram «transcendental», e por uma concepção da natureza da lógica totalmente diferente da de Russell. Além disso, Wittgenstein não contempla no *Tratado* nenhuma consideração epistemológica de como as mentes individuais se relacionam com o mundo exterior, nomeadamente através de sensações — Wittgenstein não é um empirista. Mas, em Russell, a correspondência entre aquilo que a análise lógica torna manifesto e a realidade é apoiada por uma concepção de mundo (uma ontologia de átomos lógicos, factos atómicos, factos compostos) e por uma teoria epistemológica que explica o contacto das mentes que percebem o mundo com o mundo concebido de uma determinada maneira. O mundo ao qual a linguagem perfeitamente analisada vai corresponder é o mundo do «atomismo lógico». A ideia fundamental de Russell é que aos termos (verdadeiramente) simples da linguagem corresponderão átomos lógicos no mundo. «Factos» são compostos por átomos lógicos e expressos na linguagem por proposições completamente analisadas, nas quais não existem conectivos lógicos. Factos ditos moleculares são compostos por estes factos simples (de novo, esta é uma concepção muito semelhante àquela que encontraremos no *Tratado* de Wittgenstein).

A «filosofia do atomismo lógico» será o sustentáculo da teoria russelliana das descrições definidas. Átomos lógicos são para Russell *sense data*. O mundo é composto por *sense data*. Russell caracteriza os *sense data* como entidades físicas (não mentais), privadas, passageiras, momentâneas (pequenos pedaços de cor ou sons, coisas momentâneas, predicados ou relações, e por aí em diante). Podemos ter acesso directo, imediato, incorrigível a estes *sense data* e Russell considera que se trata de um conhecimento por contacto (*by acquaintance*). Podemos ter conhecimento por contacto não apenas de *sense data*, mas também de propriedades ou relações: *sense data* exemplificam propriedades e relações. O Princípio do Contacto (*Principle of Acquaintance*) é a máxima epistemológica central da filosofia russelliana. Ora, de acordo com o Princípio do Contacto, só podemos considerar que compreendemos uma proposição se ela for inteiramente composta por constituintes com os quais estamos em contacto.

Russell defende que podemos conhecer por contacto universais, pois as proposições contêm termos gerais, que designam universais, e para se obedecer ao Princípio do Contacto, é necessário estar em contacto com todos os constituintes de uma proposição, e portanto também com universais. É, pois, possível conhecer universais por contacto, embora nunca independentemente dos objectos que os exemplificam. Noutras palavras, aquilo que segundo Russell se conhece por contacto não é, por exemplo, o «ser vermelho» em geral, mas, uma vez que *sense data* exemplificam propriedades, a propriedade de ser vermelho dos meus *sense data*. Assim, contam como átomos lógicos na filosofia do atomismo lógico entidades espaciotemporais identificáveis e concretas, mas também propriedades ou relações. Constitui obviamente uma questão importante saber o que é verdadeiramente simples, quer no domínio da linguagem, quer no domínio do mundo (esta questão preocupará muito Wittgenstein). Para Russell, o sentido de um termo simples deve ser algo simples no mundo extralinguístico. A relação entre ambos é o protótipo de «referir». Se se conseguir uma proposição completamente analisada, poder-se-á ter os simples na linguagem, e a relação de «referir» entre esses termos e algo de simples no mundo. A ideia básica de Russell será que o sentido de um termo simples é o objecto no mundo extralinguístico por ele representado: compreender o sentido de um termo simples é saber qual o particular do qual ele é o nome. Aproximemo-nos então da ligação entre a filosofia do atomismo lógico e a problemática dos nomes e da forma como estes referem que foi introduzida a partir de Frege. Russell faz mais exigências do que Frege a um termo simples para que este possa ser considerado um nome: só é nome uma entidade linguística acerca da qual se poderá dizer que «refere» uma parte simples da realidade. Devido a estas exigências, Russell defende que existe na nossa linguagem comum um grande número de nomes próprios aparentes, i.e., termos que apenas aparentemente são nomes, mas que na verdade contrastam com os nomes próprios genuínos. Este contraste é importante para chegar à diferença entre referir e denotar que será defendida por Russell, e que é tão importante em «On Denoting». Segundo Russell, a referência é uma relação semântica muito especial, que se obtém entre um termo simples e um átomo lógico; frequentemente, os elementos linguísticos que pensamos capazes de referir não referem de facto, antes «denotam», porque não são de facto simples nem se reportam a elementos simples na realidade. Nomes próprios comuns como «Aristóteles», «Londres», «Sofia», «João», «Lisboa» não são afinal nomes logicamente próprios. O acesso cognitivo ao que é «significado» por «Aristóteles» ou «Londres» não se faz por contacto, mas por descrição. Ora, é possível estar enganado quanto àquilo que se conhece por descrição. Avançar-se-á por aqui em direcção à ideia de que o sentido de nomes próprios aparentes pode ser reconduzido ao sentido de descrições definidas. «Aristóteles», «Londres», «Sofia», «João» ou «Lisboa» não representam obviamente *sense data*, mas sim objectos físicos complexos aos quais não temos acesso cognitivo directo ou por contacto, apenas acesso indirecto ou por descrição. Se no caso do conhecimento por contacto não podemos estar enganados, nada de idêntico se passa no conhecimento por descrição. Nada garante a existência dos objectos nomeados. Eu conheço Aristóteles unicamente por descrição, i.e., sei muitas coisas acerca de Aristóteles (que foi aluno de Platão, que nasceu em Estagira, que escreveu a *Ética a Nicómaco*, que escreveu os textos do *Organon*, etc.). No entanto, não o conheço, nem conheci, directamente. «Aristóteles», tal como os outros nomes próprios da linguagem comum acima indicados, é, de acordo com Russell, uma mera abreviatura de descrições acerca do objecto, e não aquilo que parece ser, i.e., um termo simples. Esta ideia subjaz à teoria das descrições definidas, que procuro explicar sumariamente.

Considere-se uma frase A com a forma «O F é G», tal como «O autor de *Waverley* era escocês». A frase parece ser uma frase de forma sujeito-predicado referindo um indivíduo (*Sir* Walter Scott) e predicando algo desse indivíduo (ser escocês). No entanto, essa é, segundo Russell, uma aparência enganadora. Para ele, o «O» abrevia uma construção complexa envolvendo quantificadores. De facto, para Russell, A abrevia uma conjunção de três asserções gerais quantificadas, nenhuma das quais refere Scott em particular:

a. Pelo menos uma pessoa foi o autor de *Waverley*
b. No máximo, uma pessoa foi o autor de *Waverley*
c. Quem quer que tenha sido o autor de *Waverley*, era escocês

W — ser o autor de *Waverley*
S — ser escocês

a. $(\exists x) Wx$
b. $(\forall x) (Wx \rightarrow (\forall y)(Wy \rightarrow y = x))$
c. $(\forall x) (Wx \rightarrow Sx)$

A conclusão é o termo singular aparente em A (i.e., «O autor de *Waverley*») não ser de facto (i.e., no que diz respeito à forma lógica) um termo singular, mas sim uma abreviatura de uma estrutura quantificacional (a–c). Poderíamos dizer assim:

$\exists x \, (Wx \, \& \, \forall y (Wy \rightarrow y = x) \, \& \, Sx)$

Nestas condições, o suposto termo singular «desaparece sob análise», ele não *refere*, apenas *denota*. Falamos com sentido, mas é possível que nem sequer existam as entidades sobre as quais falamos. Estamos a lidar apenas com descrições, não com sentidos fregianos ou com entidades que supostamente existiriam apenas por falarmos sobre elas em frases com sentido.

Frege e Russell têm assim concepções divergentes da significação. Na base desta divergência entre Frege e Russell encontram-se, na verdade, concepções ontológicas também distintas. De acordo com a ontologia fregiana, mais abstracta e liberal do que a de Russell, existem duas categorias gerais de entidades: objectos e funções. Os objectos são entidades saturadas, as funções são entidades incompletas ou insaturadas. São exemplo de objectos os objectos físicos particulares causalmente eficazes (como Sócrates, mesas, cadeiras), mas também entidades mentais de carácter interno (representações, *Vorstellungen*), bem como finalmente entidades abstractas não situadas no espaço e no tempo (números, verdade, falsidade, etc.). Nomes próprios fregianos nomeiam objectos neste sentido lato; é tudo o que se exige. Russell é muito mais restritivo na consideração daquilo em que consiste um nome próprio, que realmente refere um objecto; a ontologia correspondente é a filosofia do atomismo lógico.

Voltemos a Frege. Um escrito tardio, «Der Gedanke» (1918), oferece um vislumbre de algumas posições sobre questões fundamentais para a filosofia em geral que decorrem dos princípios gerais sobre significação que esbocei acima. Em «Der Gedanke», Frege explicita posições quanto à natureza da lógica e do pensamento em geral, em pensadores como nós, incluindo, por exemplo, a nossa capacidade de pensar sobre nós próprios e a nossa percepção visual das coisas externas. Terminarei por isso com uma breve referência ao escrito.

Frege começa por declarar que o assunto da lógica é o verdadeiro: ciências várias procuram alcançar verdades, mas apenas a lógica se foca na própria natureza do verdadeiro. A lógica procura as leis do ser verdadeiro. Ora, o significado da palavra «verdadeiro» é precisamente explicado pelas leis do verdadeiro, afirma Frege. Não é incomum afirmar que Frege propõe em «Der Gedanke» que o verdadeiro (a verdade) é um primitivo indefinível — note-se, porém, que isso é contestável, se atendermos a esta ideia de que o significado da palavra «verdadeiro» é explicado pelas leis do verdadeiro que a lógica procura. Frege está ainda interessado em estabelecer o que é que pode ser verdadeiro. Defende que aquilo que pode ser verdadeiro é um pensamento — nada menos do que isso. Por exemplo, uma representação pictórica, como um quadro da Catedral de Colónia, não pode ser verdadeira no sentido que lhe interessa. O verdadeiro e o falso são uma questão de tudo ou nada, ser ou não ser, o que não é o caso da representação pictórica da Catedral de Colónia. Dada a conexão do pensamento com o verdadeiro, a lógica fregiana dá prioridade aos pensamentos, i.e., dá-lhes o lugar de relevo. Isto significa que qualquer decomposição de um pensamento particular (por exemplo, em componentes que seriam os «conceitos») tem como ponto de partida o próprio pensamento. Esta é uma ideia muito importante, já que contradiz concepções do mental como «bateria de conceitos» que são extremamente comuns em filosofia da mente e em psicologia. Considerar os pensamentos (tais como «O João vem pela rua abaixo» ou «7 + 5 = 12») um dispositivo que faz o verdadeiro depender de como as coisas são é essencial para separar o lógico do psicológico, i.e., separar, nos termos de Frege, o verdadeiro (de que a lógica se ocupa) do tomar como verdadeiro (*fürwahrhalten*), que é uma questão relativa à psicologia de pensadores. À captura de um pensamento Frege chama pensar, ao reconhecimento da verdade de um pensamento chama julgar e à manifestação deste juízo em linguagem chama asserir. Julgar, diz Frege, é reconhecer a verdade de um pensamento. Declarar, fazer uma asserção, é tornar público o reconhecimento da verdade de um pensamento. O espaço que existe entre aquilo a que Frege chama *Gedanke* (pensamento), *Urteil* (juízo) e *Aussage* (expressão) é ainda hoje fundamental para pensarmos sobre o que é pensar levando em conta a linguagem e a acção. Esse espaço revela que existem aqui vários aspectos distintos da significação que não podem ser ignorados, aspectos como não apenas o conteúdo e a inferência, mas também aspectos pragmáticos e contextuais, de expressão e de força que importam para aquilo que é dito quando alguém diz o que quer que seja sobre como as coisas são.

    Duas características importantes dos pensamentos de Frege são a sua generalidade e aquilo a que podemos chamar a sua imperceptibilidade (no sentido em que, ao contrário do que acontece com esta janela que está à minha frente e que eu posso ver, eu não percepciono — não vejo, não toco, não cheiro — um pensamento). Um pensamento é uma generalidade tanto quanto é uma forma que há de representar as coisas — aquilo a que Frege chama o caso particular — *serem de dada maneira*. O que os casos particulares *são* (o mundo tal como ele é) não determina de modo nenhum os modos que existem de as coisas serem. Pelo contrário, é o facto de podermos pensar em certas formas de as coisas serem que faz que percebamos que certos casos particulares são instâncias desse modo geral (de ser). Por exemplo, vemos um pôr-do-sol. No entanto, percepcionar isto aqui e agora (ver o Sol, um «ver puro») não nos diz por si nada acerca do que pode ser considerado um (outro) caso de o

Sol a pôr-se. Para perceber o que é algo ser um caso de o Sol a pôr-se, não adianta olhar para casos particulares (por exemplo, o Sol a pôr-se agora). Pelo contrário, só percebo que um certo caso particular é um caso de o Sol a pôr-se se souber o que significa essa generalidade. Para isso, é preciso um pensamento. Esta ideia é importante se quisermos colocar a questão acerca de a percepção ser ou não conceptual, na terminologia das discussões actuais.

A invisibilidade ou imperceptibilidade dos pensamentos fica bem patente se pensarmos na diferença entre «ver» e «ver-que». Imaginemos que estamos na Foz do Douro e que *vemos* o Sol a nascer. Vemo-lo a nascer, mas «que o Sol está a nascer» não é algo que nós possamos *ver*. «Que o Sol está a nascer» é um pensamento, não é algo que esteja localizado, não envia raios até aos nossos olhos, diz Frege em «Der Gedanke».

Consideremos agora como pensamos sobre nós próprios. Segundo Frege, cada pessoa é apresentada a si mesma de um modo particular e originário, diferente do modo como é apresentada a qualquer outra. Significará isso que há pensamentos sobre si própria que só ela pode pensar? Vejamos o exemplo de «Der Gedanke». O Dr. Lauben pensa: «Eu fui ferido.» Será este pensamento um pensamento que só o Dr. Lauben pode pensar? Admitamos que está presente o tal modo originário por meio do qual o Dr. Lauben é apresentado a si mesmo e apenas a si mesmo (e a mais ninguém o Dr. Lauben é apresentado assim). No entanto, a história continua. Um pensamento que apenas o Dr. Lauben pudesse apreender seria um pensamento que ele não poderia comunicar. Mas a verdade é que o Dr. Lauben pode comunicar esse pensamento, por exemplo, ao seu médico. Ele pode dizer: «Eu fui ferido.»

O contexto da discussão em torno do Dr. Lauben em «Der Gedanke» é a questão: será que um pensamento (*Gedanke*) é uma ideia ou representação (*Vorstellung*) que tem um único portador? A resposta de Frege é negativa. O pensamento do Dr. Lauben «Eu fui ferido» pode ser pensado por alguém que pense «O Dr. Lauben foi ferido». Um pensamento não é uma *Vorstellung* subjectiva e impartilhável, mas algo de comunicável, mesmo que seja um pensamento sobre nós próprios. A forma de considerar o papel da consciência e da subjectividade no pensamento é muito diferente aqui daquilo que é o caso em autores como Kant ou, como veremos em seguida, Husserl. O que está, em última análise, em causa é ser idealista ou realista ao considerar as relações pensamento-mundo. Frege é um realista. Fundamentalmente, ele pensa que pensamentos não são conteúdos da consciência. Embora essa seja a interpretação mais comum, não temos, talvez, de pensar que ele é um realista platónico. É certo que defende, em «Der Gedanke», um terceiro reino, distinto quer das nossas representações subjectivas quer dos objectos materiais. É a esse terceiro reino que pertencem os pensamentos. A imagem de Frege mais frequente na literatura retrata-o como um platonista. Não me alongarei, todavia, por aí. Pretendi apenas mostrar como ficam lançados os princípios semânticos para uma investigação filosófica e que, no próprio Frege, eles conduzem do ponto de vista metafísico a um realismo.

Husserl[135]

No início dos anos 1920, Edmund Husserl (1859–1938) era o mais conhecido filósofo da Alemanha. Foram seus alunos neste período filósofos importantes tão diferentes entre si como Rudolf Carnap, Emmanuel Levinas, Herbert Marcuse ou Max Horkheimer. A grande criação de Husserl foi a fenomenologia. Para a fenomenologia, como pensamos cientificamente sobre as coisas (a «ontologia do objectivismo científico», na linguagem fenomenológica) é algo que vem depois: o nosso contacto primeiro com as coisas é o aparecimento destas à consciência. É esse aparecimento[136] das coisas à consciência que a fenomenologia procura caracterizar, bem como a doação de sentido pela consciência ao aparecimento. Tal caracterização ou descrição («descrição» é uma palavra bem-amada da fenomenologia) é a tarefa da filosofia e é uma tarefa de rigor. Ao longo de todos os ajustes teóricos que levou a cabo na sua obra publicada, das *Investigações Lógicas* até à *Krisis*, e a tudo o mais que escreveu e não chegou a publicar em vida, Husserl pretendeu dar corpo àquilo que viu como sua missão enquanto criador da fenomenologia: reconceber a filosofia como uma ciência de rigor. Descrição, rigor, intuição, evidência[137] são palavras de ordem na fenomenologia de Husserl. Ora, estes são precisamente preceitos de método, orientações.

---

[135] Devo aqui muito a Jocelyn Benoist; más compreensões são obviamente minhas. Porque este livro foi pensado em diálogo com outras perspectivas sobre a história da filosofia contemporânea, noto de novo que, em CANTISTA (2006), Husserl é simplesmente o nome fundamental da filosofia contemporânea, em torno do qual tudo nesta se articula.

[136] Jocelyn Benoist chama-lhe o «império do aparecer».

[137] *Evidenz* significa basicamente, em Husserl, as coisas estarem elas próprias presentes. Não se identifica com a evidência cartesiana (i.e., com a «ideia clara e distinta» de alguma coisa).

A clareza racional foi sempre a sua finalidade. Essa será uma divisão de águas relativamente ao seu discípulo Heidegger, que nunca partilhou de tal *éthos* intelectual, que viu como limitado e cientificista. É o rigor que apaixona Husserl, que sempre afirmou perseguir a clareza acima de tudo (por mais que isso deixe estupefactos, por exemplo, os seus leitores analíticos actuais quando confrontados com a forma concreta dos seus escritos). Tal rigor é um *rigor de descrição* das aparências, não um *rigor de explicação*, como aquele que as ciências naturais podem pretender atingir. A finalidade é pensar sobre a objectividade do pensamento humano — a «ciência» — tanto quanto este é expresso linguística e publicamente. Uma ideia fundamental por trás disto é que a identidade daquilo que é pensado transcende os actos de enunciação ou significação. Na prática: podemos falar e pensar sobre as mesmas coisas, podemos comunicar. Como será isso possível? (Esta forma de ver e esta interrogação são muito semelhantes em Frege e em Husserl.)

Como notei atrás, o percurso de Husserl teve, de resto, um ponto de partida extremamente próximo do de Frege: ambos procuram estabelecer os fundamentos da aritmética sem cair no psicologismo naturalista que criticam. Quer um quer outro foram conduzidos por este problema, que podemos considerar técnico, a análises minuciosas da natureza da significação. São precisamente tais análises que encontramos nos inícios quer da filosofia analítica quer da fenomenologia. Mas se a orientação antipsicologista da fenomenologia é perfeitamente clara (analisar o pensamento não é, não deve ser, segundo Husserl, fazer psicologia empírica, mas sim fazer uma teoria da significação), saber a que corresponderá tal prática em termos metafísicos é uma questão que impende sobre a fenomenologia do princípio ao fim — na verdade, até hoje. A certo ponto, o desenvolvimento da fenomenologia de Husserl conduzirá a uma posição chamada «idealismo transcendental»; são, no entanto, vários os intérpretes que defendem a orientação realista da obra inicial, as *Investigações Lógicas*, e que as interpretam como uma *semântica* comparável com aquela que Frege ao mesmo tempo desenvolve, e focada nos mesmos temas (tais como proposições, nomes, estados de coisas, factos). A investigação da referência conduz Husserl nas *Investigações Lógicas* àquilo a que chamaríamos hoje uma ontologia de estados de coisas. De forma totalmente paralela a Frege, também esta ontologia é a contraparte de uma análise semântica.

Mas o que é então, afinal, a «fenomenologia» para Husserl, se ela pôde ser vista de formas tão distintas em momentos diferentes, nomeadamente como um realismo e mais tarde como um idealismo? Nas mãos de Husserl, a fenomenologia pretende ser uma disciplina fundadora para a filosofia e estabelecer um papel fundacional da filosofia relativamente às ciências. Pretende ser uma ciência da experiência da consciência que lida não com objectos, mas com os actos da consciência em que estes (os objectos) se dão ou são experienciados, ou são «constituídos». A noção de aparecer, de fenómeno, é crucial na fenomenologia, cujo ideal é uma descrição neutra dos fenómenos. A fenomenologia é mais positivista do que o positivismo, chegou Husserl a afirmar — é o verdadeiro positivismo. Com isto, Husserl quer dizer que é a coisa mesma ela própria (*die Sache selbst*) que aparece à consciência, não um «substituto» seu. A coisa tal como interessa à fenomenologia é o (seu) aparecimento na consciência. E com «a coisa» Husserl quer dizer qualquer coisa (o que nos dá a fantástica liberdade de poder fazer filosofia sobre o que quer que seja, dirá Sartre, fascinado, acerca da fenomenologia). Quando se afirma que em fenomenologia se trata de descrever o aparecimento (do mundo) à consciência e a doação originária de sentido pela consciência, é preciso ter claro que a doação originária de sentido pela consciência não é, evidentemente, doação de existência. Husserl não está a afirmar que a consciência faz existir o mundo ou faz existir coisas. Mas é certo que afirma que a consciência é começo, princípio, limpa de vestígios empíricos.[138] A doação é doação de sentido, *Sinngebung*; este é um termo husserliano muito iluminador. Além da doação de sentido, o dado, o dar-se do mundo, é também fundamental para a fenomenologia. Mas o que é o dado? Husserl procurará sempre compreender como a consciência e a experiência da consciência operam com o dado, o que é o seu «acto». A certo ponto, isso conduzi-lo-á a uma teoria da constituição. A questão é, evidentemente, saber o que é constituir e o que é «acto» (os críticos de Husserl insistirão nisto). A ideia de Husserl parece ser que as coisas elas próprias se dão à consciência e podem ser analisadas na consciência. Fenómeno e sentido são, assim, indissociáveis na fenomenologia. Isto significa que (em contraste, por exemplo, com Kant) não se postula um em-si transcendente, além do fenómeno ou aparecimento. Também não se supõe uma síntese totalizadora racionalista (esta é, recorde-se, a «receita» hegeliana para evitar o em-si transcendente kantiano como resíduo de uma teoria do sujeito transcendental). A escolha da fenomenologia husserliana virá a ser a suspensão da «tese» do mundo natural

---

[138] Os termos são de CANTISTA (2006).

e o revelar do sujeito como origem do mundo enquanto significação. Da mesma forma que a filosofia transcendental de Kant, a fenomenologia não quer ser nem um sensualismo empirista nem um racionalismo sem «intuição».[139] Mas, ao contrário de Kant, com a descrição rigorosa das aparências, Husserl afirma pretender um regresso às coisas mesmas, às coisas em carne e osso, tal como estas estão presentes à consciência. Estas estão presentes dada a intencionalidade da consciência. Quando vier a avançar as sucessivas versões da redução ou *epoché* (a redução fenomenológica, a redução eidética, a redução transcendental), Husserl servir-se-á da intencionalidade para manter o intencionado suspendendo a tese natural do mundo, i.e., suspendendo a convicção ingénua de que o mundo fora da consciência existe realmente. Vejamos, observando o desenvolver da obra de Husserl, o que pode isso querer dizer.

Fá-lo-ei com a consciência de que qualquer descrição convencional e tradicional da vida e obra de Husserl falhará sempre um ponto: Husserl escreveu tanto e ocupou-se de tantos temas, sem que isso tivesse reflexo directo e imediato no que ia publicando no seu tempo de vida, que há algo de artificial em tal imagem. Qualquer reconstrução será parcial. Procurarei fazer apenas um perfil e exemplificar a orientação intelectual do fundador da fenomenologia, bem como a riqueza temática das suas investigações.

Edmund Husserl nasce em 1859, na Morávia, actual Chéquia, então parte do Império dos Habsburgos. Estuda Matemática em Leipzig e Berlim. Doutora-se em Matemática em Viena, em 1883. Entre 1884 e 1886, frequenta os cursos de Filosofia do filósofo e psicólogo alemão Franz Brentano.[140] Com a sua reintrodução do tema da intencionalidade, em conjunto com preocupações ontológicas, Brentano terá uma influência decisiva e duradoura no pensamento de Husserl. Exactamente como Brentano, Husserl sente muito pouca simpatia para com as obscuridades «místicas» da filosofia idealista então dominante na Alemanha. Por

---

[139] O que nos fará escolher entre os métodos que Kant e Husserl propõem para a filosofia é uma boa questão; uma diferença, certamente, é o facto de a teoria da significação apresentada por Husserl não ter uma contraparte em Kant, que fala directamente em termos cognitivos.

[140] Franz Brentano teve como alunos uma grande quantidade de nomes famosos (por exemplo, Alexius Meinong e Sigmund Freud, além de Husserl). Foi influenciado por Aristóteles e pela Escolástica, mas também pelo empirismo. A sua ideia de acordo com a qual «a intencionalidade é a marca do mental» foi muito influente.

recomendação de Brentano, trabalha com Carl Stumpf na sua tese de *Habilitation* (sobre o conceito de número), que conclui em 1887. No mesmo ano, começa a trabalhar como *Privatdozent* em Halle, ensinando matemática. O seu primeiro livro (de 1891, sobre filosofia da aritmética) desperta a atenção de Frege e provoca uma reacção deste: Frege acusa-o de psicologismo. Talvez por influência desta reacção, mas mais provavelmente por influência de autores como Hermann Lotze, Bernard Bolzano e Kazimierz Twardowski, na sua substancial obra *Investigações Lógicas* (1900–1901) Husserl avança uma influentíssima crítica ao psicologismo e uma filosofia realista da lógica.

Brentano distinguia psicologia descritiva e psicologia genética, e Husserl segue os seus passos. As *Investigações Lógicas* são o ponto da obra de Husserl em que a proximidade com a tradição analítica nascente é mais nítida. São constituídas pelos Prolegómenos, a que se sucedem seis investigações temáticas sobre, respectivamente, (I) expressão e significação, (II) espécies e indivíduos, (III) partes e todos, (IV) gramática pura (sentido e *nonsense*, em combinações de significação), (V) experiências intencionais e seus conteúdos, e (VI) conhecimento. O conhecimento é visto por Husserl como síntese de preenchimento (*Erfüllung*). Este conceito de preenchimento é um conceito fundamental da fenomenologia[141]; ele procura captar o facto de o conhecimento envolver uma «coincidência dinâmica» entre significação e intuição. A ideia é que não há uma «forma vazia», mas uma pertença mútua manifestada, e um ajuste continuado entre o «acto de significar» e o «acto de intuição».

Fundamentalmente, esta primeira grande obra da tradição fenomenológica é, como disse, uma obra sobre teoria da significação, entendida esta «entre acto e sentido», nas palavras de Jocelyn Benoist.[142] Segundo Benoist, os problemas das *Investigações Lógicas* são precisamente os problemas da filosofia da linguagem contemporânea. A minuciosíssima análise de Husserl passará ainda por concepções da natureza da percepção e do conhecimento, da idealidade e da intencionalidade da significação. Compreender a significação passa, por exemplo, de forma crucial, por compreender o que é expressão (*Ausdruck*): nem todos os sinais exprimem; alguns apenas indicam. Quando há expressão, há a considerar a faceta física e as vivências psíquicas. Husserl quer desfazer aqui más

---

[141] Jocelyn Benoist observa que talvez seja o único conceito verdadeiramente original nesse *patchwork* que são as *Investigações Filosóficas*.

[142] BENOIST (2002, p. 252).

metafísicas, nomeadamente uma teoria ideacionista da significação, como aquela que encontramos, por exemplo, na história do empirismo clássico, em John Locke, de acordo com a qual o sentido é uma ideia (na mente) associada a palavras. Mas pensar que dizer alguma coisa de alguma coisa constitui a significação não é suficiente — precisamos daquilo a que atrás chamámos referência: não pode haver significação sem referência, sem objecto. Husserl duvida da própria ideia de apresentações sem objecto (esta exploração da relação de representações com objectos, e do problema de representações sem objecto, é comum a muitos autores de finais do século XIX — por exemplo, famosamente, a Alexius Meinong, que esteve por trás do artigo «On Denoting» de Russell, que referi atrás, e para quem muito mais objectos subsistem do que existem: uma ontologia luxuriante). Precisamente, segundo Benoist, as distinções que Husserl trabalha nas *Investigações* são paralelas ao trabalho de Frege em torno dos seus conceitos de *Sinn* e *Bedeutung*. Poder-se-ia até defender que a ideia de que não há sentido sem referência é comum.

Além dos temas mais técnicos das *Investigações Lógicas*, afinal temas de filosofia da linguagem, filosofia da mente, epistemologia e metafísica, o nome de Husserl está ainda hoje associado, dentro e fora da filosofia, a uma análise das relações da consciência com o tempo. Os materiais nucleares daquele que hoje conhecemos como o escrito célebre e influente de Husserl *Lições para Uma Fenomenologia da Consciência Interna do Tempo* datam de aulas dadas em 1905 (até 1910). No entanto, o escrito só veio a ser publicado muito mais tarde (em 1928), talvez porque o próprio Husserl considerasse o texto imaturo.[143] Aí, Husserl avança célebres análises da temporalidade da consciência. Pretende explicitar a estrutura intimamente temporal da consciência: propõe que um «instante agora puro» não existe, que o presente da consciência não se dá sem retenções (o mantido na consciência que nos aparece como lançado para trás) e protensões (o «lançado para a frente»). Sem esta estrutura em cadeia passado-presente-futuro da consciência, nunca poderíamos ter a experiência de ouvir uma melodia. Se a nossa consciência tivesse a estrutura de instantes discretos atómicos e justapostos, não haveria experiência da consciência propriamente dita. Husserl distingue assim o tempo da consciência do tempo cósmico, o tempo da física, o tempo

---

[143] Note-se que as lições foram escritas no período de transição entre a psicologia descritiva e a fenomenologia transcendental, e que o tema, o tempo, virá a ser centralíssimo na fenomenologia nas mãos de Heidegger.

«único» ou «objectivo». O tempo que lhe interessa é o tempo que aparece à consciência, o tempo imanente, a duração, este tempo das retenções e protensões. A subtil análise da experiência da consciência como temporal por Husserl está ainda hoje muito presente em áreas várias da filosofia e até na ciência cognitiva. A relação entre consciência e tempo é uma questão filosófica fundamental — Husserl pensava que era fundamental para a fenomenologia transcendental e que não eram ainda estas lições que a captavam em toda a profundidade. Heidegger (que foi o editor das *Lições*) virá a dar ao tempo uma centralidade absoluta na fenomenologia.

Posteriormente às *Investigações Lógicas*, Husserl não quis mais chamar ao seu método «psicologia descritiva». Preferiu a expressão «análise eidética», para distinguir a subjectividade do tomar da objectividade do tomado. Quando persegue uma análise eidética como análise das essências, pensa nestas como essências na consciência e como vivências (*Erlebnisse*), e não como algum tipo de entidades platónicas. Introduziu a distinção entre *noese* e *noema*; chama noético ao aspecto-acto daquilo que é analisado e noemático ao aspecto-objecto.

Em termos da sua carreira, é após a publicação das *Investigações Lógicas* que Husserl é nomeado professor em Göttingen (1906). Göttingen era então um importante centro para a investigação em Matemática (um dos nomes centrais de então é o célebre matemático David Hilbert — alguém que influenciará Wittgenstein)[144]. Embora Hilbert desejasse a colaboração de Husserl, este cada vez se inclina menos para a matemática e mais para o tratamento de problemas relativos à subjectividade e à metodologia nessa disciplina a que chama «fenomenologia», e que lida com a análise da experiência da consciência envolvendo aspectos lógicos, ontológicos e psicológicos. Começa a falar-se de um «movimento fenomenológico» em filosofia, influenciado pelo seu trabalho. O grupo de Munique, que lhe dá corpo, está associado a uma fenomenologia realista inspirada nas *Investigações Lógicas*.

É após ter sido nomeado para a cátedra em Gotinga que Husserl começa a aproximar-se da filosofia alemã, em particular de Kant, e do seu método, a que chama «transcendental-lógico». Em 1913, surge o primeiro volume do que virão a ser os três volumes das *Ideen*.[145] Em *Ideen I*,

---

[144] O formalismo de Hilbert será importante na reconcepção da posição de Wittgenstein em filosofia da lógica do *Tratado* para as *Investigações Filosóficas* e no desenvolvimento da noção de jogos de linguagem.

[145] Os dois últimos são póstumos e surgiram apenas em 1952. Trata-se de *Ideen II: Phänomenologische Untersuchungen zur Konstitution* e *Ideen III: Die Phänomenologie und die*

Husserl ocupa-se da génese da significação na consciência; introduz o método da *epoché*, ou suspensão da crença no mundo natural fora da consciência, reduzindo assim o mundo à consciência para o analisar. A noção de *constituição* tornar-se-á essencial para compreender, ou criticar, o projecto da fenomenologia (será assim para pessoas como Heidegger, Sartre ou Merleau-Ponty).

Como notei, posteriormente às *Investigações Lógicas* Husserl lança-se no tema da constituição do sentido. Esta constituição é uma constituição pela consciência. É o tema que mais polémica provocará, e acabará por conduzir à caracterização da fenomenologia como filosofia transcendental. A redução fenomenológica «apura» a consciência constituinte transcendental: a fenomenologia torna-se assim explicitamente um idealismo. Mas o que significa exactamente «constituir»? Deixar aparecer? Dar alguma coisa de categorial ao objecto que aparece? A constituição do sentido não pode ser absoluta, tem de haver mundo — como, no entanto, regressar ao mundo, suspenso pela *epoché*? Estas questões impendem sobre a fenomenologia.

Em 1916, Husserl vai para Friburgo em Brisgóvia, substituindo o neokantiano Heinrich Rickert. É aí que Martin Heidegger será seu assistente, e é aí que vão ter estudantes seus de Göttingen, como Edith Stein e Roman Ingarden. Os dois primeiros (Heidegger e Stein) virão a trabalhar nos manuscritos de Husserl para publicação.

Quando se reforma em 1929, Husserl é substituído na cátedra por Heidegger. Na verdade, já antes o brilhantismo do jovem discípulo tinha «roubado» alunos ao mestre. Depois de se retirar da Universidade de Friburgo, Husserl dá conferências pelo mundo fora. Publica *Lógica Formal e Transcendental* (na qual aplica à lógica formal as teses acerca de constituição) e depois, as *Meditações Cartesianas* (nas quais faz remontar ao ego transcendental a constituição pela consciência, inclusive a constituição do outro eu). Em *Experiência e Juízo* (publicado postumamente), faz remontar as formas lógicas a uma origem antepredicativa. Em muitos escritos, Husserl ele próprio começa (como o farão, de forma crítica, seguidores seus tão diferentes entre si como Sartre, Heidegger e Merleau-Ponty) a considerar a existência o «solo da significação» e a fazer remontar a uma síntese pré-predicativa, ou antepredicativa,

---

Fundamente der Wissenschaften. Ideen II apresenta já um idealismo transcendental-fenomenológico: a consciência é vista como a origem e a constituidora da significação, ou sentido, na experiência interna vivida, através de «actos».

a objectivação representacional, ou a fazer uma (recuperada mais recentemente) análise da intersubjectividade.

A partir de 1933, Husserl começa, enquanto judeu, a ter problemas políticos na Alemanha; será o seu antigo discípulo Heidegger, então reitor da sua antiga universidade, a impedir a sua entrada na universidade e na biblioteca.[146] Husserl pensa retornar a Praga e mandar para lá os seus manuscritos (que consistiam em milhares de páginas; como é o caso com, por exemplo, Wittgenstein, o *Nachlass* de Husserl é fundamental para compreender o alcance da sua obra). É precisamente em Praga, em 1935, que dá as conferências sobre a crise da humanidade europeia que deram origem à chamada *Krisis* (cujo título completo é *A Crise das Ciências Europeias e a Fenomenologia Transcendental* e que foi publicada em 1936 pela revista *Philosophia*, em Belgrado). Husserl caracteriza aí aquilo que vê como a crise das ciências. Vê de um lado as *Naturwissenschaften*, ou ciências da natureza, marcadas pelo positivismo cientificista; do outro, as *Geisteswissenschaften*, ou ciências do espírito, marcadas pelo historicismo relativista. Fica um oscilar entre um historicismo céptico da multiplicidade das formas históricas já sem suporte metafísico *à la* Hegel e um naturalismo sem fundamento das ciências naturais. Não havendo relação nem reconciliação entre ciências do espírito e ciências da natureza, o resultado é um relativismo sem fundamento de ambos os lados. Esta situação é para Husserl uma crise da existência e de um tipo de civilização no qual a procura do conhecimento era vista como ideia inspiradora e finalidade. A Europa, e a filosofia, tinham dado corpo a esta ideia, daí Husserl ver a crise das ciências como uma crise da «humanidade europeia». A fenomenologia pretendeu ser precisamente um tal fundamento que Husserl via ausente na situação de crise das ciências, e, para o último Husserl, a fenomenologia era a possibilidade de uma cultura humana rigorosa que não rejeitasse a ciência. Talvez ingenuamente, Husserl proclama que os valores da racionalidade e da ciência — retomados — são a única forma de impedir a catástrofe. Morre em 27 de Abril de 1938, antes do eclodir da tragédia maior na Europa.

A fenomenologia continua, no entanto, entre nós, como uma muito importante orientação em filosofia. Como avaliar o que representa e pretende? Inicialmente, Husserl propõe uma teoria da significação. Com as descrições das essências na consciência, a fenomenologia foi

---

[146] É difícil averiguar da absoluta veracidade dos factos. A entrevista de Heidegger à revista *Der Spiegel* procura retomar o assunto.

algo como um solipsismo metodológico. Veio mais tarde a alargar-se a uma teoria da constituição pela consciência. Mais tarde ainda, alarga--se a uma fenomenologia da intersubjectividade e a uma ontologia da *Lebenswelt*, ou mundo da vida (desenvolvida em particular na *Krisis*). É inevitável questionar se não haverá aí uma visão dual do sujeito: este é ao mesmo tempo parte do mundo e condição do mundo. A consciência fora a primeira aposta; a última palavra de Husserl é a radicação da consciência no mundo da vida (*Lebenswelt*).

O que é afinal a fenomenologia metafisicamente? Qual é o sentido da redução? Uma resposta seria, para a redução fenomenológica, que é esse esforço reflexivo e não natural de considerar todos os objectos com que lidamos como se dando, investigar o seu modo de doação ao sujeito.

A questão é: o que fica na redução? Um sujeito transcendental? Um sujeito puro como aquele que Husserl criticava aos neokantianos seus contemporâneos? A estes, Husserl criticava a ideia de que as condições de possibilidade do conhecimento seriam lógicas, impossíveis de serem investigadas intuitivamente enquanto fenómenos. As condições dos objectos de experiência não seriam assim objectos de experiência. Mas então o que é o Ego Puro do próprio Husserl? O que é a abertura ao mundo?[147] Será a fenomenologia uma filosofia transcendental? Será que toda a filosofia transcendental deve ser hoje uma fenomenologia? Serão as reduções fenomenológicas (eidética e transcendental) de facto necessárias? Fenomenólogos posteriores, como Heidegger ou Merleau-Ponty, pensaram que não. Defesas da natureza corpórea da consciência, da sua passividade, da sua facticidade anónima, bem como do carácter pragmático da experiência vivida, foram lançadas contra Husserl e contra a sua concepção de fenomenologia. Mas não é claro que não se encontre defesa, no próprio Husserl, contra estas críticas. Os escritos sobre intersubjectividade publicados postumamente[148] teriam aqui um lugar importante.

A natureza da fenomenologia ela própria, como método, como forma de fazer filosofia, permanece uma questão em aberto. Isto reflecte-se, por exemplo, na discussão acerca de se a fenomenologia é um realismo ou um

---

[147] Esta expressão tem muitas vidas na filosofia contemporânea, de Heidegger a John McDowell.
[148] Três volumes da *Husserliana* (a edição do *Nachlass* de Husserl que está a cargo de Rudolf Bernet e Ullrich Melle na Universidade de Lovaina) publicados em 1973 são dedicados à temática da intersubjectividade.

idealismo fenomenista, como frequentemente é considerada, sobretudo por filósofos analíticos. Uma coisa é indesmentível: a fenomenologia tal como foi concebida por Husserl foi, do início ao fim, um esforço titânico para lidar com a questão do método em filosofia. Para um fenomenólogo dos nossos dias como Rudolf Bernet, isso traduz-se num desafio: ninguém pode pretender trabalhar hoje dentro da tradição fenomenológica se não tiver tomado decisões claras quanto ao sentido que fazem ideias como a ideia de redução (eidética e fenomenológico-transcendental) e a ideia de consciência constituinte.

OS «DISCÍPULOS» DE FREGE E HUSSERL

Wittgenstein

Ludwig Wittgenstein (1889-1951) é talvez o maior filósofo do século XX — na verdade, Wittgenstein e Heidegger, os dois filósofos que ocupam o presente capítulo, disputam entre si tal título. Dois lugares estão especialmente ligados ao nome de Wittgenstein: a sua cidade natal, Viena, que no período áureo e negro de *fin de siècle* e nas décadas imediatamente posteriores se caracterizava, ao mesmo tempo, pelo pessimismo civilizacional e pelo vanguardismo artístico, intelectual e científico[149], e Cambridge, onde ele conheceu algumas das mais brilhantes personagens do pensamento e da ciência do século XX, entre elas G. E. Moore, John Maynard Keynes e Frank Plumpton Ramsey. Quer Viena, quer Cambridge são chaves para compreender Wittgenstein. O facto de ele não pertencer totalmente a nenhuma das duas é uma outra chave.

A obra filosófica de Wittgenstein é em parte gerada pelos problemas ligados à análise lógica da linguagem que tinham ocupado Frege e Russell. No entanto, esta perspectiva não é suficiente para apreender o seu alcance. O próprio Wittgenstein viria a considerar o seu primeiro livro, o *Tratado Lógico-Filosófico* (1921/1922)[150], que inicialmente apresentara como resolvendo todos os problemas da filosofia, a manifestação de um ponto de vista platónico e dogmático sobre a natureza da linguagem.

---

[149] Cf. JANIK e TOULMIN (1973). O livro é uma espécie de espelho da Viena do tempo de Wittgenstein.
[150] São as datas das edições alemã e inglesa.

A principal finalidade daquela que é considerada a sua segunda grande obra, as *Investigações Filosóficas* (1953), é precisamente evitar esses erros, continuando a procurar compreender como a linguagem e o pensamento se relacionam com o mundo. A filosofia de Wittgenstein faz-se de qualquer forma, de fio a pavio, *em torno da linguagem*: é essa a sua forma de pensar sobre o pensamento. A filosofia de Wittgenstein é também, desde o *Tratado*, um diagnóstico de limites, nomeadamente os limites à possibilidade de a linguagem falar sobre a linguagem. Mas volto a alguns aspectos da vida de Wittgenstein.

Ludwig Wittgenstein nasce em Viena em 1889, no seio de uma família milionária[151], que é também uma família artística — há sempre músicos pela casa. A família tem oito filhos. Ludwig é o mais novo. Três dos irmãos de Wittgenstein, Hans, Rudolf e Kurt, virão a suicidar-se, dois deles possivelmente por não lhes ter sido permitido perseguir as suas vocações artísticas; um outro, na guerra, depois da derrota, em 1918. Um outro irmão, o pianista Paul Wittgenstein, vem a perder um braço; ainda assim tocava, e foi famoso. A família era (de ambos os lados) de origem judaica, mas tinha adoptado um novo nome — Wittgenstein.

Wittgenstein começa por estudar Engenharia em Berlim (Charlotemburgo), na Technische Hochschule (1906). Entre 1908 e 1911, está em Manchester e estuda Engenharia Aeronáutica. Não lê grande coisa de filosofia, mas lê *The Principles of Mathematics* (1903) de Bertrand Russell. Interessa-se por filosofia devido a problemas relativos aos fundamentos da matemática. Por outro lado, uma espécie de religião ética constitui desde muito cedo o pano de fundo da sua vida intelectual. Aprecia, por exemplo, Schopenhauer e Tolstói.

Passa os anos anteriores à Primeira Grande Guerra (os anos de 1911-1913) em Cambridge, escapando-se por vezes para a Noruega para a sua cabana perto de Bergen, em Skjolden.[152] Este é um período de íntima colaboração com Bertrand Russell, que até 1916 ensinará Lógica e Matemática no Trinity College de Cambridge. Wittgenstein tem com Russell uma relação emocional e intensa — pôs nas mãos dele a sua possível «conversão» ao estudo da filosofia, pedindo-lhe que lhe dissesse se era suficientemente bom: se não fosse, regressaria à engenharia aeronáutica.

---

[151] O pai de Wittgenstein, Karl Wittgenstein, um industrial do aço, era um dos homens mais ricos da Europa (e do mundo) de então.

[152] Um curioso ponto comum aos dois maiores filósofos do século XX, Wittgenstein e Heidegger, são as suas cabanas isoladas no meio da natureza.

O britânico Russell estranha um pouco o excesso de intensidade do jovem austríaco, mas vê nele génio e isso interessa-lhe.

Quando eclode a Primeira Grande Guerra, a guerra que desmembrará a sua pátria, i.e., o Império Austro-Húngaro, Wittgenstein dá por si do lado do «inimigo». Quer de facto ir para a guerra, e alista-se voluntariamente. Os seus grandes amigos de então, Bertrand Russell e David Pinsent, estavam do outro lado, o lado inglês, e Russell começava a ser o pacifista militante que seria pela vida fora.

Durante a Primeira Guerra (1914–1918), o regimento de Wittgenstein está em Cracóvia. Ele estuda e escreve o que virá a ser o *Tratado*. Começa um diário, os *Tagebücher*. Pergunta a si mesmo: Será que vou conseguir trabalhar? O *Comentário aos Evangelhos*, de Tolstói, que compra na Polónia durante a guerra, virá a ser — di-lo-á a Russell — «o livro que lhe salvou a vida».[153] Mas a verdade é que as suas notas continuam as discussões com Russell, discussões que giravam em torno de questões tais como «como é possível que as proposições façam imagens dos factos?». Em 1916, escreve sobre Deus, a felicidade, o suicídio, o sentido da vida e o carácter misterioso do eu. A responsabilidade e a culpa, o que é fazer bem e viver feliz, a identificação do fazer bem com o viver feliz e com o sentido da vida são assuntos que o assolam e preocupam. Não lhes atribui, contudo, nenhum significado religioso directo. Essas questões do sentido da vida são antes o assunto da ética (Wittgenstein dirá: «E ao problema do sentido da vida pode chamar-se Deus»). Tudo se passa, assim, como se os problemas a que normalmente se chama religiosos estivessem em Wittgenstein, mas sem religião. A estranheza dos *Tagebücher* reside no facto de serem um diário filosófico e não um diário de guerra; embora escritos em plena guerra, no campo de batalha, a guerra não está lá, apenas reflexões lógico-filosóficas. É a partir destas notas, os *Tagebücher*, que, quando está num campo de prisioneiros em Itália, escreve o *Tratado*.

Em 1919–1920, Wittgenstein envia o *Tratado* a Russell e a Frege, os dois autores a quem agradece no Prólogo («os meus pensamentos foram em grande parte sugeridos pelas grandes obras de Frege e pelos trabalhos do meu amigo, o senhor Bertrand Russell», afirma). Em 1921, o *Tratado* é publicado em alemão; em 1922, em inglês (traduzido por Charles Kay

---

[153] Embora o escritor russo Lev Tolstói fosse cristão, via o cristianismo como uma doutrina feita para dar sentido à vida, e não como uma revelação divina ou uma religião histórica e instituída. A verdade da doutrina assim concebida mede-se pelos seus efeitos, pela paixão com que se deixa viver e pela felicidade que propicia às pessoas. O que fica é uma doutrina liberta da carga teológica; é isso que interessa a Wittgenstein.

Ogden, com ajuda de Frank Plumpton Ramsey). A recepção do livro não agrada de todo a Wittgenstein. Um ponto de grande importância histórica é a recepção do *Tratado* pelo Círculo de Viena. A cidade de Viena, a sua cidade, une Wittgenstein ao movimento conhecido como Positivismo Lógico, ou Empirismo Lógico, ou Círculo de Viena, um movimento intelectual dos anos 1920 e 1930 protagonizado por um grupo de filósofos e cientistas, entre os quais se encontravam Moritz Schlick, Rudolf Carnap, Herbert Feigl e Otto Neurath. O positivismo lógico é «positivista» porque considera que as ciências são a única via para o conhecimento propriamente dito: qualquer incursão além dos limites e dos métodos da ciência arrisca-se a ser cognitivamente vã, sem sentido, e o discurso produzido arrisca-se a ser insusceptível de verdade ou falsidade. Para os positivistas lógicos, seria esse o caso de grande parte da metafísica tradicional. O positivismo lógico é «lógico» porque a definição daquilo que segundo este grupo se deve fazer em filosofia esteve ligada e dependeu de desenvolvimentos, criações e inovações do âmbito da lógica formal. A agenda do movimento é combater a metafísica, perseguir a unidade da ciência, e reclamar como única tarefa legítima para a filosofia a análise lógica de linguagens e teorias. Ora, o *Tratado* parece dar corpo a um programa semelhante e foi por isso recrutado como uma espécie de manifesto do movimento. Mas Wittgenstein sentiu--se sempre incomodado com tal interpretação — é famosa a ocasião em que, convidado pelo Círculo para expor o seu pensamento, ele chega e lê poesia.

Quanto a Russell, escreve uma Introdução que, de acordo com Wittgenstein, falha completamente o intuito do *Tratado*. Russell considera que o livro é uma importante obra de lógica. Wittgenstein queixa-se: para ele, o propósito central do livro é traçar a diferença entre o que pode ser dito — e o que pode ser dito pode ser dito claramente — e o que apenas se deixa mostrar. Esse é que é o problema nuclear da filosofia. A intenção da obra é ética, afirma numa carta célebre, pretende mostrar «calando» aquilo que leva tantos outros a perderem-se em «tagarelice» (*Geschwätz*), bem como mostrar que a filosofia tradicional repousa em grande medida sobre um mau entendimento da lógica da nossa linguagem.

Após a publicação do *Tratado*, Wittgenstein acha que não tem mais nada a dizer em filosofia. Oferece aos irmãos a sua herança milionária.[154]

---

[154] Se depois da guerra Wittgenstein abdicou da totalidade da fortuna a favor dos irmãos, antes tinha usado esta para sustentar artistas, por exemplo, poetas, entre os quais

Retira-se, deixa a casa de família, o Palácio Wittgenstein em Viena, e vai ser professor primário em lugares perdidos da Áustria rural (em 1919, frequentara uma escola de professores em Viena). O seu sonho tolstoiano de alcançar o aperfeiçoamento moral pelas relações com o povo cedo dá lugar à frustração. Dá por si entre *Unmenschen*, nas suas próprias palavras.[155] Acabará por desistir. Em 1926, deixa de ser professor primário. Constrói, com o amigo e arquitecto Paul Engelmann, discípulo do famoso arquitecto vienense Adolf Loos, uma casa para a irmã Margaret Stonborough-Wittgenstein (a mesma que foi retratada num célebre quadro do pintor Gustav Klimt). A casa (Kundmanngasse 19) fica nos anais da arquitectura. Em 1928, ouve uma conferência do matemático intuicionista holandês L. E. J. Brouwer que o faz decidir voltar à filosofia. Em 1929, volta a Cambridge, acaba por ensinar. Primeiro, a intenção era fazer férias; depois, fica. Depois de ser já um livro célebre, o *Tratado* é reconhecido como tese de doutoramento e passaporte para uma carreira académica. Publica «Some Remarks on Logical Form»; será a sua única publicação em vida além do *Tratado*. É um estranho professor; as suas aulas não eram muito procuradas (ou então ele afugentava os curiosos: «As minhas aulas não são para turistas», dizia). Teve como alunos Elizabeth Anscombe, Norman Malcolm, Alan Turing, G. H. von Wright, Stephen Toulmin, o próprio G. E. Moore, seu colega mais velho. Em 1930, é *fellow* do Trinity College, em Cambridge. Entre 1933 e 1935, dá cursos cujas notas darão origem a *O Livro Azul* (1933–1934) e a *O Livro Castanho* (1934–1935), ambos publicados apenas postumamente. Trabalha em filosofia da matemática. Em 1935, dá um seminário sobre psicologia filosófica. Em 1938, dá conferências sobre estética, psicologia e religião (que foram publicadas postumamente). Em 1939, sucede a Moore na cátedra. Em 1942–1943, envolve-se de novo em ocupações de guerra (é porteiro num hospital, desta vez). Entre 1944 e 1947, ensina em Cambridge. Em 1949, está a trabalhar nas *Investigações Filosóficas* (*Philosophische Untersuchungen*) e *Fichas* (*Zettel*) (ambos publicados apenas postumamente, embora as *Investigações* sejam usualmente consideradas

---

Rainer Maria Rilke e Georg Trakl, através de bolsas, com a ajuda de um amigo, editor do *Der Brenner*. O poeta Georg Trakl, um dos beneficiários, tinha acabado de se suicidar com uma *overdose* de cocaína quando Wittgenstein chega a Cracóvia para o ver, em Novembro de 1914.

[155] Na aldeia de Trattenbach, perto de Kirchberg am Wechsel, onde se realizam os Simpósios Anuais da Sociedade Ludwig Wittgenstein austríaca e que hoje tanto atrai turistas académicos devido ao seu nome.

a sua obra magna, a par do *Tratado* ou, na verdade, acima deste). Em 1951, acaba *Da Certeza* (também publicado postumamente). Morre nesse mesmo ano. O seu aluno e amigo americano Norman Malcolm, em *Ludwig Wittgenstein: A Memoir*, relata: «*Before losing consciousness he said: "Tell them I've had a wonderful life."*» («Antes de perder a consciência, ele disse: "Diz-lhes que tive uma vida maravilhosa."») Foram seus testamentários os seus alunos Elizabeth Anscombe, Rush Rhees, Norman Malcolm e G. H. von Wright. Foram eles os responsáveis pela edição de grande parte dos escritos que conhecemos hoje como os escritos de Wittgenstein.

Considero agora a obra de Wittgenstein. Esta é usualmente tomada como se se dividisse em (pelo menos) duas fases distintas: o realismo metafísico do *Tratado* e o (suposto) anti-realismo das *Investigações*. No entanto, as questões de Wittgenstein mantiveram-se idênticas ao longo de toda a sua obra: Wittgenstein procurou sempre compreender o que é pensar, representar, significar e, em geral, traçar um mapa do sentido e do *nonsense*.[156] É assim já no *Tratado*.

Olhando para o *Tratado*, o que vemos?[157] O *Tratado* é único, especial na história da filosofia e na obra de Wittgenstein tal como hoje lhe podemos aceder (recorde-se que esta não foi propriamente preparada pelo autor ele próprio, mas em grande medida por editores dos seus textos). O *Tratado* é uma obra extremamente peculiar. A própria forma é invulgar — o texto consiste em parágrafos numerados, o estilo é sentencioso e lapidar. Não há notas, não há bibliografia, não há referências a predecessores ou problemas. No entanto, o livro é em grande medida uma resposta ao trabalho de Frege e Russell em lógica e filosofia. Esta conjugação de aspectos não é comum na filosofia analítica ou na filosofia académica. Não é descabido pensar, como Wittgenstein pensou, que os seus pares imediatos, aqueles por quem ele quis talvez ser compreendido,

---

[156] Esta forma de tomar o autor é influenciada por leituras específicas da sua obra (nomeadamente as de Cora Diamond e Charles Travis) e rejeita a separação tradicional entre o autor do *Tratado* e o autor das *Investigações*, usualmente conhecidos como «primeiro Wittgenstein» e «segundo Wittgenstein». Estas duas leituras são, no entanto, diferentes entre si, sobretudo quanto ao «rompimento» de Wittgenstein com o *Tratado*. Não entrarei aqui nesses pormenores.

[157] Recomendo aqui a obra de McGinn (2006) para os aspectos mais técnicos de filosofia da lógica e filosofia da linguagem, sem perder a perspectiva da intenção da obra (precisamente aquilo que Wittgenstein encontrou em falta em leitores imediatos como Russell).

como Frege, Russell e Moore, presumivelmente não compreenderam de todo as suas intenções como filósofo. É indesmentível que o *Tratado* é sobre lógica e filosofia da lógica. Contudo, não é apenas isso, nem sobretudo isso, que preocupa Wittgenstein. Numa carta mais tardia dirigida ao discípulo e amigo americano Norman Malcolm, Wittgenstein pergunta: «Qual é o interesse de estudar filosofia se ela não (vos) capacita para falar dos assuntos importantes da vida, mas apenas de assuntos abstrusos da lógica?»

No *Tratado*, trata-se de compreender como usamos a linguagem para representar — mas representar o quê? Representar tudo aquilo que representamos comummente quando pensamos coisas sobre as coisas na nossa vida comum. Noutras palavras, para Wittgenstein pensar sobre linguagem e lógica não serve exclusivamente, ou sobretudo, para investigações sobre os fundamentos da matemática (como era o caso com Frege e Russell), mas sim para compreender como o nosso pensamento e a nossa linguagem nos permitem representar o mundo. Como é dito no Prólogo, no *Tratado* procura-se delimitar o pensável e o dizível «a partir de dentro», e encontrar limites. Uma ideia fundamental é que aquilo que pode ser dito pode ser dito claramente; acerca daquilo de que não podemos falar devemos calar-nos (é assim que o livro termina: é esta a Proposição 7, e última, do *Tratado*: uma injunção ao silêncio). Isto quer dizer, entre outras coisas, que algumas coisas não podem ser ditas, mas apenas mostradas. É esse o contexto para as ideias acerca do estético no *Tratado*. Num primeiro sentido, o estético (tal como o ético e o místico)[158] é o que não pode ser dito, apenas mostrado. O mesmo acontece com a lógica ela própria, a forma da representação: ela não pode representar-se a si própria representando — apenas pode mostrar-se. Os *Tagebücher*, os diários a partir dos quais Wittgenstein escreve o *Tratado*, dão-nos uma pista um pouco menos críptica acerca deste agregado invulgar de

---

[158] Esta é a terminologia do *Tratado*. É particularmente relevante compreender o que ela implica no caso do «estético» e do «ético». Uma ideia fulcral do tempo e do contexto do *Tratado*, embora formulada nos *Tagebücher*, é que a obra de arte é o objecto visto *sub specie aeternitatis*; uma outra é que a ética e a estética são Um (*Tratado*, 6.421). Mesmo que isso não corresponda *ipsis verbis* às formulações do próprio Wittgenstein, é preferível falar de «o estético» e não da Estética, uma disciplina, da mesma forma que é preferível falar do ético e não da Ética. A Ética e a Estética, como disciplinas específicas, seriam corpos de coisas ditas, separáveis da forma como pensamos acerca do que é pensar quando, por exemplo, consideramos o papel da lógica e da linguagem no pensamento. Para Wittgenstein, há algo de errado nessa separação e na correspondente disciplinarização.

temas do *Tratado*. Além dos assuntos de lógica e da preocupação com o grande problema — o problema da natureza da proposição (como pode uma proposição retratar ou modelizar o mundo? Como é possível que possamos dizer e pensar alguma coisa sobre as coisas? Que possa haver sentido? Que possa haver verdade e falsidade do que pensamos?) —, há nos diários entradas sobre a responsabilidade e a culpa, o que é fazer bem e viver feliz. É aqui que aparece uma entrada sobre o objecto de arte como o mundo visto *sub specie aeternitatis* (*Tagebücher*, 7/10/1916). Mesmo ao lado, identifica-se o fazer bem com o viver feliz e com o sentido da vida. Tolstói é certamente, aqui, uma inspiração para Wittgenstein (as leituras de Wittgenstein — Tolstói, Schopenhauer, Kierkegaard — pareceriam muito estranhas aos filósofos analíticos de hoje). Estes são os assuntos que assolam e preocupam Wittgenstein. Os *Tagebücher*, embora escritos em plena guerra, são, como já sublinhei, um diário filosófico e não um diário de guerra; é essa a sua estranheza. Eles são um campo de experimentação mais alargado das declarações crípticas e condensadas do *Tratado*. Mais concretamente, e esquematicamente, no *Tratado* é então possível encontrar, para pensar sobre o que é pensar, desde logo, um modelo ontológico: de acordo com este modelo, o mundo é tudo aquilo que acontece, um conjunto de factos e não de coisas. Pensamos com este «formato»: pensar é pensar sobre aquilo que acontece, sobre o conjunto dos factos. Como é isso possível? O núcleo da resposta é a chamada concepção pictórica da linguagem: nós fazemos para nós próprios, pela lógica e a linguagem, imagens ou modelos dos factos. Pensar é isso. A palavra fundamental aqui é *Bild*, que Wittgenstein usa para falar da proposição. Mas uma proposição não é tanto um instantâneo de imagem como um modelo (como uma maqueta de arquitecto, que não está em frente ao mundo espelhando-o, mas está ela própria no mundo). A proposição 2.1 é fundamental: «Fazemo-nos imagens dos factos» (*Wir machen uns Bilder der Tatsachen*). Como fazemos uma maqueta de um edifício. Pensar é isso.

Mas, voltando à «figuração» ou representação do mundo enquanto aquilo que acontece (i.e., o mundo dos factos), não é possível deixar de referir o isomorfismo, a ideia de uma correspondência pensamento-linguagem-mundo sem direccionamento (i.e., não é o mundo que se «projecta» no pensamento-linguagem, nem vice-versa). Com a concepção de objectos, estados de coisas e factos que aqui encontramos, Wittgenstein retoma o atomismo lógico de Russell deixando, no entanto, cair a perspectiva da teoria do conhecimento e o empirismo. A teoria do conhecimento e a preocupação com a génese, e com o mental, são substituídas pela ideia (lógico-ontológica) de isomorfismo.

Como estamos então no nosso mapa do pensável/dizível? Olhando para as proposições (i.e., para os conteúdos das coisas específicas ditas ou pensadas), temos aquelas que são *sinnlos*, vazias de sentido. Estas são as proposições da lógica que constituem o «travejamento» do mundo, daquilo que pode ser pensado, mas não dizem elas próprias nada acerca do mundo; são apenas um andaime, um *logisches Gerüst*, um andaime lógico.[159] Temos as proposições que são *sinnvoll*, com-sentido, que são as proposições das ciências naturais: são o que pode ser dito claramente, e aquilo que pode ser dito claramente é acerca do mundo, entendido como «factos». E temos finalmente as proposições que são *unsinnig*, sem-sentido, i.e., que são *nonsense*, que surgem quando se transgride as fronteiras do que pode ser dito e pensado claramente e, no entanto, se continua a falar. É aqui que entram as teses acerca da diferença entre mostrar e dizer. O que é que não se pode dizer e se pode apenas mostrar? Desde logo, a proposição não pode representar a sua própria forma lógica. Esta reflecte-se na proposição, e o que se reflecte na linguagem a linguagem não pode representar (como não pode representar o ético,

---

[159] Russell pensava que fazer lógica era mostrar a forma real das proposições e, assim, chegar aos grandes «traços da realidade». Wittgenstein crê que essa estrutura é aquilo de que já nos servimos para fazermos imagens dos factos. Expondo a estrutura, expomos a natureza e limites da linguagem. Quando Wittgenstein faz afirmações como «O modelo é aposto à realidade como uma régua» ou «Só os pontos marcados tocam o objecto a ser medido», parte do que está a ser rejeitado é o empirismo com que Russell acompanhara a sua ideia de análise lógica. A aceitação do princípio fregiano do contexto, que permeia o *Tratado*, só pode ser total nessa situação. Voltando ao problema do estatuto da Lógica, o que temos é o seguinte: para Wittgenstein, a lógica é transcendental, as suas proposições não dizem nada, são tautologias, são *sinnlos*. Mostram as propriedades formais do mundo tal como podemos pensá-lo e dizê-lo — é essa a sua importância. A lógica não é, assim, ao contrário do que pensou Russell, uma ciência à imagem da física, uma ciência dos componentes mais abstractos e gerais do mundo. Ao contrário do que pensou Russell, não existem coisas como a «experiência lógica» e o «conhecimento lógico». Se as proposições da lógica em vez de serem tautologias se referissem a componentes da realidade, seriam contingentemente verdadeiras e não se distinguiriam das proposições empíricas. Mas, para Wittgenstein, a sua validade geral é essencial e reconhecível sem ser necessário recorrer a nenhuma interpretação dos símbolos. É neste contexto que deve ser considerada a criação do método das tabelas de verdade. Sugere-se que sejam feitas as seguintes leituras sobre a natureza e o estatuto da lógica no *Tratado*: (O «carácter sublime da lógica») 6.1, 6.11, 6.111, 6.113, 6.12, 6.124, 6.13; (Lógica e «mostrar») 4.12, 4.121; (Lógica e [não] experiência) 5.552; (Tabelas de verdade) 4.31; (Tautologias e contradições) 4.46, 4.462.

o estético e o místico — acerca disso também nada se pode dizer que faça sentido).

Uma chave importante para compreender o *Tratado* é a separação facto-valor. É uma chave para as concepções do ético e do estético. No mundo dos factos, não há valor — é esta a tese. O que é é como é (é possível ler também dessa forma as palavras «o mundo é aquilo que acontece»). Simplesmente. Se há valor, este tem de estar fora do mundo. Mas então muda o mundo totalmente, mesmo que os factos permaneçam exactamente os mesmos («O mundo de um homem feliz é diferente do mundo de um homem infeliz», diz-se na proposição 6.43). Este é o lugar do ético e do estético. E agora aplique-se: o ético e o estético são Um (6.421). Poderíamos dizer que temos aqui uma segunda noção de mundo. Além daquilo que retratamos ou figuramos via pensamento e linguagem («o mundo como aquilo que acontece, o conjunto dos factos e não das coisas»), nas proposições 6 há ainda o mundo como totalidade, visto *sub specie aeternitatis* (a expressão é de Espinosa). É esse que muda com o valor.[160]

Estas questões estão ligadas com os problemas em torno do «estatuto do sujeito» no *Tratado*. Encontramos aqui a ideia tratariana de solipsismo como puro realismo, bem como as famosas afirmações «o mundo é o meu mundo» e «os limites da minha linguagem são os limites do meu mundo». Na imagem da proposição 5.6331 diz-se: o olho que olha não é visto olhando, não faz parte do campo visual — mantém-no como um. Além da usual discussão sobre se isto é ou não realismo metafísico, interessa também para considerar o estatuto do ético e do estético. A ideia do mundo como totalidade é necessária como correlato do valor ético ou estético — o valor não é parte do mundo, mas muda o mundo todo. O sujeito filosófico é o «limite do mundo». O que é que isto significa? O que é que o sujeito filosófico tem que ver com cada um de nós? Será que o sujeito filosófico é o sujeito empírico, o eu que diz «eu sou esta pessoa», por exemplo, SM?[161]

---

[160] É aqui que entra a ideia segundo a qual a obra de arte é o mundo visto *sub specie aeternitatis* (e qualquer objecto no mundo pode ser considerado assim). Alguns diriam contemplação schopenhaueriana e eternidade; Cora Diamond fala de «valor absoluto» e *reaching beyond the world* — é isto que está em causa no estético. E no *Tratado* é (quase) tudo o que encontramos.

[161] Para procurar responder a estas perguntas, sugerem-se as seguintes leituras. O sujeito não faz parte do mundo, por contraste com o corpo próprio, que faz parte do mundo (5.6, 5.61, 5.62, 5.621, 5.63, 5.631, 5.632, 5.633, 5.6331, 5.634). O Eu é o enquadramento do espelho que é a linguagem lógica; chama-se a isso a verdade do solipsismo:

Aquilo a que Wittgenstein chama o «eu filosófico» não é a pessoa, o eu psicológico ou o corpo desta, mas o sustentáculo (vazio) do mundo, o «limite do mundo», nas suas palavras. É por o sustentáculo ser vazio que o solipsismo coincide com o realismo (5.64): não há aí nada do eu psicológico, apenas o mundo.

Um aspecto do *Tratado* importado pelo Positivismo Lógico é a doutrina sobre sentido e *nonsense*. Porém, uma boa forma de verificar a divergência de Wittgenstein relativamente aos positivistas lógicos é pensar como ele encarava «o ético e o estético». Antes de mais, proclamando que o ético e o estético são Um. Se «o ético e o estético são Um», ajuda-nos saber o que Wittgenstein entendia por «ética». Ora, é bem revelador olhar para aquilo que o atrai (autores como Schopenhauer, Kierkegaard, Tolstói) e para aquilo que o repugna (a ideia de ética como uma «ciência da moralidade», um conjunto de proposições, um corpo de saber, um digladiar de argumentos). Não se pode falar de forma racionalista sobre o valor continuando a fazer sentido. Mas isso não retira importância ao ético ou ao estético.

Digo onde estou a querer chegar: ao contrário do que a leitura da obra feita pelos neopositivistas nos pode fazer pensar, no *Tratado*, o *unsinnig* (o sem-sentido) é o mais importante, não o que deve ser rejeitado. Mas não pode ser dito. E a noção de *unsinnig* aplica-se ao ético e ao estético (e ao místico: que o mundo como totalidade seja). Em linguagem mais terra-a-terra, aquilo que Wittgenstein está a defender, por trás destas proposições do *Tratado*, é, por exemplo, que apenas a arte pode exprimir a verdade moral e que apenas o artista lida com as coisas que na vida importam mais.

O *Tratado* acabou por ser tomado pelo Círculo de Viena como emblema da filosofia positivista, e, como já disse, a Introdução de Russell apresenta o livro como «uma importante obra de lógica». Mas Wittgenstein queixa-se: a intenção da obra não é lógica nem cientificista; a intenção da obra é ética; o principal intuito do livro é traçar a diferença entre o que pode ser dito e o que apenas se deixa mostrar. O livro termina com uma injunção ao silêncio: aqueles que o vêem como um livro sobre lógica não compreendem que se trata também de uma *performance* (i.e., o livro

---

os limites da minha linguagem são os limites do meu mundo (5.6). Acerca desse sujeito (eu metafísico ou eu filosófico) que é o limite do mundo, nada se pode afirmar (5.6331). O olho não se vê a si próprio, não faz parte do campo visual, nada no campo visual permite inferir que é visto por um olho, no entanto, é o olhar que sustenta o campo visual como «um» (5.633, 5.6331).

ele próprio constrói-se uma visão sobre o que é pensar, mas esse livro é um livro que nos seus próprios termos não pode dizer aquilo que diz; portanto, deita-se fora essa escada, o livro, e guarda-se silêncio). Pense-se no paralelo que atrás estabeleci entre Kierkegaard e Wittgenstein, em torno de método.

Uma derradeira palavra histórica sobre um mal-entendido. Os positivistas lógicos pensam tirar do *Tratado* a ideia de que proposições éticas e estéticas não são cognitivamente significativas: são mera expressão de emoções. O que estive a dizer foi que a ideia de Wittgenstein era completamente diferente: o ético e o estético são o mais importante, mas não se pode dizer (ou seria *unsinnig*), apenas mostrar. Mas, precisamente, mostra-se, nomeadamente em arte, e isso não é uma questão de expressão de sentimentos. Retomarei estas ideias mais à frente neste livro quando introduzir abordagens actuais da ética e da estética de inspiração wittgensteiniana em autores como McDowell, Diamond e Cavell.

Quando no seu livro *Wittgenstein's Vienna* Allan Janik e Stephen Toulmin analisam a génese do *Tratado*, e consideram, detalhadamente, o possível peso de outras influências sobre o pensamento de Wittgenstein, além da de Frege e Russell (nomeadamente a influência de Schopenhauer, Tolstói ou Kierkegaard), eles defendem também que não é coincidência o facto de o *Tratado* ter aparecido no mesmo contexto histórico-cultural que a psicanálise de Freud, a arquitectura modernista de Loos, a revolução musical de Schönberg e os escritos de Musil e de Kraus. A chave para compreender o *Tratado* é precisamente ver Wittgenstein como um vienense, embebido dos traços de uma discussão intelectual, cultural e artística particular então em curso. Ora, o espírito filosófico dessa discussão estava muito distante do empirismo e do naturalismo correntes no ambiente que Wittgenstein virá a encontrar posteriormente em Cambridge, e que lhe será sempre, de alguma forma, estranho, mesmo se Wittgenstein foi «recrutado» pela filosofia analítica nesse contexto. O que é que, então, não vem de Frege e Russell, mas sim de Viena? O que não vem de Frege e Russell, mas sim de Viena, é uma discussão geral acerca da natureza da representação. Vem também, olhando agora para o lado estético e de estilo, uma tentativa de «depuração das formas», uma tentativa de cura do sentimentalismo e do excesso (do ornamento como crime, como diria Loos). Isso está na forma do *Tratado* ele próprio como objecto e não apenas no *Tratado*: está na casa que concebeu e criou com Paul Engelmann, a casa da irmã Margaret Stonborough-Wittgenstein. A ideia de guerra ao ornamento, a arquitectura como gesto, o mostrar fazendo.

Mas Wittgenstein não se calou definitivamente depois do *Tratado*. As *Investigações Filosóficas* (1953) são talvez a sua obra-prima. São certamente uma das obras mais marcantes da filosofia do século XX, e uma obra cuja influência persiste de múltiplas maneiras e com interpretações muito divergentes (inclusive uma interpretação que vou aqui simplesmente rejeitar segundo a qual aquilo que Wittgenstein estaria a propor seria um idealismo linguístico relativista dos jogos de linguagem). Nas *Investigações*, Wittgenstein propõe uma abordagem das questões da linguagem e do pensamento totalmente distinta da abordagem do *Tratado*: o primeiro e maior crítico da teoria da linguagem, do pensamento e do mundo proposta no *Tratado* é assim o autor das *Investigações*. No entanto, apesar da diferença de posições, os temas do segundo Wittgenstein são exactamente os temas do primeiro Wittgenstein. Em termos de estilo filosófico, estamos aqui perante algo completamente inédito: as *Investigações* são uma rapsódia de observações, a várias vozes, sobre temas que vão do sentido e da compreensão, da lógica e da natureza da proposição até temas de psicologia filosófica como a percepção e a intenção. Enquanto texto, as *Investigações* são uma interrogação por exemplificação. O leitor vê-se perante uma encenação de hábitos de pensamento. Observamos hábitos de pensar de uma determinada maneira e também tentações de pensar de uma determinada maneira, a que não temos de nos submeter (por exemplo, o cepticismo ou o solipsismo serão tentações a desconstruir).[162] Um imperativo geral da investigação é reconduzir as palavras do seu uso metafísico ao seu uso quotidiano (§ 116). Ideia fundamental é que são os usos da linguagem que lhe dão sentido, e esses usos são, antes de mais, os usos comuns, nas nossas formas de vida. O pano de fundo desta visão da linguagem e do pensamento é assim um pano de fundo antropológico — está afastado o quadro intemporal, ou transcendental, do *Tratado*. Também lhe poderíamos chamar, com apenas um pouco de violência, um pano de fundo naturalista (afinal, Wittgenstein dirá, de forma célebre, que a gramática é a *história natural* dos humanos e que uma investigação filosófica é uma investigação gramatical).

Logo no Prólogo, Wittgenstein considera que a teoria da natureza da linguagem e do pensamento defendida no *Tratado* incorria em erros graves — considera-a dogmática e platonizante, antes de mais porque

---

[162] Serão encontradas frequentemente, nos parágrafos das *Investigações*, «vozes em diálogo», tornando-se necessário ponderar qual será aquela que exprime a posição do próprio Wittgenstein e qual será a que expõe, por exemplo, uma posição comum, aparentemente natural, que importa rebater.

está implícito no isomorfismo linguagem-pensamento-mundo defendido no *Tratado* que existe *um* único modelo canónico de linguagem. Este ser-nos-ia dado pela Lógica, e essa seria, de resto, a razão maior para a importância de investigações lógicas da linguagem (pense-se na ideia de Russell de que a lógica nos dá acesso ao «esqueleto do pensamento» e, assim, à estrutura da própria realidade — Russell foi uma grande influência sobre o autor do *Tratado*, mas o autor das *Investigações* está a separar-se dessa influência e a regressar a Frege). Para o autor do *Tratado*, a Lógica está fora do mundo e tem uma natureza *pura e cristalina* relativamente a qualquer exercício de pensamento. Ora, para o Wittgenstein das *Investigações* essa não é uma concepção sustentável da linguagem e nem sequer de lógica. Isto não significa que ele não continue interessado em compreender a linguagem e a lógica. A contraproposta das *Investigações*, a recondução das palavras do seu uso metafísico ao seu uso quotidiano de forma que se compreenda o fazer sentido em acto e na prática, é aquilo a que usualmente se chama uma teoria da significação como uso. Não devemos conceber os usos de linguagem como aplicação de um sentido que é anterior a esses usos. Aliás, convém sermos particularmente cuidadosos: Wittgenstein nunca declarou estar a desenvolver uma teoria do significado como uso; o máximo que afirmou foi que em certos contextos o significado de uma palavra é o seu uso — uma afirmação muito mais deflacionária e que deixa muito trabalho para fazer se queremos compreender a sua posição em filosofia da linguagem. A sugestão metodológica é que, para compreender a linguagem e, assim, o pensamento, se trata de fazer gramática, entendida como história natural. Gramática não significa aqui a correcção exterior e de boas maneiras linguísticas que aprendemos na escola, nem a gramática formal dos linguistas (pense-se no sentido do termo em Noam Chomsky), i.e., um nível cognitivo de regras e representações: significa a descrição dos usos reais, sejam eles quais forem, que os humanos fazem da linguagem nas suas formas de vida. É por isso que Wittgenstein lhe chama história natural. A ideia fundamental é que a linguagem forma um todo com as actividades com as quais está entrelaçada — é a isso que Wittgenstein chamará jogos de linguagem. Não faz sentido pensar numa linguagem pura ou em sentido puro, i.e., sem a prática, sem a aplicação — essa linguagem não existe. Apesar desta inflexão a que podemos chamar pragmática, sublinho de novo que Wittgenstein não deixa nunca de estar interessado em lógica e na importância desta para pensarmos sobre a natureza da linguagem e do pensamento (nunca será de mais sublinhá-lo, sobretudo para contradizer as leituras relativistas e vagas das *Investigações*). O que acontece é que ele tem agora uma filosofia da lógica totalmente diferente (inspirada no formalismo de Hilbert, distante da proximidade inicial a Russell, que fora o pano de fundo do *Tratado*).[163]

O argumento contra a possibilidade de uma linguagem privada e as passagens sobre a noção seguir-regras são dois núcleos fundamentais das *Investigações*. É a partir deles que se deve compreender a posição do segundo Wittgenstein sobre a natureza do entendimento humano, no quadro dos jogos de linguagem. Todo o problema reside em saber *onde se encontram as regras*.[164] A tentação é oscilar entre o platonismo (que nos faz pensar que as regras estão fora deste mundo, fora das práticas) e o behaviorismo (que nos faz pensar que as regras nada mais são do que o comportamento exterior adestrado).

Aquilo que Wittgenstein afirma é que é impossível seguir regras privadamente; significar é uma prática pública de seguir-regras. Mente, inteligência e querer-dizer não são coisas dentro da cabeça das pessoas. Em linguagem mais próxima da nossa, podemos dizer que Wittgenstein desenvolve uma concepção externalista da significação e do mental. O Wittgenstein das *Investigações* é alguém que vê o pensamento e a significação como actividade, uma «actividade de dar vida a sinais», e não como um mundo interior ou mental, uma sombra, alguma coisa que corre paralelamente à linguagem. Ora, se o pensamento é uma actividade, ele deve, como qualquer actividade, ser avaliado como sendo bem ou malsucedido, e não directamente como uma imagem do mundo feita fora do mundo e por esta tornada «verdadeira» ou «falsa» (se não queremos esquecer a dimensão prática do pensamento como actividade, apenas será possível dar conta da natureza do verdadeiro e do falso nas nossas enunciações enquanto ocorrências em ocasiões concretas — as raízes do pragmatismo e contextualismo do segundo Wittgenstein encontram-se aqui).

No entanto, se o pensamento é uma actividade, há uma possibilidade inquietante que se coloca: como sabemos nós que os humanos que trocam linguagem entre si não são seres sem interior? Será possível

---

[163] «A Lógica — gostaríamos de dizer — não pode ser vaga. Vivemos assim na ideia de que se tem de encontrar o ideal na realidade» (Parágrafo 101); «Quanto mais exactamente consideramos a linguagem real, mais forte se torna o conflito entre ela e a nossa exigência. (A pureza cristalina da Lógica não se me revelou nas experiências, era antes uma exigência)» (Parágrafo 107).

[164] Cf. a filósofa francesa Sandra LAUGIER.

que o autor das *Investigações* esteja a defender algo tão estranho como uma concepção behaviorista de pensamento? A famosa interpretação de Wittgenstein feita pelo filósofo e lógico americano Saul Kripke[165], em *Wittgenstein on Rules and Private Language* (1982), exercita esse desafio. Falarei dela mais à frente.

E quanto ao estatuto da actividade filosófica neste novo quadro? Terá ele mudado relativamente ao *Tratado*? É possível defender que não. Mas as imagens e caracterizações serão distintas. A filosofia é agora vista como uma terapia conceptual que liberta o nosso pensamento do «enfeitiçamento pela linguagem» a que ele está sempre sujeito. Essa terapia pratica-se «perseguindo» a gramática, i.e., a «história natural» dos termos, a forma como estes são de facto usados em práticas várias. É este o pano de fundo da conhecida ideia wittgensteiniana de que a filosofia não produz teses — ela ocupa-se de um trabalho de esclarecimento das nossas práticas conceptuais e linguísticas, não as altera. É aqui que se localiza o suposto (e tão controverso) quietismo wittgensteiniano.[166]

Olhemos então para o próprio livro. As *Investigações* iniciam-se com uma longa citação em latim, extraída das *Confissões* de Santo Agostinho. Trata-se de uma passagem em que este explica como teria aprendido com os seus pais a dar nomes às coisas. A «concepção agostiniana de linguagem» é uma forma de ver a linguagem que toma por protótipo a relação entre um nome e um objecto. À primeira vista, é exactamente essa concepção da linguagem (a ideia de palavras como um apontar directo do mundo, uma concepção representacional) que vai ser criticada nas *Investigações*. Mas as coisas não são assim tão simples: a nomeação e a ostensão continuarão a ser muito importantes para compreendermos a nossa linguagem. Os parágrafos das *Investigações* que se seguem à citação inicial introduzem várias imagens capazes de desencadear uma concepção alternativa à concepção representacional de linguagem. Eis algumas dessas imagens.

---

[165] Autor de *O Nomear e a Necessidade* (1972), obra que fez história na história da filosofia analítica, em particular na metafísica e filosofia da linguagem.

[166] Algumas expressões deste quietismo nas *Investigações* seriam: «De maneira nenhuma deve a Filosofia tocar no uso real da linguagem, só o deve descrever» (§ 124), a filosofia não explica, apenas descreve (§ 109), não lhe pertence fazer hipóteses. Os problemas da filosofia são problemas do uso da linguagem; trazer à luz e à descrição esses usos é a forma de levar a cabo o «combate contra o embruxamento do intelecto pelos meios da nossa linguagem» (§ 109). «A Filosofia, de facto, apenas apresenta as coisas e nada esclarece, nem nada deduz — E uma vez que tudo está à vista, nada há a esclarecer» (§ 126).

Temos a situação em que uma pessoa é mandada às compras, com uma folha de papel na qual está escrito «cinco maçãs vermelhas» (§ 1). A pessoa entrega a folha ao empregado, que abre a gaveta sobre a qual se lê «maçãs», depois procura a palavra «vermelhas» numa tabela de amostras de cor, depois diz a série dos números até cinco, e à medida que diz cada um vai tirando uma maçã. Em seguida, é-nos descrita uma linguagem elementar utilizada entre um pedreiro e um servente (§ 2), consistindo apenas nas palavras «bloco», «coluna», «laje», «viga» — Wittgenstein pede-nos que concebamos essa linguagem como uma «linguagem primitiva completa». Temos depois a imagem de uma caixa de ferramentas (§ 11), onde existe um martelo, um alicate, uma serra, cola, etc. O comentário de Wittgenstein é: tão variadas como as funções destas ferramentas são as funções das palavras, nós apenas nos deixamos iludir pelas semelhanças quanto à forma (todas são palavras), mas as palavras fazem coisas muito diferentes. No Parágrafo 12, somos introduzidos a uma situação em que olhamos em volta, sentados no lugar do maquinista de uma locomotiva, e vemos manípulos idênticos, mas que têm funções totalmente diferentes (um regula a abertura de uma válvula, outro é o manípulo de um comutador que apenas tem duas posições, outro é o manípulo de um travão que trava tanto mais fortemente quanto mais fortemente for accionado, etc.). Finalmente, no Parágrafo 18, aparece a célebre imagem da cidade antiga, como metáfora para a nossa linguagem: a parte central da cidade é um labirinto, uma mescla de coisas antigas e modernas; ela está depois rodeada de bairros novos, com ruas regulares e casas uniformes. Estas «partes novas» não são a própria cidade, toda a cidade — no entanto, pensar que sim, que partes novas da nossa linguagem como as linguagens formais são «toda a linguagem», ou o que nela realmente importa, é o que, «desfazendo» a metáfora, dá aos analistas lógicos, como Russell ou o Wittgenstein do *Tratado*, a convicção de que ao fazerem lógica desvelam a essência da linguagem. Estas são algumas das imagens através das quais o autor das *Investigações* inicia a sua tarefa de desfazer a concepção representacional de linguagem. A concepção representacional apenas se justifica a partir de um privilégio do interior e da subjectividade: só é possível formulá--la (com extensões como o cepticismo ou o solipsismo) a partir de um espírito com certeza acerca de si mesmo enquanto interior e com dúvidas acerca do exterior. Ora, a indistinção entre interior e manifestação, que é a marca das *Investigações*, não permite tal privilégio quando se trata de compreender a nossa compreensão.

Considera-se usualmente o conceito de jogos de linguagem essencial nas *Investigações*. Olhemos para o seu aparecimento na obra. Desde logo, se o conceito de jogo de linguagem é fundamental para tratar a natureza da linguagem, é porque, para Wittgenstein, a linguagem e a acção não são separáveis (§ 7: «Chamarei ao todo formado pela linguagem com as actividades com as quais ela está entrelaçada o "jogo de linguagem"»; § 19: «Conceber uma linguagem é conceber uma forma de vida»). Mas, além do entrelaçado com a acção, o conceito de jogo traz consigo uma outra ideia muito importante de Wittgenstein: a ideia de semelhanças de família. O que é um jogo, afinal? Há jogos de cartas, jogos de tabuleiro, jogos de equipa, jogos solitários (§ 66) — o que têm eles em comum, pergunta Wittgenstein? O que faz de todos estes jogos «jogos» não é um conjunto de características comuns, presentes em todos. Não é possível enumerar condições necessárias e suficientes para um jogo ser um jogo, apenas «parecenças, parentescos». Esta é uma observação que Wittgenstein estenderá a conceitos e ao nosso uso destes: por mais que os filósofos pensem, inspirados pelo funcionamento dos conceitos em domínios formais, que um conceito é «uma área delimitada por uma fronteira», nas nossas práticas conceptuais usuais bastam «semelhanças de família», «uma rede complicada de parecenças que se cruzam e sobrepõem umas às outras» (§ 66) para instituir um conceito (tal como o próprio conceito de jogo).

Munido destes instrumentos conceptuais (seguir-regras, jogos de linguagem, semelhanças de família), Wittgenstein procura compreender, nas *Investigações*, o que é compreender nas situações mais elementares da vida humana. Procura compreender, por exemplo, a iniciação (de uma criança, presume-se, e esta é uma figura certamente ausente no cenário atemporal do *Tratado*) a práticas conceptuais humanas usuais, como contar e fazer coisas com números. No Parágrafo 151, alguém está a aprender a continuar uma série de números: «Imagine-se o seguinte exemplo: A escreve séries de números, B observa-o e tenta encontrar a lei da sucessão dos números. Se consegue encontrá-la, exclama: "Agora já sou capaz de a continuar!" — Esta capacidade, esta compreensão, é, pois, algo que se processa num momento. Vejamos mais de perto: o que é que se processa aqui? — Suponhamos que A escreveu os números 1, 5, 11, 19, 29; B diz que agora já sabe continuar a sucessão. O que é que aconteceu aqui? Diversas coisas podiam ter acontecido: por exemplo, enquanto A escreve lentamente um número a seguir ao outro, B esforça-se por experimentar diversas formas algébricas com os números já escritos. Quando o número

19 foi escrito, B experimentou a fórmula $a_n = n^2 + n - 1$; e o número seguinte confirmou a sua suposição. Ou então, B não pensa em fórmulas. Observa, num certo estado de tensão, os números que A vai escrevendo, e toda a espécie de ideias confusas atravessa a sua cabeça. Até que faz a si próprio a pergunta: "Qual é a série das diferenças?" E calcula 4, 6, 8, 10 e exclama: agora já sou capaz de continuar [...]» Wittgenstein pergunta a si mesmo se será nestes processos interiores que consiste compreender, e responde que não — compreender não é um processo mental (§ 154), não há uma «vivência especial de compreender» (§ 155). Compreender, o facto de eu já saber seguir as regras quando já sei continuar a série numérica (ou continuar a usar um conceito), não é explicável nem por um exterior platónico nem por um mero adestramento.

Quanto ao chamado Argumento da Linguagem Privada, é possível introduzi-lo com a questão: ser-me-ia possível criar uma linguagem privada para dar nome às minhas próprias sensações? Seria possível falar sobre o meu próprio interior numa linguagem que só eu próprio pudesse compreender? Eu poderia, assim, por exemplo, fazer um diário das minhas sensações, incluindo dores, ou experiências de cores, um diário que não seria inteligível para mais ninguém. Wittgenstein defenderá que não; é impossível uma linguagem privada mesmo para falar do nosso próprio interior. É impossível, porque falar uma linguagem é seguir-regras e é impossível fazê-lo privadamente, porque seguir-regras é uma práxis; é essa práxis que sustenta a significação (mesmo nos casos que despertam particularmente o interesse de Wittgenstein, por poderem parecer dizer respeito, respectivamente, a um puro interior e a um mundo platónico de objectos, que são os casos de uma linguagem para sensações e da linguagem da matemática). De acordo com a proposta das *Investigações*, a expressão, i.e., a manifestação comportamental, e a compreensão são conceptualmente inseparáveis.

Saul Kripke fez uma célebre leitura behaviorista do seguir-regras wittgensteiniano no seu livro *Wittgenstein on Rules and Private Language*. A sua interpretação é idiossincrática e polémica[167], mas segui-la é uma boa forma de explicitar possíveis consequências radicais da proposta em causa. Kripke considera que existe, nas considerações sobre seguir--regras das *Investigações*, um paradoxo céptico, à maneira de David Hume.

---

[167] Desde logo, a «localização» kripkiana do Argumento da Linguagem Privada (entre os Parágrafos 143 e 242) não é a mais comum (é usual considerar que o argumento se encontra entre os Parágrafos 243 e 315).

O paradoxo mostraria que toda a linguagem, toda a formação de conceitos, é impossível, ou de facto ininteligível.

A formulação kripkiana do paradoxo começa com um inquérito acerca do meu direito a pretender que no passado utilizei «+» (o sinal mais) para denotar a função mais (*plus*) e não a função pmais (*quus*). A definição de *quus* é: x *quus* y = x + y, se x, y < 57; de outra forma, x *quus* y = 5. (Kripke usa um sinal + dentro de um círculo [⊕] para representar *quus*).

O problema é que, em todas as adições que fiz até agora, *plus* e *quus* requerem as mesmas respostas. Por isso, quer eu o saiba quer não, todas as minhas respostas passadas estiveram de acordo quer com a função *plus* quer com a função *quus*. Assim, dada a minha história passada, parece não haver razão para se preferir a pretensão «eu tenho estado a aplicar a função *plus*» à pretensão «eu tenho estado a aplicar a função *quus*». Como é que eu sei acerca de mim próprio qual foi o caso? Como é que eu poderia saber?

Kripke pergunta: «Quem poderá dizer que *quus* não é a função que anteriormente eu queria-dizer com "+"?» O céptico defende que ninguém poderá legitimamente pretender tal coisa, dada a situação descrita, porque ninguém pode encontrar um facto que mostre que eu queria dizer *plus* e não *quus*. O céptico desafia aqueles que dele discordem a produzir tais factos, e diz que os factos em questão devem mostrar como é que eu estou justificado a dar a resposta «125» a «68 + 57» (em vez de «5»). Mas mesmo supondo que não conseguimos produzir tal facto, como é que isto nos leva a concluir pela impossibilidade da significação ou da linguagem entre os humanos? Se o céptico está certo, nenhum facto a respeito da minha história passada — nada na minha mente nem no meu comportamento exterior — estabelece que eu queria dizer *plus* em vez de *quus*. Mas, se isto é assim, não pode haver nenhum facto acerca de qual função eu queria-dizer, nem no passado, nem também no presente. Apenas numa comunidade podem existir condições de asserção substantivas para a atribuição de um seguir (correcto ou incorrecto) de regras — esta sugestão exteriorista e comunitarista de fixação da significação das práticas regidas por regras é a sugestão de Kripke.

Estas teses redundam, obviamente, em dúvidas acerca do privilégio epistémico do sujeito e na ideia de que significar é uma prática que não se sustenta em justificações. Wittgenstein partilha certamente dessas dúvidas — mas isso não tem de o tornar um behaviorista *à la* Kripke. É verdade que, numa situação em que nada significa nada intrinsecamente (o que são, afinal, estes sons e estas marcas que usamos para comunicar?) e em que os sujeitos não controlam individual e privadamente o querer--dizer das suas práticas de troca de sinais, existe apenas uma pedra de toque para a significação: essa pedra de toque é a acção. O solo da teoria da linguagem e do pensamento defendida nas *Investigações* são as formas de acção que os homens têm em comum («a história natural da espécie», «as formas de vida»). Mas isto cria obviamente a obrigação de clarificar o que se entende por «formas de vida».

Excurso sobre formas de vida e acordo no juízo

Sirvo-me agora de um escrito secundário de Wittgenstein, as *Observações sobre «O Ramo Dourado» de Frazer*. Neste escrito, Wittgenstein comenta o livro do antropólogo *Sir* James George Frazer, autor de *The Golden Bough: A Study in Magic and Religion*. A influência desta obra, originalmente pulicada em 1890, estendeu-se de Malinowski até Freud, James Joyce, Ezra Pound ou T. S. Eliot. Frazer foi um antropólogo escocês que estudou práticas religiosas «primitivas», nomeadamente práticas sacrificiais, anteriores às religiões monoteístas organizadas. Quando publicou *The Golden Bough*, indignou muita gente pelo facto de olhar de forma comparativa para a religião e para a magia. Mas se alguns contemporâneos se indignaram com Frazer devido a uma conclusão não explícita do seu livro (a ideia de uma persistência no cristianismo de ritos e superstições de práticas proto-religiosas ou mágicas primitivas), Wittgenstein aborda-o quase do ângulo contrário. As suas *Observações sobre «O Ramo Dourado» de Frazer* contestam a forma «racionalista-progressista» (hoje, diríamos ocidentalocêntrica) de fazer antropologia de Frazer, a sua forma particular de olhar para formas de vida muito diferentes das nossas. O que perturba Wittgenstein é o seguinte: o que está Frazer a fazer quando vê esses povos e as suas práticas e formas de vida como primitivos e, por serem primitivos, *aliens* (i.e., estranhos, demasiado estranhos, tão diferentes de nós, que nos são de facto incompreensíveis)? Wittgenstein afirma com todas as letras que Frazer, na sua forma de descrever as formas de vida que descreve, é mais selvagem do que os selvagens de que fala em *The Golden Bough*. Ora, a verdade é que o livro de Frazer não é à primeira vista tão absurdo como Wittgenstein nos faz pensar — é um livro de descrições de práticas mágico-religiosas, e quem o escreveu pensava pelo menos que valia a pena escrever sobre elas:

sobre o rei dos bosques, o rei-sacerdote, a magia simpática, o totemismo, o tabu, analisando práticas de povos variados em partes diferentes do globo, de povos que precederam os Romanos na Itália actual a esquimós e nativos australianos.

Para compreender o incómodo de Wittgenstein perante Frazer que as *Observações* expressam, é preciso entender que Wittgenstein vê o olhar do filósofo sobre as nossas próprias formas de vida como o olhar de um antropólogo. Noutras palavras, o filósofo olha para as nossas próprias práticas como Frazer olha para as práticas destes povos — serão elas menos estranhas? O que Wittgenstein quer dizer é que a estranheza não começa lá fora, com as práticas de outros humanos, noutros tempos, noutras condições de civilização: a estranheza começa nas nossas próprias práticas. O filósofo americano Stanley Cavell fala da descoberta wittgensteiniana da *estranheza do comum*. Invertendo o famoso lema de Marx (que é, aliás, de Terêncio) «Nada do que é humano me é estranho», podemos dizer que Wittgenstein nos chama a atenção para o facto de *tudo o que é humano ser estranho*. Como Cavell gosta de sublinhar, a imagem wittgensteiniana do filósofo é a de um explorador de uma tribo desconhecida: só que essa tribo somos nós, forasteiros e estranhos a nós próprios. Mas em que sentido é que tudo o que é humano é estranho? Stanley Cavell, em *The Claim of Reason*, descreve a descoberta de Witttgenstein como sendo a descoberta da convencionalidade da natureza humana ela própria, a convencionalidade daquilo que faz de nós humanos. Esta intersecção do familiar e do estranho, um objecto partilhado pela antropologia, pela psicanálise, pela filosofia, é o lugar do comum, daquilo a que até aqui tenho chamado as práticas, os jogos de linguagem, cuja gramática o filósofo analisa. É perfeitamente possível ver o comum como estranho — podemos recordar aqui a *Unheimlichkeit* freudiana. Não são só as práticas mágicas que são estranhas: a cada instante podemos sentir-nos perplexos com aquilo que os humanos dizem e fazem. O facto de Frazer não ver isto é o que incomoda Wittgenstein. Ele pensa que as nossas práticas e formas de vida são simplesmente normais, mas que as práticas e formas de vida do povo do sacerdote de Nemi são estranhas.

Podemos entender o que se passa à luz de assuntos que tratei mais atrás: o antropólogo Frazer tem uma visão hegeliana da história, i.e., uma visão teleológica, uma visão da história como um progresso da racionalidade. Aliás, Hegel (as passagens sobre religião das suas *Lições sobre Filosofia da História*) é explicitamente citado por Frazer no final do seu livro. E recordemos aquilo que Hegel simboliza em filosofia: Hegel simboliza a visão da história como teleologia, a ideia segundo a qual um povo leva a certo ponto o facho da história, depois esse povo decai e passa o facho da história a outro povo. Quem não ergue num dado momento o facho da história (por exemplo, todos os povos «primitivos» cujos costumes são analisados por Frazer) é secundário ou despiciendo. Recorde-se as palavras de Hegel acerca do seu próprio tempo: eu vi o Espírito do Mundo entrar a cavalo na cidade, diz. Era Napoleão, como antes tinham sido «o Espírito do Mundo» os Gregos, os Romanos ou o cristianismo. Não são, portanto, todos os humanos, num dado ponto do tempo, quem transporta a luz. É esta visão que Wittgenstein não aceita. Ele pensa que a apresentação que Frazer faz das concepções mágicas e religiosas dos homens é insatisfatória. Além do mais, a suposição «progressista» sustenta-se apenas se dadas concepções aparecerem como erros teóricos, más formas de pensar que na nossa forma civilizada de viver teriam sido substituídas pela ciência. Wittgenstein pergunta: estava Agostinho errado quando evocava Deus em cada página das *Confissões*? Será que devemos dizer que se ele não estava errado, então quem estava errado era o santo budista, ou outro qualquer, cuja religião expressa concepções completamente diferentes das suas? Nenhum deles estava errado, diz Wittgenstein, excepto se pensarmos (e mal) no que estas pessoas estão a fazer como sendo uma teoria. Mas não é isso que elas estão a fazer. O ponto geral destas discussões em torno de Frazer é simples: em filosofia, o que começamos por fazer é descrever as práticas dos humanos, quaisquer práticas. Descrevemos o que fazem e dizemos «aqui a vida humana é assim». É para capturar este ponto de partida que Wittgenstein fala de «acordo na linguagem» e considera que é daqui que se parte para compreender as formas do pensamento. Este acordo na linguagem não é um acordo quanto a opiniões (como quando discutimos explicitamente, discordamos, argumentamos acerca de opiniões), mas sim um acordo no juízo, um acordo em formas de vida. Há formas de fazer coisas que partilhamos; entendemo-nos partilhando-as. Imaginemos que estamos agora a ler um texto de filosofia num computador, sentados, trajados, circunspectos, tomando as marcas no ecrã como palavras da nossa língua, o português. Entra alguém e faz-nos uma pergunta, nós respondemos na mesma língua, a pessoa sai, nós continuamos a ler. Nada na natureza dessas práticas é discutido explicitamente — não se trata de uma questão de opiniões, são formas de vida. Trata-se daquilo a que Wittgenstein chama acordo no juízo, não acordo acerca de juízos. Esta dimensão de acordo e convencionalidade caracteriza as práticas humanas. Se pensamos na filosofia como Wittgenstein pensa, i.e., como visando práticas, são essas práticas o solo que nos interessa para compreender o pensamento e a linguagem. Wittgenstein está a apontar a importância do comum para a filosofia. Na história da filosofia do século XX, isto significa o princípio de uma oposição à ideia segundo a qual linguagens formais revelam a essência da linguagem e a natureza ontológica última da realidade. Não é que haja algum problema com fazer lógica, analisar a linguagem, fazer investigações ontológicas; os filósofos fazem tudo isto constantemente. Mas não devemos pensar que estamos a descobrir o esqueleto por trás da aparência quando utilizamos linguagens formais: o solo real é áspero e não cristalino, diz Wittgenstein. O solo do pensamento e da linguagem são as práticas, o comum. Apenas mais um ponto relativamente a Frazer: aquilo que incomoda Wittgenstein, além de Frazer não ver que as nossas práticas comuns não são em si nem mais nem menos estranhas, nem mais nem menos convencionais do que as do povo de Nemi, é o facto de ele pensar que pode observar os humanos de um ponto de vista sem ponto de vista, um ponto de vista neutro, e por isso superior, que lhe permite avaliar práticas diferentes das nossas. Mas Wittgenstein pensa que esse ponto de vista não está disponível para os humanos — e esta é uma constatação crucial para uma investigação filosófica. Estas não são questões relativas a uma disciplina particular que seria a antropologia, por muito que esta possa servir-nos de referência ao pensarmos, por exemplo, em problemas filosóficos como o relativismo: o que está em causa com a concepção antropológica de filosofia do segundo Wittgenstein é uma revolução em concepções fundamentais tais como as concepções de aparência e realidade, essência ou finalidade. Com a sugestão, avançada nas *Investigações*, de começar no comum e nas práticas e de os ter como referência permanente para pensar sobre o nosso pensamento, essas concepções irão ser deslocadas ou ajustadas.

Esta forma de conceber aquilo que a filosofia faz como uma descrição do mais próximo, do comum, daquilo que está debaixo dos nossos olhos, mas que não vemos facilmente (as nossas práticas, as nossas formas de vida), é o princípio do contraste desta com a ciência. A ciência avança teorias que pretendem explicar, não descrever, e que reestruturam a nossa concepção da realidade, permitindo-nos legitimamente pensar que podíamos estar (antes) a concebê-la erroneamente. Mas essa posição teórica, explicativa, não é uma posição que possamos alguma vez ter sobre as nossas próprias práticas — de alguma forma, elas constituem-nos como humanos. Esta diferença ajuda a explicar a razão por que Wittgenstein não é, como sublinhei na Introdução, um filósofo cientificista.

Embora Wittgenstein seja *persona non grata* nalguma filosofia analítica actual, ele teve grande influência na filosofia da segunda metade do século XX, influência que chega até aos nossos dias. Uma razão para a rejeição de Wittgenstein, em particular o Wittgenstein das *Investigações*, é a associação do seu nome a um certo relativismo vagamente pós-modernista. Repare-se que se a veneração perante a linguagem comum é a pedra de toque wittgensteiniana em filosofia, esta pode conduzir a duas formas aparentemente antitéticas de vermos as formas de vida e as práticas humanas: podemos ser conduzidos a um total relativismo em que todas as práticas se equivalem e podemos ser conduzidos a um conservadorismo rígido, à impossibilidade de transcender as práticas em que damos por nós contingentemente tendo. Estes são dois modos de interpretar a noção de formas de vida das *Investigações*. Se a isto juntarmos o quietismo wittgensteiniano, interpretado como a ideia de que a filosofia deixa tudo como estava, teremos uma combinação inaceitável para muitos filósofos analíticos. Uma alternativa concreta discutida mais à frente é a concepção quiniana de epistemologia naturalizada, que vê a filosofia, enquanto inquérito intelectual, como estando simplesmente na continuidade da ciência. É, de resto, esta orientação naturalista, e não a orientação wittgensteiniana que acabei de analisar, a sociologicamente dominante na filosofia analítica actual.

Heidegger

Martin Heidegger (1889–1976) é um filósofo central do século XX. É também alguém em quem a grandeza filosófica se conjuga, de forma intrigante, com um trajecto pessoal que frequentemente desperta forte rejeição moral. A sua ligação ao nazismo é indesmentível e não aconteceu por acaso. Mas o facto é que as suas leituras radicalmente criativas de filósofos fundamentais como Aristóteles, Kant ou Nietzsche revolucionaram a filosofia. Como Hegel fizera, embora com pressupostos totalmente divergentes, Heidegger eleva a filosofia (sob outros nomes) à importância intelectual máxima, atribuindo-lhe o papel de uma meditação sobre os destinos da cultura e da civilização. Ver na história da filosofia a chave para uma visão da história é, na verdade, outro ponto comum a Heidegger e a Hegel. A certa altura, ambos nos fazem, na verdade, correr o risco de confundir a história da filosofia com a história (o que não parece um bom sinal). A teleologia e o racionalismo de Hegel estão, no entanto, absolutamente ausentes do pensamento de Heidegger sobre o «histórico». Por outro lado, a crítica a uma ideia de razão centrada no sujeito aproxima-os de novo: nenhum deles é um filósofo da subjectividade. Noutras palavras: são ambos filósofos anticartesianos. Heideggerianismo e hegelianismo são ainda hoje duas formas (muito diferentes; na verdade, antitéticas) de explorar a orientação anticartesiana em filosofia.[168]

Heidegger nasceu em Messkirch, Baden-Württemberg, na província, numa família católica. Os seus estudos iniciais dirigem-no para uma carreira religiosa — chega a entrar como noviço num estabelecimento jesuíta (sai passadas três semanas, por razões de saúde). Estuda Teologia e Filosofia em Friburgo em Brisgóvia, onde se cruza com Husserl. Escreve artigos para jornais católicos, criticando o «modernismo» (a *Modernismusstreit*, importante na Alemanha da viragem do século XIX para o século XX, girou em torno dos costumes e valores da sociedade moderna, nomeadamente o liberalismo, o parlamentarismo, o socialismo e a ciência, que são tolerados pelo protestantismo e rejeitados pelo catolicismo). Nesses artigos, o jovem católico Martin Heidegger mostra-se entusiasticamente ultraconservador, um opositor do individualismo e do culto do eu que unem os supracitados valores modernistas. «Modernismo» significa para ele, em última análise, a «glorificação frívola da experiência subjectiva». Contra isso, o jovem católico Martin Heidegger reclama, nesse tempo, a riqueza e a profundidade da autoridade religiosa e ética.

É a dissertação de Franz Brentano sobre Aristóteles (sobre os múltiplos sentidos do ser em Aristóteles) que o inicia naquilo que para ele importará verdadeiramente em filosofia: a questão do ser e do sentido do ser. Também as *Investigações Lógicas* de Husserl, com a sua crítica do psicologismo no juízo, serão importantes. Heidegger doutora-se em 1913, precisamente com uma tese sobre a doutrina do juízo no psicologismo. Faz a sua famosa tese de *Habilitation* sobre o autor medieval Duns Escoto (sobre um texto que hoje se sabe não ser do autor, mas do seu seguidor Tomás de Erfurt), intitulada *A Doutrina das Categorias e do Significado em*

---

[168] Como o são, de resto, também o pragmatismo, e também a filosofia da linguagem comum. A certa altura, cabe perguntar se resta algum cartesiano a quem alguém se oponha (mas a verdade é que resta: pode ser encontrado em autores como Chomsky ou Kripke, por exemplo). Quanto às afinidades intelectuais de Hegel e Heidegger, a lista poderia continuar: ambos rejeitam o empirismo, bem como, moral e socialmente, o «positivismo» e o individualismo.

Duns Escoto. Em 1917, casa-se com Elfriede Petri, com quem permanecerá casado toda a vida. Também em 1917, rompe com a religião da sua juventude, o catolicismo. Entre 1918 e 1923, é assistente de Husserl em Friburgo; vem aí a substituí-lo na cátedra quando Husserl se reforma, tendo antes ensinado, entre 1923 e 1928, em Marburgo. Pelos inícios dos anos 1920, as suas interpretações de Aristóteles e as suas aulas de Ontologia provocam curiosidade e excitação, e roubam alunos ao mestre Husserl. O muito comentado *love affair* com a filósofa judia Hannah Arendt, sua aluna, tem início em 1924 — permanecerão amigos toda a vida, mesmo após Arendt ter emigrado para os EUA. Apesar de ela não ter compreendido nunca como pôde um génio filosófico como Heidegger pensar e agir politicamente como Heidegger pensou e agiu, nunca deixou de se sentir filosoficamente fascinada por ele. Em 1927, publica *Ser e Tempo* (*Sein und Zeit*), o seu *opus magnum*, que analisarei mais adiante. *Ser e Tempo* cai sobre a terra como um objecto insólito, pelo menos aparentemente não vindo de lugar nenhum nem se parecendo com nada. É uma obra de ontologia (supostamente) inspirada no método fenomenológico, uma obra em que a temporalidade mundana e a experiência vivida (por contraste com a intemporalidade de outras ontologias) ocupam o centro do palco. Foi publicada como separata do *Jahrbuch für Philosophie und phänomenologische Forschung*, editado por Husserl e Max Scheler, um pouco à pressa, para colmatar a exiguidade de publicações do autor, que o tinha impedido de ser escolhido para uma cátedra em Berlim em 1926.

Por volta de 1931–1932, Heidegger apoia o nacional-socialismo. O fascismo é, precisamente, um antimodernismo e o antimodernismo é, sem dúvida, um traço permanente do espírito e do pensamento de Heidegger. Em 1933, é eleito reitor em Friburgo. Em 1934, demite-se. Será este o período da sua vida, 1933–1934, aquele que mais estupefacção e discussão provocará.[169] Heidegger nunca se retracta deste reitorado impregnado dos valores do nacional-socialismo, e isto, para outros filósofos alemães, como por exemplo Jürgen Habermas, Karl Jaspers ou Hannah Arendt, é uma mancha moral definitiva da sua pessoa. Os seus fiéis têm uma interpretação destes tempos e acontecimentos, os detractores têm outra. De qualquer forma, não há dúvidas de que Heidegger, em 1935, depois do período do reitorado, falava ainda da grandeza íntima e da verdade do nacional-socialismo, assinava cartas com «*Heil Hitler!*»,

---

[169] Os Cadernos Negros (*Schwarze Hefte*), cadernos de apontamentos pessoais de Heidegger, são fonte de informação privilegiada.

nas suas aulas fazia a saudação nazi, e pagou as quotas do partido até 1945. Após a guerra, comparece perante o comité de desnazificação; é impedido de ensinar até 1949. Karl Jaspers, o filósofo existencialista da psiquiatria, foi importante para Heidegger obter permissão para voltar a ensinar; no entanto, em cartas pessoais a Hannah Arendt, não esconde o seu horror perante o antigo amigo. Continua a sua carreira com uma relativa normalidade, depois de ter andado a fazer conferências para a *intelligentsia* alemã do pós-guerra, que as ouvia como algo oracular e quase religioso, profundo, perigoso, provavelmente não compreendendo nada. O facto é que Heidegger fez tudo o que pôde para voltar a falar em público e sempre considerou injusto o seu afastamento da universidade.

Alguns escritos posteriores a *Ser e Tempo* (obra que, tal como está esquematizada na própria introdução, § 8, nunca foi terminada), que convém ter presentes para compreender a própria obra, são, por exemplo, *Kant e o Problema da Metafísica* (1929) e as lições sobre Nietzsche dadas nos anos 1930 e 1940, publicadas como *Nietzsche*.[170] Escritos mais curtos importantes são, por exemplo, a *Carta sobre o Humanismo* (*Brief über den Humanismus*, 1946), na qual Heidegger defende que o humanismo não é senão uma consequência da metafísica, a tradição a superar (*überwinden*), que tem origem em Platão e culmina em Nietzsche. A *Carta sobre o Humanismo* resume resultados da interpretação de Nietzsche e é um anexo a *Platons Lehre von der Wahrheit* (*A Doutrina da Verdade em Platão*). Outros escritos relevantes e célebres são, por exemplo, a *Introdução à Metafísica* (*Einführung in die Metaphysik*, 1935), *Da Essência da Verdade* (*Vom Wesen der Wahrheit*, 1943), *A Questão da Técnica* (*Die Frage nach der Technik*, 1949), *A Origem da Obra de Arte* (*Der Ursprung der Kunstwerkes*, 1950) e *Construir, Habitar, Pensar* (*Bauen, Wohnen, Denken*, 1951). Alguns dos escritos acima referidos estão reunidos em *Caminhos de Floresta* (*Holzwege*, 1977).[171] Os temas da técnica e da arte são os temas característicos da obra de Heidegger após *Ser e Tempo* (depois da *Kehre*, ou viragem).

Quanto à sua filosofia, é difícil descrevê-la: aquilo que Heidegger persegue é mais o fazer-se do pensamento do que uma doutrina. Mas, se fosse apenas isso, poder-se-ia dizer o mesmo de Kant ou de Wittgenstein.

---

[170] Heidegger não parou de trabalhar sobre Niezsche — o seu livro *Nietzsche* (1961, 2 vols.) documenta tal. As lições foram dadas ainda durante a guerra, portanto; a certa altura, toda a universidade se deslocou para o campo próximo, enquanto a cidade estava sob fogo.

[171] O plano da *Gesamtausgabe* pode encontrar-se em: http://www.beyng.com/hb/gesamt.html.

O que há, então, em Heidegger? Primeiro, em *Ser e Tempo*, há uma filosofia do *Dasein*, palavra que em alemão significa simplesmente «existência».[172] É verdade que, depois de *Ser e Tempo*, o *Dasein* se eclipsa. A *Seinsfrage* (a questão do ser ou questão sobre o ser), que fora já o foco oficial de *Ser e Tempo*, mas na verdade cedera aí o lugar a uma analítica da existência, ocupa então realmente o lugar central. Em traços largos, é essa a natureza da «passagem» do primeiro para o segundo Heidegger.

A pergunta pelo sentido do ser é a marca da filosofia de Heidegger bem como a marca do caminho de Heidegger pela fenomenologia, em contraste com o caminho do seu mestre, Husserl.[173] Contra o que acabará por ver como uma prática exangue da fenomenologia por Husserl, Heidegger desenvolve aquilo que é, afinal, uma *Lebensphilosophie*[174], embora rigorosa. E não é sequer a Husserl que se refere, na Introdução a *Ser e Tempo*, para explicar o termo «fenomenologia», mas sim aos termos gregos (*phainomenon* e *lógos*). Quando escreve *Ser e Tempo*, Heidegger crê, na verdade, que a fenomenologia husserliana é cega à concretude da vida humana e à historicidade fundamental do pensamento humano. Ele próprio procura, além da filosofia, um pensamento (*Denken*) mais rigoroso do que o conceptual, que transcenda o objectivismo, que supere a metafísica, que seria a marca do pensamento ocidental. Aquilo a que Heidegger chama objectivismo é não apenas o pensamento representacional da ciência, mas a própria filosofia, enquanto o foco desta for a argumentação e a representação. Mas como pretende Heidegger atingir tais objectivos?

---

[172] Este é o termo utilizado por Heidegger em *Ser e Tempo*. O *Dasein* é o ente cuja «essência» consiste em existir (*«Das Wesen des Daseins liegt in seiner Existenz»* são as suas palavras).

[173] Husserl não foi de facto professor de Heidegger. Quando os seus caminhos se cruzam, Heidegger já ensinava — digo, portanto, «mestre» no sentido de fonte inspiradora. A ideia deve evidentemente ser tomada com cautela: em *Ser e Tempo*, Heidegger não utiliza já nenhum dos conceitos fundamentais que são caros a Husserl (tais como consciência, intencionalidade, *epoché*, redução, objectividade, noese e noema, ou ego transcendental). Além disso, Heidegger nunca aceitou a ideia husserliana de filosofia como ciência de rigor — a filosofia, para Heidegger, deve estar próxima da existência humana concreta. Se Husserl está preocupado com o conhecimento (*Erkenntnis*), Heidegger está preocupado com o cuidado do viver a vida, com estados de ânimo, com a projecção da existência em possibilidades, com a queda em tentação, o tentar ser autêntico, o tentar ser completo, etc. Essa é a sua matéria filosófica.

[174] O termo *Lebensphilosophie* (filosofia da vida) aplicava-se então às filosofias «populares» de Nietzsche, Bergson, Dilthey, Simmel e outros.

No início de *Ser e Tempo*, encontramos Aristóteles e as suas teses sobre o ser, continuadas na tradição metafísica. Noutras palavras, pondera-se aquilo que é ontologia e metafísica, como pensamento sobre o ser, e o que se entende por «ser» (supostamente o conceito mais geral, mais abstracto). Apesar das reservas de Heidegger perante a metafísica aristotélica da substância (recorde-se que a substância é o fulcro escolhido pelo próprio Aristóteles para lidar com o facto de «o ser se dizer de muitas maneiras»), é importante para ele ler, reler e interpretar Aristóteles.[175] Apesar do interesse pela metafísica e pela história da metafísica (destruir esta, um propósito avançado logo na Introdução de *Ser e Tempo*, § 6, não significa abandoná-la, mas retomá-la e meditá-la), esta é uma obra a que Husserl chamará, numa anotação feita nas margens do seu exemplar, «*blosse Antropologie*», antropologia crassa.[176] Em suma: Husserl vê em Heidegger uma queda da fenomenologia na antropologia filosófica. De facto, o assunto maior de *Ser e Tempo* é o *Dasein*. Como já fiz notar, *Dasein* significa simplesmente existência em alemão comum. É este o termo que Heidegger utiliza para falar dos humanos e da sua forma de ser no mundo. Noutras palavras: embora visando oficialmente e em última análise o ser, é na verdade uma forma particular de ser, o *Dasein* ou existência humana, que se analisa. Qual é a razão para isto? O *Dasein* é o ente privilegiado, aquele que pergunta pelo sentido do ser; é o ente por entre os entes que coloca a questão do sentido do ser. Este questionar é o pensamento (Heidegger não gosta da palavra «filosofia», provavelmente considera-a técnica e datada). O pensamento é concebido como o desvelar e velar da natureza, como o lidar com a questão (oculta, esquecida) do sentido do ser. Heidegger define «sentido» como o «articulável na compreensão desvelante». *Aletheia* (termo grego para verdade), ou desvelar, é o termo que Heidegger isola e fetichiza para contrastar com a convencional *adaequatio*, ou adequação. Sem abertura ou desvelar do campo do sentido, não poderia sequer haver verdade.[177]

A distinção entre os entes (as coisas que estão aí no mundo, que estão presentes) e o ser é fundamental em Heidegger. O ser não deve ser identificado com um ente ou com os entes como totalidade (i.e.,

---

[175] Entre 1921 e 1924, Heidegger deu cerca de dez seminários sobre «Interpretações Fenomenológicas de Aristóteles».

[176] Talvez o segundo Heidegger concordasse com esta observação do seu mestre.

[177] A tese de fundo da obra será então que o sentido do ser é o tempo. Na famosa interpretação que Heidegger faz de Kant, essa tese é clara.

com o «mundo» tal como este era concebido em Kant, por exemplo). Esta distinção liga-se a uma proposta metodológica fundamental para Heidegger, a de uma distinção entre o ontológico e o ôntico. A análise proposta em *Ser e Tempo* é uma análise ontológica. Em contraste, as ciências ocupam-se do ôntico (i.e., dos entes, e do conhecimento destes). Sobre o *Dasein* como ente, pode haver uma perspectiva *existentiell* (ôntica) e *existential* (ontológica). A analítica do *Dasein* proposta em *Ser e Tempo* é *existential*, i.e., é uma ontologia, e não uma história natural do *Dasein*, que consideraria o homem do ponto de vista ôntico. Esta ontologia é ainda uma ontologia hermenêutica, que põe em relevo existenciais e não um quadro rígido, abstracto e intemporal de categorias, por contraste com ontologias categoriais, como a de Aristóteles ou mesmo de Kant. Como concepção da subjectividade humana (por mais que Heidegger rejeitasse ser isso o que está a fazer, a analítica do *Dasein* é na verdade uma concepção da subjectividade humana), o *Dasein* está muito longe do *cogito* cartesiano ou do sujeito transcendental kantiano. Precisamente, o *Dasein* é de alguma forma posicionado por Heidegger em alternativa a estes: o *Dasein* não é *cogito* imaterial nem subjectividade transcendental, é ser-em, nomeadamente, ser-no-mundo (*In-der-Welt-sein*), ser lançado (*Geworfenheit*). O *Dasein* dá por si aí, mergulhado num mundo anterior à cisão sujeito-objecto e à reificação da experiência em objectos experienciados, e é inseparável de uma dimensão de projecto (do tomar-se a si próprio e existir). O que há aí é, para o *Dasein*, um horizonte de interacção, e não coisas para serem representadas ou conhecidas. A relação primeira do *Dasein* com o mundo é caracterizada como *Zuhandenheit* (à mão), não *Vorhandenheit* (à nossa frente, diante de nós, perante nós); as coisas que há aí estão para nós como um à mão, não estão aí para ser representadas. Na projecção de si como *Verstehen* (o compreender, que abre o poder ser da existência), há uma prioridade deste estar «à mão» sobre qualquer representação.

O *Dasein* é totalmente mundano, social, linguístico, e de resto usualmente perdido, ou decaído, na mundanidade e na quotidianidade. Esta quotidianidade (*Alltäglichkeit*) é um tema fundamental de *Ser e Tempo*. O *Dasein* é *Mitsein*, ser com (outros), e o viver comum do *Dasein* é caracterizado por Heidegger como quotidianidade irreflectida. Através do termo *man* (uma partícula em alemão análoga ao português «se», como quando dizemos «faz-se» ou «diz-se», ou a gente faz ou diz), Heidegger exprimirá o sujeito anónimo ou impessoal da quotidianidade. O comum da quotidianidade é desvalorizado por Heidegger como sendo trivial e inautêntico.[178] A forma comum de existir dos humanos, do *Dasein* como ser lançado e encontrar-se aí, é então a perda ou dissolução no inautêntico. A tarefa que se impõe é a busca da autenticidade. O caminho para o pensamento e para a autenticidade não está, no entanto, «democraticamente» aberto a todos: é apenas para os iniciados, para aqueles que são capazes de trilhar um caminho difícil, enfrentando o *Sein-zum-Tode*, o nosso ser para a morte, o revelador existencial, revelador da autenticidade, algo que na quotidianidade inautêntica não é considerado, mas que torna a nossa temporalidade manifesta.[179]

Identifiquei alguns dos termos característicos de Heidegger: *Dasein*, *Seinsfrage*, *In-der-Welt-sein*, *Vorhandenheit* e *Zuhandenheit*, *man*, *Sein-zum-Tode*. *Ser e Tempo* está ainda povoado de termos como, por exemplo, *Geworfenheit* (o estar lançado, característica da nossa existência no mundo) e *Befindlichkeit* (que é em inglês usualmente traduzido por *mood*: o meu sentimento do encontrar-me aí, dar por mim aqui lançado). Heidegger está a caracterizar o carácter fundamentalmente contingente, de não autocriação, do *Dasein* ou existência humana. São estes os termos da analítica existencial, a análise ontológica heideggeriana que ocupa a Primeira Parte de *Ser e Tempo* e que não é, como já notei, uma ontologia de categorias classificatórias rígidas, atemporais ou fora do mundo, esperando ser preenchidas por este. Na prática, o que Heidegger está a fazer analisando o *Dasein*, a existência humana como ser-aí, é explicitar as pressuposições de qualquer entendimento factual, i.e., de qualquer conhecimento prático ou conhecimento científico nosso, reconduzindo-as à «subjectividade» (ou melhor, à existência). Está a propor uma análise daquilo que é existir e compreender, num ser que dá por si sempre já num determinado horizonte mundano e histórico. É isto que torna o seu pensamento uma hermenêutica ou teoria da interpretação, mais propriamente uma hermenêutica ontológica (Heidegger é um autor central para as disciplinas filosóficas da Hermenêutica e da Antropologia Filosófica). Talvez uma perspectiva sóbria nos possa oferecer um

---

[178] Este contraste entre o comum e o autêntico é interessante, já que o tema do comum é também um dos temas do pragmatismo; aliás, muitos dos temas de Heidegger podem ser reencontrados (em versão menos dramática) no pragmatismo. Também os pontos comuns com Wittgenstein ressaltam: um deles é o uso do termo alemão *Geschwätz*, termo pejorativo para uso comum, trivial, insignificante da linguagem, conversa oca e imparável. É o termo que o primeiro Wittgenstein usa, por exemplo, para a forma racionalista de fazer ética.

[179] O filósofo português Fernando Gil chamava a esta tese «terrorismo intelectual».

ângulo crítico: na visão totalmente desapaixonada que alguém como Habermas tem de *Ser e Tempo*, aquilo que Heidegger está a fazer na obra, procurando os existenciais, é manter a problemática transcendental, mas deixando cair a centralidade da teoria do conhecimento; em geral, está a usar a análise do conceito de mundo para criticar a filosofia da consciência.

Cabe aqui uma palavra acerca de linguagem filosófica. A linguagem filosófica de Heidegger é em grande medida retirada da linguagem comum e é, nesse sentido, uma linguagem não técnica. Mas ao mesmo tempo, ao longo de toda a sua obra, está a criar um alemão filosófico novo, fascinante para alguns, mas que outros vêem como um jargão ininteligível, mistificatório e perigoso. Theodor W. Adorno, um dos autores fundamentais da Escola de Frankfurt, escreveu em 1964 contra Heidegger um panfleto intitulado *O Jargão da Autenticidade*. Escrito do ponto de vista racionalista, hegeliano-marxista, característico da Escola de Frankfurt, *O Jargão da Autenticidade* ataca o *páthos* da linguagem heideggeriana e o seu efeito encantatório, o seu estatuto de «expressão mágica» (que é, além do mais, para Adorno, característico do existencialismo individualista, que oculta o verdadeiro problema: a alienação social, histórica e material dos homens). Adorno vê na linguagem de Heidegger um anti-intelectualismo de intelectuais que rejeitam aqueles que não são «suficientemente autênticos».[180]

Voltando a *Ser e Tempo*, a verdade é que o livro tem de facto traços daquilo que convencionou classificar-se como existencialismo. Da mesma forma que autores como Kierkegaard ou Sartre, Heidegger seria então um existencialista. Mas ele não gosta de todo do epíteto. Rejeita ser visto como um existencialista, sobretudo se isso significar um existencialista humanista à francesa. Afirmará sempre ter empreendido a sua análise do *Dasein* para chegar à questão silenciada desde os começos da metafísica, que é a questão do sentido do ser, e não para chegar ao «homem». Talvez Heidegger não seja um existencialista, mas está pelo menos muito longe da «filosofia como ciência de rigor» husserliana. O que Heidegger pretende não é compreender a significação ou conhecimento, fazer filosofia da linguagem, da mente ou da epistemologia, como Husserl,

---

[180] De uma forma que explica talvez o amor-ódio que tem por Heidegger, Adorno tem muito em comum com ele enquanto crítico da modernidade. Tenta, contudo, evitar o *páthos* do profundo e do primordial que caracterizará sobretudo o segundo Heidegger. Na filosofia de língua alemã, autores como Nietzsche e Benjamin podem servir como antídoto a esse *páthos*.

mas sim compreender o humano. Mesmo que não seja um existencialista, é o facto de sermos seres em busca do nosso ser, angustiados pela possibilidade, que lhe interessa. Kierkegaard está certamente no horizonte, embora Heidegger o considere sobranceiramente como sendo apenas um autor religioso.

A explicitação da posição de Heidegger quanto ao existencialismo dá-se por altura da recepção da sua obra em França depois da Guerra, e portanto depois de o comité de desnazificação o ter impedido de ensinar na sua universidade, na Alemanha. Heidegger estava verdadeiramente interessado em tal recepção e em continuar a ser lido e estudado. Quer continuar a passar a sua palavra, e são muitos aqueles que na Alemanha consideram isso uma vergonha e um perigo. A França é por isso importante. Por isso, também se interessa pelo contacto com pessoas como os filósofos Jean Beaufret e Jean-Paul Sartre, ou o poeta Paul Celan. É verdade que um tema como a busca da autenticidade, tema nuclear de *Ser e Tempo*, permite imediatamente compreender a classificação de Heidegger como existencialista. A busca da autenticidade perante si mesmo é claramente um tema-chave do existencialismo, por exemplo, em Kierkegaard, como já aqui vimos. A autenticidade é pensada em *Ser e Tempo* como ser para a morte (*Sein-zum-Tode*) e *Entschlossenheit* (resolução), por contraste com a irresolução vacilante do *man*. Em termos de pensamento político, uma via análoga será desenvolvida pelo conhecido pensador político e jurista alemão Carl Schmitt (1888–1985), que foi, também ele, como Heidegger, um convicto nacional-socialista. Mas outros temas ainda permitem ver o Heidegger de *Ser e Tempo* como um existencialista. Como em Kierkegaard (e há quem defenda que Heidegger imitou Kierkegaard copiosamente), a angústia (*Angst*) e o cuidado (*Sorge*) caracterizam a existência humana autêntica. Outros intérpretes sugerem ainda que um traço nítido em *Ser e Tempo* é o agustinianismo, a ideia de uma existência carregada de angústia.[181] Na verdade, o negrume de certas imagens de Heidegger vem também do romantismo alemão. Esta angústia, como afecção fundamental do *Dasein*, é totalmente distinta do temor ou medo que outros animais partilhariam connosco: a angústia é sem objecto, e, aliás, não se dá apenas perante a morte — esta poderia até causar apenas medo —, mas perante o desaparecer do mundo debaixo dos nossos pés, perante o nada, ou o abismo, da existência (o *Abgrund*, abismo, que é ausência de *Grund*, fundamento). O medo, quando aparece, aparece

---

[181] Cf. MARTINS (1998).

perante algo concreto. Não a angústia. É assim que o nada, este nada, que caracteriza a falta de fundo da existência, é muito mais importante para o existencialista do que a morte.

Tentemos agora uma pergunta simples. Se Heidegger é um existencialista, esse seu existencialismo é religioso ou não? (Esta era então uma fractura importante — por exemplo, entre os existencialistas franceses Sartre será rigorosamente ateu, Gabriel Marcel, religioso.) E Heidegger? Como notei, Heidegger tem um passado católico, e muitos são os leitores que vêem em *Ser e Tempo* um retrato da queda bem como uma reinterpretação existencial de temas religiosos. O mundo do *man*, que foge à consciência autêntica do *Dasein*, à consciência de ser para a morte, o mundo que está submetido à instrumentação e à irresolução, é o mundo da queda. A busca da autenticidade pelo *Dasein* dá-se em risco constante de alienação e de queda, de desvio para o estar absorvido no mundo e pelo mundo. A vida esconde-se de si própria, a vida não é vivida, mas fáctica. Ora, estes temas — a queda, a fuga de si, a inautenticidade — podem certamente ser vistos como uma marca persistente das inquietações teológicas de Heidegger, mesmo após o afastamento pessoal do catolicismo.

Até aqui, tive em mente sobretudo a primeira parte de *Ser e Tempo* — a segunda parte tem por tema a temporalidade e a historicidade. Os temas do segundo Heidegger — o historial como destino e a doação — começam a desenhar-se. Na segunda fase da sua obra, após a *Kehre*, ou «viragem», Heidegger rejeitará qualquer decisionismo ou humanismo que pôde ser associado à concepção do *Dasein* em *Ser e Tempo*. Explora agora uma concepção poético-expectante daquilo a que chama «pensamento» (*Denken*), por oposição ao que chama «pensamento calculador e representacional», que seria característico do nosso tempo e da nossa civilização. O homem é o pastor do ser, deixa-se solicitar, diz. E a linguagem é a casa do ser — ela mostra, desvela, num sentido irredutível a uma concepção representativa e referencial de linguagem. Há propósitos práticos específicos da exploração deste «deixar aparecer» (*Erscheinenlassen*) que é a linguagem: Heidegger procura, por exemplo, mostrar os laços internos entre a metafísica, o subjectivismo e a técnica, característicos de uma determinada época do pensamento, a nossa. É essa a questão da essência da técnica. Procura também compreender lugares onde a articulação desvelante do sentido funciona de forma mais primordial: é o caso da obra de arte. Os temas fundamentais da sua segunda filosofia exprimem-se por palavras metafóricas como

Gestell (armadura-conformação)[182], que lhe serve para abordar a questão da técnica, *Ereignis* (o acontecimento, como doação do ser), *Lichtung* (a clareira), *Viertel* (a quadratura Terra-Céu-Deuses-Mortais) — por exemplo, em *Construir, Habitar, Pensar*—, para a conjugação em que um entendimento do ser acontece.

Para compreender o que se passa nestes textos críticos, importa mais uma vez ter em mente o antimodernismo de Heidegger, que aqui aparece como crítica explícita à civilização tecnológica (não que possamos escapar-lhe). Importa também entender o registo: Heidegger adopta uma forma de falar da linguagem como algo que nos domina, no seio da qual nos movemos e temos o nosso ser determinado. A grande importância da poesia, para Heidegger (ele dirá que toda a arte é em primeiro lugar e em último lugar poesia), reside na determinação nascente do sentido. Temos, é claro, o direito de fazer perguntas, por exemplo: se se trata aqui de um diagnóstico civilizacional, que diagnóstico é este? E o que é que se está a propor? Estar-se-á sequer a propor alguma coisa? Oficialmente, o retorno heideggeriano às origens (as suas leituras dos filósofos pré-socráticos são famosas)[183] é uma forma de avançar para um «futuro essencial». Mas o envolvimento real de Heidegger com a política da sua época terminou com o nacional-socialismo — depois disso, Heidegger move-se num plano muito mais abstracto. O que pensa então que faz fazendo filosofia? Talvez pense que se trata de restaurar o *Dasein* histórico da humanidade. De qualquer forma, o pensamento com que aqui nos deparamos é incomensurável com qualquer abordagem empírica ou histórica — o que Heidegger faz não é ciência, não é história, é de natureza diferente, e considera-se simplesmente superior.

Atribuí a Heidegger, na Introdução, o desejo de meditar sobre o destino da civilização: doação e destino são precisamente temas do segundo Heidegger. Ele pretende encontrar uma linguagem e um aparato teórico que nos permitam compreender uma época «do ser», bem como a forma como se passa de uma época a outra. Podemos perguntar: porque é a sequência exactamente esta? Intervêm os homens nessa passagem? Será a sequência contingente? Será necessária? Heidegger afirma que não é nem contingente nem necessária: é «destinal». Grande parte destas

---

[182] Em alemão comum, o termo significa estrutura de alguma coisa, como, por exemplo, o chassis de um carro.

[183] E, apesar de toda a influência que Heidegger tem nos estudos de filosofia antiga, não são para ser tomadas como historiografia sensata, mas como pensamento com assinatura própria.

meditações acontecerá comentando poesia — por exemplo, a poesia de Friedrich Hölderlin — e será feita sob uma influência que não estava ainda explicitamente presente no primeiro Heidegger: Nietzsche.

Termino exemplificando e considerando de forma muito esquemática algumas teses centrais de alguns escritos mais conhecidos deste segundo Heidegger.

Antes de mais, *A Questão da Técnica*. Nesse escrito, Heidegger analisa a postura de maquinação relativamente às coisas, uma postura que é característica da tecnologia como avatar e rosto da metafísica. As coisas são concebidas à luz do poder ser feito: tudo pode ser feito, produzido, fabricado. Esta postura tem a forma do *Gestell*: o disposto para ser «instrumentado», que tudo domina. As coisas no mundo são o que pode ser produzido e reproduzido — tudo o que há é, assim, visto sob a lente do pensamento da representação e dominação que é a metafísica. O ser retira-se.

Em *A Origem da Obra de Arte*, pergunta-se pela essência de uma coisa, pela essência da arte, pela essência da verdade e pela natureza da poesia. Uma obra de arte com grandeza é, defende Heidegger, transformadora de mundo para um povo, cristaliza um entendimento do ser, dá um foco e uma direcção à vida, é um começo e um salto em frente. Abre uma clareira em que as coisas se tornam inteligíveis (aqui aparece o famoso exemplo do templo grego).[184] É uma abertura auto-reveladora dos caminhos para decisão do destino de um povo histórico. Mas mostra também, precisamente, o que é ainda sem medida e necessitando de decisão. Exactamente porque a verdade precisa de ser articulada, condensada, dita, toda a arte é essencialmente poesia (*Dichtung*) — é neste escrito que Heidegger o declara de forma célebre. A poesia no sentido estrito, literal (i.e., a poesia de poetas como Hölderlin ou Trakl, que encontramos comentada nos seus escritos), é uma arte especial entre as artes. Tem uma relação especial e privilegiada com a língua comum, incorpora intuições e formas de vida de um povo.[185] A repoetização é necessária e, para isso, os poetas que convoca — por exemplo, Hölderlin — servem-lhe «para trazer de volta os deuses para a Alemanha».

---

[184] Quando Heidegger foi à Grécia real, i.e., viajou até lá, teve algumas dúvidas sobre tudo isto.

[185] Nesta ideia segundo a qual a linguagem comum incorpora intuições e formas de vida, há uma reconhecida convergência com a filosofia da linguagem comum de Wittgenstein ou J. L. Austin. Um autor como Austin substituiria, no entanto, o dramatismo pelo humor na exploração de afirmações semelhantes.

Em *Construir, Habitar, Pensar* (*Bauen, Wohnen, Denken*, 1951), um ensaio de Heidegger que interessa, por exemplo, a arquitectos e outros teóricos do ambiente humano, trata-se de pensar, neste quadro poético de crítica da metafísica e do *Gestell*, no que está envolvido na forma de os humanos habitarem a Terra. Heidegger descreve o construir (*bauen*) como um habitar, um ser trazido à paz de um resguardo, um demorar-se junto às coisas, um cultivar. Habitando, diz Heidegger, os mortais *são na quadratura* (Terra-Céu-Deuses-Mortais): estão sobre a Terra (que é o que dá fruto, floresce e irrompe), sob o Céu (o Sol, a Lua, os ciclos, as estações, o clima), perante os Deuses (são eles os «mensageiros que acenam a divindade», que se mostram ou dissimulam), numa comunidade de Mortais. O resguardo inerente ao habitar tem essas quatro faces. E, por outro lado, o habitar dos Mortais resguarda a quadratura (salva a Terra, acolhe o Céu, aguarda os Deuses), deixa-a ser, nos caminhos históricos das vidas humanas. O exemplo central do texto, o exemplo de uma ponte, explicita a reunião integradora Terra-Céu-Deuses-Mortais que Heidegger preza no construir como habitar, bem como os problemas do entendimento de ser «uma coisa», ser «lugar», ser «espaço». Ideia fundamental é que a referência dos homens aos lugares e aos espaços repousa no habitar.

Não direi muito mais sobre Heidegger. Termino fazendo notar que é importante compreender a auto-imagem de Heidegger. Ele vê-se a si próprio como um iconoclasta, um revolucionário, irreverente perante as maneiras cultas e rígidas da academia, desdenhoso perante a subserviência à tradição intelectual e, no entanto, manipulando-a como um mago. Chegou a dizer ao filósofo neokantiano alemão Ernst Cassirer (1874–1945), num famoso debate em Davos em 1929 que os colocou frente a frente[186], que a cultura contemporânea era uma espécie de narcótico que impedia a autenticidade e a liberdade. É revolucionariamente, por exemplo, que ele é um defensor da província (escreve «Porque a filosofia deve ficar na província» quando não aceita uma cátedra em Berlim). A própria famosa cabana de Todtnauberg, onde escreveu *Ser e Tempo*, e onde ao longo dos anos recebeu tantos visitantes que queriam conhecer o famoso pensador, «o mago da Floresta Negra», é encenada como forma de vida, uma forma de existir na Terra. Os trajes tradicionais da Floresta Negra que enverga em fotografias pensadas fazem parte da composição. São a imagem de um exemplo moral, conscientemente manipulada. E isto foi Martin Heidegger.

---

[186] Este é um debate famoso e muito relevante para a história da filosofia do século xx. Cf. GORDON (2012).

PARTE III

A SEGUNDA METADE
DO SÉCULO XX

PENSAMENTO FRANCÊS[187]

Para muitas pessoas, porque identificam a totalidade da filosofia contemporânea com o que se faz (ou fez) em França, o título deste capítulo é redundante. A reacção de signo oposto de muitos filósofos analíticos é simplesmente não considerar filosofia o que quer que se faça em francês. Tentarei aqui ter uma posição mais moderada. Do ponto de vista da história das ideias, o que se passou em França no século XX foi muito importante e estendeu-se pelo mundo inteiro; a França e a cultura francesa chegaram a ser a referência intelectual e académica dominante em muitos pontos do mundo, e a filosofia francesa foi dos produtos mais valiosos dessa disseminação. No mínimo, a história da filosofia francesa do século XX permite-nos compreender aquilo que ainda hoje se faz nos departamentos de filosofia pelo mundo fora. Farei em seguida algumas descrições genealógicas esquemáticas, em termos geracionais, concentradas em três tempos e em algumas figuras-chave. O primeiro tempo é o da geração do existencialismo e as duas figuras-chave são Jean-Paul Sartre (1905–1980) e Maurice Merleau-Ponty (1908–1961). O segundo tempo é o da geração do (pós-)estruturalismo; considerarei Michel Foucault (1926–1984), Jacques Derrida (1930–2004) e Gilles

---

[187] Este capítulo nunca poderia ter sido escrito sem a ajuda dos escritos e das interpretações dos filósofos franceses Vincent Descombes e Jocelyn Benoist. Quer Descombes quer Benoist se debruçaram, e debruçam, sobre a tradição francesa em filosofia contemporânea, conhecendo profundamente outras tradições. Ambos reconhecem a importância e a especificidade da tradição francesa contemporânea, sem deixarem de criticar a síndrome de centro do mundo e os laivos de paroquialismo que demasiadas vezes prejudicaram o trabalho de filósofos franceses.

Deleuze (1925–1995).[188] Tomo a morte extemporânea de Merleau-Ponty em 1961 como marco temporal para a transição de gerações. Terminarei mencionando brevemente dois autores aos quais chamei «inenquadráveis», Paul Ricœur (1913–2005) e Emmanuel Levinas (1906–1995).[189]

Estruturei em torno de Frege e Husserl e dos seus «discípulos» Wittgenstein e Heidegger a Parte II deste livro. Ora, parte do que se passa em França na segunda metade do século XX, mesmo nos autores mais originais, é a recepção desses autores (primeiro Husserl, depois Heidegger, mais recentemente Wittgenstein e Frege).[190] A geração do pensamento da suspeita, posterior a 1960, a geração de Foucault e Deleuze, torna central a recepção da tríade Nietzsche-Freud-Marx, por contraste com os três agás (h) (Hegel, Heidegger e Husserl), que tinham sido centrais para a geração de Sartre e Merleau-Ponty. A geração de Foucault e Deleuze ergue-se contra as «ingenuidades» da fenomenologia como filosofia da consciência (ingenuidades que teriam sido comuns na geração de Merleau-Ponty e Sartre), e também contra as ingenuidades da «dialéctica» (inspirada em Hegel e nos leitores franceses de Hegel). Nem subjectividade transcendental *à la* Husserl, como lugar do sentido, nem visão da história inspirada em Hegel e Marx (e portanto dialéctica e racional) — estas linhas muito gerais são fundamentais para compreender a filosofia posterior à geração do existencialismo.

A geração de Sartre e Merleau-Ponty (falo dos anos 1940–1950 até ao princípio dos anos 1960) lera pouco Heidegger (possivelmente apenas

---

[188] Deixo de lado a discussão acerca da aplicação das classificações «estruturalismo» e «pós-estruturalismo». «Estruturalismo» é um termo cujo significado é bastante difícil de determinar, uma vez que o estruturalismo não foi um movimento específico da filosofia ou nela iniciado, tendo o termo sido recrutado da linguística saussuriana. Estritamente falando, podemos tomar autores (que não são filósofos) como Claude Lévi-Strauss (1908–2009) e Roland Barthes (1915–1980) como os primeiros estruturalistas. Derrida é usualmente considerado um pós-estruturalista, embora o seu nome esteja sobretudo associado à chamada «desconstrução» (Derrida foi buscar o termo a Heidegger e à ideia de uma destruição da metafísica avançada em *Ser e Tempo*).

[189] O pensamento francês será ainda retomado mais à frente com as referências a Alain Badiou (1937–) e Jacques Rancière (1940–).

[190] Um nome muito importante da filosofia francesa actual, Jocelyn Benoist, Professor de Filosofia Contemporânea na Sorbonne (e que começou por ser uma referência na fenomenologia), é um exemplo claro desta recepção de Wittgenstein e Frege (cf. MIGUENS [2019a], em que faço uma análise aprofundada das propostas filosóficas de Benoist). A recepção de Wittgenstein, que aqui ficará um pouco esquecida, passa em França pelas mãos de Gilles-Gaston Granger, Jacques Bouveresse, Antonia Soulez, Vincent Descombes, e mesmo pelo meu próprio orientador de mestrado e doutoramento, o filósofo português (residente em Paris) Fernando Gil.

Ser e Tempo) e não incorporara Nietzsche. O nietzschianismo, pensado como a ideia de acabar com a categoria metafísica da subjectividade, que pode hoje parecer-nos tão característico da filosofia francesa contemporânea (ao pensarmos em autores como Bataille[191], Foucault, Deleuze ou Jean-Luc Nancy), é posterior a essa geração. Para a geração de Merleau--Ponty e Sartre (que juntos criaram a célebre revista *Les Temps Modernes*, que tão importante foi, durante um certo período, no cenário cultural francês)[192], é Marx quem é central, e o Marx que interessa (e muito) é o Marx humanista, autor dos *Manuscritos*, o Marx do tema da unidade do homem e da natureza. E aqui, marcando a correlativa leitura de Hegel, é incontornável o filósofo franco-russo Alexandre Kojève (1902–1968). Kojève foi extremamente importante para um grande número de figuras--chave do pensamento francês, por exemplo, para o médico-psiquiatra e psicanalista Jacques Lacan (1901–1981), ele próprio uma figura marcante e extremamente influente no contexto da filosofia francesa da segunda metade do século XX (associado à geração do estruturalismo, não à geração do existencialismo).[193] A visibilidade tardia de um autor como Bataille, cuja concepção da corporeidade e oposição à dialéctica são precisamente emblemáticas do nietzschianismo francês, é exemplo desta chegada mais tardia de Nietzsche. Sendo mais velho do que Sartre ou Merleau-Ponty, apenas posteriormente a estes Bataille se torna mais visível.

Quanto a Heidegger, o Heidegger que é primeiro lido em França é o Heidegger da *Carta sobre o Humanismo* (*Brief über den Humanismus*). Esta foi escrita em 1946 em resposta ao seu tradutor, o filósofo francês Jean Beaufret. Heidegger tinha sido tomado como um existencialista *à francesa* e escreve a célebre *Carta* para recusar essa interpretação, criticando directamente Sartre e o seu escrito *O Existencialismo É Um Humanismo*,

---

[191] Georges Bataille (1897–1962) foi um intelectual e escritor, autor de obras controversas e provocatórias, como *História do Olho* (1928), *A Parte Maldita* (1949), *O Erotismo* (1957), *As Lágrimas de Eros* (1961), cujo trabalho teve influência num grande número de domínios.

[192] A revista foi criada em 1945 e ainda existe hoje. Simone de Beauvoir e Raymond Aron foram também fundadores. Cf.: http://www.gallimard.fr/Catalogue/GALLIMARD/Revue-Les-Temps-Modernes.

[193] Jacques Lacan via-se como um defensor da ortodoxia freudiana, que estaria em risco com os desenvolvimentos, sobretudo anglo-saxónicos, da psiquiatria e da psicanálise. A sua obra maior são os *Escritos*, em vários volumes. Lacan foi absolutamente central no *milieu* intelectual parisiense dos anos 1960 e 1970. Pessoas como Foucault, Deleuze, Luce Irigaray ou Julia Kristeva, eles próprios autores muito influentes, assistiram aos seus seminários.

de 1945-1946, e sublinhando as diferenças entre as duas filosofias (nomeadamente a centração — mais propriamente a não centração, no caso de Heidegger — no homem). A geração anti-humanista posterior aproveitará essa mesma crítica. «Anti-humanismo», «pensamento ateu suicida» são acusações usuais endereçadas à geração de Foucault e Deleuze, preocupada com a estrutura e não com a consciência, e (pelo menos de acordo com as acusações) menosprezando o valor do homem, da racionalidade e da moral. É essa geração (que podemos considerar alargada a Louis Althusser [1918-1990] além de, como já fiz notar, Jacques Lacan) que vai quebrar a esperança teleológica do hegelianismo e do marxismo; ela verá na história um misto de acaso e necessidade, não remissível a um *télos*, algo muito distante do optimismo ontológico da geração anterior.

A geração de Sartre e Merleau-Ponty

Sartre

Jean-Paul Sartre é o epítome do intelectual à francesa[194]: um intelectual *engagé*, socialmente interventivo, cultural e literariamente activo; noutras palavras, publicamente omnipresente. Foi um escritor e um literato[195] apaixonado pela sua própria figura pública e uma voz na vida

---

[194] A origem do termo «intelectual» é, de resto, ela própria francesa. É datável do Caso Dreyfus, no final do século XIX, em que o escritor Émile Zola salta para a arena pública com o famoso artigo «J'accuse», para defender o oficial judeu Alfred Dreyfus, acusado de traição e condenado. Um «intelectual» é uma figura pública, mais do que um académico, alguém que se pronuncia sobre (todos) os assuntos correntes. O sociólogo francês Pierre Bourdieu, crítico acerbo do «modelo-Sartre» de intelectual, perguntava (de forma indignada): «Mas será que basta ser filósofo para se pronunciar sobre tudo e mais alguma coisa no mundo social e político?» O estilo-Sartre foi continuado, por exemplo, pelos Novos Filósofos, como Bernard-Henri Lévy, conhecido como BHL.

[195] Os romances de Sartre são filosofia posta em imagens — é o que Albert Camus (1913-1960), um outro importante autor existencialista, afirma sobre *A Náusea*. Sartre escreveu também muitas peças de teatro, bem como obras dedicadas à análise da vida e obra de escritores. Esta vertente literária da sua obra deve ser considerada lado a lado com as obras filosóficas. Algumas das suas obras mais importantes, entre os muitos romances e peças de teatro, são *A Náusea* (1938), *As Moscas* (1943), *À Porta Fechada* (1944), *A P... Respeitadora* (1946), *L'âge de la raison* (uma espécie de *Bildungsroman*, um romance em três volumes, os dois primeiros publicados em 1945), *Les mains sales* (1948), *Os Sequestrados de Altona* (1959) e *As Palavras* (1964, autobiografia). *O Idiota da Família* (1971-1972) é uma longa análise da figura de Gustave Flaubert, escritor que Sartre muito

intelectual francesa durante décadas. A sua compulsão de intervenção contrasta com o perfil do seu amigo e companheiro de geração Maurice Merleau-Ponty, que nunca renegou as vestes e as práticas do filósofo académico. Filosoficamente, as obras mais importantes de Sartre são *A Transcendência do Ego* (publicada em 1936 e escrita em 1933-1934, resultando em parte dos estudos da fenomenologia husserliana na Alemanha, antes da Segunda Guerra Mundial), *O Ser e o Nada* (*L'être et le néant*), de 1943, um ensaio de ontologia «fenomenológica», e a *Crítica da Razão Dialéctica*, publicada em 1960. Neste último livro, Sartre tenta conciliar o existencialismo com uma visão dialéctica, hegeliano-marxista, da história: tenta, digamos, operar o casamento impossível entre Kierkegaard e Marx (Raymond Aron criticou-o por isso). Apresenta ainda aquilo a que hoje se chamaria uma ontologia social em torno dos conceitos de práxis e de «prático-inerte». O conhecido escrito *O Existencialismo É Um Humanismo*, que atrás referi e que é uma resposta de Sartre às acusações de católicos e comunistas quanto às consequências do «absurdo» existencialista, é de 1945-1946. Em 1936, Sartre tinha publicado *A Imaginação*; em 1939, *Esboço para Uma Teoria das Emoções*; e, em 1940, *O Imaginário*. Os *Cahiers pour une morale*, escritos em 1947-1948 e publicados postumamente, em 1983, procuravam cumprir a promessa de uma ética da autenticidade feita no final de *O Ser e o Nada*.

Sartre descobre a fenomenologia como uma espécie de libertação que lhe permite trazer toda e qualquer experiência da consciência para o domínio da filosofia. Sartre é um filósofo da consciência. Ela é o primeiro dos seus objectos filosóficos; a liberdade é o outro. Sartre sempre considerou a natureza aborrecida e nunca se deixou convencer pela psicanálise e pela importância do inconsciente e da estrutura que fascinaram a geração intelectual seguinte. Será por isso muitas vezes acusado de ser um cartesiano fora do tempo (Foucault chega a afirmar que Sartre era um homem do século XIX tentando pensar para o século XX). Ele reclama, de resto, para si próprio esse cartesianismo.

---

admirava. Também nesse âmbito de análise de figuras da literatura, *Saint Genet: A[c]tor e Mártir* (1952) é dedicada a Jean Genet, o escritor e poeta que fora em tempos um vagabundo e um delinquente. Depois do menosprezo a que foi votado pela geração estruturalista, o trabalho filosófico de Sartre tem vindo a ganhar nova importância, nomeadamente no contexto da filosofia moral anglófona, dada a ênfase nas relações filosofia-literatura e a sua importância para as questões do autoconhecimento.

O *néant*, ou nada, de *L'être et le néant* (*O Ser e o Nada*), a sua obra maior, é precisamente a consciência. A consciência (o *pour-soi*) instala um oco, um buraco no ser, defende Sartre; é isso que o termo «nada» pretende capturar. Estas formulações são suficientes para revelar a inspiração hegeliana da tese: Hegel ressoa por todo o lado na obra de Sartre a partir de *O Ser e o Nada* — vem assim juntar-se a Husserl e a Heidegger.[196]

Apesar desta inspiração hegeliana, a abordagem sartriana da consciência poderia parecer, consideradas certas afirmações explícitas, um monismo materialista como o de muitos filósofos da mente actuais. Sartre foi, no entanto, acusado, não sem razão, de ser quer dualista quer idealista. É certamente verdade que a clareza do abismo categorial cartesiano entre espírito e matéria lhe agrada. A sua ontologia tem de um lado a consciência ou subjectividade, o *pour-soi*, i.e., o ser para si, como poder de «neantização» ou nadificação, que traz consigo a responsabilidade absoluta, e do outro lado o ser em si do mundo, o *en-soi*, o ser bruto, fáctico, opaco. Fazendo uma leitura da noção husserliana da doação de sentido, Sartre afirma que todo o sentido vem da consciência; o ser bruto e opaco não tem sentido, só o homem lhe dá sentido.

Embora esta seja uma abordagem das questões da consciência e da significação, ela tem prolongamentos existenciais. A sugestão de que estamos lançados num mundo sem sentido, absurdo, e temos de, assim mesmo, viver é central em Sartre e é aquilo que traz o existencialismo francês para a arena pública de discussão. A obra literária de Sartre retrata a estranheza e a náusea como os sentimentos deste existir. Por isto, o existencialismo (humanista) francês, do qual Sartre é o mais emblemático representante, ficará na história da filosofia do século XX como sendo sobretudo um apelo ético[197], a fonte de um conjunto de palavras de ordem que circularam fora da academia e que inflamaram a juventude europeia do pós-guerra em vários países. «Estamos condenados a ser livres», dizem os existencialistas, «Somos livres e sem desculpas», mesmo se «O homem é uma paixão inútil». Dado que Deus não existe (e se Deus

---

[196] Além de Hegel, obviamente também Marx é uma presença para Sartre. Tendo passado a Segunda Guerra Mundial relativamente à margem da urgência política, Sartre foi durante algum tempo militante do Partido Comunista Francês, e mesmo um apoiante das formas mais negras do marxismo real. No final da vida, deixara de ser comunista.

[197] Trata-se realmente de um apelo ético mais do que propriamente de uma ética no sentido do que se entende hoje e que nos conduz mais prontamente à ética normativa ou a discussões relativas à metafísica do livre-arbítrio. Essas mesmas questões estão em Sartre, embora um pouco obscurecidas.

não existe, tudo é possível), a liberdade dá-se sobre o pano de fundo de uma existência absurda e sem significado. De forma mais académica, Sartre está a afirmar, tal como Heidegger, que a existência antecede a essência e que existir é estar lançado, dar por si no mundo e ter de se projectar. No entanto, em contraste com Heidegger, Sartre escolhe enfatizar a contingência e a falta de significado do mundo se os homens não lhe derem esse significado. Este é o pano de fundo filosófico das frias descrições (é o próprio Sartre quem assim as caracteriza) dos «vivedores existencialistas» dos seus romances e peças de teatro. Se o existencialismo é ainda assim um humanismo, e este é um tópico em que Sartre insiste sempre, é porque o homem não é o que dele fazem: o homem é aquilo que (se) faz a partir daquilo que dele fazem. Sartre defenderá sempre esta posição, e o *engagement* que lhe corresponde, contra os ataques da geração seguinte à ideia de humanismo.

Do ponto de vista estritamente filosófico, Sartre foi muito criticado pelo seu foco cartesiano na consciência como subjectividade e transparência a si. Por mais que esta crítica possa ser em última análise injusta, é verdade que a abordagem sartriana da consciência e o próprio papel dado à consciência na filosofia estão maximamente distantes de, por exemplo, o ser-no-mundo do *Dasein* de Heidegger, que supostamente o inspira. As diferenças entre o *Dasein* heideggeriano e o *pour-soi* sartriano saltam aos olhos — não foi sem razão que Heidegger se aborreceu com a aproximação.[198] A certa altura, depois da sua grande fama pública, Sartre tornou-se um objecto privilegiado de crítica da nova geração filosófica, a geração estruturalista, para quem veio a representar o humanismo ultrapassado e *naïf*. Precisamente por isso, o choque entre existencialismo, de um lado, e estruturalismo e psicanálise, de outro, que caracterizou a cena intelectual francesa nos anos 1960, pode ser acompanhado olhando de perto para a pessoa e os escritos de Sartre. Talvez, porém, Sartre ele próprio tenha sido mais subtil do que os retratos usuais fazem crer, e tenha sofisticado as suas posições. É pelo menos o que escritos seus mais recentemente considerados, como os *Cahiers pour une morale*, parecem mostrar.

De qualquer forma, a fenomenologia é importante para Sartre. É sob a influência da descoberta de Husserl que Sartre produz o seu primeiro

---

[198] Para aquilatar as distâncias, compare-se, por exemplo, a abordagem sartriana da questão das relações da consciência e do ego com o passar por cima da questão do ego por Heidegger em *Ser e Tempo*, nas descrições do *Dasein* que vimos atrás.

escrito filosófico importante, *A Transcendência do Ego*. A questão central da obra é a relação entre ego e consciência e a proposta é que não se deve identificar ego com consciência. O ego está fora da consciência, ele é um objecto da consciência (caracterizada esta como intencional, i.e., sempre consciência de alguma coisa). Sartre quer fazer uma crítica ao eu transcendental husserliano, potencialmente idealista, mas também explorar a ideia de que o ego *vem a ser* pela reflexão da consciência sobre as suas próprias actividades. O ego é uma unidade «fabricada». Em suma, o ego é real, mas não é aquilo que parece. Não é uma unidade dada e fixa: o ego é opaco. Na metáfora do próprio Sartre, o ego é como uma pedrinha no fundo de um ribeiro, que vemos apenas indirectamente. O nível irreflectido da vida da consciência (a consciência pré-reflexiva) é a descoberta de Sartre em *A Transcendência do Ego*. Tal como a filósofa britânica Elizabeth Anscombe fará em «The First Person» (1975)[199], Sartre pensa que autoconsciência não é desde logo e necessariamente autoconhecimento, saber o que ou quem se é.[200]

A Transcendência do Ego, da mesma forma que *Esboço para Uma Teoria das Emoções* e *O Imaginário*, situa-se num terreno a que podemos chamar psicologia fenomenológica e que fica ligado ao nome de Sartre. Já *O Ser e o Nada*, o *opus magnum* de Sartre, embora contenha, também ele, descrições de psicologia fenomenológica, que se tornaram célebres, respeitantes nomeadamente à nossa relação connosco próprios, é uma obra de ontologia, a comparar com *Ser e Tempo* de Heidegger.

Como chega Sartre às suas influentes propostas sobre a questão do autoconhecimento? Sendo a consciência um «nada» e sendo a consciência sempre consciência de algum conteúdo que a transcende, este será o caso mesmo que esteja em causa a minha consciência de mim próprio, daquilo que sou, nomeadamente do meu corpo ou da minha identidade pessoal. É neste contexto que a questão do pensamento sobre si próprio, que sempre interessou a Sartre, designadamente como escritor, e escrevendo sobre escritores como Gustave Flaubert e Jean Genet, é retomada sob a forma de análises minuciosas da nossa relação connosco próprios, tal como esta passa pelos outros e em particular pelo olhar dos outros, por papéis sociais, e pela forma como estes se colam a e descolam daquilo que se é. Um ponto famoso de *O Ser e o Nada* é a análise eidética

---

[199] Cf. ANSCOMBE (1981) e MIGUENS (2018).
[200] Cf. MIGUENS, PREYER e MORANDO (2016) para uma exploração recente destes tópicos.

da má-fé. A má-fé é, para Sartre, um fenómeno psicológico frequente na vida mental dos humanos, um fenómeno a que também podemos chamar auto-engano, e que consiste em de alguma maneira mentirmos a nós próprios.[201] Ela é «metaestável», diz Sartre, oscilando entre a boa-fé e o cinismo.

Mas como se relacionam estas análises de psicologia fenomenológica com o apelo ético existencialista e com o engajamento político? Se perguntássemos, numa veia mais actual, o que é afinal, realmente, o existencialismo sartriano enquanto posição ética, a resposta seria que é uma moral da autodeterminação e da responsabilidade absoluta por si próprio. Glosando o título de uma das obras literárias mais célebres de Sartre, é por aí que vão os *Caminhos da Liberdade* sartrianos. Da mesma forma que Kant, quando se trata da nossa natureza de agentes, Sartre pensa que não somos prisioneiros indefesos, não estamos de mãos atadas relativamente ao nosso carácter, ao nosso passado, à nossa biologia. É verdade que, como é frequente em Sartre, isto é uma proclamação, mais do que propriamente uma argumentação. A ideia é, de qualquer forma, que somos sempre seres em situação, seres lançados no mundo. Somos, contudo, uma mistura desta facticidade com transcendência. Noutras palavras, também escolhemos; existir é escolher, projectar-se. A ênfase absoluta do existencialismo na escolha e na liberdade absoluta foi criticada fazendo notar que a escolha pode ser sem critério e arbitrária (como um homem num comboio que decide exercer a sua liberdade absoluta assassinando um estranho que aparece à sua frente). De qualquer forma, a ética proposta é uma ética da autenticidade (e o contraste com a autenticidade heideggeriana de *Ser e Tempo*, revelada pelo ser para a morte, é pertinente aqui). A forma como Sartre concebe a autenticidade é tudo menos comum. Afirmou-se que a autenticidade seria a única virtude existencialista, querendo talvez criticar a suposta imoralidade do existencialismo e dos existencialistas (especialmente dos existencialistas ateus como Sartre, é claro). Mas é preciso não esquecer que a autenticidade em Sartre vai em conjunto com o abandono do desejo de coincidirmos connosco próprios que resulta das suas análises do ego e da nossa relação connosco mesmos — trata-se de nos libertarmos

---

[201] Dois exemplos famosos de *O Ser e o Nada* são o do empregado de café e o de uma mulher no seu primeiro encontro amoroso, recebendo os cumprimentos, que são alusões sexuais, do parceiro, mas não os tomando como tal. No caso do empregado de café, este comporta-se exactamente como um empregado de café deveria comportar-se, tornando-se claro que ele não se identifica com tal papel.

da nossa identificação com os nossos egos como uma espécie de ser em si-mesmo. Se o nosso ego não é um ser em si-mesmo, mas sim algo construído, fabricado e transcendente, então a autenticidade não poderia nunca ser um voltar-se para dentro de si para aí descobrir um ego, que já lá estaria. Não há aí, «lá dentro», uma coisa que seria o ego, e a má-fé espreita, de resto, sempre nas nossas identificações. Juntando as duas linhas de abordagem (do autoconhecimento e da ética), o que temos é a ideia de que nunca somos idênticos a nós mesmos: somos apenas responsáveis por nós próprios.

Se, do ponto de vista da coerência e ambição da ontologia, a obra de Sartre não é comparável com a de Heidegger, o alargamento (para alguns, é certo, ilegítimo) da fenomenologia husserliana a detalhadas descrições psicológicas e históricas da vida dos humanos tem, esse sim, um valor duradouro. O mesmo poderá ser dito da exploração concreta das relações da filosofia com a literatura.

Merleau-Ponty[202]

Maurice Merleau-Ponty foi um filósofo mais académico e menos público do que Sartre, de quem foi amigo próximo e colaborador. A amizade entre os dois foi rompida em 1953, em torno de desentendimentos acerca daquilo em que deveria consistir a intervenção de um filósofo na política. Após o rompimento com Sartre, Merleau-Ponty deixa a direcção da revista *Les Temps Modernes*. A ruptura de Merleau-Ponty com Sartre deveu-se àquilo que a certa altura Merleau-Ponty considerou o ultrabolchevismo de Sartre — embora o próprio Merleau-Ponty acreditasse que o marxismo era não uma filosofia da história, mas sim *a* filosofia da história, as suas posições políticas sempre foram mais moderadas do que as de Sartre, dando corpo à esquerda não comunista de então. Entre 1953 e 1961, data da sua morte súbita com um ataque de coração, aos 53 anos, na sua mesa de trabalho, Merleau-Ponty ocupou uma cátedra no

---

[202] Um grande especialista actual de Merleau-Ponty é o filósofo francês Renaud Barbaras. Em Portugal, Maria José Cantista e Isabel Matos Dias dedicaram a Merleau-Ponty boa parte das suas obras. Mesmo que tal não transpareça no pouco que aqui fica, tenho muito a agradecer a José Gil, a cujas aulas assisti na Universidade Nova de Lisboa nos anos 1990, pelos muitos *insights* sobre Merleau-Ponty e sobre a aplicação do seu pensamento a questões estéticas.

Collège de France.²⁰³ Sugeri considerar a data da sua morte um marco temporal da viragem para a geração fortemente crítica da fenomenologia e da dialéctica que se seguiu à geração do existencialismo.

A importância da obra de Merleau-Ponty encontra-se hoje em pleno crescendo. Depois de ter sido duplamente ofuscada, primeiro pela fama literária de Sartre e em seguida pela geração estruturalista, a forma de trabalhar em filosofia de Merleau-Ponty parece hoje estranhamente próxima de nós. Parece sobretudo próxima de formas de trabalhar em filosofia da mente, e tal acontece, pelo menos em parte, devido ao contraste que ela representa com o isolamento da filosofia sobre si própria que caracterizará a geração estruturalista. A geração estruturalista tem um olhar que é, ao mesmo tempo, anti-humanista e filosoficamente isolacionista. O contraste que tenho em mente transparece, por exemplo, na célebre *Introdução à Origem da Geometria de Husserl* (1962) de Derrida, que começa com a proclamação de um retorno a Husserl contra Merleau-Ponty. De facto, uma especificidade de Merleau-Ponty enquanto fenomenólogo, quando comparado com Husserl ou Heidegger, é o seu interesse pela investigação empírica do seu tempo, interesse que o conduziu da psicologia da Gestalt²⁰⁴ até à psicoterapia de Melanie Klein e à neurociência da linguagem. Na verdade, muito do trabalho académico de Merleau-Ponty foi feito num contexto de psicologia — imediatamente antes de ocupar a cátedra do Collège de France, Merleau-Ponty ensinava Psicologia na Universidade de Paris. Mas por mais próximo que Merleau-Ponty tenha estado de áreas empíricas e por mais que tenha vários problemas comuns com a filosofia da mente de hoje, essa é uma característica sobretudo das suas duas primeiras grandes obras — *A Estrutura do Comportamento* (1942) e a *Fenomenologia da Percepção* (1945). O seu trabalho acabará por conduzi-lo a uma filosofia da natureza e a uma ontologia, especialmente na obra póstuma *O Visível e o Invisível* (1964). Uma vez aí chegada, a sua obra torna-se profundamente distinta da orientação metafísica fisicalista e reducionista hoje muito presente na filosofia da mente anglófona.²⁰⁵

---

[203] Um grande número de volumes, alguns ainda a serem editados, resulta desses cursos.
[204] Note-se que este é um ponto comum com Wittgenstein, vinte anos mais velho.
[205] Isto faz de Merleau-Ponty um óptimo crítico potencial de muita filosofia da mente de hoje.

As duas primeiras obras importantes de Merleau-Ponty, *A Estrutura do Comportamento* e a *Fenomenologia da Percepção*, são então obras próximas da psicologia e daquilo a que hoje chamaríamos filosofia da psicologia ou filosofia da mente. Por exemplo, em *A Estrutura do Comportamento*, Merleau-Ponty ocupa-se do problema mente-corpo, um problema tradicional da filosofia francesa anterior, mas também um problema de tantos filósofos da mente actuais. Isto ilustra só por si uma importante diferença relativamente a Sartre. O pensamento de Sartre move-se do princípio ao fim no seio do contraste entre em-si e para-si, *en-soi* e *pour-soi*, natureza e consciência, e portanto, em última análise, no seio de uma ontologia dualista. Mas Merleau-Ponty quer, desde sempre, saber da natureza: quer compreender como a natureza dá origem à consciência e é aí que se situa o seu interesse pelo problema mente-corpo. Por vezes, ele formula o seu problema dizendo que persegue a forma como «a natureza dá origem à história». Esta é uma expressão da linguagem do seu tempo — trata-se, na verdade, do problema para a filosofia tal como este é colocado por Alexandre Kojève. Este problema é visto como o «problema de Hegel», ou o problema que foi introduzido na história da filosofia por Hegel e por Kant, em contraste com o chamado «monofisismo» grego.

Desde *A Estrutura do Comportamento*, Merleau-Ponty está envolvido numa abordagem naturalista da experiência e da consciência, procurando entender a relação consciência-natureza. A sua análise da natureza do comportamento pretende erguer-se em alternativa quer ao behaviorismo da psicologia americana de então, quer ao vitalismo dos filósofos seus predecessores. A sua busca do mental pretende evitar tanto o empirismo como o intelectualismo (que é, no seu tempo e contexto, em grande parte inspirado em Kant).

Dada a concentração nas relações da consciência com a natureza, a percepção foi toda a vida um interesse maior de Merleau-Ponty. A *Fenomenologia da Percepção* foi a obra pela qual foi mais conhecido em vida e possivelmente a que é mais lida ainda hoje. A sugestão é utilizar a fenomenologia para enquadrar abordagens psicológicas empíricas, em alternativa ao kantismo, que enquadrara, por exemplo, a psicologia da Gestalt. No entanto, e apesar de a orientação filosófica maior de Merleau-Ponty provir do fundador da fenomenologia, Merleau-Ponty não pôde nunca aceitar a separação proposta por Husserl entre a atitude transcendental e a atitude natural, de crença irreflectida no mundo, separação que permite a redução fenomenológica. Merleau-Ponty nunca pôde, basicamente, aceitar a separação consciência-mundo que subjaz à *epoché*. Não aceita a suspensão do mundo enquanto natureza que Husserl considera, a certo ponto, metodologicamente fundamental. As reduções transcendental e eidética de Husserl são para Merleau-Ponty abstracções ilegítimas. Ele dirá, no Prefácio à *Fenomenologia da Percepção*, que a maior lição da redução de Husserl é precisamente a impossibilidade de uma redução completa. Esse mesmo Prefácio expõe a sua própria forma de conceber o método fenomenológico, bem como a sua leitura de noções fenomenológicas fundamentais tais como descrição, redução e intencionalidade. O método de redução de Merleau-Ponty é «existencial» e não idealista: deve permitir descobrir a inerência ao mundo daquele que sobre ele reflecte — a tarefa da fenomenologia será, finalmente, revelar o mistério do mundo e o mistério da razão.

A sua forma de trabalhar poderia ser vista como um rebatimento da análise husserliana das essências sobre o *In-der-Welt* heideggeriano. Merleau-Ponty lida não com um sujeito puro — como o são o sujeito transcendental de Husserl ou o *Dasein* de Heidegger —, mas sempre com um agente incorporado e mundano, mergulhado nas significações do mundo. O contraste com Heidegger é claríssimo e esclarecedor: embora Heidegger insista constantemente na mundanidade da existência, a verdade é que ele esquece totalmente o corpo próprio e a percepção — é como se o *Dasein* heideggeriano não fosse corpóreo e não percepcionasse. Ora, o corpo próprio e a percepção são precisamente o território de Merleau-Ponty como filósofo. No núcleo dos seus interesses filosóficos está o corpo vivido, e o corpo vivido a partir de dentro. Essa é a pedra de toque para pensar sobre temas que lhe são caros, como o comportamento e a expressão. E é aqui que finalmente radicarão os temas ontológicos da parte final da sua obra, designadamente a ideia de uma reversibilidade do sensível (por exemplo, o facto de um vidente ser visível ou um sentinte, sentível). É assim que um corpo humano vivo está aí, como disse de forma célebre em *O Olho e o Espírito*, obra póstuma (1964) que é uma meditação sobre as potencialidades da pintura enquanto exploração ontológica, escrita em torno da pintura de Cézanne. Nós somos um vidente-visível, sentinte-sentível, tocante-tocável; essa reversibilidade do sensível, que nós somos, é filosoficamente frutífera como fio condutor de uma investigação. O melhor nome para o mundo-natureza objecto da investigação ontológica de Merleau-Ponty é, na verdade, «o sensível».[206]

---

[206] É relevante contrastar a posição sobre sentido e ser contida nesta noção de «sensível» com o «silêncio dos sentidos» do filósofo inglês J. L. Austin de que falarei mais à frente.

Mas voltemos à *Fenomenologia da Percepção*. Há aí, em torno de materiais da psicologia e da neurologia, uma disputa em acção: um contraste entre as abordagens do realismo empirista, por um lado, e do idealismo intelectualista, por outro, com vista a uma «solução» em que não se suponha a inquestionada crença num mundo objectivo *ready-made* e totalmente presente. Percepcionar é uma comunicação activa com o mundo, que o torna presente como lugar familiar das nossas vidas. Para a filosofia, a tarefa é voltar a este mundo vivido, aquém do «mundo objectivo».

A *Fenomenologia da Percepção* oferece análises valiosas e ainda hoje muito trabalhadas, como as análises do corpo próprio como habitando o espaço e de um «*cogito* em acção». Merleau-Ponty procura a significação ou o sentido anterior à expressão linguística: antes de ser significação linguística, a significação é a significação da experiência.[207] A inspiração para esta tese, vai buscá-la ao último Husserl, o Husserl da *Krisis*: o projecto da fenomenologia seria, em última análise, fundar o *eu penso* num *eu percepciono*, fundar a actividade predicativa na actividade antepredicativa. Aquilo a que Husserl chamou *Lebenswelt*, o mundo da vida, abre para a filosofia uma batalha (na linguagem, da linguagem): a batalha para atingir a originariedade (alguns críticos defendem[208] que esta é necessariamente uma luta perdida, uma busca quixotesca e inglória, baseada em pressupostos erróneos).

No entanto, os problemas apresentados na *Fenomenologia da Percepção* são, segundo o próprio Merleau-Ponty, irresolúveis, porque partem da distinção consciência-objecto. O passo em frente, aos seus olhos, é uma ontologia da carne do mundo, feita além dessa descrição. Era isso que explorava em *O Visível e o Invisível*. A superação da alternativa sartriana entre o *pour-soi* e o *en-soi* conduzi-lo-á ao conceito de «carne» (*chair*), essencial para conceber a percepção. A ideia de carne do mundo (*chair du monde*) procura captar a indistinção entre o sentinte e o sentido que engloba corpo e mundo num contínuo, num mesmo estofo, interior e exterior inseparáveis. São célebres as suas análises do quiasma tocante-tocado: na carne do mundo não há só o sensível; por exemplo, o meu corpo é um sensível-sentinte. Não estou no mundo como um observador,

---

[207] Para Jocelyn Benoist, o grande erro de Merleau-Ponty foi a não compreensão da diferença categorial aqui envolvida. Esta é, de qualquer das formas, uma importante questão em aberto hoje.

[208] Nomeadamente Jocelyn Benoist, que é um leitor e admirador de Merleau-Ponty (cf., por exemplo, BENOIST, 2013).

um vidente; sou também visível para outros habitantes do mundo. Não apenas toco e sinto, sou também tocável e «sensível». Em *O Olho e o Espírito*, obra da mesma época que *O Visível e o Invisível*, escrita em torno de pintura e percepção, Merleau-Ponty dirá que a visão não é um modo de presença a si próprio, mas sim um meio de estar ausente de si próprio para estar presente a partir de dentro na fissão do ser — só no fim de tudo isso «damos por nós». Não há aqui nostalgia da coincidência; o imediato é já distância, não coincidência (esta ideia de não coincidência será a ideia central da «diferença» de Derrida, embora a relação deste com Merleau-Ponty não seja clara).

Em *O Olho e o Espírito*, Merleau-Ponty defende que a pintura pode ensinar-nos a visibilidade e o mundo. Ao revelar o «haver aí» mundo — o ser que não é puramente positivo e absolutamente determinado —, a pintura tem uma prioridade ontológica. Toda a teoria da pintura é uma metafísica, afirma, e para a fazer, o pintor leva consigo o seu corpo. É revelador o facto de Merleau-Ponty usar frequentemente o termo «natureza» para falar desse mundo que há aí, o que de novo só por si o distingue de alguém como Heidegger.

Claramente, Merleau-Ponty concebe a consciência e a percepção como integradas na natureza e incorporadas de forma semelhante a muitas abordagens actuais da filosofia da mente. Por esta razão, muitas décadas depois de ter escrito, Merleau-Ponty entra hoje (trazido por autores como Hubert Dreyfus, Sean Kelly ou Avner Baz) com naturalidade nos debates sobre percepção e consciência, por exemplo o debate em torno de conteúdo conceptual e não conceptual em filosofia da percepção. O seu trabalho sobre consciência e percepção representa por si uma crítica quer à ideia de consciência transcendental na fenomenologia, quer a uma visão da consciência como «espectadora do mundo», muito mais difundida. Representa também uma crítica a uma visão abstracta das estruturas do existir, como, por exemplo, a de Heidegger. A corporeidade do ser-aí é incontornável para Merleau-Ponty. O *Dasein* de Heidegger existe, projecta-se, angustia-se, mas não é propriamente um corpo, ou pelo menos não é isso que está em primeiro plano. Em contraste, o corpo próprio é central na filosofia de Merleau-Ponty.

Finalmente, *O Visível e o Invisível* é uma forma inovadora de fazer ontologia, cujos princípios são distintos não apenas das metafísicas fisicalistas em filosofia da mente, mas também das metafísicas categoriais ou de listas que podemos fazer remontar à tradição escolástica ou, mais perto de nós, a W. V. Quine. Mesmo se, em crítica a Husserl, Merleau-Ponty pensa que o ser dado do mundo-natureza é mais primordial do que quaisquer «essências», estas não deixam de estar aí, destacáveis do sensível — são elas o ser invisível, e o universo do invisível a explorar é o universo do pensamento e das artes. Os últimos escritos de Merleau-Ponty são um caminho em direcção à ontologia e à arte. Tendo deixado a sua obra inacabada, nos inícios dos anos 1960, com a sua morte prematura, o interesse por essa obra é hoje muito claro, e estende-se a áreas inesperadas tais como a ciência cognitiva e a teoria do género.[209]

A geração de Foucault, Derrida e Deleuze

Foucault

Michel Foucault ocupou a cátedra de História dos Sistemas de Pensamento no Collège de France de 1969 até à sua morte, em 1984. Os seus cursos estão ainda a ser publicados. A partir de 1983, começou a ensinar regularmente também na Califórnia, na Universidade de Berkeley. Fê-lo, no entanto, por muito pouco tempo.[210] Foucault foi aluno e discípulo do médico, filósofo e historiador das ciências Georges Canguilhem, e ficou conhecido como o arauto da «morte do homem» — uma tese emblemática do estruturalismo, que explicitarei mais à frente.

Foucault não se via propriamente como um filósofo. Os seus estudos e graus eram em Psicologia, os seus interesses e paixões eram sobretudo históricos e literários. Na linhagem dos historiadores da ciência franceses, como Gaston Bachelard e Georges Canguilhem[211], Foucault foi um historiador (nietzschiano) das ciências humanas. Interessou-se pela maneira como, em discursos tais como a psicopatologia, a medicina

---

[209] Por exemplo, Judith Butler é leitora de Merleau-Ponty.

[210] Foucault morreu com sida em 1984. Foi homossexual e activista dos direitos *gay* — o seu activismo político não se restringiu, todavia, a esse objecto, tendo fundado um grupo de informação sobre as prisões. Um pouco como Sartre — que era uma espécie de *bête noire* para Foucault —, Foucault tinha uma forte antipatia pela sociedade burguesa e uma simpatia por marginais e excluídos. À parte esta convergência, Foucault rejeitava visceralmente o «intelectual universal» que Sartre pretendia ser e o seu «narcisismo transcendental» (i.e., a centração cartesiana da filosofia de Sartre no sujeito e na consciência).

[211] Esta é, de resto, uma importante tradição no pensamento francês contemporâneo, que aqui deixo em branco.

clínica ou o discurso jurídico sobre o encarceramento punitivo (que a dado ponto substitui a pura execução ou a tortura), se gera e se joga uma concepção de «humano». Dedicou-se, assim, a análises históricas minuciosas e próximas de práticas concretas, às práticas administrativas, disciplinadoras, punitivas, que moldam indivíduos humanos em épocas determinadas. As suas obras analisam, desse ponto de vista, a emergência de conceitos, instituições e técnicas que caracterizam a cultura e as formas de vida modernas ocidentais.

Quando fala da natureza do seu trabalho, Foucault afirma que o que tentou fazer não foi exactamente uma história das ciências ou uma história de instituições como os asilos ou as prisões. Se estudou essas instituições, e de facto fê-lo, foi porque estava interessado em fazer uma história da nossa subjectividade. No entanto, viu essa subjectividade — e essa é a diferença relativamente à fenomenologia — não como uma espécie de experiência de si imediata, mas plena de mediações sociais, históricas e técnicas. A forma de arqueologia e genealogia de Foucault não faz, assim, apelo à consciência dos sujeitos envolvidos. Será esse o caso de obras clássicas como a *História da Loucura* (1961), *O Nascimento da Clínica* (1963) ou *Vigiar e Punir: Nascimento da Prisão* (1975). Outras obras suas são mais metodológicas e programáticas — é o caso de *As Palavras e as Coisas* (1966) ou *A Arqueologia do Saber* (1969). Outras obras ainda, especialmente dos últimos tempos da sua vida, são claramente obras de ética, entendendo aqui por «ética» o trabalho sobre si próprio, o trabalho de autoconhecimento e a análise de como falamos sobre nós próprios (*parler de soi, dire vrai sur soi même* — falar de si próprio, dizer a verdade sobre si próprio — são as expressões que Foucault utiliza nesse contexto). É o caso dos três volumes da *História da Sexualidade* (*A Vontade de Saber*, 1976; *O Uso dos Prazeres*, 1984; e *O Cuidado de Si*, 1984).

Com a sua história dos conceitos que marcam a concepção de «humano», Foucault estabeleceu uma forma de ver o trabalho em ética, procurando explicitar em formas específicas de se ser humano formas que poderiam não ter sido, ou que poderiam ter sido completamente diferentes. Note-se que Foucault lida com um problema, que é o problema de formular uma ética de um ponto de vista estruturalista, um ponto de vista que pretende não passar pela consciência ou pela voluntariedade. Como, afinal, se pode trabalhar em ética a partir de uma perspectiva estruturalista? O trabalho de Foucault dá resposta a este problema: ele deu origem à chamada «biopolítica», um termo em circulação desde meados dos anos 1970 que se associa usualmente ao seu nome e que se refere ao estudo de como instituições e práticas, estratégias e mecanismos de conhecimento e poder moldam e marcam os homens, não apenas ideologicamente mas nos seus corpos e no seu processo de subjectivação (uma autora muito influenciada por este aspecto de Foucault é Judith Butler, nos seus escritos sobre género).

Como devemos então compreender a famosa tese da morte do homem associada ao nome de Foucault, dado este declarado interesse numa história da subjectividade? Em *As Palavras e as Coisas*, Foucault defende que o que tornara possível as ciências humanas fora o antropocentrismo moderno, que reconduzira ao homem toda a ordem do discurso e da representação. Mas esse homem, diz Foucault, está prestes a morrer: a figura que nos é devolvida pela antropologia de Lévi-Strauss ou pela psicanálise de Lacan não é a figura do homem do humanismo. Na verdade, as ciências ditas humanas só se tornarão propriamente científicas rompendo com a ideia humanista de homem. Esse homem morreu — é esta a tese.

É a partir daqui que podemos ver a obra de Foucault como uma forma particular de fazer filosofia das ciências sociais e humanas. É a essa luz que podemos ver o seu tratamento de temas histórico-sociais como o início do enclausuramento daqueles que são, numa determinada época e sociedade, considerados loucos, ou a criação dos hospitais, ou a origem e enquadramento das práticas de repressão e punição ligadas ao nascimento da prisão, ou a origem das práticas de controlo de si dirigidas à sexualidade. Foucault procura especificar as condições estruturais que tornaram historicamente possível um dado entendimento do humano inscrito nessas práticas. A sua concepção de genealogia permite-lhe interrogar-se sobre o que, por exemplo, define a doença mental no seio da desrazão ou acerca das ligações existentes entre as práticas religiosas de confissão e o comportamento sexual dos indivíduos. Ela põe ainda em relevo as formações de poder que se estabelecem nestes processos — é este o laço que liga Foucault a Nietzsche.

A «arqueologia» foucaultiana dos discursos é praticada como forma de filosofia da linguagem no sentido em que discursos são para Foucault as coisas ditas, em contextos históricos de repetição de dadas enunciações. Ele propõe-se analisar as regularidades que definem «formações discursivas». Há aqui algum parentesco, pela ênfase na performatividade e na concepção da linguagem como acção, com a linhagem austiniana que abordarei mais à frente.

Nos últimos tempos da sua vida, Foucault aproximou-se, através da filosofia antiga, da filosofia mais classicamente concebida. É aí que vai buscar os materiais para o seu trabalho em ética. O seu interesse pela história da sexualidade conduziu-o a querer compreender éticas anteriores ao cristianismo e às concepções de sujeito associadas a estas. A sexualidade, concebida de formas extremamente distintas ao longo da história, serviu-lhe de uma espécie de estudo de caso para comparar concepções de ética. Se do ponto de vista cristão o acto sexual é visto como um mal, do ponto de vista dos Gregos Clássicos é visto como algo natural e necessário, embora o uso moderado dos prazeres fosse recomendado. O sexo era parte de uma estética do eu, da criação e cuidado de si. É isto que interessa a Foucault, que acaba, assim, por ser reconduzido à filosofia, relativamente à qual tantas reticências sentira. Filosofia é, no entanto, aqui entendida como o fora pelos Gregos Antigos: como forma de viver. Um estudo do ideal de dizer a verdade sobre si mesmo (*Dire vrai sur soi-même*) neste contexto da filosofia grega clássica é o objecto do último volume dos seus escritos publicado até ao momento (2017).

Jacques Derrida e Gilles Deleuze

Num meio e num tempo (os anos 1960) em que no *air du temps* andava a ideia de fim da filosofia (a expressão é de inspiração heideggeriana e significa a exaustão da razão ocidental, ou a ideia de que «a razão» é apenas a expressão paroquial do Ocidente), Jacques Derrida e Gilles Deleuze têm em comum um tema pós-hegeliano, ou anti-hegeliano: o tema da natureza não dialéctica da contradição, i.e., o tema da diferença.

Derrida

Jacques Derrida nasce na Argélia, então francesa, numa família judaica, em 1930. Ser ou não ser francês, sendo um judeu argelino, é, nas suas descrições, uma experiência de não pertença e de alteridade que não mais o abandonará pela vida fora. Entre os anos 1960 e os anos 1980, ensinou em Paris, na École Normale. Foi ainda em Paris que foi *directeur de études* na École des Hautes Études en Sciences Sociales (EHESS), de 1983 até à sua morte, em 2004. A partir dos anos 1970, ensinou também em universidades americanas, o que foi essencial para a disseminação da sua influência na academia anglo-saxónica.[212] Foi um dos fundadores do Collège Internationale de Philosophie de Paris e o seu primeiro director (entre 1982 e 1984). Morre em Paris em 2004.

Derrida considerará sempre que trabalha nas margens da filosofia; noções como alteridade, diferença ou suplemento são importantes para compreender a sua obra. A preocupação com a alteridade e com as formas como consciente ou inconscientemente marginalizamos, excluímos ou suprimimos algo na nossa maneira de pensar é responsável pelas ressonâncias ético-políticas dos seus escritos. Poder-se-ia alegar que tais intuitos desaparecem de vista perante a *féerie* verbal que caracteriza os escritos de Derrida. Sobretudo nos EUA, o estatuto de culto da desconstrução derridiana (nos estudos literários e culturais, não propriamente na filosofia) teve o efeito perverso de a identificar com uma leitura de textos, uma leitura quase esotérica feita em nome da oposição ao «logocentrismo-falocentrismo-fonocentrismo» da «metafísica da presença» (estas seriam as características criticáveis do pensamento ocidental). O jargão e a prática isolacionista de alguns derridianos são responsáveis pela interpretação da ideia segundo a qual *il n'y a pas hors texte* (não existe o fora do texto, ou nada está fora do texto) como uma espécie de idealismo linguístico sem mais fundamentação. No entanto, o próprio Derrida esclarece que, para ele, «texto» não significa escritos no papel ou coisas publicadas: a desconstrução não é uma análise do discurso ou um método hermenêutico. Ela pretende ser uma desconstrução de práticas, nomeadamente dos aspectos políticos e institucionais das práticas. É nesse sentido que a desconstrução tem intuitos ético-políticos.[213]

O primeiro texto publicado e reconhecido de Derrida é escrito em diálogo com Husserl: trata-se da *Introdução à Origem da Geometria de Husserl* (1962).[214] As suas primeiras obras importantes, *Gramatologia, A Escritura e*

---

[212] Este Derrida «anglo-saxónico» (dos departamentos de teoria crítica, e não dos departamentos de filosofia) teve certamente um efeito muito negativo na imagem de Derrida perante os filósofos analíticos, para quem, na maioria, o nome de Derrida não evoca mais do que jargão ininteligível.

[213] Tal ideia não é facilmente aceite por críticos de Derrida (por exemplo, o filósofo alemão Jürgen Habermas) que o acusam de negar todas as distinções que permitem o pensamento, de apagar completamente as fronteiras entre filosofia e literatura, ou entre lógica e retórica, e de procurar ridicularizar qualquer apelo à argumentação racional. Para os instintos do defensor marxiano da práxis que é Habermas, isso é imoral e indefensável, e decididamente incompatível com os ditos intuitos ético-políticos.

[214] Falo de reconhecimento académico, e não popular. Derrida viria a tornar-se muito mais célebre posteriormente, um filósofo-estrela, como hoje é, por exemplo, Slavoj Žižek.

a Diferença e *A Voz e o Fenómeno*, foram, todas elas, publicadas no mesmo ano, 1967. Em todas elas é utilizado o termo «desconstrução», a partir daí associado a Derrida e ao método derridiano. Derrida foi buscar o termo a Heidegger, à ideia de destruição da metafísica que aparece na Introdução de *Ser e Tempo*. No mapa da filosofia francesa de então, estas obras iniciais situam-se como uma crítica à fenomenologia enquanto ciência da consciência.[215] Derrida ataca o «privilégio da presença» que a ideia de uma ciência da consciência envolve. A crítica à metafísica da presença será a marca da sua filosofia. Apesar disto, Derrida professa uma lealdade à fenomenologia[216]: pensa que é ela que nos impede de cair na ingenuidade positivista. Mas, na verdade, é toda a orientação de fundo da fenomenologia (pense-se nas ideias de intuição, de presença em carne e osso da coisa na consciência, ou na ideia de origem do sentido na consciência) que Derrida crê ser insustentável. Todas estas ideias incorporam aquilo a que Derrida chama o privilégio da presença. Este seria característico não apenas da fenomenologia, mas do pensamento ocidental. É em relação a este pano de fundo que o projecto filosófico geral de Derrida aparece como um projecto de «desconstrução». A desconstrução é desconstrução das hierarquias associadas à presença, à fundação e à origem, que estruturam a nossa forma de pensar e que transparecem por exemplo nas oposições entre escrito e oral, verídico e ficcional ou original e cópia. A todos estes pares estão associadas hierarquias. Ao privilégio da presença e às hierarquias que lhe estão associadas, Derrida opõe a noção de diferença (*différence/difference*), bem como a noção de «escrita». Tais noções servir-lhe-ão ao longo do tempo para nomear a passagem pela exterioridade, o carácter de ausência, de falta, de sempre-já-não-originário que qualquer acto de pensamento envolve. A desconstrução derridiana das hierarquias pretende resultar numa abertura à alteridade. Convém notar, porém, que tal abertura à alteridade é concebida por Derrida em oposição à nostalgia dos primórdios e das origens que ele pensa estar por todo o lado em Heidegger. Noutras palavras, e mau grado a grande influência de Heidegger no seu pensamento, Derrida defende que não há nem nunca houve origem, i.e., um lugar de presença a si inicial, originador do pensar, do fazer, um

---

[215] Considerando que *As Palavras e as Coisas* de Foucault é de 1966, os três livros de Derrida, de 1967, e *Diferença e Repetição* de Deleuze, de 1968, é bem claro que este foi um momento muito intenso da filosofia francesa da segunda metade do século XX.

[216] Tomo a expressão de Vincent Descombes.

lugar historicamente chamado «razão» ou «consciência» (ou solo do habitar poético heideggeriano). Noutros termos, Derrida não se deixa convencer pelo apelo ao solo e à casa (especialmente pensando sobre língua e linguagem) do discurso heideggeriano. Para ele, há apenas sempre já diferença, inscrição da alteridade na mesmidade. Outra forma de dizer o que Derrida está a dizer é afirmar que a consciência nunca é anterior à linguagem, ou que há uma diferença (categorial) originária entre ser e significação, entre facto e direito. Esta diferença não poderá ser capturada na consciência ela própria, através de um remontar às origens na consciência e pela consciência.

Um exemplo iluminador do método derridiano em acção nos inícios da sua obra, quando os seus textos são ainda bastante compreensíveis, é a abordagem da metáfora, ou melhor, do metafórico no artigo «Mitologia branca», em *Margens da Filosofia* (1972). A expressão do título, «Mitologia branca», significa várias coisas: significa por exemplo uma mitologia que não se vê a si própria como mitologia e significa mitologia dos brancos. Segundo Derrida, a consideração usual e habitualmente não polémica de que a nossa linguagem comporta uma divisão entre o metafórico e o não metafórico pressupõe injustificadamente a possibilidade de distinguir, sem mais problemas, o metafórico do não metafórico. Mas será que a distinção entre literal e metafórico é realmente não problemática? É isso que Derrida põe em causa. No entanto, embora a distinção seja impossível de ser traçada, a crença na possibilidade de a estabelecer subjaz ao pensamento ocidental, e particularmente à distinção que no seio deste é feita entre aquilo que é claramente racional (i.e., científico, filosófico), e portanto valorizado, e aquilo que é artístico, da ordem da imaginação e do sentimento, e portanto não racional, e por isso desvalorizado. O par conceito-metáfora (ao lado de pares como originário-cópia, espírito-corpo, etc.) é assim mais uma das hierarquias que organizam o «pensamento ocidental», que se concebe a si próprio como «racional» de uma forma que Derrida procura capturar com a expressão «mitologia branca».

Esta intuição das hierarquias inscritas e a desconstrução pela revelação da estrutura da sua «construção» é a intuição básica de Derrida acerca da natureza do pensamento. Ele serve-se de conceitos ligados à linguagem para a exprimir: conceitos como *écriture*, *trace*, *différence* — escrita, rasto, diferença. É esta «revelação» que Derrida pretende da desconstrução, que ele vê (também) como crítica do platonismo enquanto nome para a «hierarquização».

Armado desta concepção metodológica, Derrida lança-se na história de conceitos vários, como os conceitos de dom, hospitalidade, morte, justiça ou liberdade, e examina paradoxos e aporias vários da «feitura» histórica de tais conceitos. Esta é a forma da sua crítica à metafísica ocidental. É preciso notar que há determinadas ingenuidades que Derrida não comete nunca: ele não pretende nunca que seja possível abandonar totalmente a metafísica, ou (apesar das críticas à violência, ao silenciamento, que as posições analisadas envolvem) que seja possível desconstruir uma posição sem, ao fazê-lo, estar a afirmar uma outra posição. Muito menos pensa que a posição defendida por si após a desconstrução das violentas hierarquizações subjacentes à metafísica ocidental seja uma posição neutra. Derrida tem perfeita consciência de que toda a apaixonada crítica da razão que o rodeia nos anos 1960, quando a sua obra começa a ascender, i.e., todos os clamores contra a razão ocidental vista como violência e injustiça, é (e só pode ser) travada na linguagem da razão e não pode ser ganha contra a razão. Uma forma que Derrida tem de expor isto mesmo é dizer que o diálogo com Hegel (i.e., com a Razão como sistema) nunca está terminado. Como nota Vincent Descombes[217], resta então a Derrida jogar «jogo duplo» — o que explica o carácter performativo, irónico e espirituoso dos seus textos. O estatuto da escrita de crítica à razão explicaria, assim, o estilo derridiano. Evidentemente, esta é uma forma bastante compreensiva de tomar o estilo de Derrida; críticos menos pacientes diriam antes que esse estilo se foi tornando cada vez mais idiossincrático e incompreensível. A idiossincrasia é visível até mesmo graficamente: por exemplo, um texto como *Glas* (1974) é escrito em colunas paralelas na mesma página, uma dedicada à análise de Hegel, outra, de Jean Genet; um escrito como *Cartão-Postal: De Sócrates a Freud e Além* (1980) começa com centenas de cartas de amor.

Tematicamente, uma coisa é certa: a partir dos anos 1990, os escritos de Derrida incidiram fortemente sobre política, religião e ética — exemplos são *Espectros de Marx* (1993), no qual analisa a importância do marxismo como messianismo da «democracia a chegar», ou *Da Hospitalidade*, de 1997. O seu último livro, *O Animal Que logo Sou* (2006), testemunha o seu longo interesse pela animalidade, questão que marca também ela as margens do humano.

---

[217] DESCOMBES (1979).

Deleuze

Gilles Deleuze (1925-1995) é um dos mais influentes filósofos franceses contemporâneos. O seu amigo Michel Foucault afirmou que um dia o século XX filosófico seria considerado «deleuziano». Deleuze nasceu e morreu em Paris, onde, a partir de 1969, ensinou, definitivamente, na Universidade de Paris VIII (Vincennes, depois Saint-Denis). É uma figura totalmente parisiense.

Deleuze rejeita a ideia heideggeriana de fim da metafísica; pensa em si próprio como um puro metafísico. No entanto, os meios que usa para fazer metafísica são múltiplos e surpreendentes. Por vezes, Deleuze parece um (quase) sóbrio historiador da filosofia: exercita-se em fascinantes leituras da obra de filósofos como Hume, Espinosa, Leibniz, Kant, Nietzsche, Bergson ou Foucault. Mesmo os mais reticentes à filosofia deleuziana sucumbem ao fascínio e à clareza de tais obras, cujos objectos não são, convém sublinhar, escolhidos em vão: é com esses nomes que Deleuze define o seu panteão, a linhagem na história da filosofia que considera boa e sã e que deseja continuar.[218] Deleuze ensaia ainda interpretações de artistas e de outras figuras tais como Marcel Proust, Francis Bacon ou L. Sacher-Masoch[219], e as suas obras sobre cinema são hoje incontornáveis nos estudos artísticos.[220] *Diferença e Repetição* (1968) é talvez o exemplo central da sua obra em nome próprio na qual mais claramente é explicitada uma ontologia. *Lógica do Sentido* (1969) dá-lhe continuidade. O livro que o torna célebre, *O Anti-Édipo: Capitalismo e Esquizofrenia 1* (1972), um livro-símbolo do pós-1968, escrito em parceria com o psicoterapeuta e militante Félix Guattari, é algo muito diferente (muito mais delirante, poderíamos dizer). A colaboração com Guattari continuará com *Mil Planaltos*, de 1980 (o segundo volume de *Capitalismo e Esquizofrenia*, que se seguiu a *O Anti-Édipo*), e *O Que É a Filosofia?* (1991).

---

[218] As obras de Deleuze sobre Hume, Nietzsche, Kant, Bergson, Espinosa, Foucault e Leibniz são respectivamente: *Empirismo e Subjectividade* (1953), *Nietzsche e a Filosofia* (1962), *A Filosofia Crítica de Kant* (1963), *Bergsonismo* (1966), *Espinosa e o Problema da Expressão* (1968), *Foucault* (1986), *A Dobra: Leibniz e o Barroco* (1988).

[219] Cf. *Proust e os Signos* (1964), *Présentation de Sacher-Masoch* (1967), *Francis Bacon: Lógica da Sensação* (1981).

[220] Cf. *A Imagem-Movimento: Cinema 1* (1983) e *A Imagem-Tempo: Cinema 2* (1985). Na verdade, as obras de Deleuze sobre cinema tornaram-se tão incontornáveis, que frequentemente geraram a reacção oposta, i.e., o desejo de não mais usar Deleuze para abordar filosoficamente o cinema.

Mas quem é, afinal, Gilles Deleuze como filósofo? Ele próprio se intitulou um empirista transcendental, ou um ético naturalista, na linha de Espinosa e Nietzsche. Que o seu primeiro livro, o livro sobre David Hume, de 1953, tenha tido por objecto um empirista anglo--saxónico tem certamente um sabor de provocação num meio filosófico então dominado pela atenção a Hegel, Husserl e Heidegger (no quadro que tenho vindo a propor, este é o tempo da geração existencialista). Para Deleuze, a filosofia genuinamente crítica só pode ter um rosto: não pode senão filiar-se numa tradição que vem do materialismo da antiguidade e que chega a autores como Espinosa e Nietzsche. Isto significa, antes de mais, que aquilo que é abstracto (por exemplo, «o sujeito») não explica nada, antes tem de ser explicado. A filosofia deleuziana da diferença move-se a partir da imanência — «imanência» é, de resto, talvez o termo fundamental para compreender Deleuze (a razão pela qual ele reverencia Espinosa é a ontologia unívoca deste, uma ontologia na qual toda a diferença é apenas diferença de graus de poder, no afectar e ser afectado). É a partir da perspectiva da imanência que Deleuze pretende ser um filósofo pluralista e anti-racionalista, um filósofo do múltiplo e do devir. É a partir da perspectiva da imanência que Deleuze pretenderá criticar a lógica da identidade, i.e., de uma racionalidade que tudo abarca e absorve, e que é exemplificada na história da filosofia por Hegel. Para Deleuze, a filosofia não procura o universal, mas as condições singulares, e em particular aquelas nas quais algo de novo é produzido. De um enquadramento que em obras como *Diferença e Repetição* é ainda kantiano (um Kant lido, é certo, de forma muito específica), passa-se ao que se poderia chamar o naturalismo--materialismo de Deleuze (esta seria uma forma mais anglo-saxónica de dizer «imanência»). É assim que são para ser lidos os seus livros sobre Hume, Nietzsche, Espinosa ou Leibniz. É claro que isto faz deles história da filosofia deveras *sui generis*: ao mesmo tempo que ao lê-los se pode aprender muito sobre Hume, Nietzsche, Espinosa ou Leibniz, é sempre Deleuze quem está presente, é sempre ele a orquestrar aquilo que se passa, é o seu pensamento que é avançado sob esta forma (basta recordar a afirmação sobre o método de *enculage* que citei na Introdução: na sua própria imagem, Deleuze serve-se de Hume ou Nietzsche ou Espinosa para criar os monstros Hume-Deleuze, Nietzsche-Deleuze ou Espinosa-Deleuze).

Procuro em seguida dizer um pouco mais sobre algumas das obras principais de Deleuze. *Diferença e Repetição* foi originariamente uma tese de doutoramento[221] e é um trabalho assumidamente «anti-hegeliano» que pretende fazer uma análise kantiana ou transcendental (entendida como análise imanente) da experiência real. A «Diferença» é o princípio da diversidade empírica. Neste contexto, Deleuze procura dar conta da natureza do pensamento, oferecendo para isso uma visão das faculdades e do eu, e uma forma de pensar sobre o que é para alguma coisa ser aquilo que é que não parta da pergunta platonizante «O que é X?», mas que mantenha em mente a diferença, a intensidade, a virtualidade. Em *Lógica do Sentido*, Deleuze ocupa-se de forma crítica da maneira como a tradição analítica (a tradição Frege-Russell) lidou com o sentido e a referência, mas não (supostamente) com a génese destes (é esta a crítica maior).

O Anti-Édipo é um livro que pretende ter efeitos sobre o leitor, um livro cheio de piadas e de duplos sentidos, que pega na vida na sua máxima concretude e vulgaridade (logo no início, lê-se: «Ça chie, ça baise») e que usa materiais tais como o discurso delirante de Antonin Artaud enquanto fonte do conceito central de «corpo sem órgãos». O seu objecto somo-lo todos nós, enquanto máquinas desejantes. A proposta é que o inconsciente não é um teatro ou uma figuração, mas sim uma fábrica. O objectivo é cruzar Freud[222] e Marx para chegar a uma ontologia, mas também fazer uma crítica da psiquiatria normalizada e domesticada, tornada «história de família». A esquizoanálise levada a cabo é a análise das máquinas desejantes e dos seus investimentos sociais. A esquizofrenia (de *Capitalismo e Esquizofrenia*, o título geral dos dois volumes) é o resultado do bloqueio desta produção desejante. Não há sujeito por trás da produção desejante; ela constitui-se a si própria, é puramente criativa (esta forma de ver as coisas é a marca nietzschiana-espinosista permanente em Deleuze).

Mil Planaltos é verdadeiramente uma multiplicidade de estratos, um livro ele próprio escrito como rizoma[223], com conexões entre um ponto e quaisquer outros pontos. Não há um «argumento» como em *O Anti-Édipo*. Registe-se apenas que é a origem da noção muito deleuziana de «rizoma» e que esta noção se ergue contra qualquer abordagem sistemática dos fenómenos da informação e da comunicação. Continua-se a crítica da psicanálise «normalizada» e do marxismo estruturalista, e a análise dos investimentos desejantes e das significações.

---

[221] A tese secundária anexa era o trabalho sobre Espinosa e a expressão.
[222] Que aparece como Al Capone mascarado.
[223] Um rizoma é, em biologia, uma massa de raízes oculta no subsolo.

A reflexão de Deleuze sobre o cinema é um clássico do pensamento contemporâneo sobre as artes. Desenvolve-se em dois volumes, *A Imagem-Movimento: Cinema 1* e *A Imagem-Tempo: Cinema 2*, e é fortemente influenciada pela concepção de tempo de Henri Bergson (1859–1941)[224], especialmente pela ideia bergsoniana de *durée* (duração). A *durée* bergsoniana é uma visão do universo como fluxo espaciotemporal de um todo, matéria-movimento, que se contrai nas entidades fixas e discretas daquilo a que chamamos espaço e se expande de um passado ao presente a um futuro naquilo a que chamamos tempo. Recorde-se que Bergson foi crítico da visão corpuscular da matéria e da ideia de que o mundo consiste em sólidos impenetráveis, coisas individuais espaciotemporais, uma imagem que considerava desactualizada do ponto de vista da física. É a concepção bergsoniana de tempo que inspira Deleuze quando propõe que o tempo (e a memória, como continuação de um momento passado num momento presente, que Bergson nele «inclui») é a matéria-base para fazer cinema — como o som para fazer música e a cor para fazer pintura. O tempo é real — não é equivalente a uma sequência de disposições de matéria, como a nossa tendência para o espacializar nos faria crer: é por isto que o cinema é bergsoniano, defende Deleuze. Bergson toma assim lugar ao lado de Espinosa, Nietzsche e companhia como mais um dos filósofos da imanência no panteão de Deleuze.

O texto de Deleuze nos livros sobre cinema não é história do cinema nem é crítica de cinema, embora esteja povoado de história do cinema e de diálogo com a crítica. Do ponto de vista filosófico, o texto é precisamente uma reflexão sobre tempo, espaço, movimento e imagem. O conceito de imagem vem ele próprio de Bergson — é o conceito com o qual ele substitui a divisão clássica sujeito-objecto. O mundo é inteiramente constituído por imagens: entidades vivas, como nós, são imagens, e confrontam-se com as imagens que são entidades não vivas, entre elas as imagens cinematográficas. Segundo a forma como a memória era vista por Bergson, para que ela se forme o tempo actual tem de ser redobrado por um tempo virtual, um passado coexistente com o presente. Os signos que Deleuze vai teorizar, sob a inspiração do filósofo pragmatista americano Charles Sanders Peirce, também conduzirão a uma taxonomia das imagens (as imagens fílmicas são signos, mas não signos linguísticos). Uma ideia global fundamental que agrega as análises de imagens e de

---

[224] É grande a importância do primeiro capítulo de *Matéria e Memória* (1896) de Bergson.

signos é que o cinema não cria um mundo-imagem diante dos olhos do espectador — as imagens do cinema são imagens imanentes, imagens que não esperam nenhum olhar humano; são um aparecer que não se dirige a ninguém, não são consciência nem percepção subjectiva. Estamos muito longe de qualquer lamentação crítica heideggeriana perante o mundo tornado imagem, na época da ciência, da técnica e da representação. Estamos também longe da fenomenologia, com a sua referência constitutiva à percepção natural e à situação do corpo próprio no mundo. É bem outra a natureza das imagens do cinema segundo Deleuze. Os autores, i.e., os realizadores, são, segundo Deleuze, pensadores que pensam em imagens-tempo e imagens-movimento, e Deleuze pretende fundamentalmente articular a lógica desse pensamento. Persegue conceitos que considera específicos do cinema, mas que só podem ser formulados filosoficamente, como imagens-tempo ou imagens-movimento. Cada imagem-movimento cinematográfica é uma fatia do todo bergsoniano, um corte móvel da duração (*la durée*). Uma outra sugestão de Deleuze é que sempre fizemos cinema sem o saber: o mecanismo da nossa cognição usual é de natureza cinematográfica. Dá-nos imagens instantâneas, cortes móveis do movimento. O cinema, por seu lado, compõe e recompõe o movimento por relação a instantes equidistantes quaisquer e, assim, produz algo como uma análise sensível imanente. A montagem e a câmara móvel dão-nos um universo centrado de imagens-movimento. Nem realismo nem fenomenologia poderão ao abordar o cinema capturar essa condição.

A artificialidade do procedimento do cinema é, segundo Deleuze, partilhada com a linguagem e também com a filosofia ela própria, e de resto a decomposição do devir em instantes é o que os seres vivos fazem também.

É este o núcleo filosófico da reflexão deleuziana sobre cinema, uma das partes mais influentes da sua obra. A última publicação de Deleuze, em 1995, foi *Immanence: une vie*. De saúde deteriorada, suicida-se nesse mesmo ano.

Figuras inenquadráveis: Ricœur e Levinas

Escolhi estes dois autores pelo pendor religioso do seu pensamento, que os põe em contraste com a grande maioria dos filósofos continentais de finais do século XX, que tende a ser explicitamente ateia. Num dos casos, o judaísmo e, no outro, o cristianismo (protestante) são referência para uma filosofia. É sobretudo nesse sentido que lhes chamo «inenquadráveis», uma vez que, de um ponto de vista genealógico, o pensamento de ambos entronca na fenomenologia, mais especificamente na viragem teológica da fenomenologia francesa, na qual poderíamos incluir também autores como Michel Henry (1922–2002) ou Jean-Luc Marion (1946–).

Ricœur

Nascido numa família protestante, órfão da Primeira Grande Guerra, Paul Ricœur (1913–2005) estudava na Alemanha quando eclode a Segunda Guerra Mundial, e é aí que passa a guerra, num campo de prisioneiros. Ao longo da sua carreira, ensinou regularmente nos EUA e no Canadá, e não apenas em França, o que lhe deu entre outras coisas um conhecimento em primeira mão da filosofia analítica. Crítico de aspectos do sistema académico francês, apoia a criação da nova Universidade de Paris X (Nanterre), e aí tinha responsabilidades de direcção quando se dá o Maio de 68. Os problemas por que então passa conduzem-no a um exílio voluntário; volta a França todos os anos para ensinar, mas parte da sua vida está fora do país. Muitos dos seus escritos aparecem em inglês. Por vezes e num certo contexto (por exemplo, o contexto da teoria crítica no mundo anglófono), Ricœur e Derrida aparecem em competição, enquanto figuras inspiradoras das disciplinas da interpretação. No mundo de língua francesa, Ricœur aparece frequentemente como uma resposta da hermenêutica ao estruturalismo.

O nome de Paul Ricœur é, de resto, talvez o primeiro que vem à mente quando se fala de hermenêutica (um outro é o do filósofo alemão Hans-Georg Gadamer [1900–2002], aluno de Heidegger e autor de *Verdade e Método*, 1960). A interpretação é o grande foco da sua obra. Ricœur interessa-se não tanto directamente pela existência humana enquanto interpretação (como vimos Heidegger fazer com a sua ontologia hermenêutica, em *Ser e Tempo*), como pela interpretação tal como esta está em causa em todos os contextos em que existem fenómenos de simbolismo e de duplo sentido, seja na leitura de textos (como a Bíblia ou textos da tradição literária) ou em psicanálise. É importante ter claro que a noção ricœuriana de interpretação não tem por objecto a linguagem *tout court*, a linguagem entendida como qualquer coisa dita, como Aristóteles, em *Da Interpretação*, nos pode ter feito pensar. A noção ricœuriana de interpretação entra em cena apenas com os fenómenos de duplo sentido. Estes têm lugar quando há linguagem já em funcionamento (os fundadores da tradição analítica, em contraste, estudariam a linguagem no sentido aristotélico de qualquer coisa que é dita). Ricœur é cuidadoso a fazer essa distinção. Além disso, em oposição à «via curta» de Heidegger (i.e., a ontologia hermenêutica de *Ser e Tempo*), Ricœur defende uma «via longa» para a hermenêutica. Na prática, isto significa que ele defende que a filosofia de orientação hermenêutica deve ser feita em contacto com as disciplinas da interpretação, como a psicanálise, a crítica literária e a teologia. Os temas que então se erguem serão os temas da filosofia de Ricœur: o conflito das interpretações, a natureza da narrativa, a natureza da metáfora ou a natureza do discurso religioso. Um ponto fundamental do seu pensamento é que, apesar de tudo, há significação e há significado da existência. É em última análise esta intuição que Ricœur defende de mil maneiras contra o estruturalismo, a desconstrução ou a psicanálise.

A sua carreira filosófica tem início na fenomenologia existencial, com o interesse por autores próximos da religião, como o filósofo alemão Karl Jaspers (1883–1969) e o filósofo francês Gabriel Marcel (1889–1973), sobre quem escreve. No entanto, um problema que sempre o atraiu, o problema do mal, vem a fazê-lo combinar a fenomenologia com a hermenêutica. Fala-se por isso de uma viragem hermenêutica no seu pensamento. Poder-se-ia também pensar no conjunto da sua obra como propondo uma antropologia filosófica, que dá um grande espaço à questão do autoconhecimento (veja-se um dos seus últimos livros, *O Si-Mesmo como Outro*, 1990). Para Ricœur não há um eu transparente a si ou em pleno domínio de si. A via do autoconhecimento é longa e tortuosa. Ao contrário de um filósofo existencialista como Sartre, o foco de Ricœur quando persegue o autoconhecimento não é a consciência, mas sim a acção, daí o seu interesse pelos temas do voluntário e do involuntário. Assim se inicia a sua obra, nos anos 1950, com *Philosophie de la volonté: Le volontaire et l'involontaire* — volume I (1949). O seu materialismo cristão leva-o a acentuar a importância de se ser um corpo, e a possibilidade de eu participar directamente na minha própria encarnação, enquanto mistério. Dada a nossa corporeidade, o voluntário e o involuntário são complementares na existência humana — no voluntário, está em causa decidir, escolher, mover-se à acção; no involuntário, está em causa o ser incorporado, a não acção.

Ricœur interessa-se também por compreender aquilo que vê como a natureza frágil e paradoxal da existência e da liberdade humanas, e o que poderá ser uma vontade má e actos maus. Somos fragilmente livres, defende, podemos usar mal a nossa vontade; a vontade má é simplesmente uma realidade. Há uma desproporção entre o infinito da nossa racionalidade e a finitude da nossa realidade corpórea — isso é visível em todos os aspectos da existência. Ricœur é, assim, levado a interessar-se pela falibilidade do humano e pelas dimensões da desproporção do humano relativamente a si próprio: a imaginação, o carácter, o sentimento, temas de *Philosophie de la volonté: Finitude et culpabilité* — volume II (1960). Segundo Ricœur, é necessário, para entender a realidade humana, compreender a existência e a realidade do mal, e também para isso a interpretação é essencial. Ao analisar a simbologia do mal, Ricœur faz fenomenologia da religião (e pensa que toda a fenomenologia da religião é fenomenologia do sagrado). Ora, segundo a fenomenologia da religião, há uma verdade dos símbolos. É em última análise esta convicção que o opõe a uma outra orientação hermenêutica do pensamento contemporâneo a que Ricœur chamou «hermenêutica da suspeita» (evocando, com a expressão, Marx, Freud e Nietzsche). A expressão popularizou-se e as posições de Ricœur sobre estes autores, que foram a bandeira incontestada de um certo pensamento francês e da geração do estruturalismo, têm o interesse especial de lhes apontar directamente os pontos fracos. O livro sobre Freud (*De l'interpretation: Essai sur Freud*, 1965), violentamente contestado pelo *milieu* lacaniano, é disso exemplo. O que distingue afinal o ponto de vista da hermenêutica ricœuriana do ponto de vista da psicanálise, se em ambas as circunstâncias está em causa interpretação? Segundo Ricœur, a arqueologia do sujeito e da cultura levada a cabo pela psicanálise é sem dúvida necessária, mas não nos diz nada acerca do que é para um ser humano ser livre e capaz. Ora, isto é algo que se impõe fazer a quem, como Ricœur, acredita no significado da existência humana. O contrário da suspeita, propõe Ricœur, é a fé. Um outro ponto fraco da hermenêutica da suspeita para Ricœur é o facto de esta visar, em última análise, alargar a consciência, uma vez curada e desmistificada. Isso redunda, na sua perspectiva, numa cegueira perante o núcleo mítico-poético do humano que é, segundo Ricœur, inerradicável.

O aspecto mais propriamente simbólico da hermenêutica ricœuriana, centrado em textos, é acompanhado noutras obras por análises mais próximas da natureza da linguagem. O estudo da metáfora feito em

A Metáfora Viva, por exemplo, passa pela palavra e pela frase até chegar ao discurso. Ricœur considera que, já no plano dos fenómenos de transporte e deslocamento de palavras, o mecanismo metafórico é mais do que substituição mecânica — envolve transgressão categorial, recategorização, e evidencia por isso de alguma forma a própria natureza (criativa) do pensamento enquanto processo do qual provêm as classificações e os conceitos estáveis (estes são instituídos devido a uma semelhança que teve de ser primeiro «vista»). O aspecto original da proposta de Ricœur é a inserção da análise da metáfora numa tarefa hermenêutica geral. Ricœur vê no discurso metafórico a libertação de um «poder de referência de segundo grau», que tem como condição a suspensão da referência literal. Para Ricœur, o discurso metafórico não é auto-referencial e centrado em si mesmo, mas antes ocasião de «referência desdobrada». A análise da metáfora conduz Ricœur a pensar sobre a natureza da inovação no pensamento e sobre a natureza da imaginação criadora, capaz de redescrever a realidade do mundo habitável, em termos éticos e estéticos. Fugindo ao *lógos* apofântico, i.e., à primazia do dizer o verdadeiro de forma descritiva, a metáfora é o processo retórico pelo qual o discurso liberta o poder de redescrever a realidade. De novo Ricœur se coloca em alternativa a Derrida.

Os temas da memória, da história, do esquecimento, do tempo e da narrativa, do justo e do reconhecimento ocupam as últimas obras de Ricœur (*Le juste* I e II, 1995, 2001; *Tempo e Narrativa* I, II e III, 1983-1985; *A Memória, a História, o Esquecimento*, 2002; *Parcours de la reconnaissance*, 2004). Ocupa-o o facto de a nossa finitude ser visível na nossa natureza histórica, o que clarifica afinal a ideia de liberdade finita. Nestas condições, o auto-entendimento procurado por cada humano acontecerá apenas através dos sinais depositados na memória e na imaginação, nomeadamente pela grande tradição literária. A análise desta está sempre presente em Ricœur.

Levinas

A primeira tentação é chamar ao pensamento de Emmanuel Levinas (1906-1995) uma ética — é no contexto da ética que, independentemente de orientações filosóficas, a referência ao seu nome tende a surgir. No entanto, «ética» não significa aqui discurso racionalista sobre o que devemos fazer, como é o caso em abordagens deontologistas como a kantiana, ou no cálculo utilitarista da felicidade e do bem-estar para o maior número. O que está em causa em Levinas é uma ética concebida como filosofia primeira, como o primeiro motor da filosofia, uma ética antes da ética, ou além da ética (em *A Escritura e a Diferença*, num ensaio brilhante sobre Levinas intitulado «Violência e Metafísica», Derrida chamou-lhe «uma ética da ética»). Noutras palavras, o intuito de Levinas é interpretar a existência (e a transcendência da existência) à luz da ética, e não dar resposta à questão da ética normativa, a questão «o que devo fazer?». No centro do pensamento de Levinas temos o encontro com o outro, com o rosto do outro. Esse encontro com o outro (a alteridade enquanto *autrui*, outrem) instaura a possibilidade de responsabilidade e de hospitalidade. A alteridade é o tema-núcleo da obra de Levinas, o tema a que obsessivamente retorna. Contra Heidegger, que nunca escreveu uma ética (e explicou, por exemplo, na *Carta sobre o Humanismo*, porque não seria possível fazê-lo), Levinas pensa que é a ética a verdadeira filosofia primeira. A tarefa que se ergue em torno desta é a de uma descrição da experiência humana. Levinas procura descrever essa experiência para o seu tempo, um tempo em que a Europa fora definitivamente manchada pelo Holocausto. O tema da guerra está por isso muito presente nos seus escritos, e uma pergunta que o ocupa é a pergunta pela possibilidade de moralidade num mundo em guerra.

Levinas não nasceu francês, mas lituano. Judeu, toda a sua família de origem viria a ser massacrada na Segunda Grande Guerra. Nos anos 1920, está em França a estudar; naturalizar-se-á francês em 1939. Interessa-se por fenomenologia e foi uma figura determinante para a introdução da mesma em França: a primeira introdução ao pensamento de Husserl escrita em francês é de sua autoria, e já em 1931 traduzia Husserl (as *Meditações Cartesianas*) para o francês. Pensa, todavia, que quer Husserl quer Heidegger deixam escapar algo: é o que argumenta no seu livro *Descobrindo a Existência com Husserl e Heidegger* (1949). O livro é, desde logo, uma claríssima introdução ao pensamento destes dois autores. Apesar da admiração por ambos, Levinas pensa que os dois falham a forma de começar em filosofia. Para Levinas, a forma de começar em filosofia é o outro, o olhar do outro, o rosto do outro, e não o mundo, ou Deus, ou a consciência. É no rosto do outro que se encontra o *infinito*, que a tradição filosófica ocidental oculta ao perseguir a *totalidade*. É esta a principal tese da célebre obra *Totalidade e Infinito* (1961), que Derrida verá como um tratado sobre hospitalidade. *Totalidade e Infinito* é o livro mais importante de Levinas e a obra que o impõe como um autor por direito próprio, e não apenas um estudioso e tradutor da fenomenologia. Em *Totalidade e Infinito*, Levinas pretende caracterizar o nosso ser-no-mundo «corrigindo» Husserl e Heidegger. Quer alcançar uma concretude maior do que a concretude da análise existencial heideggeriana de *Ser e Tempo* — encontramos, assim, análises do amor, do nutrir-se, do gozo, da guerra, da domesticidade ou do feminino.[225] Considerando a visão heideggeriana do *Dasein* como *Sorge* (cuidado), Levinas faz notar que Heidegger esquece totalmente dimensões como comer, dormir, o horror ou o cansaço. O *Dasein* de Heidegger nunca tem fome, nota Levinas, não sente desejo, não é sincero nem insincero. Momentos de experiência do outro enquanto outro, como o amor ou a amizade, que interessarão a Levinas, estão totalmente fora do âmbito de interesse de Heidegger. Não será assim em *Totalidade e Infinito*.

Embora a orientação de Levinas em fenomenologia tivesse passado por uma suspeita perante aquilo que viu como o intelectualismo de Husserl, que o conduziu a aproximar-se da concretude da análise heideggeriana da existência, ele veio a sentir por várias razões uma grande necessidade de criticar Heidegger. Entre essas razões estaria certamente o facto de ter feito a certa altura — só depois, é verdade, de se ter deixado encantar pelas aulas e conferências de Heidegger nos seus estudos na Alemanha — a ligação entre a ênfase heideggeriana, em *Ser e Tempo*, na autenticidade e na decisão e a sua adesão ao nacional-socialismo. A autenticidade heideggeriana, pensada como *Sein-zum-Tode*, ser para a morte, como enfrentamento da morte enquanto acto livremente escolhido, parece-lhe devedora de concepções de heroísmo como virilidade e domínio que Levinas considera duvidosas. O sofrimento e a aceitação do fim das possibilidades parecem-lhe muito mais apropriados como descrição de morrer. Já quanto à forma como encontramos as coisas no mundo, Levinas pensa, em contraste com Heidegger, que não as encontramos como instrumentos à mão, mas antes muito frequentemente como objectos de gozo e prazer na execução de actividades corporais. É então realmente contra Heidegger, que exclui de forma explícita a ética da ontologia fundamental, que Levinas defende que a ética é a verdadeira filosofia primeira, que ela antecede a metafísica. A ética de Levinas não é, porém, como já fiz notar, a ética usual na tradição filosófica, nomeadamente anglófona. A grande razão para isto é o facto de, segundo

---

[225] O livro contém uma célebre análise do feminino como fecundidade, que foi criticada por Simone de Beauvoir.

Levinas, a tradição filosófica estar centrada no egoísmo, i.e., na questão da motivação e da justificação do comportamento dos indivíduos. Ora, para Levinas, o ético é o espiritual ele próprio; a esfera do outro dentro da qual toda a interacção humana tem já lugar.

Procuro em seguida explicitar mais concretamente a proposta levinasiana central da importância do rosto do outro. O rosto do outro é a porta de entrada para o infinito, que ele opõe a totalidade. É com descrições poéticas e densas, com uma proliferação de metáforas e imagens, e não com argumentação, que Levinas procura ir ao encontro do tema. No contraste entre totalidade e infinito, «totalidade» é um nome para a ideia de racionalidade como absorvendo tudo em si própria, caracterizada pelo direccionamento à «representação». Este direccionamento seria, segundo Levinas, característico da filosofia ocidental (que Levinas identifica com a tradição filosófica, na qual inclui Platão, Descartes, Kant, Husserl, Bergson e Heidegger, e não mais do que isso — uma versão bastante restrita de «tradição ocidental», convenhamos). A razão metafísica exerce «violência» ao procurar tudo conter em si. É esta a ideia de «violência e metafísica». O que desafia a totalidade, que permanece exterior ao pensamento, é chamado infinito, ou transcendência, ou «outro». Aquilo que a fenomenologia de Levinas pretende fazer — não nos esqueçamos de que ele se considera um praticante da fenomenologia e, portanto, está interessado na descrição da experiência — é descrever tal dimensão transcendente da experiência humana.

Enquanto judeu, Levinas não deixa de trazer para a sua reflexão sobre a cultura europeia algo que na tradição do pensamento judaico se ergue muito alto: a força sobre nós das pretensões morais do outro. É na alteridade do outro que vê o princípio de todo o amor. E, na verdade, por mais que o seu pensamento possa aparecer-nos como religioso, é sobretudo essa dimensão moral e do amor, mais do que alguma caracterização ontológica de Deus, que lhe interessa. Em *Totalidade e Infinito*, Levinas parece mesmo rejeitar a teologia tal como esta é tradicionalmente praticada. Certamente, pelo menos, Deus não é o Outro que o preocupa; Deus será no máximo «o outro do outro» — uma alteridade remota a que chama *illeidade* (de *ille*, o pronome demonstrativo para «isso aí», distante). O outro que o preocupa é o outro-outrem, i.e., a outra pessoa. É esse outro que é filosoficamente revelador, não o Outro-Deus.

A tradição filosófica apaga o outro a favor do mesmo, acusa Levinas, não vê a irredutível prioridade do outro. Por isso se configura como ontologia, como pensamento do mesmo (a terminologia do «mesmo» e do «outro» vem da filosofia antiga, de *O Sofista* de Platão). O projecto grandioso do pensamento ocidental seria o de tudo reduzir à esfera do ego e, assim, ao «mesmo». Um ponto específico de crítica é a concepção husserliana do outro (no sentido de outrem, outra pessoa), na Quinta Meditação Cartesiana: Levinas pensa que Husserl reduz aí o outro a uma representação minha, apagando totalmente a sua transcendência. A subjectividade e o outro têm de ser caracterizados de forma muito diferente.

A noção levinasiana de subjectividade ergue-se contra a subjectividade representativa cartesiana, contra a subjectividade atormentada kierkegaardiana, contra a subjectividade husserliana, contra a autenticidade heideggeriana. Para Levinas, a subjectividade é sujeição ao outro: o sujeito não é um *pour-soi* sartriano, mas um para-o-outro. E o outro é uma irrupção, uma epifania, uma quebra com o mundo comum da natureza — é a porta aberta para a profundidade da existência. É neste contexto que Levinas introduz o tema do «rosto» (*visage*), o tema mais frequentemente associado ao seu nome. O que ele procura capturar é a ideia de que a presença real concreta de outra pessoa nos aparece precisamente assim, como rosto. A outra pessoa escapa a toda a fenomenalidade ao «dar-se». Esse escapar-se é um evento fundamental e a pedra de toque da ética levinasiana. A outra pessoa não pode ser «englobada», compreendida, totalizada, representada, i.e., apoderada por mim. Ela diz «Aqui estou» e essa é a origem de toda a significação, bem como a abertura da demanda de justiça. Ver um rosto humano, segundo Levinas, é ouvir já «Não matarás!». A minha resposta é a minha responsabilidade, afirma, e isto é algo que escapa completamente às categorias de *Zuhandenheit* e *Vorhandenheit* (o estar à mão e em frente a mim) com que Heidegger caracteriza a mundanidade do mundo e o nosso ser no mundo.

Apesar de todo o interesse que as suas minuciosas leituras de fenomenólogos importantes e as suas críticas a Heidegger possam ter, apesar do interesse de obras mais tardias como *Altérité et transcendance* (1995), *Novas Interpretações Talmúdicas* (póstuma, 1996)[226] ou *Éthique comme philosophie première* (póstuma, 1998), há uma insatisfação que acompanha a leitura de Levinas: ele aponta o espaço e a dimensão daquilo que vê como ética, mas não se pronuncia de todo sobre o que deverá preencher esse espaço em termos normativos. Poder-se-ia defender que foi Derrida, profundamente influenciado por Levinas, quem assumiu tal tarefa.

---

[226] Uma sugestão por vezes avançada, mas que não vou aqui explorar, é que a mística judaica permite melhor compreender Levinas.

TRADIÇÃO ALEMÃ

A Escola de Frankfurt: Horkheimer, Adorno, Benjamin e Habermas

«Escola de Frankfurt» foi o nome pelo qual se tornou conhecido o grupo de filósofos e sociólogos associados ao Institut für Sozialforschung (Instituto para a Investigação Social) de Frankfurt. A Escola foi fundada nos anos 1930 por **Max Horkheimer** (1895–1973), filósofo e sociólogo alemão, judeu, talvez mais conhecido como filósofo por ser o co-autor, com Theodor W. Adorno (outro dos nomes centrais da Escola), da *Dialéctica do Esclarecimento*. A *Dialéctica do Esclarecimento*, publicada em 1947, após a Segunda Grande Guerra, é uma crítica pessimista da modernidade e uma das obras-emblemas da primeira geração da Escola. Nela, Horkheimer e Adorno questionam o próprio valor do projecto ético--político do Ocidente e levantam questões inquietantes. Perguntam como pôde a razão tornar-se irracional e como pôde o Iluminismo, que tinha por fim a emancipação dos seres humanos, ter redundado em «desastre triunfante», e o progresso da ciência resultado em destruição maciça. Em suma, põem a nu o lado negro do Iluminismo, o projecto que pretendera emancipar os homens e libertá-los da menoridade, como pensara Kant, mas que pusera de facto à solta tendências de domínio e autodestruição acabando por gerar aquilo que Adorno e Horkheimer vêem como o totalitarismo da razão instrumental nas sociedades contemporâneas.[227]

---

[227] «Razão instrumental» é um conceito fundamental nos escritos da Escola. A expressão dá nome à razão dos meios, não dos fins, i.e., nomeia uma ideia de

Max Horkheimer foi presidente do Instituto entre 1930 e 1933. Pouco depois da ascensão de Hitler a chanceler alemão, o Instituto foi encerrado (a Gestapo tomou o edifício). Horkheimer foi de novo presidente depois da guerra (entre 1949 e 1958), uma vez retornado à Alemanha após um período de emigração nos EUA, em que passou por Nova Iorque e Chicago. O contacto com a sociologia empírica americana servirá sempre como ponto de contraste na Escola. A Escola tinha como objectivo elaborar uma Teoria Crítica Geral das sociedades contemporâneas através de uma investigação interdisciplinar. Na verdade, o Institut für Sozialforschung tinha começado como um grupo de estudos marxista, quando Felix Weil, um estudante de Ciência Política, utilizou a sua herança para apoiar investigação social de orientação esquerdista. A Teoria Crítica pretendia ser uma reactualização do marxismo para as sociedades capitalistas avançadas e, ao mesmo tempo, uma crítica ao modo de pensar «positivista», i.e., a forma de pensar e praticar as ciências sociais como extensão do modelo e do método das ciências naturais. Uma interrogação central era por que razão o proletariado não se tinha tornado uma classe revolucionária. A ideia de emancipação no sentido moral, social e político, tal como esta se encontra já em Kant, um convicto *Aufklärer*, é desde os inícios fundamental para o programa da Escola. Também por isso as conclusões pessimistas de Adorno e Horkheimer na *Dialéctica do Esclarecimento* são tão importantes. O compromisso teórico da Escola com o Iluminismo e com o ideal de emancipação permite compreender a razão por que Jürgen Habermas (1929–), o seu mais conhecido representante actual[228], deu corpo à reacção modernista ao pós-modernismo nos debates sobre modernidade e pós-modernidade nos anos 1980 e 1990, nomeadamente em discussão com o filósofo francês Jean-François Lyotard, ou na sua crítica ao filósofo francês Jacques Derrida. Na visão de Habermas, o pós-modernismo teria precisamente deixado cair qualquer vocação emancipadora do pensamento, tal como esta estivera sempre presente na grande tradição alemã, a tradição de Kant, Hegel e Marx. Mais à frente, retomarei o pensamento de Habermas, o mais relevante exemplo contemporâneo da Escola de Frankfurt. Mas porque dois nomes importantes do pensamento estético contemporâneo,

---

racionalidade segundo a qual esta consiste na escolha dos meios mais apropriados para prosseguir fins, sejam estes quais forem.

[228] Outros nomes actuais são Axel Honeth, Seyla Benhabib, Agnes Heller, Nancy Fraser ou Rahel Jaeggi.

Theodor W. Adorno e Walter Benjamin, estão também ligados à Escola e à história desta, começarei por aí.

Regressado da emigração forçada para os EUA, **Theodor W. Adorno** (1903-1969) torna-se uma figura muito importante na filosofia alemã do pós-guerra. Antes da ascensão de Hitler ao poder, tinha já tido uma breve carreira académica e literária.[229] Filósofo (escreveu a sua *Habilitationsschrift* sobre Kierkegaard) e músico (estudante de Composição com Alban Berg em Viena), manteve sempre perto da superfície a veia artística do seu pensamento. A sua *Filosofia da Nova Música* (1949) e a sua *Teoria Estética* (1970, póstuma) podem ser vistas directamente a essa luz. Escritas (nas palavras do próprio) em «estilo paratético e atonal», as investigações estéticas ocupam mais de metade do *corpus* de Adorno. Não são, no entanto, separáveis do enquadramento geral de teoria social da sua obra. Noutras palavras, se a obra estética de Adorno é aquilo que sobressai nos seus escritos, essas investigações acontecem no seio do projecto da Escola, um projecto de continuação crítica (eventualmente melancólica e pessimista) do projecto de emancipação da modernidade, num contexto de investigação social. Notei atrás que Adorno foi um duro crítico de Heidegger.[230] Apesar disso, a sua própria crítica da modernidade tem muito em comum com a crítica heideggeriana. A *Dialéctica do Esclarecimento* é um exemplo: muito embora sem as solenes formulações heideggerianas, e assumindo um ponto de vista mais claramente histórico-social, marcado pelo marxismo e por apropriações e usos de autores como Hegel, Schopenhauer, Nietzsche, Lukács e Benjamin, muitas das teses de Adorno e Horkheimer são análogas às teses de Heidegger.

Como vê então Adorno as sociedades ocidentais no pós-guerra? No pessimismo cultural e sociológico de Adorno não há *Aufhebung*, não existe a elevação-superação do racionalismo dialéctico hegeliano, não há

---

[229] Adorno, Bertolt Brecht (o dramaturgo) e Walter Benjamin trabalharam juntos. Todos se viram obrigados a emigrar e apenas dois sobreviveram. Brecht emigrou depois de ser já um autor muito conhecido; perdeu assim a sua língua. É conhecido o episódio em que, perante o recorrente «*Spell your name!*» quando procurava emprego nos EUA, ele exclama: «Este nome já foi um dos grandes!» Também Adorno choca com a estranheza civilizacional dos EUA, da mesma forma que o seu colaborador e amigo Brecht. Embora não tenha podido deixar de trazer para Frankfurt as novas da sociologia americana, a sua luta será sempre contra «o fetichismo dos factos» na prática de investigação social, que identifica com a sociologia americana.

[230] Os membros da Escola de Frankfurt fizeram muito para contrariar a difusão do heideggerianismo. A própria Hannah Arendt se queixou especialmente disso. Adorno é mais um dos muitos casos de atracção-horror perante Heidegger.

chegada ao espírito a si, compreendendo a racionalidade da realidade. O que existe em vez disso, no retrato de Adorno, é um mundo administrado, um mundo da racionalidade instrumental desenfreada e enlouquecida, um mundo de indústria cultural.[231] A dominação e controlo da natureza tornou-se dominação e controlo sobre os homens, culminando na dominação da natureza nos homens e na auto-repressão. O lado escondido da razão iluminista é precisamente a violência repressiva e o totalitarismo. Para Adorno, a palavra «Auschwitz» simboliza isto mesmo. Quais poderão então ser ainda as aspirações iluministas neste contexto? Na *Dialéctica do Esclarecimento*, Adorno e Horkheimer continuavam a declarar a sua crença na inseparabilidade da liberdade social e do pensamento esclarecido. No caso de Adorno, além da crítica, que é concebida de forma hegeliana como negação imanente, a esperança utópica do Iluminismo ganha contornos estéticos. Ele fala em contemplar o mundo do ponto de vista da redenção, ver traços messiânicos. Isto liga-o a Benjamin, mais do que a Heidegger, apesar do parentesco que mencionei. Heidegger pensa que, nesta época de metafísica e esquecimento do Ser, estamos simplesmente a viver o niilismo que Nietzsche profetizou — todo o vocabulário humanista e iluminista (da liberdade, da felicidade, da emancipação) ter-se-ia esvaziado, e Adorno não quer segui-lo nisso. O seu pensamento estético pode situar-se aqui.[232] Adorno morre em 1969, talvez chocado com as manifestações estudantis que o confrontam pessoalmente.

Benjamin[233]

Walter Benjamin (1892–1940) foi um pensador, tradutor e crítico cultural alemão, judeu, totalmente ecléctico e original, a certo ponto colaborador directo de Adorno e do dramaturgo Bertolt Brecht, seus amigos, e apoiado financeiramente pelo Instituto. O pretexto do apoio

---

[231] Hoje, esta expressão é normal para nós, ou pelo menos foi normalizada, tanto quanto uma perspectiva economicista sobre os assuntos da cultura se vulgarizou e institucionalizou. Ela começa, todavia, por ser muito pejorativa, marcando um mercenarismo quanto às coisas do espírito.

[232] Para uma muito boa discussão recente do pensamento estético de Adorno, cf. BENTO (2013).

[233] Em Portugal, Filomena Molder tem feito um maravilhoso trabalho de ensino e escrita em torno de Benjamin.

do Instituto seria talvez que Benjamin poderia ser o autor de uma teoria estética materialista, politicamente orientada, quiçá revolucionária. Mas o que Benjamin faz de facto é muito mais complexo. Os seus materiais de trabalho vão do marxismo até à mística judaica.[234] A colagem e a justaposição de materiais díspares que caracterizam a sua escrita fazem pensar nos princípios surrealistas de composição. Alguns dos seus ensaios, tais como «A Obra de Arte na Era da Sua Reprodutibilidade Técnica» (1936) e «Sobre o Conceito de História» (1940)[235], são incontornáveis no pensamento contemporâneo sobre a cultura, as artes e a história da arte. As suas ideias sobre o tempo presente e a história (o entendimento messiânico da história por contraste com a ideia teleológica de progresso) influenciaram autores como Derrida, Agamben e Butler. Ele próprio foi influenciado pela concepção estética nietzschiana da existência como contraforça ao niilismo. Não há razão real para incluir aqui Benjamin — a sua associação ao Instituto foi talvez superficial e contingente, talvez equívoca. A justificação é sobretudo a relevância do seu pensamento.

Benjamin estudou em Friburgo, Berlim e Berna. Traduziu Baudelaire e Proust para o alemão. Fez a tese de doutoramento sobre *O Conceito de Crítica de Arte no Romantismo Alemão* (1919) e a *Habilitationsschrift* sobre a *Origem do Drama Trágico Alemão* (1925). Neste último escrito, apoiou esperanças de um futuro académico, mas nunca chegou a submetê-lo.[236] Entre fases académicas, vive fazendo vários trabalhos, mas o dinheiro escoa-se. Em toda a sua vida isso acontecerá. Aquilo que conhecemos como a obra de Benjamin vai crescendo em condições precárias, admirada por alguns amigos. O escrito sobre *As Afinidades Electivas* de Goethe seguiu-se (em 1922) à tese de doutoramento. A cidade de Paris é um motivo permanente da sua obra. As *Passagens*, obra iniciada nos finais dos anos 1920, na qual nunca parou de trabalhar, que permaneceu incompleta até ao fim e da qual só há, na verdade, colecções de materiais, é emblemática de Benjamin como autor. As *Passagens* mostram claramente o seu método

---

[234] Benjamin foi também amigo de Gershom (Gerhard) Scholem (1897–1982), estudioso da mística judaica que foi o primeiro professor da área na Universidade Hebraica de Jerusalém, e que veio a ser muito importante na divulgação da sua obra.
[235] Também conhecido sob o título «Teses sobre a Filosofia da História».
[236] O livro acabou por ser publicado em 1928 (e foi até utilizado por Adorno em Frankfurt, onde a tese não fora submetida, para leccionar um seminário).

de trabalho, um método de colecção de fragmentos.[237] São as *Passagens* o pano de fundo de onde saem os seus ensaios importantes. Mas porque seriam as passagens de Paris (um traço da arquitectura da primeira metade do século XIX, centros comerciais *avant la lettre*, lugares de lojas, passeio e lazer, resultantes da cobertura de ruas com telhados em vidro) e as figuras de Paris (acima de tudo o poeta Baudelaire, mas muitas outras figuras, como o *flâneur*, o coleccionador, o fotógrafo, o jogador ou a prostituta) motivo numa obra de filosofia, se é que Benjamin é filósofo? Como se passa de uma noção kantiana de experiência, interesse inicial da sua obra, para uma prática da escrita como colecção de fragmentos sobre a vida histórica comum, fragmentos povoados de vislumbres das coisas mais pequenas?

Uma visão filosófica da história e do tempo histórico é o interesse de fundo de Benjamin. Ele persegui-la-á concentrando a atenção em vestígios, vestígios da vida humana. Fá-lo lutando contra a obsessão com o progresso que o rodeia, o progresso como secularização de esperanças escatológicas. Para Benjamin, a noção de progresso, que toma o tempo como homogéneo e vazio e depois o preenche com factos, «as coisas como realmente foram», é uma noção positivista, mal pensada e desmobilizadora (e na verdade infecta, na sua opinião, o marxismo). Para Benjamin, não há aí a história, aquilo que foi, uma série e sucessão de factos. Antes de mais, porque o que quer que tenha sido já não está lá, já não existe. Quem está cá agora somos nós, apenas nós, aqueles que estão vivos, e vestígios daquilo que foi. Não existe a história — o que podemos fazer é relembrar, reacender, a partir dos vestígios. O tempo histórico da vida humana é constituído por diferenciações imanentes, feitas pela memória, pela esperança e pela acção. A relação do agora com aquilo que foi antes é, e só pode ser, dialéctica: apenas imagens dialécticas são genuinamente históricas para Benjamin. Quando se trata de pensar sobre o tempo histórico da vida humana, o que nos serve não é a ideia de um percurso de fuga para o futuro, mas uma ideia de actualização. É aqui que uma imagem pode ser um *flash*, uma explosão, uma oportunidade revolucionária, redenção.

Uma visão do agora histórico e também do moderno e do novo nesse agora são assim preocupações de Benjamin, por exemplo, nas *Passagens*.

---

[237] Benjamin «descobre» Paris e aí regressa ao longo da vida, nomeadamente para trabalhar nesta sua obra na Biblioteca Nacional, cujo director foi, a certo ponto, alguém que teve um papel importante na filosofia francesa e que já mencionei em capítulos anteriores: Georges Bataille.

Estas são preocupações que o ligam ao pensamento das artes, em que as questões do moderno, do modernismo e da modernidade se erguem incontornáveis (e em que se erguem também questões em torno da forma de fazer história da arte: o que será uma história da arte que não mate a arte?[238] No caso da arte, a história cronológica, sucessiva, não nos permite compreender o que quer que seja — esta ideia sobre história da arte é uma herança de Benjamin.)[239]

Em «A Obra de Arte na Era da Sua Reprodutibilidade Técnica», o olhar materialista de Benjamin dirige-se para a forma como os conceitos de arte e de obra de arte são historicamente transformados pela possibilidade de reprodutibilidade técnica. Esta transformação resulta numa perda da «aura» (que Benjamin caracteriza como a «manifestação única de uma lonjura» ligada ao valor de culto da obra de arte e a um aqui-agora do qual não existe cópia). A transformação trazida pela reprodução técnica da obra de arte tem, é certo, aspectos destrutivos, como a liquidação do valor da tradição na herança cultural, mas tem também aspectos catárticos inegáveis, que Benjamin procura explicitar. Sobretudo essa transformação resulta numa reconcepção do conceito de arte e em novas possibilidades de experiência (nomeadamente experiência das massas), e aprofundamentos da percepção. Na sua análise, Benjamin considera com particular atenção a fotografia — o «primeiro meio de reprodução verdadeiramente revolucionário»[240] — e sobretudo o cinema, uma forma de obra de arte que assenta desde o início na reprodutibilidade. Os amigos de Benjamin, Scholem, Adorno e Brecht, empurrarão a interpretação deste ensaio para lugares muito diferentes: uma visão materialista ou uma visão messiânica da cultura e das artes. De qualquer forma, a verdade é que a reprodução e a transmissão das coisas culturais, a interrupção e a reactivação dessa transmissão interessam a Benjamin sobre o pano de fundo de uma filosofia materialista da história, uma filosofia da história que não veja o curso do mundo como «uma série de factos congelados sob a forma de coisas».

A concepção messiânica de história exposta por Benjamin em «Sobre o Conceito de História» é, assim, particularmente importante para compreender o seu pensamento. Trata-se de uma concepção de

---

[238] A formulação é de Filomena Molder.
[239] Que o liga, como tem analisado Filomena Molder, a Aby Warburg (1866--1929).
[240] Benjamin nota no ensaio quanto tempo se perdeu discutindo se a fotografia seria arte, sem perceber que com a invenção da fotografia se alterou o carácter global da arte.

história alternativa à teleologia hegeliana e à sua contraparte marxista, a visão de um progresso materialista-dialéctico em direcção ao comunismo futuro. A visão de Benjamin incorpora as considerações críticas e intempestivas de Nietzsche sobre a história e a utilidade da mesma para a vida. Benjamin pergunta: como é possível não ver a história como o fantoche do materialismo histórico característico do marxismo vulgar? Como é possível não ver a história como o tempo homogéneo e vazio do progressismo trivial, o progressismo da dessacralização da escatologia e daquilo a que chama «social-democracia», que não foi capaz de resistir ao apelo (estético) do fascismo? A sua resposta ganha imagem e corpo no famoso anjo da história que Benjamin vê num quadro de Paul Klee (*Angelus Novus*, 1920). Este é um quadro real de Klee, um quadro que foi seu, que lhe foi oferecido e era um dos seus bens mais preciosos: o anjo do quadro é empurrado violentamente para o futuro, sem poder parar; o vento sopra, o anjo olha para trás, só vê ruínas e despojos. Isto é uma imagem de quê? O anjo tem os olhos muito abertos, a boca aberta, as asas desfraldadas, e olha para trás. Não pode parar, vai sendo empurrado por «um vento que se chama progresso». Atrás estão as ruínas que o tempo destruidor deixa. O anjo gostaria de ficar, mas só pode olhar para trás, enquanto o vento o empurra sem cessar para o futuro.

Uma decifração possível é a seguinte. Benjamin pensa que não há «a história», a história é um conceito humano. Há os que estão vivos agora, os que estiveram vivos antes já não estão vivos. O passado não existe. Do que foi só temos vestígios, despojos, ruínas. A orientação para o futuro só se cumpre através da rememoração de um passado reprimido. Podemos rememorar (*eingedenken*). Rememorar é resgatar uma dívida para com o passado. Todas as épocas passadas foram tempos de expectativas insatisfeitas, expectativas que têm de ser rememoradas. As gerações passadas, e não apenas as futuras, têm direito à débil força messiânica das gerações presentes. E cada segundo é a porta estreita por onde pode entrar o Messias, diz-se no final do escrito.

O que fica, então? O que é isso a que chamamos história e cultura? Que persistências e monumentos são os nossos? O que é isso que fica? O que fazemos quando contamos as histórias da História? Não há nenhum documento de cultura que não seja também um documento de barbárie, afirma Benjamin: toda a história da cultura é uma história de barbárie. Tudo aquilo que ficou, ficou em virtude de violência, exclusões e acasos; não há progresso benéfico algum conduzindo os rumos da história. Não estamos à espera dos bárbaros ou da barbárie — eles já estão cá dentro. A história é a história dos vencedores; são eles quem conta a história, são eles quem arrasta os despojos no cortejo triunfal. É esta visão que se reflecte na forma de Benjamin pensar na cultura e na história da arte em particular, no seu tratamento por igual de vestígios materiais absolutamente díspares de cultura, como os vestígios da cultura da Paris do século XIX sobre a qual escreve nas *Passagens*. Esta visão contrasta com qualquer fetichismo de bens culturais especiais e com a crença no sentido de uma história ordenada.

«Sobre o Conceito de História» foi escrito nos últimos meses de vida de Benjamin, em 1940, já a guerra tinha começado. Em 1933, ele abandonara definitivamente a Alemanha nacional-socialista — o exílio leva-o de Paris a Ibiza, a San Remo, à Dinamarca, onde o amigo Bertolt Brecht tem uma casa. Com o início da Segunda Guerra Mundial, em 1939, estando em França, é colocado num campo para prisioneiros alemães; voltou ainda a Paris, onde estivera nos anos 1920 e 1930, quando a situação política na Alemanha piorara. Como tantos outros judeus alemães nesse período, faz o possível para emigrar, legal ou ilegalmente. Acaba por não conseguir. Em fuga e não tendo conseguido passar a fronteira, suicida-se em 1940 em Portbou, Espanha. No dia seguinte, o grupo de judeus com quem viajava foi autorizado a passar a fronteira.

Habermas

O filósofo e sociólogo alemão Jürgen Habermas (1929–) foi confrontado enquanto adolescente com a história viva do nacional-socialismo; a experiência da desumanidade colectiva do seu país marcou-o definitivamente. Compreender a possibilidade dessa experiência tão radicalmente distinta dos ideais de liberdade, justiça e autonomia da tradição de Kant, Hegel e Marx, mas acontecida precisamente na mesma cultura, impôs--se-lhe como desafio incontornável.

Sem deixar de considerar o pessimismo civilizacional expresso pela geração da Escola de Frankfurt anterior à sua, Habermas procura responder-lhe. Para ele, o projecto do Iluminismo não está morto. No núcleo do seu trabalho está a elaboração de uma teoria da democracia para o nosso tempo[241], bem como uma causa: mostrar que este projecto

---

[241] A discussão entre Habermas e John Rawls sobre concepções de democracia (deliberativa, procedimental, etc.) é um produtivo ponto de abordagem desta questão na filosofia política contemporânea.

não é um projecto ingénuo. É esta causa que está por trás de importantes polémicas teóricas que trava nos finais do século XX com filósofos franceses como Jean-François Lyotard ou Jacques Derrida. Quando no pensamento francês esta ideia se tinha tornado *demodée*, Habermas não deixa nunca cair a ideia de emancipação.

Habermas estudou em Göttingen, Zurique, Bona e Frankfurt. Escreveu a sua tese de doutoramento sobre Schelling (1954) e a tese de *Habilitation* sobre a esfera pública (1962) — um tema que, aliado ao da racionalidade comunicacional, estruturará todo o seu pensamento.[242] Ao longo da sua muito produtiva vida académica, ensinou entre a Alemanha e Nova Iorque (na New School for Social Research, que tantos europeus acolheu ao longo do tempo). Algumas das suas obras fundamentais são *Conhecimento e Interesse* (*Erkenntnis und Interesse*, 1968), *Técnica e Ciência como «Ideologia»* (*Technik und Wissenschaft als «Ideologie»*, 1968), *Teoria da Acção Comunicacional* (*Theorie des kommunikativen Handelns*, 1981), *O Discurso Filosófico da Modernidade* (*Der Philosophische Diskurs der Moderne*, 1985) e *Faktizität und Geltung: Beiträge zur Diskurstheorie des Rechts und des demokratischen Rechtsstaats* (*Entre Factos e Normas: Contribuições para Uma Teoria Discursiva do Direito e da Democracia*, 1992). Publicou também bastante, mais recentemente, sobre democracia, bem como sobre a Europa e a União Europeia, e sobre as relações entre naturalismo e religião (em diálogo com o cardeal Ratzinger).

O Discurso Filosófico da Modernidade é uma meditação sobre a história da filosofia contemporânea, com a tradição alemã no seu núcleo, e do ponto de vista filosófico talvez a mais fascinante das suas obras.[243] Da modernidade pensada por Kant e Hegel, projecto que é continuado por Marx, ao pensamento, por Benjamin, Horkheimer e Adorno, da dialéctica dessa modernidade, aos extravios pós-modernistas tal como

---

[242] A tese de *Habilitation* de Habermas será terminada em Marburgo devido a um desentendimento com Horkheimer.
[243] Isto quer dizer que a visão que Habermas tem da filosofia contemporânea «exclui» o nascimento da filosofia analítica nos autores de língua alemã (Frege, Wittgenstein). Habermas é um leitor da filosofia analítica actual (da filosofia da linguagem e da filosofia política), mas só a vai buscar ao inglês e ao que se faz no presente, e não à tradição alemã. O núcleo da tradição alemã é para ele Kant-Hegel-Marx continuado com o trabalho da Escola de Frankfurt. O filósofo alemão Dieter Henrich, com quem Habermas se envolveu em polémica a propósito da noção de «metafísica», fez notar quão superficial era o conhecimento que Habermas tinha dos desenvolvimentos da filosofia analítica da linguagem.

estes se encontram em Nietzsche, Heidegger, Foucault ou Derrida, Habermas desenha um fresco controverso e apaixonante. A história contada em *O Discurso Filosófico da Modernidade* tem um «fim» e esse fim é a teoria habermasiana da acção comunicacional. Esta aparece como fundamentação de um projecto iluminista e democrático, superando a «filosofia da consciência», mas não através de qualquer relativismo pós-modernista. Do ponto de vista teórico, o próprio Habermas considera que ultrapassar a ligação existente entre uma determinada linhagem de crítica social e a filosofia do sujeito é uma precondição da crítica social. É através da teoria da acção comunicacional que pretende levar a cabo uma crítica da razão centrada no sujeito. Esta é a raiz da ligação do pensamento de Habermas à teoria da linguagem. Em termos de teoria social, Habermas pretende também substituir, no lugar fundamental que esta ocupava, a categoria marxista do *trabalho* pela categoria da *comunicação*. Para a teoria da acção comunicacional, Habermas vai buscar aportações diversas aos estudos sobre a linguagem, nomeadamente a teoria dos actos de fala de J. L. Austin e John Searle. Habermas pretende pôr em relevo o potencial ético e crítico desta abordagem da linguagem; a sua ideia central é a de uma «pragmática universal». Habermas faz um estudo transcendental, à maneira de Kant, desta pragmática universal que considera explicitar as condições de possibilidade de toda a acção social. A competência comunicacional representa assim uma possibilidade de acordo subjacente a toda a interacção humana.[244] A acção comunicacional é o nome da acção social coordenada através de actos de fala, nos quais e pelos quais os falantes pretendem a verdade, rectidão e sinceridade. A partir da perspectiva pragmática, torna-se claro o envolvimento de tais pretensões de validade no entendimento linguístico. Em traços gerais, o projecto filosófico habermasiano apoia-se numa teoria da linguagem e da racionalidade (chama-se «racionalidade», no contexto da acção comunicacional, à disposição por parte dos sujeitos falantes e actuantes de se envolverem em modos de comportamento para os quais existem boas razões ou fundamentos, o que supõe a capacidade de considerar exigência de validade que repousa sobre o entendimento intersubjectivo). Esta propicia uma ética (discursiva, de linhagem kantiana) que conduz a uma teoria social e política da modernidade, uma teoria fundamentadora, racionalista e universalista.

---

[244] É interessante contrastar esta ideia habermasiana de um «acordo a prosseguir» com a ideia wittgensteiniana de «acordo no juízo», nas formas de vida elas próprias.

Com base na pragmática universal caracterizada pela teoria da acção comunicacional e contrariando o pendor pessimista de anteriores autores da Escola de Frankfurt como Adorno e Horkheimer, Habermas pretende recuperar o potencial emancipador e universalista do projecto civilizacional da modernidade e mostrar que a «razão instrumental» não tem o papel totalmente dominante nas sociedades contemporâneas que as críticas pessimistas lhe atribuem. Ele pensa que o diagnóstico de Adorno e Horkheimer — o diagnóstico do carácter totalitário, monolítico, da razão instrumental — é excessivo e esquece um outro tipo de racionalidade, em acção também ele nas sociedades contemporâneas, a que chama racionalidade comunicacional, e que vê como orientada não para a manipulação e reificação de todas as realidades naturais e sociais, mas sim para o entendimento mútuo e a acção consensual. Esta diferença é o que lhe permite articular a sua resposta aos «críticos» e adversários, que vão de Heidegger, Horkheimer e Adorno a Lyotard e Derrida.

Fiz notar que o projecto de reconstruir as condições universais da racionalidade comunicacional não é para Habermas meramente um projecto teórico: é também um projecto ético e político. Habermas não está a propor uma «forma de vida ideal» em que conflitos seriam resolvidos por discussão e consenso racional; está, sim, a pôr em relevo algo que considera estar já presente nas nossas práticas linguísticas e ter potencial emancipatório. A ideia de emancipação estava obviamente presente em autores como Hegel e Marx, mas era então ligada à interacção e ao trabalho, e não à linguagem. Para reter a emancipação, Habermas introduz a teoria da linguagem na análise social de linhagem hegeliana e marxiana — essa é uma novidade da sua proposta. Evidentemente, uma grande diferença, *a* grande diferença talvez, entre Habermas, por um lado, e Hegel e Marx, por outro, é a total ausência em Habermas de uma filosofia teleológica da história.

TRADIÇÃO ANGLÓFONA

Como veremos um pouco mais à frente, nas mãos do filósofo pragmatista americano Richard Rorty (1931-2007) a filosofia analítica do século XX tardio, após o ponto de viragem marcado, nos anos 1950, pelas obras de Quine, Wittgenstein e Sellars, torna-se anti-realista e relativista, ou desaparece mesmo enquanto «filosofia», sendo substituída por uma «conversação da humanidade», na expressão do próprio Rorty. Pelo menos é essa a proposta. Seja como for, num quadro rortiano a epistemologia perde a sua importância. Ora, uma das grandes preocupações de Rorty é ser consistentemente anticartesiano quanto à nossa natureza e às nossas práticas de conhecimento. A eliminação rortiana da epistemologia não é, no entanto, a única forma de perseguir tal objectivo. Vou agora olhar numa outra direcção. Como notei na Introdução, as tradições britânica e americana da filosofia analítica do século XX são bastante distintas entre si. Com Quine e Davidson, prestarei mais à frente atenção à tradição americana. Começo, porém, com a tradição britânica, nomeadamente com o filósofo inglês J. L. Austin (1911-1960).[245] Procurarei exemplificar através das suas posições o que pode ser uma abordagem epistemológica feita no quadro da filosofia da linguagem comum. Como se verá, as directrizes metodológicas de Austin são muito distintas daquelas que Rorty critica na filosofia analítica (designadamente a ideia de uma pura análise conceptual e a prisão ao Mito do Dado). São estas directrizes

---

[245] Austin foi, entre muitas outras coisas, o tradutor de Frege para o inglês. Este pormenor é importante se quisermos compreender a ligação da sua abordagem performativa ao espírito da filosofia analítica dos inícios.

que Rorty considera definitivamente revogadas pelas obras de Quine, Wittgenstein e Sellars nos anos 1950. Todavia, a centração austiniana da filosofia, nomeadamente da epistemologia, no comum e nas práticas aparece como forma de pôr em causa a conclusão rortiana segundo a qual da crítica a estas directrizes da filosofia analítica clássica decorreria o «fim da filosofia».

Filosofia da linguagem comum: Austin

Austin e Wittgenstein são os representantes centrais da chamada *filosofia da linguagem comum*. No entanto, ao contrário do que aconteceu com Wittgenstein, quando Austin morreu, em 1960, a sua reputação quase se apagou. O nome de Austin tornou-se uma referência lateral na teoria dos actos de fala (*speech act theory*), que seria supostamente mais bem representada pelo filósofo californiano John Searle.[246] Essa é, no entanto, uma imagem injusta de Austin. O que está em causa na teoria austiniana dos actos de fala não é apenas uma tipologia linguística[247] — é uma concepção da natureza da filosofia. É certo que a importância da ideia de actos de fala excede a filosofia: a noção é crucial para as ciências da linguagem, especialmente para a «Pragmática». A importância da ideia excede também a filosofia analítica: a dimensão performativa da linguagem é uma preocupação fundamental de autores como Foucault ou Derrida. Sob o olhar de Austin, estão as circunstâncias em que dizer alguma coisa é *fazer alguma coisa,* i.e., circunstâncias em que é impossível reduzir o discurso *àquilo que é dito.* É importante ter muito claro que estes efeitos da linguagem não são efeitos retóricos, uma vez que não dizem respeito à (manipulação) da psicologia particular dos indivíduos que

---

[246] Eu própria já dei por mim várias vezes, ao ensinar filosofia da linguagem, apresentando Austin de forma muito breve, dizendo apenas que ele «distingue enunciados constatativos de enunciados performativos», «escreve *How to Do Things with Words*» e passando à frente, começando imediatamente a falar sobre o trabalho de John Searle e a taxonomia searliana dos actos de fala. Também Habermas, para cujo projecto filosófico a teoria dos actos de fala é extremamente importante, é um exemplo deste tipo de procedimento (cf. a *Teoria da Acção Comunicacional*, 1981). Searle, que foi aluno de Austin em Oxford, tem responsabilidade pela difusão desta imagem distorcida de Austin. A imagem tem o inconveniente adicional de ocultar o facto de Austin ser muito melhor filósofo do que Searle.

[247] No núcleo desta estão as categorias centrais de *actos locutórios* (dizer alguma coisa), *actos ilocutórios* (fazer alguma coisa dizendo alguma coisa) e *actos perlocutórios* (ter influência sobre alguém dizendo alguma coisa). É esta última a dimensão da (antiga) retórica. Estas categorias aplicam-se a qualquer enunciação.

participam nas trocas discursivas. O estudo da retórica como psicologia e técnica de persuasão é muito mais antigo do que a teoria dos actos de fala — o campo foi já teorizado por Aristóteles na *Retórica*, enquanto o campo da *speech act theory* foi inaugurado apenas no século xx, por Austin e Searle (respectivamente em obras como *How to Do Things with Words* [1962] e *Speech Acts* [1969]). A ideia fundamental da teoria dos actos de fala — a ideia de que a linguagem faz coisas — constitui um contra-exemplo à concepção representacionista de linguagem, segundo a qual esta apenas representa ou espelha (correcta ou incorrectamente) o mundo, sem o modificar. Representa também um desafio para a ideia de que a linguagem seria um mero veículo para o pensamento, servindo apenas para desvelar este, que estaria já formado. A linguagem seria, assim, ela própria, como que «transparente», deixando ver «aquilo que é dito». «Aquilo que é dito» seria uma descrição do mundo e de estados do mundo. Linguagem e acção teriam, nessa perspectiva, naturezas completamente diferentes. Em contraste, a teoria dos actos de fala esbate as fronteiras entre linguagem e acção: a linguagem é, pelo menos por vezes (se não sempre), acção. Numa concepção representacionista de linguagem, a linguagem só pode falhar falhando a representar, i.e., sendo falsa e não verdadeira. Numa concepção de linguagem como acção, o sucesso e o insucesso são a medida. Austin chama *ilusão descritiva* à ideia de que a linguagem se reduz à função representativa. Por ter interesse na dimensão de sucesso e insucesso, felicidade e infelicidade dos usos de linguagem, Austin interessa-se particularmente por *falhas, falhanços e insucessos* nesses usos. Num acto de linguagem há aquilo que se pretende atingir; se não se atinge esse fim pretendido, o acto falha. Imaginemos que uma pessoa, vestida como sacerdote, diz, numa igreja, «Declaro-vos casados» a um par constituído por um humano e um pássaro. O acto falha: ela não os casou. Ou imaginemos que um pai diz ao seu filho «Prometo que amanhã à tarde venho buscar-te à escola» quando sabe perfeitamente que no dia seguinte estará a essa mesma hora num avião para a Austrália. O acto falha.[248]

---

[248] Note-se que os casos rituais prototípicos habitualmente considerados no contexto da teoria dos actos de fala são casos em que dizer alguma coisa (por exemplo, «*I do*») é fazer alguma coisa. Mas, como diz Austin, «*I do*» tem de ser dito num contexto apropriado, por alguém que não é casado, ou é viúvo, e está perante uma mulher, solteira ou viúva, e perante um clérigo, ou um funcionário do registo civil. Imagine-se que no primeiro caso o clérigo é um impostor, ou que o homem, quando diz «*I do*», é já casado. O que acontece? Se transpirar que a situação não é ortodoxa, como diz Austin, nós hesitamos. Podemos chamar ao homem bígamo, declarar o segundo casamento nulo.

O passo seguinte de Austin, após analisar enunciados claramente performativos como, por exemplo, aqueles pelos quais prometemos alguma coisa a alguém ou damos uma ordem, é considerar que os enunciados assertivos, que têm por função afirmar, têm também eles uma dimensão de sucesso e insucesso. Que também a asserção tem uma dimensão performativa é uma tese crucial de Austin. Também a asserção (e portanto a verdade e a falsidade) tem uma dimensão de acto e envolve a responsabilidade do locutor. A verdade e a falsidade (o núcleo lógico da linguagem e do pensamento) não são, assim, apenas questões semânticas, mas também pragmáticas.

A posição epistemológica de Austin nascerá do cruzamento da sua filosofia da linguagem (i.e., da teoria dos actos de fala) com as questões tradicionais da epistemologia. As suas principais incursões nas questões do conhecimento (incluindo a questão da percepção) acontecem em «Other Minds» (1946) e *Sentido e Percepção* (*Sense and Sensibilia*, 1962).

Uma breve análise do artigo «Other Minds» permite ver porque o pensamento de Austin é muito mais do que um primeiro esboço imperfeito da teoria dos actos de fala de Searle e muito mais do que uma tipologia linguística. «Other Minds» foi escrito em 1946 e é, para algumas pessoas interessadas em história da filosofia do século XX, um dos mais importantes artigos de epistemologia do século, comparável, sob essa perspectiva apenas, por exemplo, a «Two Dogmas of Empiricism» de W. V. Quine.[249] A abordagem austiniana de epistemologia representa uma alternativa a grandes orientações em epistemologia que são hoje muito presentes: o cepticismo, a análise de conhecimento *à la* Gettier (como crença verdadeira justificada) e a epistemologia naturalizada inspirada por Quine. As posições de Austin são um exemplo central do chamado realismo de Oxford, uma tradição que se estende de autores dos inícios

---

Ou imagine-se que um general dá uma ordem a um soldado numa situação de guerra. Acontece que o general era um impostor que tinha matado o «verdadeiro» general. Se ele não tinha autoridade para me dar uma ordem, será que o que ele fez foi dar-me uma ordem? Casos como estes mostram que o que está em causa não é apenas a linguagem, mas a natureza de convenções e instituições que são omnipresentes nas práticas humanas (e, poder-se-ia dizer, na natureza dos humanos enquanto humanos).

[249] Era esta a opinião de Burton Dreben, filósofo de Harvard que muito influenciou a leitura da história da filosofia do século XX (cf. GUSTAFSSON e SORLI, 2011, p. 20). Ao contrário de colegas seus de departamento, como Putnam ou Quine, Dreben não alcançou uma reputação internacional alargada. A sua influência prática foi, no entanto, enorme. O ensino de Dreben esteve na origem de toda uma escola de interpretação no seio da filosofia analítica actual, exponenciada por nomes como Warren Goldfarb, Thomas Ricketts, Joan Weiner, Juliet Floyd, James Conant e outros.

do século XX, como J. Cook Wilson e H. A. Prichard, a autores actuais como John McDowell, Timothy Williamson, M. G. F. Martin, P. Snowdon ou Charles Travis.

«Other Minds» foi originalmente uma apresentação num simpósio sobre o problema das outras mentes, em torno de John Wisdom (1904-1993), professor em Cambridge. O simpósio decorreu numa «Joint Session» da Aristotelian Society e da Mind Association, tal como estas acontecem ainda hoje, muitas décadas depois. Além do próprio Wisdom, participaram no simpósio Austin e Alfred Jules Ayer (1910-1989), filósofo positivista lógico inglês. A discussão epistemológica que ocorre em «Other Minds» põe em causa uma certa caricatura da filosofia da linguagem comum, tal como esta seria precisamente representada e praticada por Austin, e que não é de todo rara no seio dos próprios praticantes da tradição analítica. De acordo com essa caricatura, os filósofos da linguagem comum limitar-se-iam a fazer uma análise preciosista de matizes de linguagem; a substância filosófica dos temas tratados seria indiferente ou quase ausente. A realidade é muito diferente. É verdade que a filosofia da linguagem comum envolve uma concepção do método da filosofia que não se identifica nem com o naturalismo, nem com apelos à intuição, nem com o uso de regimentação lógica, e, portanto, é metodologicamente divergente das tendências hoje dominantes na filosofia analítica. Mas o que está em causa, em termos metodológicos, na filosofia da linguagem comum não é uma análise estéril de matizes de linguagem (por exemplo, do inglês), mas sim a aplicação do critério «*What do we say when...?*» (O que dizemos nós quando...?). Aplicando esse critério, Austin pretende chegar às *concepções em uso*, i.e., ao nosso pensamento em acto, às nossas práticas conceptuais. Chega-se às práticas conceptuais capturando a nossa linguagem em acto. É daí que se parte em filosofia (não discutirei neste momento o ponto de chegada). Note-se que a filosofia da linguagem comum não representa uma redução da atenção filosófica à linguagem. Na verdade, não é sequer a linguagem *per se* que é o objecto dos filósofos da linguagem comum: a filosofia da linguagem comum não é linguística, nem é sobre linguagem, dizer «linguagem comum» marca o método, não o tópico. Os tópicos da filosofia da linguagem comum são os expectáveis em filosofia. Se trata, por exemplo, de epistemologia, estão em causa tópicos como o cepticismo, a percepção ou o testemunho.[250]

---

[250] Este é, aliás, um aspecto em que a comparação entre os dois representantes centrais da filosofia da linguagem comum, Wittgenstein e Austin, se revela particularmente frutífera.

No simpósio que referi, o problema das outras mentes é introduzido com as seguintes passagens de *Em Busca do Tempo Perdido*, de Marcel Proust:

> Voltando a Françoise... Se então na minha fúria perante a ideia de que ela teria piedade de mim, eu tentasse fingir que pelo contrário tinha tido um claro sucesso, as minhas mentiras embatiam na muralha da sua respeitadora mas óbvia descrença. Porque ela sabia a verdade.
> Foi ela quem primeiro me deu a ideia de que uma pessoa não está lá, imóvel e clara, perante os nossos olhos (como eu tinha pensado), com os seus méritos, os seus defeitos, os seus planos, as suas intenções quanto a nós expostas à sua superfície, como um jardim para o qual olhamos através de uma grade, com todos os limites dispostos perante o nosso olhar, mas é uma sombra, que nunca conseguimos penetrar, da qual nunca pode haver conhecimento directo, com respeito à qual formamos incontáveis crenças, baseadas nas suas palavras e por vezes nos seus actos, embora nem as palavras nem os actos nos possam dar senão informação inadequada e contraditória, uma sombra por trás da qual podemos imaginar, de forma alternada, que arde a chama do ódio e do amor.[251]

É John Wisdom quem introduz as passagens, usando-as como epígrafes ao seu artigo de abertura do simpósio. No seu próprio artigo, Austin retoma várias das expressões e exemplos de Wisdom. Porque as etiquetas e classificações do jargão da epistemologia, por vezes, podem ser úteis e porque podem, neste caso, ajudar-nos a dirigir o olhar para as teses características do realismo de Oxford, identifico desde já alguns traços do perfil de Austin como epistemólogo.

Austin defende que o conhecimento é uma forma básica de apreensão de como as coisas são no nosso ambiente e não um híbrido de crenças a que se juntam cláusulas adicionais (nomeadamente a justificação e a verdade). Trata-se, noutras palavras, daquilo a que hoje se chama *knowledge-first epistemology*, a ideia de que o conhecimento é um primitivo, com a esperada oposição a análises do tipo da de Gettier em termos de condições necessárias e suficientes de acordo com a qual o conhecimento proposicional é um composto de crença, justificação e verdade. Saber (*knowing*) alguma coisa não é uma variedade de acreditar (*believing*), nem uma combinação de algo mental com algo não mental. O conhecimento

---

[251] Tradução minha, a partir do texto do Simpósio de 1946 (p. 122).

«surge do exercício bem-sucedido de capacidades de juízo em circunstâncias propícias». Essas capacidades podem sem dúvida falhar, mas isso não invalida o facto de elas serem usualmente bem-sucedidas. É sempre possível julgar incorrectamente; no entanto, há certamente casos em que os nossos juízos sobre o ambiente são perfeitamente seguros. Uma consequência conjunta das posições acima é a oposição ao fundacionalismo epistemológico, designadamente ao tipo de fundacionalismo que sugere como proposições básicas, fundacionais e indubitáveis os enunciados acerca de «sensações» (*sense statements*).[252] De acordo com Austin, as nossas capacidades de juízo, quando em exercício, podem funcionar mal (*misfire*) quanto a qualquer assunto, até mesmo quando aplicadas ao nosso «interior», i.e., a pensamentos, sentimentos ou sensações. Não há *sense statements* indubitáveis.

Quanto à percepção, Austin defende um realismo directo, sendo por vezes considerado antecessor do hoje chamado disjuntivismo em filosofia da percepção.[253] É verdade que ele próprio nunca se anuncia de forma tão simplista — e tem aliás grandes dificuldades com um termo metafísico como «realismo». Isto é particularmente notório em *Sentido e Percepção*. É indesmentível pelo menos, todavia, que Austin se opõe a qualquer apelo a *sense data*, e que rejeita o Argumento da Ilusão. *Sentido e Percepção* é, aliás, em grande medida, uma desconstrução do Argumento da Ilusão, que Austin vê como um «dispositivo» que serviria para nos fazer aceitar *sense data* quando pensamos sobre a percepção.[254] Quanto a outras

---

[252] Este era representado no tempo de Austin por Alfred Jules Ayer, outro dos participantes no simpósio e representante do Positivismo Lógico no Reino Unido.

[253] O disjuntivismo (o nome vem de J. M. Hinton) é uma posição quanto à natureza da percepção segundo a qual não podemos legitimamente evocar um factor comum a experiências perceptivas verídicas, ilusões e alucinações. Este factor comum seria precisamente um conteúdo de experiência, o mesmo em todos os casos. A situação só pode ser capturada por uma disjunção: ou estamos a experienciar veridicamente ou estamos a ter uma ilusão ou alucinação.

[254] Podemos analisar da seguinte forma a estrutura do Argumento da Ilusão (cuja conclusão é que o realismo ingénuo, ou realismo directo, é falso): 1. Quando estamos sujeitos a uma ilusão, parece-nos que alguma coisa tem a qualidade F, quando o objecto real comum que está a ser percepcionado não tem de facto essa qualidade F. 2. Quando nos parece que alguma coisa tem a qualidade F, então há alguma coisa da qual estamos cientes que tem realmente esta qualidade. 3. Uma vez que o objecto real em questão é por hipótese não-F, então segue-se que, em casos de ilusão, ou não estamos de todo cientes do objecto real, ou estamos cientes dele apenas indirectamente e não da forma directa e não mediada em que pensamos usualmente estar cientes de objectos. 4. Não há nenhuma forma não arbitrária de distinguir, do ponto de vista do sujeito de uma experiência, entre a fenomenologia da percepção e a fenomenologia da ilusão.

mentes, Austin defende uma posição não inferencialista. Finalmente, é um crítico do intelectualismo da posição individualista e reducionista sobre testemunho[255]: o conhecimento por testemunho (i.e., ficarmos a saber alguma coisa porque alguém no-la disse) pode ser conhecimento em segunda mão, mas este não é conhecimento de segunda categoria. É, pelo contrário, uma forma omnipresente de os humanos saberem coisas acerca das coisas.

A questão geral de partida de Austin em «Other Minds» é a questão epistemológica elementar, a interrogação «Como é que sabes que p?» anteposta a qualquer pretensão de conhecimento.[256] Ela é aqui aplicada às outras mentes: «*How do we know that another man is angry?*», pergunta-se depois das citações de Proust que recordei atrás. Já a questão «*How do you know that there is a goldfinch in the garden?*» (Como é que sabes que está um pintassilgo no jardim?) é introduzida como um exemplo particularmente simples de enunciação de um facto particular, comum, empírico.

Glosando Wisdom, Austin pergunta: será que sabemos que outra pessoa está zangada da mesma maneira que sabemos que uma chaleira está a ferver, ou que há uma festa na porta ao lado, ou qual é o peso da lanugem do cardo? E o que faz é considerar o que, exactamente, acontece em ocasiões específicas, em que se pergunta às pessoas «Como é que sabes que p?»

A primeira coisa que Austin quer estabelecer é que há uma diferença entre saber (*knowing*) e acreditar, achar, pensar que (*believing*). Nós perguntamos «Como é que sabes que p?» e «Porque é que acreditas que p?» Aparentemente, nunca perguntamos «Porque é que sabes que p?» nem «Como é que acreditas que p?» No primeiro caso, diz Austin, a implicação de «Como é que sabes que p?» é que talvez não saibas.

---

5. Portanto, não há nenhuma razão para supormos que no caso de uma percepção genuína estamos directa ou imediatamente cientes de objectos comuns. 6. Portanto, a nossa concepção usual daquilo que é percepcionar — por vezes chamada «realismo ingénuo», ou «realismo directo» — é falsa. Aquilo que a percepção não pode ser e que pensávamos («ingenuamente») ser é «abertura ao mundo».

[255] De acordo com a perspectiva individualista, o conhecimento é prosseguido por agentes cognitivos isolados. O reducionismo acerca de testemunho reduz a justificação das crenças por testemunho às credenciais epistémicas de outras fontes de crença e conhecimento, tais como a percepção, a memória e a inferência.

[256] A questão epistemológica elementar é colocada quando, por exemplo, eu digo «Está a chover» e alguém pergunta «Como é que sabes (que está a chover)?», ou quando eu digo «7 + 5 = 12» e alguém pergunta «Como é que sabes (que 7 + 5 = 12)?».

No segundo caso, «Porque é que acreditas que p?», a implicação é que talvez não devesses acreditar naquilo em que acreditas. De qualquer das formas, quando digo que sei alguma coisa, refere Austin, não se trata de um feito especial e superior, numa mesma escala, a acreditar ou a ter a certeza. O que é saber alguma coisa, se não é um espantoso feito de cognição, é o que se verá no resto do artigo. Continuando com os exemplos de pássaros, o exemplo é agora *There is a bittern at the bottom of the garden*» (Está um abetouro[257] no fundo do jardim). Se alguém me pergunta «Como é que sabes que está um abetouro no fundo do jardim?», a minha resposta pode ter várias formas. Posso dizer:

1. «Cresci junto aos pântanos/pauis.»
2. «Ouvi-o.»
3. «O guardador disse que lá havia um.»
4. «Pelo seu arrulhar.»
5. «Pelo ruído do arrulhar.»
6. «Porque está a arrulhar.»

A implicação é que, para reconhecer uma dessas aves (um abetouro), eu devo: 1) ter sido treinado num ambiente em que me poderia ter familiarizado com essas aves; 2) ter tido certa oportunidade no caso actual; 3) ter aprendido a reconhecer os abetouros; 4) ter sido bem-sucedido a identificar uma ave como um abetouro. Os pontos 1 a 3 estipulam que a minha experiência passada deve ter sido de certo tipo, os pontos 2 a 4, que está a ocorrer um exercício bem-sucedido, actual, de certa perícia ou capacidade.

Em geral, as nossas respostas à questão «Como é que sabes?» oferecem as nossas «razões para saber alguma coisa», e é precisamente ao considerar as razões que nós damos para sabermos alguma coisa que a questão do testemunho surge no artigo. Uma classe especial e importante das razões que damos quando dizemos saber alguma coisa é citarmos autoridades. Alguém pergunta: «Como é que sabes que as eleições são hoje?» Eu respondo: «Li no *Times*.» Alguém pergunta: «Como sabes que os Persas foram derrotados em Maratona?» Eu respondo: «É Heródoto quem o afirma.»

Evidentemente, dada a não fiabilidade do testemunho humano, dados os enviesamentos, as mentiras e os exageros, este tipo de conhecimento

---

[257] *Botaurus stellaris*.

é susceptível de estar errado. Mas Austin está sobretudo interessado no facto de a ocorrência de testemunho alterar radicalmente a nossa situação epistemológica. Segundo ele, acreditar nas outras pessoas, aceitar o seu testemunho, é o propósito de falarmos, e é inerente ao facto de ao usarmos linguagem termos o direito de confiar nos outros. Não entramos em jogos de competição excepto se acreditarmos que o nosso adversário está a tentar ganhar: se ele não estiver a tentar ganhar, não se tratará de um jogo de competição, mas de alguma coisa diferente. Da mesma forma, não falamos com as outras pessoas a não ser acreditando que elas estão a tentar passar-nos informação.

Recorde-se que a epistemologia do testemunho é uma parte da teoria do conhecimento historicamente marcada pelas posições de David Hume — este tratou-a a propósito da questão dos milagres e das nossas razões para acreditar ou não acreditar em relatos de milagres (em particular na Secção X, intitulada «Dos Milagres», da *Investigação sobre o Entendimento Humano*). O choque clássico das posições de David Hume e de Thomas Reid, filósofo escocês do senso comum, é emblemático ainda hoje de como se desenha o campo de controvérsia. De acordo com o chamado *reducionismo individualista* de Hume, precisamos de ter evidência de que quem nos oferece um determinado testemunho é fiável, antes de acreditarmos no seu testemunho. Em contraste, segundo Reid, o que se passa é, mais precisamente, que, antes de não acreditarmos no que quer que seja que alguém nos diga, precisamos de evidência contrária à fiabilidade dessa pessoa: a nossa posição, por norma, perante os outros é de confiança (*trust*). Austin está do lado de Reid.

A questão geral que Austin trata em seguida é a de saber como se pode disputar ou contestar a minha pretensão de saber alguma coisa, por exemplo, que está um pintassilgo no jardim. Perguntam-me: «Como é que sabes?» Respondo: «Pela cabecinha vermelha.» E alguém pode objectar: mas os pintassilgos não têm cabeças vermelhas. Ou então: mas isso não é um pintassilgo — é... (outro pássaro qualquer). Ou então dizem-me: mas isso não é suficiente, há vários pássaros com cabeças vermelhas; só por isso não podes saber que é um pintassilgo. Mas o que interessa a Austin é o seguinte: se alguém diz que a cabecinha vermelha não é suficiente, então deve ter em mente uma falha específica qualquer, deve estar a pensar, por exemplo, que também deveriam estar presentes manchas nos olhos. Seria tolo dizer simplesmente «isso não é suficiente», e mais nada. Por outro lado, dizer que eu sei que aquilo é um pintassilgo, que eu sou de facto capaz de dizer que é um pintassilgo, quer dizer, apenas, que *para os presentes propósitos e na presente situação* eu sei que é um pintassilgo: «*Enough is enough — it is not everything.*» Não significa, por exemplo, que sou capaz de demonstrar aqui e agora que não se trata de um pintassilgo empalhado (este é um comentário dirigido aos cépticos e aos cenários mais ou menos sofisticados que servem para pôr em causa a totalidade daquilo que pensamos ser o caso no mundo).

Dizer que é suficiente para os presentes propósitos e na presente situação significa que para os presentes propósitos *não se coloca uma alternativa pertinente*. Não significa, por exemplo, que é suficiente para estabelecer definitivamente e para sempre que não se trata de um pintassilgo empalhado. Saber para os presentes propósitos é o que é (*is what it is*), e não é muitas outras coisas (*and is not many other things*), diz Austin. Noutras palavras: aquilo que Austin está a dizer é que podemos saber que é um pintassilgo, mesmo se sabemos que se é um pintassilgo empalhado então não é um pintassilgo, e nós não sabemos se o que está aí é um pintassilgo empalhado (note-se que este é um posicionamento perante argumentos que podemos encontrar em epistemologia, tais como o génio maligno de Descartes ou o cérebro numa cuba de Putnam). Ao contrário do cepticismo global desencadeado por essas experiências de pensamento célebres, o que Austin está a propor é que temos o direito, numa circunstância simples como esta, de assumir, por exemplo, que o pintassilgo não é um pintassilgo empalhado, embora não o possamos excluir.

No que vimos até agora, Austin está a analisar as nossas práticas conceptuais e linguísticas, i.e., está a procurar compreender o que é isso de eu ter a pretensão (*claim*) de saber alguma coisa (por exemplo, que está um pintassilgo no jardim), bem como os desafios a essa pretensão. E defende que eu posso contar como sabendo que alguma coisa é um pintassilgo mesmo sabendo que, se é um pintassilgo empalhado, então não é um pintassilgo, e eu não sei que aquilo não é um pintassilgo empalhado. Até agora (nas palavras do próprio Austin no artigo), não foram contestados (com essas questões) os meus factos nem as minhas credenciais como agente cognitivo.

No entanto, diz Austin, muito frequentemente os filósofos dão um passo a mais: preocupam-se com a *realidade* e com *ter a certeza* (pensemos em Descartes). E perguntam: como é que sabes que é um pintassilgo *real*, um pintassilgo *verdadeiro*? Como é que sabes que não estás a dormir e a sonhar? Ora, perguntar isto já é contestar os meus factos e as minhas credenciais enquanto agente cognitivo, diz Austin. Começamos a entrar em território austiniano mais conhecido, o território da filosofia da percepção. Os temas classicamente associados a Austin neste ponto são a contestação dos *sense data*, a contestação do cepticismo, a defesa do realismo directo e as ironias quanto à noção *ser real*.

Austin chama a atenção para o seguinte contraste. Há formas específicas de resolver as coisas quando estamos a lidar com ilusões ópticas ou com espelhos ou com realidades virtuais dos mais variados tipos. Mas como é que havemos de tirar a prova de que uma coisa é real (por exemplo, que o que pensamos ser um pintassilgo é um pintassilgo *verdadeiro*)? Perguntar «Como é que sabes que está um pintassilgo no jardim?» é muito diferente de perguntar «Como é que sabes que é um pintassilgo *verdadeiro*, ou um pintassilgo *real*?» Se tu me perguntas, quando experiencio a vara dobrada de *Sentido e Percepção*[258], como sei que é uma vara real, estás a questionar as minhas credenciais ou os meus factos de uma maneira especial. Uma coisa é admitir que a minha experiência neste momento, ou o objecto que experiencio, pode ser *abnormal*, ou *phoney* (anormal, estranho, com qualquer coisa de forjado ou fingido). Pode haver sonho e delírio. Podemos estar sob efeito de drogas. Pode haver coisas empalhadas, coisas virtuais, coisas alucinadas. Pode haver espelhos, miragens, imagens, efeitos de luz.[259] Muito bem, mas quaisquer dúvidas acerca destas circunstâncias podem ser esclarecidas por meio de procedimentos reconhecidos como apropriados para cada tipo de caso. Já quanto a distinguir a realidade da não realidade de um X qualquer, o que havemos de fazer?, pergunta Austin. O que quer dizer «X é um C *verdadeiro*»?

O que é suposto eu fazer exactamente para provar que uma coisa é real? Que palavra profunda é essa, ser real, *ser um X verdadeiro*? Se insistirmos que o desafio seja especificado, encontraremos para cada caso uma palavra «menos dramática» do que a palavra «real», observa Austin: o pintassilgo pode ser empalhado, mas não estamos a sugerir que

---

[258] Um dos exemplos centrais de (suposta) ilusão em *Sentido e Percepção* é o clássico caso da vara recta mergulhada na água, que, dado o fenómeno da refracção, é vista como curva.

[259] Todos estes são exemplos de *Sentido e Percepção*. A lista de Austin inclui coisas que parecem ser o que não são, coisas que não são o que parecem, em suma, os exemplos usualmente avançados de «aparências enganosas». A sua forma de conceber a percepção irá, contudo, levá-lo a desconstruir e rejeitar a própria expressão «aparências enganosas», uma vez que esta presume que as aparências nos dizem alguma coisa que pode estar em contradição com alguma outra coisa. Ora, tais «vestes lógicas» não pertencem, segundo Austin, aos apareceres perceptivos, que são «mudos», mas apenas a afazeres de criaturas linguísticas como os juízos.

seja uma miragem; o oásis pode ser uma miragem, mas não estamos a sugerir que seja empalhado. Termos a certeza de que alguma coisa é real não é prova contra milagres ou estranhezas da natureza, como nada o é. Se o pintassilgo fizer alguma coisa espantosa, como explodir ou citar Virginia Woolf, não dizemos que estávamos enganados ao dizer que aquilo era um pintassilgo — simplesmente não sabemos o que dizer. Ficamos sem palavras. É um erro pensarmos que a nossa linguagem, tal como a usamos com sucesso, pode ser preditiva, de tal forma que o futuro prove que a linguagem estava errada, afirma Austin. O futuro pode sempre fazer-nos rever as nossas ideias sobre pintassilgos, como pode fazer-nos rever as nossas ideias sobre o que quer que seja. Mas isto é totalmente diferente da conclusão dramática que o céptico pretende retirar do facto de eu poder estar enganada.

Uma questão fundamental é a do meu conhecimento das minhas próprias sensações. Consideremos a ideia de que eu não posso estar enganada acerca dos meus próprios *sense statements*. Posso estar a mentir, mas não posso estar enganada quando digo «*I'm in pain*» (Dói-me) ou «*Here is something that looks red to me now*» (Isto agora parece-me vermelho). Quanta filosofia se insinua aqui por baixo do pano, comenta Austin. Insinua-se a maçã de Berkeley (i.e., a ideia de que um objecto seria um conjunto de ideias, ideia de verde, ideia de redondo, etc.), *the tree in the quad* (a árvore no quadrângulo, que ninguém me garante continuar a existir quando ninguém a percepciona). E é com ideias como estas que o filósofo se retira do mundo em que todos vivemos. É aqui que se enquadra a discussão austiniana sobre o estatuto de aparências e apareceres.

A tese célebre de *Sentido e Percepção* é a tese do silêncio dos sentidos.[260] Os sentidos são mudos: não nos dizem verdades nem falsidades porque simplesmente não falam. E é precisamente por isso que não podem enganar-nos. Apenas exercícios de juízo (nossos, i.e., de criaturas linguísticas), em circunstâncias e contextos específicos, podem ser verdadeiros ou falsos. O propósito deflacionista da argumentação de *Sentido e Percepção* pode ser resumido em torno do clássico exemplo de ilusão da vara recta que, mergulhada na água, parece curva. Sim, a vara *parece* curva na água — há uma ilusão, diz-se, nós não vemos as coisas como elas são, a vara ela própria não pode *ser curva e recta ao mesmo tempo*, logo, a sua

---

[260] Cf. «The Silence of the Senses» (2004) *in* TRAVIS (2013) para uma análise influente.

aparência é enganosa. O teórico dos *sense data* dá então o seguinte passo argumentativo: quando percepcionamos a vara (que é recta) como curva, estamos de facto a percepcionar alguma coisa, que não pode ser a vara; então, isso que percepcionamos quando percepcionamos a vara como curva são *sense data*; pelo menos deles temos certeza absoluta. Mas Austin quer, precisamente, evitar tais conclusões, as quais ele considera extremas e injustificadas acerca da existência de intermediários na percepção — os *sense data* — a partir da mera ocorrência de experiências enganosas. Por isso pergunta: como deveria parecer exactamente uma vara recta quando está mergulhada na água, dada a refracção, a não ser curva? A vara não nos parece curva a todos, quando olhamos para ela, imersa na água? Estaremos todos iludidos? Será uma ilusão colectiva? Estaremos a ver coisas que não existem? Segundo Austin, trata-se de um aparecer totalmente objectivo e partilhável. A razão fundamental para a rejeição do uso do Argumento da Ilusão que aqui se insinua é o facto de a ideia de aparências enganosas pressupor que os sentidos nos dizem alguma coisa (ou, no excerto citado, que as coisas de alguma forma se identificam a si próprias). É isto que Austin liminarmente rejeita.

Como ficamos então? Temos frequentemente razão para dizer que sabemos alguma coisa (tal como: que está um pintassilgo no jardim), mesmo se depois viermos a verificar estar errados. Na verdade, é praticamente sempre possível que estejamos enganados, diz Austin. Mesmo assim, o melhor que temos a fazer é sermos cândidos quanto a esta vulnerabilidade, que não é assim tão onerosa na prática. Que o intelecto humano e os sentidos sejam inerentemente falíveis não significa que sejam inveteradamente falíveis. As máquinas também são inerentemente capazes de se avariar, porém tal não significa que uma boa máquina o faça constantemente, e em cada caso. Usualmente, ela funciona bem. Como qualquer capacidade humana, as nossas capacidades de juízo são falíveis e limitadas — mas isso não significa que não funcionem com sucesso, numa variedade de circunstâncias, dando lugar a conhecimento. Com o seu característico humor subtil, Austin comenta que ter a consciência de que se pode estar enganado não significa estar ciente de que se é um ser humano falível — isso não seria mais excitante do que acrescentar «se Deus quiser» (D. V.)[261] a qualquer coisa que se diz (por exemplo,

---

[261] *Deo volente*, i.e., «se Deus quiser». Convém notar que o exemplo fica verdadeiramente perturbado com a transposição para o português, uma vez que é realmente comum dizer em português «se Deus quiser». Isso impede completamente a compreensão do humor de Austin.

«Amanhã vou a Lisboa, se Deus quiser»). Significa que tenho uma razão concreta para pensar que posso estar enganado num caso particular.

É precisamente neste contexto que Austin propõe um paralelismo entre saber e prometer. Este é o ponto em que se opera o cruzamento da teoria dos actos de fala com a epistemologia do testemunho.

Consideremos o acto de fala de prometer. Quando prometo alguma coisa (por exemplo, «Prometo que te pago os cem mil euros que te devo»), verifica-se um passo novo relativamente à mera expressão de uma intenção (quando digo «Vou fazer X», por exemplo, «Vou à praia»). Ao dizer que prometo, não estou apenas a anunciar a minha intenção: cumprindo o ritual de prometer, ligo-me a outrem, arriscando a minha reputação. Ora, o mesmo se passa quando digo que sei alguma coisa (quando digo, por exemplo, que «Mendeléev, Lenine e Pavlov estudaram na Universidade de São Petersburgo»). Não é que aconteça algo de superior ao facto de ter a certeza. O que se passa é que, ao dizer que sei alguma coisa, eu estou a dar a minha palavra a outrem, estou a transmitir a minha autoridade para eles próprios virem a dizer que «Mendeléev, Lenine e Pavlov estudaram na Universidade de Sampetersburgo».

Quando digo apenas «eu penso que...» ou «eu creio que...», ninguém me pode pegar por isso. Mas, se alguém me diz que sabe alguma coisa, eu tenho o direito (*I am entitled*) de também dizer que sei, em segunda mão. O direito é transmissível. Da mesma forma que se eu (te) prometi alguma coisa, tu estás justificado a actuar com base nisso.

Mas como se desafia o saber e o prometer? Desafia-se pondo em causa que quem sabe, ou quem promete, esteja em posição para isso. Austin lembra que alguns filósofos (os cépticos, claro) têm tantas dúvidas sobre tanta coisa, que diriam que eu não estou nunca em posição de saber o que quer que seja. Talvez devessem, então, dizer também que eu nunca estou em posição de prometer algo, acrescenta. Em ambos os casos, a obsessão de não falhar restringir-nos-ia totalmente os movimentos. Para Austin, isto está errado nos dois casos. Dizer que se sabe alguma coisa (por exemplo, que está um pintassilgo no jardim ou que Mendeléev, Lenine e Pavlov estudaram na Universidade de Sampetersburgo) é fazer alguma coisa, e, obviamente, fazer alguma coisa é, sempre, poder falhar.

O ponto de Austin é que poder falhar não nos impede, nem deve impedir-nos, de agir. Torna-se claro que Austin é, acima de tudo, um filósofo da acção e que o seu grande princípio acerca da acção é que, se estamos perante acção, muita coisa pode correr mal, há sempre a possibilidade de falhar — se agimos, há sempre a possibilidade de maus funcionamentos, falhanços, acções abortadas. Isso pode acontecer quando digo que sei alguma coisa ou quando prometo alguma coisa. Mas a questão de Austin é que, apesar disso, estamos perfeitamente justificados a agir, por exemplo, dizendo que sabemos alguma coisa ou prometendo alguma coisa.

O ponto de chegada de «Other Minds» é, assim, a aplicação ao caso das outras mentes daquilo a que podemos agora chamar considerações performativas sobre conhecimento, que foram desenvolvidas ao longo do artigo. Essas considerações performativas, inevitáveis a partir do momento em que somos criaturas linguísticas envolvidas em práticas de conhecimento, mostram ser incontornáveis na epistemologia. Saímos de «Other Minds» não apenas com uma proposta quanto ao que sabemos quando sabemos alguma coisa, uma concepção de conhecimento completamente diferente, por exemplo, das de Gettier ou de Quine[262], mas também com uma sugestão crucial quanto ao problema das outras mentes. A sugestão é que a nossa relação epistemológica com outras mentes é muito diferente da nossa percepção de objectos, sejam estes pintassilgos, varas dobradas, miragens ou espelhos.[263] Desde logo, as nossas preocupações quando se trata do conhecimento de outras mentes são completamente diferentes: quando se trata de outras mentes, preocupamo-nos com o fingimento, com tentativas de nos enganar, com a (nossa) possível má compreensão, com a presença ou ausência da intenção deliberada (de outrem) de fazer algo. Pintassilgos, varas dobradas, miragens ou espelhos não fingem nem nos enganam, não são dissimulados nem nos manipulam: quando os percepcionamos, preocupamo-nos com ilusões, eventualmente com delírios e alucinações, mas não com fenómenos dessa ordem. É esta distinção que Austin pretende estabelecer com a frase-chave de «Other Minds»: «*The goldfinch is mute; the man speaks*» (O pintassilgo é mudo; o homem fala).

Os homens falam e é também o estatuto epistemológico daquilo que os outros nos dizem (i.e., a natureza do conhecimento por testemunho) que interessa particularmente a Austin no artigo. O conhecimento por testemunho envolve fenómenos que estão simplesmente ausentes do nosso conhecimento perceptivo de objectos como o pintassilgo ou a vara dobrada — envolve fenómenos como a confiança (no falante),

---

[262] Considerando duas orientações muito importantes na epistemologia contemporânea.
[263] Listo exemplos de «Other Minds» e *Sentido e Percepção*.

a autoridade e a responsabilidade (do falante). Note-se que isto é algo muito diferente da imputação de mentalidade por *mindreading*, a forma como o problema das outras mentes é hoje frequentemente estudado na proximidade da ciência cognitiva. Como observa Austin, abre-se aqui espaço para um tipo de abuso (o fingimento, a manipulação, a mentira, etc.) que só podemos sofrer de outras pessoas, não das coisas inanimadas do mundo, como pintassilgos ou espelhos. Estas não nos «enganam» da mesma maneira — os fenómenos epistemológicos envolvidos são de natureza totalmente diferente.

Em termos da discussão clássica, Austin está próximo de Thomas Reid e distante de David Hume, já que defende que acreditar nas outras pessoas é algo que fazemos constantemente sem que haja justificação específica para isso. Não se trata de ingenuidade beatífica: não está a dizer que, na nossa vida quotidiana, devemos, submissa e acriticamente, acreditar naquilo que as outras pessoas nos dizem. O que está em causa é, de alguma forma, prévio: trata-se de conceber como estamos perante as asserções linguísticas das outras pessoas numa situação em que nós, os humanos, estamos unidos pela linguagem, de uma forma que é anterior à busca explícita de razões e de justificações para crenças específicas, e, portanto, anterior ao campo da epistemologia propriamente dita. De acordo com Austin, quando estamos perante asserções de outras pessoas não estamos perante evidência, sinais ou sintomas de algo, que do alto da nossa suficiência epistemológica avaliamos como provas. Acreditar nas outras pessoas e naquilo que elas nos dizem é, antes, uma condição das práticas de conhecimento humanas.

O que tem tudo isto que ver com o realismo de Oxford? Na verdade, do ponto de vista da história do realismo de Oxford, Austin é particularmente importante por ter acompanhado as teses quanto a percepção e conhecimento que se encontram em autores anteriores como Cook Wilson e Prichard, que não são filósofos da linguagem sofisticados[264] de uma tematização metodológica explícita, em torno da linguagem comum. A concepção austiniana do papel da linguagem comum traduz-se numa visão do método para a filosofia. Austin é também especialmente importante por ter acompanhado as teses quanto a percepção e conhecimento com elaboradas concepções de verdade, factos e acção. Embora tais concepções não tenham sido aqui directamente consideradas, são elas que sustentam as suas posições. No entanto, algumas das convicções

---

[264] Cf. TRAVIS e KALDERON (2013).

fundamentais de Austin são comuns a muitos dos realistas de Oxford. É este o caso, por exemplo, das concepções de percepção e conhecimento como sendo não híbridos (de algo de mental a que se acrescenta algo de não mental), mas sim básicos. É o caso da assimetria entre os bons e os maus casos (na percepção, no conhecimento): quer na percepção, quer no conhecimento, pode haver falhas, pode haver maus funcionamentos, mas isso não invalida que o caso por defeito seja aquele em que percepcionamos ou conhecemos de facto as formas como as coisas são. É o caso ainda da rejeição de uma concepção de aparências como «meras aparências» e o trabalho correlativo com a noção de apareceres objectivos intersubjectivamente partilhados. É o caso da ideia de que não há nenhum estatuto especial do conhecimento do «interior». É finalmente a convicção de que o realismo ingénuo sobrevive às formas várias do Argumento da Ilusão em operação na filosofia contemporânea. Bastam estes pontos para o realismo de Oxford fazer uma enorme diferença nas mais variadas discussões actualmente em curso.

Mente e interpretação: Quine e Davidson

Desde os anos 1960, a filosofia da mente tem sido um campo particularmente fértil e produtivo da filosofia analítica também pela ligação com a ciência cognitiva. Foi o meu próprio campo de trabalho principal durante muito tempo, e ainda o é, de certa forma, e por isso mesmo optei aqui por não entrar nele directamente, uma vez que já o fiz em muitos outros lugares.[265] Abordarei, todavia, neste capítulo os fundamentos da concepção do mental de dois filósofos centrais na filosofia analítica do século xx, W. V. Quine (1908–2000) e Donald Davidson (1917–2003). Quer para Quine quer para Davidson, a noção de interpretação é fundamental em teoria da mente. No entanto, Quine e Davidson não se limitam a fazer filosofia da mente: cada um deles é autor de um complexo e ambicioso sistema filosófico.[266] Em ambos os casos, a teoria da mente insere-se em propostas que só podem, precisamente,

---

[265] Remeto para os meus livros MIGUENS (2002, 2004 e 2008) e MIGUENS e CADILHA (2014).

[266] A continuidade e diferenças entre eles constituem uma questão em aberto. Quine costumava perguntar a Davidson, seu amigo: «Então, Donald, quando é que vais dizer alguma coisa que eu ainda não tenha dito?» (episódio relatado por Ernest Lepore, filósofo da Universidade de Rutgers, também ele amigo próximo de Davidson).

ser chamadas «sistemáticas»: visões globais do que a filosofia é e faz, que vão da metafísica e da epistemologia até à filosofia da linguagem e da acção.[267] Quine e Davidson mostram, além do mais, que a ambição inerente a uma teoria do mental não está de todo limitada a discussões pontuais do chamado problema mente-corpo; ela envolve a totalidade dos nossos compromissos filosóficos e concepções da natureza da linguagem e da acção sem as quais, para Quine e Davidson, não há teoria da mente. Quine e Davidson mostram também claramente que a abordagem do mental na filosofia analítica não coincide com uma espécie de nova ingenuidade a que na filosofia francesa se chama, frequentemente sem muito conhecimento, «cognitivismo».[268]

Do ponto de vista histórico, é importante ter em mente que a obra de Davidson surge, em grande medida, em crítica à obra de Quine e que a obra de Quine dá corpo à crítica ao Positivismo Lógico, ou Empirismo Lógico, no seio da filosofia analítica. O Positivismo Lógico foi ele próprio um importantíssimo ponto na história da filosofia do século XX. Em Viena, onde o movimento nasceu, representou um empenhamento político de orientação democrática, baseado numa confiança na orientação progressista e racional da ciência. Em torno do Positivismo Lógico, encontram-se figuras que filosoficamente podem ter pouco em comum — e que vão de Albert Einstein a Kurt Gödel —, mas que partilharam um ideal moral de racionalidade. Os positivistas lógicos vienenses estiveram envolvidos não apenas na vanguarda da ciência do seu tempo, mas também na educação popular; em filosofia, o movimento representava a resistência política e moral à influência de alguém como Heidegger, muito mais sintonizado com o misticismo do ambiente intelectual dominante nos

---

[267] Note-se que este carácter sistemático contrasta, pelo menos à primeira vista, com o assistematismo e a importância da fragmentação que são característicos de muito pensamento francês contemporâneo.

[268] O termo *cognitivisme*, usado em francês, significa frequentemente uma visão positivista ou cientificista do mental que postula representações e computações internas. É interessante notar a que ponto, cronologicamente, a observação é estranha, já que todo o debate recente em filosofia da mente, se considerarmos que a área se torna cada vez mais importante a partir dos anos 1960, se passa após a crítica a doutrinas fundamentais do Positivismo Lógico que aconteceu em meados do século XX, nomeadamente em torno do próprio Quine, mas também de Sellars e Wittgenstein. Uma forma menos pejorativa de encarar o cognitivismo é considerar que ele se identifica com a Teoria Representacional-Computacional da Mente, tal como esta é exponenciada por um autor como Jerry Fodor (1935–2017). Quine é de facto crítico dessa concepção; quanto a Davidson — sobretudo considerando o papel do modelo crença-desejo na sua teoria da acção —, é mais difícil dizê-lo.

tempos de avanço do nacional-socialismo. Mesmo que esse traço moral e político se tenha perdido com a «transposição» do movimento para os EUA, através da emigração de alguns dos nomes maiores (como Rudolf Carnap [1891-1970] e Hans Reichenbach [1891-1953]), o Positivismo Lógico foi em Viena um movimento de forte vocação prática. O fundador do movimento foi Moritz Schlick (1882-1936), filósofo e físico alemão, assassinado em 1936 numa escadaria da Universidade de Viena por um antigo estudante[269]. Figura central do movimento foi certamente Carnap, filósofo alemão, autor de *Der logische Aufbau der Welt* (1928), que com Otto Neurath (1882-1945) e Hans Hahn (1879-1934) escreveu em 1929 o Manifesto do Círculo (*Wissenschaftliche Weltauffassung: Der Wiener Kreis* [*Para Uma Visão Científica do Mundo*]).[270] Devido à situação política, Carnap (que não era judeu, mas era socialista e pacifista, o que o colocava igualmente em perigo) emigrou para os EUA, onde foi extremamente influente na instalação e difusão da tradição analítica. Outros membros conhecidos do Círculo foram Friedrich Waismann (1896-1959), que emigrou para o Reino Unido e trabalhou com Wittgenstein, e Herbert Feigl (1902-1988), que emigrou para os EUA. O Círculo de Berlim, dirigido por Reichenbach, filósofo da ciência alemão, figura central da Gesellschaft für empirische Philosophie (Sociedade para a Filosofia Empírica), foi a contraparte alemã do Círculo de Viena. Reichenbach tornou-se, em 1930, o editor, com Rudolf Carnap, da revista *Erkenntnis*, a revista do movimento. Sob a pressão do nazismo e após uma breve passagem por Istambul, Reichenbach emigrou para os EUA, onde fez do Departamento de Filosofia da UCLA um dos mais importantes do país. Reichenbach veio a ser o orientador de doutoramento de Hilary Putnam.

Quine

Willard van Orman Quine nasceu em 1908, em Akron, no Ohio. Estudou inicialmente Matemática. Ouviu falar de uma «filosofia matemática» (a filosofia de Bertrand Russell) e foi isso que o fez juntar os seus dois interesses, a matemática e a filosofia. Fez o doutoramento em Harvard, com Alfred North Whitehead, co-autor com Russell dessa obra-marco

---

[269] Não é claro que tenha havido motivações políticas para o acto, mas a forma como este foi enquadrado na imprensa foi reveladora da situação intelectual e política na Áustria de então.

[270] O nome é devido a Neurath.

da lógica formal do século xx que são os *Principia Mathematica*[271]. No entanto, apesar da presença de Whitehead, Quine não encontrou em Harvard, no início dos anos 1930, aquilo que pretendia: a acção real em lógica — aquilo que genuinamente lhe interessava — estava então na Europa. Os artigos de Gödel tinham sido publicados, e este era reconhecido por pessoas como Leopold Löwenheim, Thoralf Skolem, Alfred Tarski e John von Neumann. Esse trabalho ainda não tinha chegado à América. Por outro lado, durante o período do doutoramento de Quine, Whitehead ensinava disciplinas como A Ciência e o Mundo Moderno e Cosmologias Antigas e Modernas, e esses assuntos não interessavam Quine. Ele acaba então a sua tese muito rapidamente e vem para a Europa. A sua primeira ideia era Viena. No primeiro ano no estrangeiro, visitou 27 países, do Báltico até África e à Ásia — a *Wanderlust* foi sem dúvida uma marca permanente na sua vida. Passou cinco meses em Viena. Seguiu os cursos de Moritz Schlick e foi a encontros do Círculo de Viena. Conheceu Alfred Jules Ayer, o positivista lógico inglês, Gödel e Reichenbach. Aprendeu alemão, o que virá a ser precioso. Ao período que passou em Praga e em Varsóvia (seis semanas em cada uma das cidades) chamou «os meses intelectualmente mais produtivos da minha vida». No primeiro caso, passou o tempo a estudar filosofia com Rudolf Carnap; no segundo, dedicou-se à lógica. Rudolf Carnap seguiu de Viena para Praga para ensinar e Quine seguiu-o a ele. Para Quine, Carnap foi a primeira experiência de fascinação intelectual (nas suas palavras, «a primeira experiência de ser intelectualmente incendiado por alguém, e não por um livro», «essa fascinação intelectual por alguém de outra geração que não é exactamente idêntica a ouvir com respeito os mais velhos, pensando que se vai fazer o mesmo ou melhor»). Carnap irá para Chicago em 1935, mais um caso da importação académica da Europa pela América que foi desencadeada pela situação política europeia.[272]

Em Praga, algumas pessoas disseram a Quine que era o primeiro americano que viam por ali. Em Varsóvia, esteve com Tarski, que por causa dele não ensinava em polaco mas sim em alemão ou francês (também Tarski acabará nos EUA, em Harvard), com Łesniewski (com quem discutia noites inteiras) e Łukasiewicz. Conheceu Kotarbiński,

---

[271] Os três volumes do livro são de 1910, 1912 e 1913. O livro é uma defesa do logicismo.
[272] Esta importação aconteceu num grande número de áreas científicas, não apenas na filosofia, e foi fundamental para as universidades americanas se tornarem aquilo que se tornaram após a Segunda Guerra Mundial.

Ajdukiewicz, Kuratowski, Sobociński, Jaśkowski. Voltou a Harvard com o título de *fellow*; tornou-se depois professor. A partir de 1936, ensinou Lógica e Filosofia em Harvard (mas gostava sobretudo de ensinar lógica, não filosofia). Foi Quine o grande ponto de articulação da filosofia analítica, que tinha nascido na *Mitteleuropa*, a Europa Central, de língua alemã, com os EUA. É também por isso importante notar que no seu pensamento se encontra já uma crítica ao Positivismo Lógico, nomeadamente e antes de mais na pessoa de Carnap.

Além dos trabalhos de lógica com que começa, a marca de Quine em filosofia encontra-se na sua teoria da linguagem, incluindo uma concepção daquilo que é para os humanos falar uma linguagem natural, uma concepção da natureza do conhecimento, bem como uma visão ontológica que acompanha estas duas concepções. Duas das suas teses mais conhecidas são a tradução radical (uma posição em filosofia da linguagem e da mente que é explorada em *Palavra e Objecto*, 1960) e a relatividade ontológica (uma posição em metafísica — ou melhor, em ontologia — que desenvolve, por exemplo, nos artigos «On What There Is» («Sobre o Que Há», originalmente publicado em 1948, e «Ontological Relativity», 1968). No contexto da metafísica analítica actual, Quine, que é um antiessencialista e um relativista, aparece quase como uma ovelha negra.[273]

Para compreender o perfil de Quine, torna-se necessário considerar antes de mais a sua epistemologia. O artigo «Two Dogmas of Empiricism», do início dos anos 1950, é um texto fundamental da epistemologia do século XX. Nele, Quine professa ser um empirista. Ele é, contudo, um empirista sofisticado, que não concorda com o fundacionalismo característico quer do empirismo clássico (o empirismo do século XVIII, de autores como Locke, Berkeley e Hume), quer do Positivismo Lógico.

---

[273] Para o fulgurante reviver da metafísica na filosofia analítica actual, foram fundamentais a lógica modal e a semântica dos mundos possíveis. Autores como Saul Kripke (1940–) e David Lewis (1941–2001) são aqui uma referência incontornável. Quine representa uma resistência a tal orientação: ele não gosta (por razões filosóficas que explicita) de *possibilia* nem de mundos possíveis. Em termos de metafísica, ele é um actualista. Em termos de epistemologia, a sua ideia de naturalização defendida em «Epistemology Naturalized», e cuja fundamentação analisarei mais à frente, tem hoje enorme importância em várias disciplinas da filosofia praticada na tradição analítica. Note-se que o imperativo quiniano de naturalização é absolutamente antitético do espírito da filosofia analítica nascente, por exemplo, com Frege. Quer a filosofia analítica quer a fenomenologia nasceram como críticas ao naturalismo, psicologismo e cientificismo (a ideia de filosofia como uma imitação da ciência), e a filosofia de Quine aceita na verdade (quase) todas essas posições.

Em «Two Dogmas», trata-se sobretudo de criticar o empirismo do Positivismo Lógico, que lhe é extremamente próximo (recorde-se que Carnap foi o primeiro pensador que o «incendiou intelectualmente»). O empirismo do Positivismo Lógico pode ser resumido no «critério da significação», que tinha sido tomado de uma leitura do *Tratado Lógico-Filosófico* de Wittgenstein. De acordo com o critério da significação, um enunciado é cognitivamente significativo se e só se é ou analítico ou empiricamente verificável ou falsificável. Fora disto só há *nonsense* (por exemplo, *nonsense* metafísico, que deve ser simplesmente atirado pela janela: a frase «O nada nadifica», de Heidegger, era um exemplo favorito dos positivistas lógicos). Note-se que no seio do critério da significação está incorporada uma distinção entre o analítico e o sintético, definido agora de forma diferente da forma kantiana, que vimos atrás. De acordo com essa distinção, há momentos ou passos da nossa forma de pensar em que nos movemos em função apenas da própria forma lógico-linguística (é isso o «analítico») e momentos ou passos da nossa forma de pensar em que nos movemos em função da experiência (é isso o «sintético»). De um ponto de vista histórico, trata-se de uma reafirmação da separação entre forma e conteúdo do pensamento, agora expressa em termos de linguagem.

Quine não concorda com esta distinção absoluta entre o analítico e o sintético, e um propósito polémico fundamental de «Two Dogmas» é atacá-la. Quine considera que a distinção analítico-sintético é um dogma (Dogma-1) dependente de um Dogma-2, a que Quine chama «reducionismo». O reducionismo é a ideia de que existem relações um-a--um entre as nossas frases e a experiência, sendo todas as enunciações significativas finalmente traduzíveis em enunciações acerca da experiência imediata. Assim, de acordo com o Dogma-2, cada frase significativa «compareceria sozinha ao tribunal da experiência». Ora, Quine pensa que isso não é o caso. A nossa actividade cognitiva não é uma constante e sistemática reavaliação de cada crença à luz da experiência. A oposição de Quine àquilo a que chama reducionismo traduzir-se-á numa concepção holista de como as nossas crenças enfrentam o tribunal da experiência. Ele propõe a seguinte imagem para o seu holismo epistemológico: a totalidade do conhecimento humano é uma teia de crenças que «toca na experiência apenas nos bordos». Esta imagem é uma das heranças de «Two Dogmas» na epistemologia contemporânea. Quine insiste que existe bastante espaço de manobra quando se trata de decidir que crenças deixar cair e que crenças manter de cada vez que (nos bordos da teia) uma experiência entra em conflito com as restantes crenças. Pensemos, por exemplo, numa percepção inesperada — imaginemos que saímos de casa e vemos um porco a voar. Não «falsificamos» imediatamente a nossa crença segundo a qual porcos são mamíferos terrestres; procuramos um outro ajuste, pensamos, por exemplo, que vimos um *drone* sofisticado com a aparência exacta de um porco. Apesar desta resistência à falsificação imediata que caracteriza o tecido das crenças, Quine considera que absolutamente nenhuma crença é imune à revisão, nem sequer aquelas crenças que estão mais bem entrincheiradas na teia das crenças, correspondentes à lógica. As nossas crenças lógicas estariam no núcleo da teia de crenças (entre as crenças lógicas e as crenças perceptivas do bordo da teia estariam todas as crenças e teorias matemáticas, físicas, geográficas, históricas, etc); no entanto, nem as crenças lógicas são irrevisíveis para Quine. Considerar que até mesmo a lógica — a própria forma do nosso pensamento, do que quer que estejamos a pensar — poderia ser revista é algo muito pouco usual até na própria história do empirismo. Nem David Hume se atrevera a tal: para ele, princípios lógicos eram «relations of ideas», não tendo nada que ver com a experiência. O famoso exemplo de «Two Dogmas» é o da Lei do Terceiro Excluído (o princípio de acordo com o qual para cada proposição ou essa proposição é verdadeira ou a sua negação é verdadeira). Segundo Quine, mesmo este princípio poderia ter de ser deixado cair para acomodar, por exemplo, resultados de investigação em física (quântica), tomando parte no ajuste da teia das crenças. Um ponto fundamental de Quine é, de qualquer forma, que a revisão das crenças, que está constantemente em curso, não é nunca feita com apoio num veredicto incontestável do «tribunal da experiência».

A posição epistemológica quiniana tem relação com uma outra ideia sua acerca de linguagem: a ideia de que não temos relações directas com «significados isolados», que seriam coisas mentais dentro das nossas cabeças. Convém que sejamos precisos: Quine é um holista epistemológico (i.e., pensa que o teste das crenças se faz de forma holista) e um niilista do significado[274] (i.e., pensa que não existem significados, ou seja, «coisas mentais internas que corresponderiam à linguagem que usamos cá fora»). Recusar que existam significados não significa evidentemente considerar que palavras e frases não têm sentido. Significa apenas que Quine considera o facto de elocuções linguísticas serem significativas um facto primitivo e irredutível, que deve ser julgado em termos do

---

[274] Peço emprestado o termo ao filósofo americano Jerry Fodor.

comportamento das pessoas. O que ele quer dizer é que não existem entidades a mais, entidades abstractas, que seriam os significados das formas linguísticas ocorrentes no comportamento das pessoas. Não existe linguagem «lá dentro»: a linguagem é comportamento, comportamento linguístico. Esta posição anti-interiorista acerca da linguagem fez que Quine entrasse naturalmente em polémica directa com o linguista Noam Chomsky, colocando-se ao lado do seu colega e amigo B. F. Skinner, o famoso psicólogo behaviorista, que foi precisamente «alvo» de crítica para Chomsky. Quine está, assim, do outro lado — o lado behaviorista — das ciências cognitivas nascentes nos anos 1960. Estas levarão muito a sério a ideia de representações mentais interiores (autores como o linguista Noam Chomsky e o filósofo Jerry Fodor são precisamente emblemáticos dessa posição).[275]

Feita a crítica aos dois dogmas, o que é, então, conhecer para Quine? Antes de mais, é um fenómeno natural: sujeitos físicos humanos recebem um certo («magro») *input* experiencial e produzem um *output* («torrencial») de descrições teóricas do mundo externo e da história deste. As terminações nervosas são o local de *input* da informação não processada sobre o mundo; na verdade, Quine identifica o mundo, a realidade, com estimulação. O que lhe interessa enquanto epistemólogo é como passamos dos estímulos à ciência, como passamos *From Stimulus to Science*, para citar o título de um dos seus livros (de 1992). Repare-se que identificar estimulação com realidade (mais precisamente, com evidência e observação), como Quine tende a fazer, é no mínimo extremamente polémico, como qualquer filósofo da ciência notará. Como fica aqui a epistemologia? Através do estudo empírico desta passagem da estimulação das superfícies de corpos humanos às teorias, poderemos, supostamente, responder às questões epistemológicas. Toda a informação provinda das ciências naturais que nos permita compreender como é que os seres humanos formam um quadro do mundo que habitam deve ser utilizada. É esta a ideia de epistemologia naturalizada, e ela é obviamente, e voluntariamente, anticartesiana: qualquer propósito de uma filosofia primeira — um estudo da forma, da mente ou da consciência que seja isolado do que estas fazem no mundo — está totalmente mal orientado, do ponto de vista de Quine.

Note-se entretanto que a crítica daquilo que poderia ter parecido à primeira vista um pequeno ponto técnico de filosofia da linguagem,

---

[275] Cf. MIGUENS (2002 e 2007).

a distinção analítico-sintético, tem repercussões inesperadamente profundas. Uma das consequências últimas é a crítica, nas mãos de Quine, da legitimidade da separação entre filosofia e ciência no inquérito racional humano. Para Quine, a filosofia e as ciências são contribuições para um mesmo inquérito racional: há um contínuo ciência-filosofia, defende. Isto significa que para ele não existe, ao contrário do que defendiam os positivistas lógicos, uma fronteira entre metafísica especulativa e ciência natural. Isto, por sua vez, significa que a ciência vem naturalmente acompanhada de suposições metafísicas e a metafísica (mais exactamente a ontologia) deve ser feita em contacto com a ciência. Esta ideia choca com uma intenção fundamental do positivismo lógico, a intenção de expurgar a metafísica da filosofia.

Mas que forma tem então a ontologia feita em contacto e em continuidade com a ciência? Essencialmente, a ontologia quiniana visa revelar os compromissos ontológicos das nossas melhores teorias, as teorias que utilizamos para lidar com o mundo: revela ou explicita aquilo que elas dizem que há. No artigo «On What There Is», Quine começa por notar que o problema ontológico é um problema simples (é o problema «O que é que há?») e que uma primeira resposta é simplesmente «Tudo». O que é interessante, no entanto, é o desacordo acerca de casos. Dizemos que as pessoas A e B diferem em ontologia quando A afirma que há, ou existe, algo que B defende que não há, ou não existe. Imaginemos que somos ambos matemáticos e que trabalhamos juntos, e entendemo-nos enquanto tal, mas que tu recusas que existam números (és um ficcionalista em filosofia da matemática), enquanto eu defendo que eles evidentemente existem, que são entidades platónicas legítimas, subsistindo independentemente de nós. O proponente do lado negativo (o ficcionalista em filosofia da matemática) lida com um problema, «o enigma platónico do não-ser» na terminologia de Quine: como é possível falar daquilo que não existe? Quine faz notar que o enigma platónico do não-ser pode levar-nos a admitir existência em casos em que poderíamos ficar perfeitamente satisfeitos com o reconhecimento de que não há nada. Por exemplo, afirma-se: «Pégaso existe.» Mas existe como?, pergunta-se. Uma hipótese que se poderia avançar é que Pégaso é uma ideia na cabeça das pessoas. Mas o que havemos então de dizer acerca da diferença entre Pégaso e o Pártenon? Um está em Atenas e o outro é apenas imaginário. Ora, o Pártenon que está em Atenas não se confunde com a ideia de Pártenon, são coisas completamente diferentes. No entanto, quando se discute Pégaso, uma entidade mitológica, e portanto imaginária, a confusão aparece. Wyman, um «espírito subtil» (que Quine introduz pensando possivelmente em Alexius Meinong)[276], pode afirmar então: Pégaso é um possível não realizado. Quando afirmamos que não existe, estamos a afirmar que não tem o atributo particular de ser real. Coisas reais existem, mas muito mais coisas subsistem. Perante um lance como este, Quine perguntaria então: mas «o homem gordo possível naquela entrada» e «o homem calvo possível naquela outra entrada» serão o mesmo homem? Pergunta porque duvida da aplicabilidade do conceito de identidade, que nos permite falar e pensar acerca de coisas específicas de forma precisa, relativamente a possíveis não realizados. Para Quine, não há entidades sem identidade, sem sabermos do que estamos a falar. Uma ideia fundamental de Quine em ontologia é que o universo sobrepovoado de «entidades sem identidade» como possíveis não realizados e outras entidades ontologicamente obscuras é «desagradável» — ele ofende o sentido estético e constitui terreno fértil para elementos desordenados.

A solução quiniana para a especulação incontrolada é a teoria russelliana das descrições definidas, que mostra que é possível usar com sentido nomes (próprios) sem supor que existam as entidades nomeadas (por exemplo, «o actual rei de França»). O nome aparente é parafraseado como um símbolo incompleto, continuando a frase a ter sentido. A carga de referência objectiva é transferida dos nomes — expressões descritivas — para expressões do género daquelas a que os lógicos chamam variáveis ligadas ou variáveis de quantificação. O resultado é que não somos mais obrigados a pressupor a existência das entidades nomeadas. Quanto a termos singulares, é sempre possível uma análise à maneira de Russell. Quine volta-se então para os universais e pergunta: existirão entidades tais como atributos, relações, classes, números, funções? Se A é vermelho e B é vermelho, existirá a «vermelhidão»? Note-se que podemos admitir que há coisas vermelhas, pores-do-sol vermelhos, etc., sem admitir que há algo que eles têm em comum, um universal como entidade individual: o facto de casas, rodas, etc., serem vermelhos pode ser um facto último irredutível. Toda esta discussão tem pergaminhos na filosofia; ela foi central nos debates dos filósofos medievais em torno de universais. E, nota Quine, é precisamente a controvérsia medieval em torno dos universais que irrompe na moderna filosofia da matemática: o realismo

---

[276] Meinong é um filósofo austríaco famoso na história da metafísica por ter defendido que muito mais coisas subsistem do que aquelas que existem. Recusava a identidade entre ser real e *Wirklichkeit* (i.e., ser espaciotemporal e causalmente eficaz).

medieval *é* o logicismo de Frege, Russell, Whitehead, Carnap, o conceptualismo medieval *é* o intuicionismo de Poincaré e Weyl, o nominalismo medieval *é* o formalismo de Hilbert. O realismo é o extremo platonizante — considera-se que os universais existem independentemente das coisas que os instanciam ou exemplificam (os universais existem *ante rem*; ou, de um ponto de vista aristotélico, existem *in re*). De acordo com o conceptualismo, os universais reflectem a propensão da mente para agrupar as coisas (os universais existem *post rem*, abstraídos das coisas). Segundo o nominalismo, os universais são apenas «vozes», i.e., linguagem: partilhar um universal é apenas ser descrito por uma mesma palavra. Quine pareceria dever ser um nominalista, mas há muito mais a dizer, uma vez que Quine precisa muito de «entidades abstractas» — da lógica e da teoria dos conjuntos — para fazer a lógica e a filosofia que faz, logo tem de dar conta delas, do seu estatuto ontológico, de forma convincente.

De qualquer forma e perante esta «ascensão semântica» como método em ontologia, i.e., perante a ideia de que o que devemos fazer em ontologia é falar sobre as nossas formas de falar e analisar as nossas teorias e aquilo que elas dizem que há, pode perguntar-se: existirá algum limite para a imunidade ontológica de Quine? Poderá tudo ser formas de falar? Quine nunca se comprometerá com nada? Sim, compromete-se; a sua ontologia é precisamente uma concepção da natureza dos nossos compromissos teóricos. Quine considera que existem compromissos, compromissos das teorias que subscrevemos, as teorias com as quais «enfrentamos» a experiência (esta é a ligação com a sua epistemologia holista — e pragmatista — da teia das crenças). Comprometemo-nos ontologicamente através do nosso uso das variáveis ligadas. Ser suposto como uma entidade é ser contado como o valor de uma variável nas nossas melhores teorias, as teorias que usamos para lidar com o mundo. Daí o conhecido *slogan*: «Ser é ser o valor de uma variável.»

Resta, contudo, um problema: como se poderá decidir entre ontologias (se duas teorias forem, por exemplo, igualmente «boas» para os mesmos propósitos pragmáticos)? A resposta não é dada pela fórmula «Ser é ser o valor de uma variável». Como diz Quine, olhamos para as variáveis ligadas não para saber o que há, mas para saber o que uma certa doutrina diz que há. E este é um problema que envolve linguagem e que deve ser debatido enquanto tal. Mas o que há é outra questão, e o problema de como podemos decidir entre ontologias é outra questão ainda.

O ponto de Quine, de qualquer das formas, e como salientei, é que há boas razões para operar num plano semântico quando discutimos ontologia; o que estamos a fazer é falar de como falamos. Podemos assim discutir os nossos diferendos ontológicos. Temos uma base comum para discutir mesmo quando há desacordo básico nos esquemas conceptuais; é isso o desacordo em ontologia. A controvérsia ontológica deve, assim, tender para uma controvérsia acerca de linguagem — mas isso não significa que o que há dependa de palavras.

Mas se a ontologia não é uma questão de linguagem, então é uma questão de quê? Para Quine, a nossa aceitação de uma ontologia é simplesmente semelhante à aceitação de uma teoria científica, por exemplo, uma teoria física: adoptamos o esquema conceptual mais simples no qual os fragmentos desordenados da experiência em estado bruto possam ser ajustados e ordenados. O problema é que «simplicidade» é uma noção muito complexa, e Quine termina o artigo discutindo o que se deve pensar, por exemplo, da competição entre os esquemas fenomenista e fisicalista relativamente àquilo que há. Cada um tem a sua vantagem e simplicidade específicas, cada um deles merece ser desenvolvido. Mais: cada um deles é o mais fundamental, embora em sentidos diferentes — um é epistemologicamente fundamental, o outro é fisicamente fundamental. De um ponto de vista fenomenista, o fisicalismo é um mito conveniente, uma simplificação de acontecimentos sensoriais disseminados.

A questão da ontologia que se deve adoptar permanece ainda assim em aberto — e o conselho de Quine é: tolerância e espírito experimental. Os «mitos ontológicos» são relativos aos nossos interesses e objectivos. Por outras palavras, Quine põe-se numa posição genericamente pragmatista e relativista. Estamos então autorizados a assumir que, se aparecerem esquemas conceptuais em competição para lidar com a «mesma» realidade, não teremos critérios para decidir entre eles. Este relativismo ontológico de Quine será criticado por Davidson.

Falta saber como ficam a linguagem e a mente neste quadro epistemológico e ontológico. Segundo Quine, devemos olhar para a linguagem (e para a aprendizagem de linguagem) para abordar a mente, já que um interior mental não tem sentido neste quadro.[277] Comece-se então com indivíduos humanos, num ambiente e com estímulos. Quine procura

---

[277] Isto é claramente semelhante a Wittgenstein. A grande diferença reside em Wittgenstein, ao contrário de Quine, não ser um empirista nem um behaviorista.

analisar, em termos de estímulos comuns no ambiente, significado-de--estímulo (*stimulus meaning*), frases de observação («aquela sobre a qual todos os falantes da língua emitem o mesmo veredicto quando estão perante *a mesma estimulação sensorial*», um tipo de frases ocasionais). Foca as disposições a assentir ou dissentir perante frases completas: são os *stimulus meaning*, em circunstâncias determinadas. Esse é o ponto de ancoragem para falar uma língua.

As «frases de observação» serão cruciais na ideia de epistemologia naturalizada, e a relação entre estimulação e estas frases consideradas comportamento é porta de entrada para o tema da indeterminação da tradução, um dos temas mais discutidos da filosofia de Quine desde os princípios dos anos 1960.

A tese da indeterminação da tradução é formulada em *Palavra e Objecto* (1960) como uma tese acerca da possibilidade de manuais de tradução de uma língua para outra (vamos imaginar o português e o chinês). Poderia haver manuais compatíveis com todas as disposições verbais dos agentes, mas incompatíveis entre si.

O que está em causa, para Quine, não é chegar ao mesmo significado de uma palavra numa língua diferente: isso não é possível porque não há aí coisas que sejam significados dentro das mentes das pessoas. Mas se não existem entidades que seriam «os significados», o que será «significar a mesma coisa»? Trata-se apenas de explicitar as condições em que uma expressão seria uma boa tradução de uma outra expressão numa língua diferente. A ideia de tradução radical — a tradução de uma língua completamente desconhecida — aparece aqui. A tradução radical é uma experiência de pensamento criada por Quine (em *Palavra e Objecto*) e que acompanha a tese da indeterminação da tradução. Imagine-se um antropólogo que vai para a selva com um falante nativo de uma língua que lhe é totalmente desconhecida. Consideremos que o falante nativo enuncia «gavagai». O que é que ele quer dizer? Como pode o antropólogo encontrar a boa tradução de «gavagai»? Se, por exemplo, o falante nativo tivesse dito «gavagai» no momento em que um coelho branco salta de uma moita, «gavagai» poderia significar coelho, mancha branca, fatia temporal de ser vivo agora, brancura que se move da direita para a esquerda, etc. Como saberia o antropólogo qual era o caso? Para Quine, não há uma resposta determinada a esta questão — não há um significado de «gavagai» dentro da cabeça do falante nativo que possa ser restituído pelo antropólogo. Só o comportamento e a presença de ambos no mesmo ambiente irá permitindo traduções. Esta forma de ver a relação da linguagem com a realidade é talvez o ponto crucial da visão do mental segundo Quine: sobre o pano de fundo de uma noção de realidade como estimulação, a forma de a mente estar aí é afinal como a linguagem nos permite lidar, por meio de esquemas conceptuais eventualmente muito complexos, dos comuns aos científicos, com essa mesma realidade. E a única pedra de toque do êxito nesse lidar é, desde o início e de maneira definitiva, o comportamento humano.

Davidson

Donald Davidson (1917–2003) foi discípulo e amigo de Quine. Também ele estudou em Harvard. Os seus interesses intelectuais situavam-se inicialmente na área das Humanidades: história, literatura e cultura clássica. Sempre gostou de escrever e chegou a escrever guiões para peças de rádio. O seu primeiro trabalho em filosofia foi sobre o *Filebo* de Platão. O encontro com Quine (em 1939–1940, em Harvard) alterou a sua abordagem da filosofia — deixou de a ver como próxima da literatura e da história das ideias, e passou a adoptar uma abordagem mais analítica. Os seus principais escritos estão reunidos em cinco volumes: *Essays on Actions and Events* (1980), *Inquiries into Truth and Interpretation* (1984), *Subjective, Intersubjective, Objective* (2001), *Problems of Rationality* (2004) e *Truth, Language and History* (2005).[278] No livro *Truth and Predication* (2005)[279], aborda uma última vez a questão da natureza da verdade, fundamental ao longo de todo o seu trabalho. Globalmente, a obra de Davidson pode ser vista como um percurso que, partindo da teoria da acção, chega à ontologia, à filosofia da linguagem e da mente e à epistemologia. Nela, Davidson procura conceber como o pensamento pode existir no mundo (ou, por outras palavras, como os humanos podem ter pensamentos e comunicar entre si). No núcleo desse percurso estão as questões da racionalidade (e da irracionalidade) e da verdade.

A influência de Davidson é hoje particularmente notória na filosofia da acção e na filosofia da mente e da linguagem. Davidson começou a publicar os artigos que o tornaram célebre bastante tarde, nos anos 1960, já a sua carreira académica ia avançada. O primeiro artigo marcante foi

---

[278] Os dois últimos volumes são póstumos.
[279] Também publicado postumamente.

«Actions, Reasons and Causes» (1963).[280] Trata-se aí de saber se razões (as respostas que os humanos podem dar à pergunta «Porquê?») podem ou não ser causas de acções. A resposta de Davidson é afirmativa — razões (por exemplo: eu quero comer aquela laranja) podem de facto ser causas de acções (eu estico o meu braço em direcção à laranja). A tese de Davidson opunha-se explicitamente ao wittgensteinianismo então dominante na filosofia da acção: para os wittgensteinianos, razões e causas são conceitos de ordem diferente, as primeiras servem para falar de pessoas, as segundas servem para falar de cérebros e do mundo físico; afirmar que uma razão causa uma acção constitui uma confusão de níveis, um erro categorial. Apesar do intuito de crítica ao wittgensteinianismo, as propostas de Davidson sobre acção e explicação da acção partem do influente trabalho de Elizabeth Anscombe, discípula de Wittgenstein cujo livro *Intention*, de 1957, é um lugar clássico da discussão dos conceitos de acção e intenção na acção.[281] Davidson adopta de Anscombe o princípio segundo o qual acções não são simplesmente intencionais ou não intencionais: apenas *sob uma dada descrição* elas podem ser consideradas intencionais ou não intencionais. Se as acções forem intencionais, o

---

[280] Outros artigos importantes de Davidson em teoria da acção são, por exemplo, «How Is Weakness of the Will Possible?» (1970), cujo tema é a acrasia, ou fraqueza da vontade; «Agency» (1971); «Intending» (1978); «Paradoxes of Irrationality» (1978); «Thinking Causes» (1993) e «Laws and Cause» (1995). A questão da irracionalidade (nomeadamente o tema clássico da acrasia ou irracionalidade na acção — o agir intencionalmente contra o seu próprio melhor juízo, mas também o auto-engano) é a pedra de toque crucial para o tratamento da racionalidade. Esta é, por sua vez, um dos temas fundamentais da filosofia de Davidson. Em geral, ele defende que a irracionalidade existe apenas no seio da racionalidade.

[281] Além do impacto do trabalho de Anscombe, é importante, para compreender o contexto da escrita de «Actions, Reasons and Causes», recordar que Davidson esteve próximo da teoria da decisão racional, nos anos 1950, tendo chegado a fazer trabalho empírico baseado nesta. A teoria da decisão racional lida com *agentes*. No seu âmbito, a racionalidade é definida como *maximização da utilidade esperada*. Um agente é uma entidade dotada de crenças e desejos, estruturados numa hierarquização (*ranking*) de preferências, que age em direcção a um objectivo ou finalidade. Um agente está perante alternativas de acção; cada uma delas conduzirá a um «mundo», ou estado de mundo, diferente (M1, M2, Mn...). Estes mundos são concebidos na teoria da decisão em termos de *utilidade* e *probabilidade*. O valor da situação que resulta da acção é «medido» em termos do produto da utilidade e da probabilidade. É neste quadro que se entende a ideia segundo a qual um agente é racional se, e só se, agir de modo que *maximize a utilidade esperada*. Davidson retira da *teoria da decisão* duas lições: a primeira é que, colocando condições formais sobre conceitos simples e sobre a relação de uns conceitos com os outros, pode ser definida uma estrutura poderosa; a segunda é que uma teoria formal ela própria não nos diz ainda nada sobre o mundo: o seu conteúdo será dado por uma interpretação. Estas duas lições virão a ser muito importantes na sua filosofia.

agente estará na posição de dar a razão da sua acção. Imaginemos que uma mulher sentada à mesa come um bife. Ela come intencionalmente o bife. No entanto, mesmo se aquilo que ela está a comer é o seu animal de estimação (que um inimigo seu resolveu matar e cozinhar), ela não está a comê-lo intencionalmente. Se se lhe perguntar porque faz aquilo que faz, ela dirá apenas por que razão está a comer o bife (por exemplo, porque tem fome).

Movimentos corporais de humanos, pelos quais acções acontecem, são coisas que acontecem no mundo e coisas que acontecem no mundo podem ser descritas de várias maneiras. Duas acções diferentes (comer um bife, comer o seu próprio animal de estimação) podem perfeitamente ser descrições dos mesmos movimentos corporais de um mesmo ser humano. Através dos mesmos movimentos corporais (por exemplo, uma pessoa que pressiona uma tecla num computador), são possíveis acções complexas totalmente diferentes: ao pressionar a tecla, posso estar a vender um milhão de dólares em acções, a iniciar uma guerra nuclear ou a escrever uma letra de uma palavra de um poema. Como se poderá identificar o que o agente está de facto a fazer? Para consolidar a sua resposta a esta questão, Davidson desenvolve uma concepção daquilo que é «explicar» a acção humana. A explicação da acção humana contrasta com o que se entende por explicação no âmbito das ciências físicas. Enquanto a explicação científico-natural é explicação por subsunção a leis, a explicação de uma acção envolve de forma específica a racionalidade. Antes de mais, explicar acções supõe *racionalização* no sentido muito específico que Davidson dá a este termo, i.e., supõe que se torne determinados eventos, movimentos corporais de humanos, inteligíveis através de crenças e desejos (repare-se que é esse o caso em todos os exemplos que dei até aqui e contraste-se essas descrições mentalistas com uma filmagem dos corpos em causa por um hipotético antropólogo marciano — aquilo que a filmagem regista são apenas coisas acontecendo; o que está a ser feito, como querer comer uma laranja ou vender um milhão de dólares em acções, não é de forma alguma imediatamente legível naquilo que acontece, nomeadamente nos movimentos dos corpos humanos). Ao par crença-desejo que racionaliza a acção, Davidson chama razão primária; segundo Davidson, esta razão *explica* a acção e, nos casos em que essa razão é de facto a razão para a acção, ela *causa* a acção. No entanto, se os movimentos em causa podem ser tornados inteligíveis de maneiras alternativas, como se poderá saber o que está o agente de facto a fazer? O exemplo célebre de Davidson para ilustrar este ponto (a possibilidade das chamadas cadeias causais desviantes) é o exemplo de dois alpinistas. Um dos alpinistas escorrega na escalada e fica suspenso, apenas ligado por cordas ao outro alpinista, que o impede de cair no abismo. O segundo alpinista odeia o primeiro (sabe que a sua mulher o trai com ele, por exemplo) e tem tido frequentemente o desejo de que este homem, cuja vida agora depende de si, morra. Porém, quando o larga e ele cai no abismo, isso não acontece porque quis matá-lo, mas simplesmente porque não teve mais forças. Largá-lo foi algo que aconteceu, não algo que ele fez. Nesse caso, o segundo alpinista não matou o primeiro alpinista. Mas como sabemos nós que ele não o matou? Poderíamos ter observado do exterior exactamente os mesmos acontecimentos e considerar que um alpinista estaria a matar o outro alpinista. Isso poderia ter acontecido, mas não foi o que aconteceu, e para Davidson não há outra forma de distinguir entre os dois cenários a não ser fazendo apelo à razão que explica e causa a acção.

É esta abordagem da acção — o chamado modelo crença-desejo de explicação da acção — que conduzirá Davidson a explicitar a sua ontologia. A ontologia davidsoniana (em contraste com Quine, para quem, como vimos, a questão ontológica diz respeito àquilo que as nossas melhores teorias nos dizem que há) é uma ontologia de eventos. Eventos davidsonianos são particulares, ocorrências datadas e localizadas irrepetíveis. Eventos podem ser descritos enquanto físicos e mentais. Acções são eventos (tornados inteligíveis por meio de crenças e desejos), mas nem todos os eventos são acções. Em «Mental Events» (1970), Davidson coloca as coisas da seguinte maneira: eventos mentais tais como percepções, recordações, decisões e acções resistem a ser capturados na rede nomológica da teoria física, na forma de explicar por subsunção a leis que se aplica a todos os eventos enquanto físicos. A racionalidade envolvida nas acções dos humanos e na explicação destas, por contraste com a explicação por subsunção a leis, é uma noção mentalista e holista aparentemente não enquadrável no mundo natural. Como será então possível reconciliar este tipo de explicação com a ideia de um mundo basicamente físico regido pela causalidade? O monismo anómalo é a resposta de Davidson a esta questão.

Ser monista significa pensar que o mundo é de uma só natureza (e é físico). Todos os eventos são descritíveis como eventos físicos. «Anómalo» é um termo para aquilo que não cai debaixo de uma lei. O mental é, segundo Davidson, «anómalo» relativamente a um mundo físico regido por leis, o mundo dos eventos físicos, e deve ser pensado em termos de «superveniência» (uma relação entre o físico e o mental de acordo com a qual se há indiscernibilidade física então há necessariamente indiscernibilidade mental).

Davidson defende, na verdade, uma versão particular da chamada teoria da identidade; pensa que qualquer evento mental particular é idêntico a um evento físico particular, e por isso mesmo está, enquanto evento físico, «inserido» no mundo regido pela causalidade. A formulação do monismo anómalo permite assim considerar compatíveis três princípios aparentemente incompatíveis: (1) o Princípio da Interacção Causal, de acordo com o qual pelo menos alguns eventos mentais interagem causalmente com eventos físicos (nomeadamente as acções); (2) o Princípio do Carácter Nomológico da Causalidade, de acordo com o qual onde há causalidade tem de haver leis, e eventos relacionados como causa e efeito caem sob leis estritas — precisas, explícitas e sem excepção; (3) o Princípio da Anomalia do Mental, de acordo com o qual não há leis estritas ou deterministas com base nas quais eventos mentais possam ser previstos ou explicados.

O facto de o mundo, que é físico, ser regido por leis da física não é suficiente para nos permitir falar do pensamento e da mente e da acção em termos físicos. As leis da física não servem para explicar a mentalidade ou a acção. Elas não se aplicam a eventos-descritos-como--mentais. Explicações de acções não podem ser dadas no vocabulário das ciências físicas. Não faz sentido transpor a ideia de que *explicar é subsumir eventos (físicos) a uma lei* para o pensamento sobre acções de humanos. Explicar uma acção não é descrever eventos físicos sob leis. Explicar uma acção é dar razões, dar as razões que conduziram à acção. Mas esse tipo de explicação não «foge» à causalidade do mundo: se a razão que é dada é a razão da acção, então ela será também a causa dessa acção — Davidson pensa que razões são causas. A tese deve ser vista à luz da afirmação da identidade entre eventos mentais particulares e eventos físicos particulares. Não há, no entanto, leis psicofísicas para Davidson, i.e., leis que «atravessem» do mental para o físico na sua formulação.

Esta concepção — o monismo anómalo, acrescido da ideia de que o mental causa — foi muitas vezes acusada pelos críticos de não passar de um epifenomenalismo. Em última análise, os eventos enquanto mentais são causalmente impotentes, são meras descrições de algo que real e fundamentalmente é *físico*: não é enquanto mental que o mental davidsoniano realmente causa. O mental é apenas um efeito superficial e causalmente não eficaz da realidade física. Causas, enquanto tal, são, e só podem ser, físicas. Davidson sempre rejeitou tais acusações, atendo-se à ideia de que o mental realmente causa: nós não somos meros epifenómenos da nossa natureza física. Em particular, agimos, e agir é intervir realmente, causalmente, no mundo.

Se o posicionamento da acção no mundo natural através de uma concepção da natureza da acção e da explicação é o ponto de partida da filosofia de Davidson, esta envolverá também concepções da linguagem e da mente. A tese mais influente de Davidson em filosofia da linguagem é uma tese acerca da natureza da significação (traduzo assim *meaning*). No artigo «Truth and Meaning» (1967), trata-se de saber o que poderá ser uma teoria satisfatória da significação que não faça apelo a coisas internas que seriam «significados». Como podemos saber, então, o que as palavras e as frases significam? Como interpretar as enunciações actuais e potenciais de falantes de uma língua sem fazer apelo a coisas mentais internas que seriam significados? Davidson defende que o significado deve ser compreendido através do apelo à noção de verdade, i.e., através de uma teoria verocondicional (*truth-conditional*) da significação. Com essa finalidade, recruta a teoria tarskiana[282] da verdade, proposta no artigo «The Semantic Conception of Truth and the Foundations of Semantics», como base para uma teoria semântica da linguagem natural. A definição tarskiana da verdade fora formulada para linguagens formais (para uma dada linguagem L), caracterizando o predicado «... é verdadeiro» nessa linguagem e fazendo apelo a uma relação entre linguagem-objecto e metalinguagem. As chamadas frases-V (como «A neve é branca» é verdadeira se, e só se, a neve é branca) dão corpo a essa perspectiva. Davidson aplicará a ideia às línguas naturais (como o português, o chinês ou o xosa). O objectivo da teoria da significação é dar para cada frase da linguagem-objecto uma frase que seja a sua interpretação. Dizem-se, assim, as condições em que cada frase é verdadeira; conhecê-las é saber o significado da frase. Assim se pode explicar o que é saber o significado de todas as frases de uma língua e, portanto, o que é «saber uma língua».

No artigo «Radical Interpretation» (1973), dá-se um primeiro passo numa questão sobre a qual Davidson escreveu até ao fim da vida, a interpretação. É através de interpretação que a teoria da significação proposta, a teoria verocondicional, pode ser testada, aplicando-a ao

---

[282] Alfred Tarski (1901–1983) foi um matemático e lógico polaco (e depois americano) que emigrou para os EUA em 1939. Grande parte da sua família polaca foi assassinada pelos nazis. Ensinou em Berkeley de 1942 até ao fim da vida. A sua influência na lógica do século xx foi enorme.

comportamento de humanos, i.e., às enunciações produzidas em situações concretas (isto é, note-se, uma alternativa à ideia quiniana de que a linguagem pode ser reduzida a disposições físicas para o comportamento — para Davidson, a linguagem não pode ser reduzida a disposições). «Interpretação radical» é a expressão cunhada por Davidson e ligada, mas não assimilável, à tradução radical de Quine, que foi atrás analisada em torno da experiência mental do linguista na selva que ouve o nativo dizer, numa língua desconhecida, «gavagai». Quer para Quine quer para Davidson, trata-se de traduzir uma linguagem desconhecida para uma linguagem conhecida. A interpretação radical é uma proposta acerca do que é necessário para atribuir entendimento linguístico e pensamento a alguma criatura, uma teoria acerca da forma de «chegar ao pensamento» a partir do comportamento linguístico, sem conhecimento das suas crenças ou daquilo que as suas enunciações significam. A questão é tanto mais importante quanto, correctamente entendida, a noção de interpretação é, como diz Davidson, para todos os efeitos, tanto um problema doméstico como estrangeiro: na verdade, todo o entendimento da fala de outrem envolve interpretação radical, não apenas a tradução de uma linguagem desconhecida.

A situação em que estamos é a seguinte. Não podemos atribuir significado às enunciações do falante se não sabemos quais são as suas crenças e, ao mesmo tempo, não podemos identificar as crenças do falante se não sabemos o que as suas enunciações significam. É portanto necessário *fornecer ao mesmo tempo uma teoria da crença* (i.e., da mente) *e uma teoria do significado* (i.e., da linguagem). O Princípio da Caridade rege o que se faz aqui. Este princípio (de acordo com o qual a criatura sob interpretação tem crenças que são na sua maioria verdadeiras e faz inferências que são na sua maioria racionais) combina duas noções: uma suposição holista de racionalidade nas crenças — a que se chama *coerência* — e uma suposição de relação causal entre as crenças (especialmente perceptivas) e os objectos das crenças — a que se chama *correspondência*. O Princípio da Caridade é o primeiro princípio da interpretação.

O contraste com Quine é, como sempre, elucidativo para compreender Davidson: embora Quine tivesse ele próprio proposto algo como o Princípio da Caridade, ao contrário de Davidson, e da mesma forma que os psicólogos behavioristas, parece ter pensado, pelo menos a certo momento, que, se algum dia existisse uma verdadeira ciência do comportamento humano, esta seria uma ciência não mentalista, i.e., não faria apelo a noções mentais, como crenças, desejos ou intenções. As «formas mentalistas» de falarmos de nós próprios e dos outros seriam uma forma inferior, a superar, de explicar o comportamento humano (Rorty levará esta ideia de Quine, tendencialmente eliminativista, muito a sério). Noutras palavras, o projecto de Quine é um projecto filosófico de redução: Quine pensa que chegaremos ao mental abordando a linguagem, que esta é comportamento explícito (mais propriamente, um sistema de disposições para o comportamento verbal) e que as disposições são estados físicos de sistemas. Assim se atinge a redução desejada. Ao contrário de Quine, Davidson nunca pensou que tal redução fosse possível. O seu anti-reducionismo deve-se àquilo que considera serem as condições normativas, holistas e externalistas do mental, que tornam impossível por princípio descobrir leis e prever e explicar o comportamento de humanos somente com base em traços internos de uma criatura (por exemplo, as disposições dos corpos de que fala Quine).

A racionalidade entra necessariamente na interpretação dos humanos e Davidson vai buscar aquilo que lhe permite determinar, a partir de evidência comportamental, as incógnitas que interessam (crenças, desejos, significação) à lógica, a uma teoria da verdade e à teoria da decisão. Ora, estas são normas abstractas da racionalidade, e não características do comportamento de criaturas. Toda a teoria davidsoniana da mente assenta, assim, abertamente em normas da racionalidade: são estas normas que sugerem a teoria da mente e da linguagem davidsoniana e são elas que lhe conferem a estrutura que tem. Noutras palavras: o interpretacionismo de Davidson, embora tenha raízes em Quine, está definitivamente longe do reducionismo quiniano.

Os recuos e críticas de Davidson relativamente ao behaviorismo que acompanha a tradução radical quiniana vão ainda mais longe. Um ponto particularmente importante em toda a crítica é a rejeição daquele a que Davidson chama o terceiro dogma do empirismo, i.e., a separação entre esquema conceptual e conteúdo empírico, que Davidson considera que ainda se encontrava na filosofia de Quine. Em artigos como «A Coherence Theory of Truth and Knowledge» (1973)[283] e «On the Very Idea of a Conceptual Scheme» (1974)[284], Davidson critica posições quinianas que surgem deste terceiro dogma, nomeadamente a relatividade conceptual, i.e., a ideia de que é possível lidar com a «mesma» realidade por meio de esquemas ontológicos totalmente diferentes (identificando «realidade»

---

[283] Cf. DAVIDSON (2001).
[284] Cf. DAVIDSON (1984).

com a estimulação das superfícies sensoriais dos corpos humanos). Davidson substituirá a noção quiniana de estimulação próxima pela noção de estímulo distal, introduzindo a ideia de triangulação de algo no mundo (um objecto comum no espaço comum) por dois sujeitos e, assim, uma incontornável dimensão intersubjectiva na concepção de objectividade. Esta dimensão intersubjectiva da objectividade estaria, de acordo com Davidson, ausente em Quine — a restrição de toda a evidência possível à estimulação sensorial é, para Davidson, a porta de entrada de um internalismo subjectivista que ele não está disposto a aceitar. De acordo com Davidson, a própria presença dos conceitos de crença e de verdade numa vida mental humana pressupõe a triangulação e, portanto, a passagem pela intersubjectividade.

Uma outra posição epistemológica importante de Davidson neste contexto é a rejeição do cepticismo. Defendendo (por exemplo, no artigo «Three Varieties of Knowledge», de 1991)[285] que três variedades de conhecimento (subjectivo, objectivo e intersubjectivo) se entressustentam no pensamento humano e não podem sequer existir senão neste «tripé», Davidson não pode, nas suas próprias palavras, levar a sério o cepticismo. O cepticismo necessita, para sequer se erguer, de uma noção cartesiana de mente puramente interna, puramente subjectiva, uma noção que para Davidson é insustentável. A subjectividade como desfile de objectos privados perante a mente é, na opinião de Davidson, um mito. Para o autor, até mesmo a «subjectividade» e o autoconhecimento passam pelo crivo intersubjectivo-objectivo do tripé. Não existe, simplesmente, o «puro subjectivo» como interior privado e conceptualmente articulado. É verdade que há uma assimetria entre como cada um de nós conhece a sua mente e como as outras pessoas a conhecem: eu sei o que penso, desejo e sinto de modo definitivamente inacessível a outra pessoa, já que não tenho de recorrer a evidências ou fazer inferências. Mas, em grande medida, a subjectividade não é mais do que um conjunto de efeitos de autoridade: é apenas estar na posição privilegiada de se saber o que se quer-dizer quando se diz o que se quer dizer. É a isto que Davidson chama autoridade de primeira pessoa. Mas estar na posição privilegiada de se saber o que se quer-dizer quando se diz o que se quer dizer — i.e., quando se usa linguagem, designadamente para falar sobre si próprio e sobre o que se pensa — não é idêntico a deter qualquer privilégio epistémico cartesiano acerca do que é pensado e dito. É este o núcleo

---

[285] Cf. DAVIDSON (2001).

das teses anticartesianas de Davidson sobre subjectividade em artigos como «First-Person Authority» (1984), «Knowing One's Own Mind» (1987), «The Myth of the Subjective» (1988) ou «What Is Present to the Mind?» (1989).[286]

Pragmatismo: o caso de Rorty

Tomarei aqui como exemplo de pragmatista o filósofo americano Richard Rorty (1931–2007), um filósofo muito lido e influente, especialmente fora da filosofia. Tendo sido treinado na tradição analítica, moveu-se a certo ponto para fora dessa tradição, criticando-a. Tornou-se mesmo uma *bête noire* para os filósofos analíticos com a sua proclamação de uma «pós-filosofia», que viu como resultado de um pragmatismo levado até às últimas consequências. Não creio que Rorty seja o melhor exemplo de um pragmatista contemporâneo. Hilary Putnam (1926– –2016) seria o meu exemplo por excelência, mas a sua obra é demasido complexa para um retrato breve[287], e Quine e Davidson, que podem também ser considerados pragmatistas, foram já examinados separadamente. A vantagem de olhar para Rorty é o facto de a radicalidade das suas formulações pôr a nu o que podem ser (ou não) as *consequências do pragmatismo* (este é o título de um dos seus livros mais conhecidos, de 1982). Particularmente relevante é o facto de Rorty pensar que a crítica quiniana aos significados internos e à distinção analítico-sintético simplesmente acaba com a «filosofia analítica» enquanto «analítica», i.e., baseada na análise da linguagem. Mas Rorty não está apenas a propor uma alteração de método: ele considera que, com a crítica interna à filosofia analítica que foi levada a cabo nos anos 1950 por autores como Quine, Wittgenstein e Sellars, a filosofia perdeu os seus meios e materiais específicos e a sua definição profissionalizante como «disciplina» — ela deverá então tornar-se uma «conversação» da humanidade. É nesta conversação que Rorty está interessado.

A Filosofia e o Espelho da Natureza, de 1979, é central na obra de Rorty. O livro é um manancial de interpretações extremamente polémicas

---

[286] Todos eles em DAVIDSON (2001).
[287] A obra de Putnam (cf. AUXIER, ANDERSON e HAHN, 2015) estende-se da filosofia da física e da matemática até à ética e à ontologia. Ele é talvez, no entanto, mais conhecido pelas suas contribuições para a filosofia da mente e da linguagem nos anos 1960, 1970 e 1980.

da história da filosofia, focando autores que vão de Locke e Kant a Wittgenstein, Heidegger, Quine, Davidson, Gadamer e outros. Mesmo se as leituras de Rorty são criticáveis do ponto de vista da história da filosofia (foram, aliás, criticadas pelos próprios «interpretados», como é o caso de Davidson relativamente à teoria da verdade)[288], o conjunto é uma visão desafiadora do estado da filosofia no século XX tardio. Globalmente, o livro pretende ser uma crítica à ideia de conhecimento como representação de uma natureza que seria «dada» e da ideia de mente como «espelho» dessa natureza. A intenção de Rorty vai, todavia, além da crítica a formas de fazer epistemologia e filosofia da mente: ele ambiciona encontrar um novo lugar para a filosofia na cultura, possivelmente já não chamado «filosofia» (como vimos, era também essa a sugestão de Heidegger). A finalidade é caracterizar algo como «uma cultura intelectual pós-epistemológica», acima chamada «conversação da humanidade», que persiste uma vez afastadas as presunções de um discurso de comensurabilidade racional universal de todos os discursos. Mas tomemos como fio condutor para um percurso pela obra de Rorty o facto de ele se ver, acima de tudo, como um pragmatista; tudo aquilo que faz é um retirar de consequências do pragmatismo. Convém ter claro que outros pragmatistas actuais — por exemplo, Putnam ou Susan Haack (cuja versão de pragmatismo é particularmente inspirada por Charles Sanders Peirce) — rejeitam absolutamente as consequências que Rorty tira do pragmatismo. Pura e simplesmente, rejeitam que o pragmatismo conduza a doutrinas relativistas como as avançadas por Rorty, ou às posições sobre verdade e objectividade que ele defende. Vêem o pragmatismo como sendo, desde sempre, uma tentativa de compreender a natureza do inquérito racional — Rorty seria cínico ao não reconhecer este facto e ao lançar o inquérito racional pela borda fora. Saber se Rorty é ou não relativista é uma boa questão e é uma questão em aberto. Não há como negar que Rorty fala constantemente em «vocabulários alternativos para abordar a realidade», o que faz dele, no mínimo, um pluralista, e que considera que não há um «vocabulário final ou último». No entanto, as suas posições políticas (explicitadas em *Achieving Our Country: Leftist Thought in Twentieth-Century America*, de 1998), além de serem uma reflexão sobre a América, sobre uma «democracia ainda não atingida» e sobre

---

[288] A discussão acerca da teoria da verdade (e do que fazer com a proposta de Tarski) é um ponto nodal para comparar globalmente propostas pragmatistas (por exemplo, Putnam e Rorty).

os males de uma esquerda que se tornou apenas cultural, e por isso não mais politicamente interveniente e activa, são uma defesa explícita das sociedades ocidentais liberais e dos valores que as regem, e uma rejeição directa da ideia de que todas as organizações sociais e políticas das sociedades teriam o mesmo valor.[289] Ou seja, pelo menos politicamente Rorty não parece ser um relativista. Aliás, da mesma forma que Putnam, embora com conclusões muito diferentes, Rorty presta muita atenção à história do pragmatismo americano e, no seu caso, especialmente ao mais socialmente empenhado dos três pragmatistas americanos, John Dewey. Dewey marcou profundamente o jovem Rorty, em especial com os seus ideais sociais. A presença de Dewey em Rorty é permanente nos escritos políticos de Rorty e isso significa, em princípio, a defesa de uma democracia progressista e igualitária. Há, portanto, no mínimo uma tensão — procurarei capturá-la no que se segue.

O que é, afinal, ser pragmatista? O pragmatismo proclamado por Rorty é naturalista e historicista. Por outras palavras, Rorty aprendeu muito com Quine, mas também aprendeu com Dewey, com Hegel e com Darwin. Ser pragmatista, para Rorty é, antes de mais, ser antiessencialista quanto a conceitos como verdade, conhecimento e moralidade. Os pragmatistas ideais para Rorty, os seus pragmatistas-modelo, não são Peirce ou Putnam, que ele considera demasiado afeiçoados à linguagem da ciência natural, mas sim Dewey e Davidson. Isto significa que, segundo Rorty, a actividade da ciência não deve ser vista em termos directamente ontológicos e como sendo a única que nos conduz àquilo que a realidade fundamentalmente é. Do ponto de vista naturalista-darwinista--antiessencialista de Rorty, todos os nossos vocabulários (científicos, artísticos, morais) são instrumentos para lidar com a realidade, a serem

---

[289] Três parágrafos do livro tiveram uma vida nova depois da eleição de Donald Trump nos EUA em 2016. Cito-os no original: «*[M]embers of labor unions, and unorganized unskilled workers, will sooner or later realize that their government is not even trying to prevent wages from sinking or to prevent jobs from being exported. Around the same time, they will realize that suburban white-collar workers — themselves desperately afraid of being downsized — are not going to let themselves be taxed to provide social benefits for anyone else. At that point, something will crack. The nonsuburban electorate will decide that the system has failed and start looking around for a strongman to vote for — someone willing to assure them that, once he is elected, the smug bureaucrats, tricky lawyers, overpaid bond salesmen, and postmodernist professors will no longer be calling the shots. [...] One thing that is very likely to happen is that the gains made in the past 40 years by black and brown Americans, and by homosexuals, will be wiped out. Jocular contempt for women will come back into fashion. [...] All the resentment which badly educated Americans feel about having their manners dictated to them by college graduates will find an outlet.*»

avaliados pelo sucesso nos propósitos que servem. Não há vocabulários finais, sem opções inscritas. Noutras palavras, ser pragmatista é, para Rorty, ser pluralista, considerar que não há uma forma como as coisas basicamente são, que seria supostamente revelada de modo único por um vocabulário privilegiado, o da ciência.[290]

A leitura da história da filosofia em *A Filosofia e o Espelho da Natureza* procura dar corpo, entrincheirar historicamente a perspectiva pragmatista. É assim que Rorty vê a centração epistemológica da filosofia, que se seguiu historicamente à nova ciência físico-matemática da natureza, como tendo sido uma reacção no sentido de manter o espaço intelectual da filosofia, identificando este, no momento em que o conhecimento enquanto conteúdo se torna definitivamente domínio das ciências, com um estudo do mental e da forma *a priori* do conhecimento. Tal projecto da epistemologia moderna é criticado por Rorty utilizando Wittgenstein, Quine, Sellars e Davidson, especificamente vários dos argumentos destes autores que foram já identificados noutros capítulos deste livro (é o caso da crítica quiniana à distinção analítico-sintético e da ideia wittgensteiniana de que não pode existir uma linguagem privada, a que se junta a crítica sellarsiana ao Mito do Dado em *Empirismo e Filosofia da Mente*). Em geral, os argumentos que Rorty mobiliza no seu percurso pela história da epistemologia são argumentos contra a ideia de «Dado» (como os três acima), que lhe servem para identificar o adversário (que pode ser Descartes, Kant ou o Positivismo Lógico).

Mas Rorty quer mais do que apenas fazer um diagnóstico em torno das vicissitudes históricas da epistemologia: ele defende que a epistemologia não é, nem deve ser, o núcleo da filosofia. Para ele, o conhecimento humano é uma questão de conversação e de poder social, e não de espelhamento da natureza por uma mente individual cuja forma *a priori* caberia ao filósofo estudar. Explica-se a racionalidade e a autoridade epistémica por referência àquilo que os nossos pares nos permitem dizer — esta é mais uma tese pragmatista de Rorty que ele considera encontrar também em autores como Dewey e Wittgenstein. Será isto relativismo, na medida em que se defende, assim, que não existem noções de verdade, conhecimento ou objectividade independentes do contexto?

---

[290] Naturalmente, a partir deste ponto de vista, também o reducionismo fisicalista em filosofia da mente (i.e., a ideia de que aquilo que há é basicamente físico), muito influente na filosofia analítica actual, é rejeitado. Cf., por exemplo, a análise da crítica de Rorty a Dennett em MIGUENS (2002), pp. 487-488 e 499-500. Rorty prefere um eliminativismo do mental, inspirado em Quine.

São muitos os leitores e intérpretes de Rorty que não têm dúvidas em responder afirmativamente. É de resto este aspecto da posição de Rorty que faz desesperar autores como Putnam, McDowell ou Dennett, autores que teriam em princípio toda a simpatia para com a crítica rortiana ao paradigma representacionista e à noção empirista de «Dado», bem como para com a indexação ao contexto das noções de verdade, conhecimento e objectividade, mas não para com o relativismo. Um autor tratado atrás é de enorme importância para o caso global de Rorty: Donald Davidson. Rorty incorpora as críticas davidsonianas à distinção esquema-conteúdo (o terceiro dogma do empirismo, ainda presente em Quine) e a sua teoria da verdade (entendida como crítica à teoria da verdade como correspondência). Segundo Rorty, aquilo que Davidson defende é que o conceito de verdade não tem qualquer conteúdo profundo; para Davidson, a relação da mente com o mundo dá-se unicamente em termos causais. Isto é algo que o próprio Rorty defende. No entanto, a leitura por Rorty da teoria davidsoniana da verdade foi rejeitada pelo próprio Davidson.

Considerei até aqui o suposto relativismo a que o pragmatismo conduz Rorty — este seria notório nalguns campos, noutros não. O outro domínio muito importante de Rorty como autor, além da abordagem crítica de campos a que poderíamos chamar (convencionalmente, muito mais do que Rorty desejaria) epistemologia e filosofia da mente, é a filosofia moral e política. Rorty é um autoproclamado liberal-burguês-romântico e um ironista. O seu livro *Contingência, Ironia e Solidariedade* (1989) é um bom ponto de observação destas posições. O que significa isto em termos de filosofia política? Rorty vê o liberalismo como uma contingência histórica, sem fundação filosófica profunda alguma. A sua proposta é um aprofundamento da solidariedade, deixando cair qualquer presunção de universalismo racionalista como suporte desta. Isto significa que há que lutar para a defender: não basta, por exemplo, evocar os «direitos humanos» ou a «racionalidade» como suposta fundamentação — esses são espectros míticos, fabulações, quimeras. Mas como se compatibiliza a posição do ironista liberal — que está perfeitamente consciente de que nenhum vocabulário, nem o seu próprio, é um vocabulário final — com a defesa do liberalismo e da solidariedade (e das sociedades nas quais tais valores são valores)? Este problema traduzir-se-á, em *Contingência, Ironia e Solidariedade,* na famosa distinção entre pensadores privados e públicos, os primeiros exemplificados por pessoas como Michel Foucault ou Jacques Derrida, os segundos, por pessoas como John Rawls. Os pensadores privados servem-nos para termos instrumentos conceptuais para pensar sobre nós próprios e sobre as nossas vidas, tanto quanto estas são autocriação e auto-realização. Eles não são, porém, suficientes, ou sequer apropriados, para sustentar aquilo que queremos defender quanto a uma forma de viver em sociedade. Outros autores, que podem ser privadamente entediantes (autores como John Rawls, diz Rorty), são publicamente essenciais por, precisamente, nos fornecerem argumentos a favor do tipo de sociedade que queremos ter. E as sociedades que Rorty quer desejar são decididamente as sociedades liberais ocidentais.

Note-se, e essa é uma crítica maior feita a Rorty, que não há aqui possibilidade de reconciliação entre privado e público — são vocabulários diferentes, propósitos diferentes. Será essa «irreconciliabilidade» sustentável? A nossa autocriação e o tipo de sociedade em que queremos viver são esferas diferentes para Rorty, e essa parece ser a sua última palavra. Quanto a política, de qualquer forma, aquilo que Rorty propõe é uma defesa do etnocentrismo, que parte da admissão de que os nossos compromissos culturais e políticos são contingentes. Alguns de nós nasceram em sociedades liberais, democráticas, ocidentais. Poderíamos ter nascido numa teocracia. Termos consciência dessa contingência não nos conduz, no entanto, ao relativismo nem nos fará crer que as organizações sociais (uma sociedade liberal, uma teocracia) são todas iguais ou têm valor idêntico. Defender a cultura liberal do Ocidente é, segundo Rorty, perfeitamente legítimo — é, contudo, necessário defendê-la de olhos abertos: i.e., defendê-la na sua contingência e com o etnocentrismo inerente. O facto de não existir ponto de vista de Deus, ou ponto de vista absoluto da racionalidade, a partir do qual possamos desvendar a essência da realidade, não tem de conduzir a um relativismo cultural e político para o qual todas as opções se equivalem. Conduz, sim, à assunção de opções. A proposta de Rorty é de um compromisso moral epistemicamente autocrítico.

Assim sendo, sabemos que não será através de argumentos que convenceremos outros da superioridade da nossa opção; por exemplo, aqueles que nasceram numa sociedade teocrática e que consideram que esta é o melhor tipo de sociedade possível, do ponto de vista metafísico, moral e político, não serão convencidos por tais argumentos. No seu pensamento político, Rorty dá assim continuidade à ideia pragmatista de que não há vocabulários finais, sem opções inscritas; nesse aspecto, ele estará sempre mais próximo dos pensadores privados acima referidos do que dos «pensadores públicos».

Rorty é um desafio para a filosofia analítica no século XXI, sobretudo por se ter debruçado sobre a história desta como um historicista hegeliano. Mas desde então vários outros olhares históricos sobre a filosofia analítica se ergueram, olhares cujos diagnósticos não coincidem de todo com o de Rorty, desde logo por não proporem «pós-filosofia» alguma. Nomes como Burt Dreben, Juliet Floyd, Sandra Laugier, John McDowell ou Robert Brandom oferecem diagnósticos alternativos da história da filosofia analítica no último século e formas de continuar a filosofia. E outros filósofos pragmatistas, como, por exemplo, Hilary Putnam, partindo de algumas intuições muito próximas das de Rorty, não chegam de todo às mesmas teses relativistas e antiepistemológicas.

PARTE IV

SÉCULO XXI

ÉTICA E ESTÉTICA: RUMOS E ORIENTAÇÕES

Considero agora propostas de filosofia aplicada bastante recentes, nomeadamente orientações actuais em ética e estética muito diversas entre si, e que saem das linhas e movimentos que tenho vindo a analisar.

Badiou, Rancière, Žižek e Agamben

Não sendo todos estes autores franceses (Žižek é esloveno e Agamben, italiano), a sua recepção insere-se na constelação intelectual que tenho vindo a descrever como «pensamento francês», com a característica ligação aí existente da filosofia à literatura e às artes. Todos estes autores propõem formas de abordar questões éticas (estendendo-se à política) e estéticas a partir da tradição do pensamento francês do século xx. É na verdade, sobretudo, o uso desta tradição que constitui a principal diferença relativamente às abordagens da ética e da estética ou da filosofia política na tradição analítica; os temas podem perfeitamente ser os mesmos, ou convergentes.

Alain Badiou (1937–) ensinou na École Normale Supérieure e foi um dos fundadores da Universidade de Paris VIII, com Deleuze, Foucault e Lyotard. Propõe hoje o regresso da corrompida palavra «comunismo», depois do falhanço de projectos históricos como os da URSS e da China. Considera que a «hipótese comunista» continua a ser a hipótese correcta: sem a perspectiva do comunismo, nada no futuro político poderia interessar à filosofia. Além de filosofia, Badiou fez estudos de matemática, que usa na sua tentativa de uma ontologia.[291] Tem escrito sobre a natureza da filosofia e defendido a filosofia (veja-se, por exemplo, o seu *Manifesto pela Filosofia*, de 1989). Pensa que a filosofia se joga entre a ontologia, uma teoria do sujeito e a sua própria história — e defende isto explicitamente contra a filosofia praticada na tradição analítica. A sua obra central é *O Ser e o Evento* (1988); outras obras relevantes são, por exemplo, *Ética: Um Ensaio sobre a Consciência do Mal* (1993), *L'antiphilosophie de Wittgenstein* (2004), *A Aventura da Filosofia Francesa no Século XX* (2012) e *Filosofia para Militantes* (2015). Vale ainda a pena referir o volume colectivo, editado com Žižek, *L'idée du communisme* (2010), resultante de uma conferência sobre a ideia de comunismo que ocorreu em Londres, no Birkbeck College, em 2009.

Badiou pensa que precisamos, hoje, quer de teoria quer de comunismo; precisamos em geral de uma crítica da ideologia. Uma forma prática de prosseguir tal intenção em diálogo com o passado recente da filosofia francesa tem sido retomar e reler Louis Althusser, o filósofo francês marxista estruturalista, que foi seu professor e mestre («um grande professor», segundo Badiou, mau grado o desprezo que tinha pelas categorias do sujeito, das quais Badiou, originalmente influenciado por Sartre, nunca abdicou). Althusser quis, segundo Badiou, uma revolução no interior do Partido Comunista Francês, bem como transformar a nossa existência política, explorando um espaço comum a Marx e Freud. Essa intenção — transformar a nossa existência — é também a intenção de Badiou para a filosofia.

Badiou vê a filosofia como estando estruturada não tanto em torno de um conflito fundamental entre materialismo e idealismo, como pela alternativa entre a dialéctica e uma abordagem «analítica». Apesar de ter pensado o marxismo como uma ruptura com Hegel, o próprio Althusser viu perfeitamente este aspecto dialéctico ao ver a filosofia como «a luta de classes em teoria» (o termo «teoria» aplicar-se-ia ao campo global da actividade intelectual). É algo de semelhante que Badiou pretende reter. Noutras palavras, ele quer uma *definição política de filosofia*, a ideia de que a filosofia é, e deve ser, o lugar da *luta de classes no pensamento*. Isto é importante, por exemplo, quando se trata de considerar as relações

---

[291] Embora Badiou seja louvado por alguém como Slavoj Žižek como um «novo Platão ou um novo Hegel», o seu uso da matemática para conceber o ser e a história foi fortemente criticado por cientistas como sendo ingénuo e desviado, uma manipulação de simbolismo e jargão.

entre a filosofia e a ciência.[292] Como grande parte dos filósofos analíticos actuais, Badiou pensa que a filosofia deve estar do lado da ciência. No entanto, acrescenta, não sem «luta de classes». Esta «ausência de luta de classes» acontece, por exemplo, quando um filósofo analítico considera que estar do lado da ciência é explorar metafisicamente um reducionismo fisicalista num campo filosófico particular e parar por aí. Algo falta nesta atitude, segundo Badiou — falta o aspecto político da filosofia. Ora, ter instrumentos conceptuais para a crítica ideológica do Estado é fundamental para aquilo a que Badiou chama «política» e que vê como um novo marxismo (uma política real, em contraste com aquilo a que chama «cretinismo parlamentar»). É para isso que é preciso uma teoria do sujeito, que permita abordar não apenas o poder, mas a ilusão subjectiva que o acompanha. O conceito de *dominação ideológica* é precisamente subjectivo, diz Badiou. A dominação ideológica não se identifica com a exploração económica tal como esta é objectivamente abordável e concebível. Para compreender a natureza do Estado não basta, assim, uma visão da exploração económica e de classe; é necessário explicar algo de subjectivo, é preciso compreender as relações entre o conceito marxiano de classe e o sujeito. Isto está, evidentemente, ausente em concepções de história como a de Althusser, que vêem a história como um processo sem sujeito.

Neste ponto, Badiou interessa-se por compreender como se forma a convicção dos sujeitos: que a exploração e a dominação existam não é suficiente para que os sujeitos se sintam explorados e dominados e pensem que essa situação deve ser mudada. Resta ainda convencer o indivíduo concreto de que é assim que as coisas se passam consigo. Saber como fazer isso é o problema, dada a ideologia hoje dominante: ninguém, ou quase ninguém, segundo Badiou, defende hoje que o capitalismo seja intrinsecamente bom, não obstante, este aparece como a única possibilidade de organização económica, e o falhanço completo do Estado comunista ajudou a este estado de coisas. A proposta de Badiou é examinar a convicção subjectiva quanto à aceitação do ponto de decisão respeitante ao capitalismo global: a «alienação» hoje diz respeito à impossibilidade de imaginar uma alternativa ao capitalismo, defende. A tarefa é voltar à convicção de que outro mundo é possível.

---

[292] Convém notar que quando Badiou diz «ciência», difere do seu mestre Althusser; Althusser por vezes equacionava o termo «ciência» como a sua própria forma (estruturalista) de marxismo, por vezes como apenas as ciências humanas. Este é um uso que Badiou considera injustificado, restrito e erróneo.

É aqui importante aquilo a que Badiou chama o espaço comum a Marx e Freud. Já Althusser tentara integrar as duas formas de materialismo que Marx e Freud representam. Elas são de facto complementares, pensa Badiou, essa foi uma boa ideia de Althusser. Para Badiou, os ataques hoje feitos à psicanálise provêm daquilo que vê como um materialismo pobre, um materialismo que vê o pensamento como determinação física objectiva (ele faz de novo aqui uma crítica à filosofia analítica), e que precisamente esquece a importância na natureza do pensamento do «trabalho hegeliano do negativo», i.e., da possibilidade e da transformação (era isso que Althusser ia buscar à psicanálise, segundo Badiou). Para Badiou, a resistência actual à psicanálise, considerada acientífica e ultrapassada, é mais difícil ainda de compreender do que a resistência do capitalismo global ao marxismo. Mais do que a tentação positivista, na psiquiatria o que está em causa, diz, é a incapacidade de praticar a negação — incapacidade de aceitar a ideia de que pode haver transformação no sujeito.

Esta abordagem política da filosofia por Badiou é o pano de fundo daquilo a que chama as quatro condições da filosofia e que considera serem a arte, o amor, a política e a ciência.[293] Daqui, parte para estabelecer uma análise da ontologia e dos procedimentos de verdade. Devido a este programa, Badiou chegou a ser comparado com Quine e criticado como um Quine menos sofisticado e menos versado em lógica. Porém, uma forma positiva de ver aquilo que ele representa hoje é vê-lo como propondo que aquilo que era discutido na filosofia francesa dos anos 1960 e 1970, em torno do existencialismo, do estruturalismo, da psicanálise ou da desconstrução derridiana, é útil para o futuro em geral e para o futuro da filosofia em particular. Não foi um caminho extraviado.

Jacques Rancière (1940–) é professor emérito da Universidade de Paris VIII e professor na European Graduate School (Saas-Fee, Suíça). Também ele foi aluno e discípulo de Louis Althusser, tendo mesmo participado na célebre recolha de textos saída do seminário deste, *Ler «O Capital»* (1965). A sua ruptura com Althusser e com a forma althusseriana de ver o marxismo ficou expressa em *La leçon d'Althusser* (1974). O principal interesse de Rancière foi sempre a política, no entanto,

---

[293] A ideia de condições da filosofia é que a filosofia depende, e sempre dependeu historicamente, de domínios não filosóficos (por exemplo, domínios científicos como a matemática, no caso de Platão, a biologia, no caso de Nietzsche, ou a história, no caso de Marx).

algumas das suas publicações na área da estética, como *A Partilha do Sensível* (2000), *O Inconsciente Estético* (2001), *O Destino das Imagens* (2003) ou *O Espectador Emancipado* (2008), tornaram-no o «filósofo-para-o--mundo-das-artes» que é hoje (neste campo interessa lê-lo em diálogo com autores como Badiou e Lyotard).[294]

No seu trabalho mais lido no domínio da estética, Rancière procura dar um passo além da multiplicação dos temas negativos omnipresentes no discurso sobre as artes (temas como a crise da arte, a morte das imagens ou o fim das utopias), bem como um passo além da tónica de luto dos escritos de Lyotard sobre as artes. Isso não significa tentar erguer de novo a modernidade ou as vanguardas contra o discurso da pós-modernidade (na verdade, Rancière tem alguma coisa contra todas estas noções), mas antes procurar fazer convergir explicitamente estética e política. Por «política», Rancière entende quer as questões da governação quer as questões da emancipação, estas últimas baseadas naquilo a que chama uma pressuposição da igualdade. É aí que a arte pode agir e é nesse poder agir da arte que Rancière está interessado. Fundamentalmente, ele pensa que a arte tem uma dimensão política emancipatória e procura analisar e explicitar as condições dessa possível emancipação. Isto é, segundo Rancière, essencial para conceber a natureza da estética.

Para compreender os actos estéticos como configuração da experiência, como novas formas de sentir, para compreender como eles podem ser políticos, para compreender qualquer nova subjectividade política, será preciso, antes de mais, seguir a inscrição primeira das práticas artísticas no mundo, de forma que explicite em seguida a sua relação com a política ou o político. Ora, de acordo com Rancière, a *partilha do sensível* é política antes da arte — é ela que estabelece as relações entre a política e a estética. Aquilo a que Rancière chama a partilha do sensível é um sistema comum de formas *a priori* daquilo que se dá a sentir, um «recorte de tempos e espaços, visível e invisível, ruído e silêncio», um regime de práticas da palavra e do corpo, que define o lugar e propósito do político como forma da experiência. Esta partilha do sensível é prévia a qualquer política instituída, ou à arte classificada como arte num dado contexto histórico (pense-se, por exemplo, em como Platão viu quer a escrita quer

---

[294] Lyotard significa para Rancière a articulação do «pós-moderno» em torno da noção kantiana de sublime, interpretada como um «desvio» fundador entre a ideia e a apresentação sensível desta.

a pintura enquanto desprovidas do sopro da palavra viva). Num tempo em que cruzamentos de géneros artísticos povoam o mundo das artes (pense-se em vídeos que «aludem» à pintura e que são instalações, em teatro sem palavras, dança com fala, etc.), interessa analisar e explicitar as formas da partilha do sensível para pensar sobre as práticas dos artistas como práticas entre outras práticas e como práticas políticas.

A tese segundo a qual a estética é política assenta ainda na ideia de que a estética não é uma disciplina, mas sim um regime de identificação da arte. Para Rancière, a arte não é nunca uma abstracção, mas sempre algo identificado num contexto histórico-social determinado. Isto leva-o a explorar, na sua obra, a diferente percepção do que é a arte em diferentes contextos históricos. O conceito central em torno do qual a sua reflexão se faz é o de «regime estético». Este é um conceito que lhe serve, num quadro de periodização em história de arte, para conceber a natureza da arte contemporânea e para criticar a noção de «modernismo» e a natureza de discussões em torno do «pós-modernismo». De forma que explicite as articulações do regime estético das artes, Rancière contrasta esse «regime estético», que caracteriza a arte no nosso tempo, com aquilo a que chama o regime ético das imagens, cujo símbolo é Platão (todas as imagens mentem, são cópias, são simulacros), e com o regime poético--representacional das «belas-artes» (que separa a ideia de ficção da ideia de mentira e estabelece um lugar funcional para cada arte), que teria terminado no final do século XVIII.

O conceito de espectador emancipado (em *O Espectador Emancipado*, 2008) procura relacionar a questão da emancipação intelectual com a ideia de espectador. O espectador, por exemplo o espectador de artes performativas, artes que põem corpos em movimento em frente dos olhos de alguém, como o teatro ou a dança, é frequentemente pensado como mero observador passivo. A condição de espectador seria, assim, um mal: o espectador é aquele que passivamente observa uma mera aparência que é posta debaixo dos seus olhos. Ilusão e passividade são o contrário do desejado: conhecimento e acção. Um outro teatro, sem espectador, mas que envolveria a audiência na plena posse e uso das suas energias vitais ou intelectuais foi, no século XX, a proposta de pessoas como Bertolt Brecht ou Antonin Artaud. Mas Rancière tem dúvidas quanto a esta forma de suprir a distância entre o espectador e aquilo que este «olha». Ele compara a cena teatral com a relação pedagógica, na qual a questão é também suprir a distância, nesse caso, a distância entre a ignorância e o saber. A sua proposta é que a emancipação intelectual aparece como, ou pela, verificação da igualdade das inteligências envolvidas, e não pela subversão encenada dos lugares tradicionais. As oposições passividade-actividade, ver-saber, aparência-realidade que estão em acção na concepção do espectador como passivo não definem mais do que uma «partilha do sensível», são «alegorias encarnadas da desigualdade». A emancipação começa quando se põem em causa essas oposições. Da mesma forma que o aluno pode aprender algo que o mestre não sabe[295], o espectador pode ir além daquilo que o realizador, o coreógrafo ou o encenador lhe propõe. É nesse poder de fazer por si — pela sua própria aventura intelectual — que reside a emancipação do espectador, não nalguma tipificada eliminação da distância entre espectador e *performance*, como propostas contemporâneas de revolucionar o teatro puderam sugerir.

Armado destes conceitos de partilha do sensível e de espectador emancipado, entre outros (como «fábrica do sensível» ou «dissentimento»), Rancière olha para a arte contemporânea ela própria e para práticas de artistas vários. Procura explorar aquilo que lhe interessa em duas grandes vias: *le devenir vie de l'art* (o tornar-se vida da arte, i.e., como a arte contemporânea tende a fundir-se em formas de vida) e *la forme résistante* (a forma resistente, a forma como a arte transforma e tem efeitos reais). Um desafio é navegar na arte contemporânea e no pensamento sobre esta entre estes pólos opostos: como será possível entender a fusão da arte com a vida ao mesmo tempo que se considera o acto estético politicamente emancipatório ou subversivo?

Uma questão maior que permanece por colocar a Rancière é a de saber o que faz, afinal, da sua estética da política algo de progressista, o que faz que a sua própria crítica não tenha o mesmo destino que ele próprio vê nas «melancólicas críticas esquerdistas», que é serem incorporadas no sistema que criticam. Um crítico reticente poderia pensar que não se trata de mais do que *wishful thinking*.

O filósofo esloveno **Slavoj Žižek** (1949–) é um filósofo-celebridade, um crítico vociferante, loquaz e bem-humorado do capitalismo e do neoliberalismo, que gosta de se apresentar como um marxista hegeliano, ou um leninista, ou um hegeliano pós-marxista. Tornou-se muito conhecido como crítico cultural, especialmente pela sua forma de dissolver

---

[295] Esta é uma ideia central dos escritos de Rancière sobre educação, que é outro dos seus principais temas.

fronteiras entre a alta cultura e a cultura popular. Ao mesmo tempo que analisa, por exemplo, peças do cinema americano (pelo qual é apaixonado desde a sua juventude na ex-Jugoslávia) como *Matrix*, *Blade Runner* ou filmes de Hitchcock, Žižek permite-nos recuperar o gosto por Marx e Lacan que caracterizava o pensamento francês dos anos 1960 e 1970.

Os seus escritos têm uma amplitude estonteante: vão da seriedade académica do especialista em idealismo alemão (é o caso de *Mitologia, Loucura e Riso: a Subjectividade no Idealismo Alemão*, escrito em 2009 com o filósofo alemão Markus Gabriel) ao *cut-paste* (assumido) dos escritos menos cuidados e mais populares, até escritos com títulos como *Everything You always Wanted to Know about Lacan (but Were Afraid to Ask Hitchcock)* (1993). O seu primeiro livro é sobre teoria do cinema. Outros títulos seus, por entre a produção imparável e frenética, são *O Sublime Objecto da Ideologia* (1989), *Enjoy Your Symptom!* (1992), *As Metástases do Gozo* (1994), *O Absoluto Frágil, ou Porque Vale a Pena Defender a Herança Cristã?* (2000), *Menos que Nada: Hegel e a Sombra do Materialismo Dialético* (2012), *O mais Sublime dos Histéricos: Hegel com Lacan*[296] (2014) ou, mais recentemente, recolhas de escritos de grandes figuras revolucionárias, como Robespierre, Lenine, Trótski e Mao[297], *A Europa à Deriva: A Verdade sobre a Crise de Refugiados e o Terrorismo* (2016) e *Incontinence of the Void* (2017).

Torna-se difícil compreender o que se passa em Žižek, até porque ele retoma constantemente os seus próprios materiais, e reescreve-os, e repete. Mas a verdade é que existem chaves para decifrar o conteúdo filosófico da linguagem hermética de Žižek, e essas chaves são, precisamente, a psicanálise lacaniana, o marxismo e o idealismo alemão (Kant, Hegel, Schelling). Nos seus estudos de Filosofia e Sociologia em Liubliana (onde fez um primeiro doutoramento cujo tema foi precisamente o idealismo alemão), foi também influenciado pela Escola de Frankfurt através de um professor esloveno. Fez um segundo doutoramento em Paris (na Universidade de Paris VIII) com Jacques-Alain Miller, genro de Jacques Lacan; o resultado foi uma leitura lacaniana de Hegel, Marx e Kripke. Editou e traduziu Lacan, Freud e Althusser, e publicou ainda enquanto estudante a primeira tradução para esloveno de um texto de Derrida. Sendo um autor com uma forte aura política, as suas relações com o seu país natal são extremamente ambíguas: a esquerda oficial tem por ele uma

---

[296] A expressão é de Lacan e refere-se a Hegel.
[297] Note-se que a lista não inclui Estaline.

enorme antipatia e há quem o acuse de ter destruído aquilo que os seus próprios heróis — Marx, Lenine — construíram e de ser, simplesmente, um contra-revolucionário. Se durante o socialismo na ex-Jugoslávia Žižek foi um dissidente (banhado, de resto, na cultura popular do Ocidente), após a desagregação da Jugoslávia foi um dos fundadores do Partido Liberal Democrata, pelo qual foi inclusivamente candidato à presidência nos anos 1990. De acordo com a sua auto-imagem, aquilo que faz é desafiar a esquerda política ortodoxa, bem como a esquerda liberal e politicamente correcta dominante na academia (desafiando o cepticismo desta quanto a noções como «verdade» e «bem», transcendentes ao contexto). Desafia também autores que se pretendem radicais (como Deleuze, Derrida ou Butler), mas cujo trabalho redunda, na sua opinião, em não mais do que uma convencional defesa do *statu quo*. Se Žižek consegue manter consistentemente todas estas batalhas simultâneas, é uma questão; no mínimo, tenta fazê-lo com bastante humor.

Considero aqui apenas um fragmento do muito que escreveu; centrar-me-ei em *O Sublime Objecto da Ideologia*, dos anos 1980, o primeiro livro filosoficamente importante e a matriz de muito do que veio depois. O trabalho filosófico de Žižek é, no seu núcleo, como já sublinhei, uma reconsideração do idealismo alemão e uma releitura da psicanálise de Lacan. Žižek tem uma imagem inesperada de Lacan (pelo menos para quem vê Lacan como sinónimo de hermetismo): ele vê-o como comprometido com uma ideia de sujeito cartesiano enquanto potencial de emancipação e agência auto-reflexiva. E essa ideia de emancipação é algo que o próprio Žižek quer defender, contra todas as acusações de ingenuidade mas ao mesmo tempo a partir de um profundo pessimismo. Temos, portanto, algo como um projecto hegeliano pós-marxista que é uma defesa do sujeito cartesiano. É importante notar que tal defesa é feita, em grande medida, contra a ideia de que viveríamos num mundo pós-político e pós-ideológico, ideia que Žižek associa a pessoas que vão de Tony Blair a Richard Rorty.

Procuremos considerar o que Žižek faz em termos de filosofia política. Aquilo que ele faz é crítica da ideologia. «Ideologia» é um termo para discursos que promovem falsas ideias, ou «falsa consciência». Ora, a crítica da ideologia como falsa consciência é uma tradição do pensamento marxista. Evidentemente, o termo «ideologia» era um termo marxiano de alguma forma *demodé* quando Žižek nele pega. Mas é precisamente com perfeita consciência de que, em certas áreas das humanidades, a ideia de «verdade» é ela própria muito contestada que Žižek se propõe revelar a verdade por baixo das ideologias. Mesmo sendo uma tradição no pensamento marxista, a ideia de «ideologia» parecia caída em desuso para abordar as democracias avançadas. Apesar disso, Žižek, embora consciente do estatuto epistemológico arriscado de uma crítica da ideologia, porque pensa que não vivemos realmente num mundo pós-ideológico, avança. Uma tese importante de *O Sublime Objecto da Ideologia* é precisamente que a ideologia não desapareceu da paisagem política contemporânea — o que aconteceu foi, antes, que ela foi extremamente bem-sucedida. O Primeiro Mundo está povoado de «cínicos ideológicos» — a fórmula para a vida nas sociedades capitalistas não é hoje, como para Marx, «eles não sabem, mas estão a fazê-lo», mas sim «eles sabem, mas fazem-no de qualquer modo». É isso o cinismo.

Žižek é mais um dos autores contemporâneos (como Badiou ou Rancière) para quem Althusser é uma referência maior. Ele trabalha, em relação a Althusser, a favor e contra Althusser. Como Althusser, enfatiza a materialidade das ideologias e a incorporação destas em instituições. No entanto, contra a forma de o próprio Althusser pensar sobre ideologias e com base em Lacan, Žižek defende que é um erro pensar que para uma ideologia política capturar as pessoas ela tem de operar uma lavagem cerebral e torná-las autómatos. Uma ideologia política bem-sucedida permite aos sujeitos alguma distância crítica (uma «desidentificação ideológica»). Isto é comparável com a relação do fetichista com o seu fetiche: imaginemos um fetichista que pensa «eu sei muito bem que isto é um fetiche, mas mesmo assim preciso dele». Algo de análogo está presente na atitude contemporânea comum perante a autoridade política, propõe Žižek.

Mas, afinal, o que vai Žižek buscar à psicanálise lacaniana? Ele recruta ideias sobre sujeito dividido e transferência, bem como tópicos como o Grande Outro, o *objet petit a* e a fantasia. Para a psicanálise, os sujeitos são sempre «divididos»: são divididos entre consciência e inconsciente, por exemplo, entre o que sabem e podem dizer sobre política e autoridade e as suas crenças inconscientes sobre esses mesmos assuntos. As pessoas podem perfeitamente não ser de todo capazes de dizer porque apoiam um dado líder político ou uma dada política. Há uma diferença entre conhecimento e crenças: as pessoas podem não saber, mas são as suas crenças que são politicamente decisivas. O modelo de Žižek para as crenças políticas das pessoas é a transferência em psicanálise, tal como esta é vista por Lacan. Na situação de análise, o analisado supõe que o analista conhece o significado dos sintomas (o analista é um sujeito-suposto-saber). Esta é uma crença falsa, porém, apenas com ela a análise pode prosseguir (e tornar a crença verdadeira). Esta mesma lógica dialéctica intersubjectiva caracteriza também as crenças políticas das pessoas — tal como na transferência, a crença é sempre crença através do outro. No caso da política como no da transferência, há um sujeito-suposto-saber: no caso da política trata-se de quem está no poder. O poder político é simbólico por natureza.

O Grande Outro como noção técnica permite a Žižek capturar a forma como as ideologias permitem identificar indivíduos com «significantes-mestres» (tais como Deus ou o Partido sob o estalinismo ou o «Povo» na China). Estes são significantes que ninguém sabe exactamente o que significam, que são, em jargão lacaniano, «significantes sem significado».

Um outro aspecto que Žižek retoma da psicanálise é a consideração de que sermos animais sociais e políticos, animais civilizados, acarreta uma perda de gozo (*jouissance*). Esta perda de gozo é fundamental e primeira na nossa condição «civilizada». Trata-se, depois, de perseguir e caracterizar as vias que o gozo toma nos animais civilizados que somos. Tendo como bordo a transgressão iminente — o sexo, a morte ou outras «coisas proibidas» a sujeitos civilizados —, o gozo, sempre sexualizado, como propõe a psicanálise, passa para a coisa pública: os sujeitos gozam, por exemplo, da sua nação como de si próprios.

Na sua análise da ideologia, Žižek utiliza também Kant (a analítica kantiana do sublime, da terceira *Crítica*). O próprio Kant está aí interessado, pensa Žižek, em caracterizar a impressão de limitação do sujeito que depois uma representação «resolve». Ora, propõe Žižek, todas as ideologias políticas giram em torno de objectos sublimes semelhantes, postulados por ideologias políticas. Ideologias políticas são, então, ilusões transcendentais kantianas, dão aos sujeitos coisas Reais (com R maiúsculo, tal como Lacan escreve, e que significa coisas transcendentes, ou magnas, como, no caso das ideologias, Deus, a Nação ou a Liberdade). Os objectos sublimes aceites na cultura poderão, então, dar voz ao todo (por exemplo, «o interesse nacional» ou a «ditadura do proletariado»).

A noção de fantasia é também adaptada da terminologia psicanalítica lacaniana para a análise política. Lacan leu a noção freudiana de fantasia inconsciente para captar o facto de o devir-civilizado dos sujeitos necessitar de um sacrifício do gozo, um sacrifício que é fundador, que é uma castração levada a cabo em nome da lei sociopolítica. Tanto quanto são civilizados, os sujeitos são separados do seu objecto primeiro de desejo — são forçados pela lei a perseguir o *objet petit a* de Lacan, aceitando convenções, diferindo a satisfação. As fantasias giram em torno desta perda e envolvem narrativas sobre o que foi perdido. Daqui para a teoria política, Žižek retira a ideia de que o papel da culpa é vital para compreender os compromissos políticos dos sujeitos, a que se segue uma leitura histórica de regimes modernos e pré-modernos.

Uma última observação sobre ideologias tal como Žižek as trata: o que é importante quando se trata de ideologias é compreender o que elas fazem, não o que elas dizem — é isso que ele pretende analisar com os instrumentos lacanianos. As ideologias servem não para fazer afirmações correctas sobre a realidade, mas sim para orientar a relação vivida do sujeito com a realidade. Elas dizem-nos mais sobre a relação vivida do sujeito com a realidade do que sobre a realidade ela própria — o objecto de Žižek é essa relação vivida. Noutras palavras, afirmações ideológicas são enunciações performativas, produzem efeitos ao serem afirmadas. As ideologias elas próprias são, em última análise, inconsistentes (Žižek usa aqui a imagem freudiana do homem que devolve a chaleira partida, e que afirma que não a pediu emprestada e que ela não está partida), mas não é isso que importa; importam os seus efeitos.

Poder-se-ia perguntar o que há, afinal, aqui, nesta crítica marxista das ideologias feita com instrumentos psicanalíticos lacanianos, de defesa do sujeito cartesiano (recorde-se que é essa a promessa de Žižek). Žižek caracteriza o sujeito com muitos e variados materiais: retoma a crítica de Kant ao *cogito* de Descartes como substância imaterial (feita na Dialéctica Transcendental da *Crítica da Razão Pura*, que aqui descrevi), lê Kant através de Lacan, através do cinema (por exemplo, do robô que se percebe como humano em *Blade Runner*) e de Hegel (que na sua juventude viu o sujeito como «esta noite, este vazio»). O ponto acerca do sujeito a que Žižek quer chegar é simplesmente que não é pelo facto de o sujeito não ser perceptível que ele pertence a alguma ordem exterior à experiência. O sujeito é de «cá», é deste mundo, e precisamos dele para atravessar a fantasia: este é o projecto a que poderíamos chamar «o projecto ético de Žižek». Žižek, de resto, liga este projecto ético com o propósito da sua filosofia política através de uma ideia da *Fenomenologia do Espírito* de Hegel — a ideia de que «A Substância é Sujeito». E lê-a como significando que nada nas instituições, nada nas ideologias subsiste sem o investimento dos sujeitos. Assim se passa dos instrumentos da psicanálise de Lacan para uma visão do sujeito.

Por mais que se proclame cartesiana, esta é, note-se, uma visão do sujeito em que não há solução perfeita, não haverá transparência a si ou conforto existencial: não há «cura» para a passagem à realidade simbólica do animal humano, não há cura para se ter tornado civilizado. A normalidade ou a não problematicidade não estão nunca asseguradas — assim se explicam, de resto, por exemplo, os diferendos entre Žižek e teóricos e activistas do género. Ele vê em muitos deles algo como uma ingenuidade moral: se lutarmos pelos nossos direitos, tudo se resolverá pelo melhor, pensam. Mas Žižek pensa que as coisas nunca se passam assim com os humanos: não há solução perfeita para as questões do sexo e do género, como não há solução perfeita para a subjectividade.

O filósofo italiano **Giorgio Agamben** (1942–) estudou em Roma e, posteriormente, com Heidegger. Vê Walter Benjamin (sobretudo o escrito «Sobre o Conceito de História») como «o antídoto que lhe permitiu sobreviver a Heidegger». O tema unificador do seu pensamento é saber o que significa falar, o que significa a linguagem existir — noutras palavras: procura construir uma antropologia filosófica que parta do esclarecimento das pressuposições metafísicas de haver um animal que se distingue pela linguagem. Por exemplo, em *Infância e História* (1978), a sua primeira obra importante, usa o conceito de infância para essa exploração da experiência da linguagem — na linguagem, o sujeito tem o seu lugar e a sua origem. A recuperação da experiência (destruída na trivialidade do contemporâneo) faz-se pela linguagem e não pela consciência. A sua crítica da metafísica é feita com referência a Heidegger, mas com uma contestação contínua (por exemplo em *A Linguagem e a Morte*, 1982).

O seu livro mais importante e controverso, aquele de onde provêm os conceitos que lhe são mais frequentemente associados, é, no entanto, *O Poder Soberano e a Vida Nua: «Homo Sacer»* (1995). Entre outras coisas, o livro é uma análise da biopolítica de Foucault, do tempo da *História da Sexualidade*. Para Foucault, o poder moderno é caracterizado por uma racionalidade distinta do poder soberano (como direito sobre a vida e a morte); o poder moderno tem uma relação de controlo sobre a vida. A marca e o seio da modernidade, para Foucault, é, assim, a passagem do poder soberano ao «biopoder» — o novo sujeito político, o sujeito contemporâneo, vê a sua vida biológica controlada e administrada, afectada. Foucault avança as suas teses lendo Aristóteles, e Agamben vai discordar dele fazendo exactamente o mesmo e avançando uma leitura alternativa. Não aceita que o biopoder marque o seio da modernidade — a produção do corpo biopolítico é a actividade original do poder soberano. O que distingue o nosso tempo é o facto de o nexo entre a soberania e o corpo biopolítico não ter precedentes. Nas democracias modernas, aquilo que originalmente estava excluído da política — a vida — tornou-se normatizado. Agamben irá, assim, contra Foucault, mas na sequência deste, reconceber o poder político — fá-lo-á reflectindo sobre a metafísica[298] e a política de Aristóteles ao mesmo tempo que se envolve na crítica ao teórico político Carl Schmitt[299] feita por Walter Benjamin. Nas suas mãos, o conceito de «vida nua» será o protagonista da política contemporânea.

A motivação central de *O Poder Soberano e a Vida Nua: «Homo Sacer»* nem é, na verdade, tanto criticar Foucault como levar mais longe a crítica de Benjamin a Schmitt, à teologia política — uma visão decisionista da soberania de acordo com a qual o soberano é precisamente aquele que decide sobre a excepção. É esta capacidade de decidir se se está numa situação normal ou excepcional, se a lei se aplica ou não, que é a pedra de toque da soberania — a aplicação da lei requer uma normalidade da situação, a soberania manifesta-se na decisão da excepção.

Na obra «Sobre o Conceito de História», Benjamin afirmara que o estado de excepção se tornara norma, e que era necessário um real estado de excepção para combater o fascismo como «emergência niilista», que suspende a lei mesmo deixando-a em vigor. Agamben concorda que o estado de excepção se tornou regra. Interessa-se pela condição de abandono, na qual a lei vigora mas não tem conteúdo ou significação. A lei apenas se aplica não se aplicando já. Usa a figura do *Homo sacer* para lidar com esta situação. Vai buscá-la ao direito romano, no qual significa «aquele que pode ser morto mas não sacrificado». O ser sagrado do *Homo sacer* de Agamben não significa tanto a ambiguidade conceptual daquilo que é «sagrado», quanto este estatuto de abandono do homem sagrado relativamente à lei. Ele é colocado no exterior da lei divina e da lei humana, e abandonado por ambas. No nosso tempo, somos todos *Homines sacri*, homens sagrados; não são apenas alguns indivíduos que são abandonados pela lei. Esta é uma afirmação profundamente provocatória e contestável. Para teorizar o que está aqui em causa, Agamben vai buscar aos Gregos Antigos a distinção entre dois termos para vida, *zoe* e *bios*. A primeira, *zoe*, é a vida natural, a segunda, *bios*, é um certo tipo de vida, tal como é articulada, por exemplo, por Aristóteles na sua abordagem da política (*bios theoretikos*, a vida do filósofo, a vida dedicada

---

[298] Especialmente sobre o conceito de potencialidade.
[299] Próximo do nazismo e de Heidegger.

à procura do conhecimento). Aristóteles relega *zoe* à casa (*oikos*), ao ambiente doméstico, à vida natural; *bios politikos*, a vida política, será a participação do homem na pólis. Para Agamben, isto marca o facto de a política ocidental se fundar sobre aquilo que exclui: a vida natural, que está fora do domínio da política mas implicada nela. A questão que se coloca é a de saber como é politizada a «vida natural». Agamben responde que é pelo abandono do poder incondicional de vida e morte, i.e., o poder da soberania. É neste abandono da vida natural ao poder soberano que a vida nua aparece. A «vida nua» não é a vida natural *per se*, mas a sua forma politizada. Não é nem *bios* nem *zoe*: a vida nua emerge dessa distinção e pode ser definida como a vida exposta à morte.

O ponto de confluência das teses sobre excepção e vida nua que interessa a Agamben é o campo de concentração, o estado de excepção por excelência, no qual pensa que se revela o «*nomos* da modernidade» e a crescente convergência da democracia e do totalitarismo. De novo, a tese avançada é muitíssimo controversa: se os campos de concentração são a matriz oculta da política moderna, como sugere Agamben, então eles são característicos da nossa condição presente, uma condição de niilismo imperfeito, segundo Agamben.

Em geral, esta transição (exclusão inclusiva) que estrutura a relação da vida natural com a pólis é análoga, para Agamben, à relação do animal humano com a linguagem, que constitui a natureza política do homem. Noutras palavras, a política pode já ser vista no tratamento da questão «Como é para um ser vivo ter linguagem?». Metafísica e política estão, assim, entrelaçadas desde sempre e, por essa razão, apenas superando dogmas centrais da metafísica ocidental será possível uma «nova política». Para pensar a questão da nova política, Agamben deixa-se inspirar por Benjamin ao mesmo tempo que lida com questões como o fim da história de Hegel ou o *Ereignis* heideggeriano. A ideia é que a história e o Estado acabam ambos.

A ética que se perfila ao lado desta abordagem da política é uma ética do testemunho dos sobreviventes. A figura do *Müselmann*, indistintamente vivo-morto, figura de exaustão e fome no campo de concentração, resignado perante a morte próxima, é usada em *O Que Resta de Auschwitz* (1998) (o termo era realmente calão dos guardas dos campos no tempo da Segunda Guerra Mundial, e significa de facto muçulmano). Para Agamben, o *Müselmann* é a figura-limite do humano-inumano. O seu interesse reside aqui: saber que ética começa quando a dignidade acaba.

A ligação com a linguagem, a experiência da linguagem, passa pela não coincidência do ser falante que diz, por exemplo, «eu» com o ser vivo. A linguagem já não é uma forma de falar, mas um lugar de habitação do sujeito. Nestas circunstâncias, é impossível assumir responsabilidade; a responsabilidade é maior do que alguma vez alguém poderia assumir. A ética será, então, sugere Agamben, a doutrina da vida feliz, não da culpa e da responsabilidade.

Feminismo e género: o caso de Butler

A história aprofundada das relações do feminismo[300] com a filosofia está por fazer e seria certamente reveladora de disputas e linhagens em filosofia contemporânea. Os cruzamentos do feminismo com a filosofia são muitos: vão de concepções da corporeidade na relação com a mente ou espírito a questões de expressão (quer no sentido austiniano de prática performativa da linguagem, quer no sentido político de liberdade de expressão)[301], até questões éticas, políticas e jurídicas relativas a liberdade e igualdade, exploração e dominação, justiça e reconhecimento. Assim sendo, os nomes da filosofia contemporânea relevantes para o feminismo são eles próprios muito diversos e associados a orientações distintas: da proximidade com o existencialismo de uma autora como Simone de Beauvoir[302] à proximidade com a Escola de Frankfurt de Seyla Benhabib, discípula de Habermas, à proximidade do pensamento de Derrida e Lacan de teóricas francesas como Hélène Cixous e Luce Irigaray, até à proximidade do contexto da filosofia anglófona de feministas como

---

[300] Seria preferível dizer teoria do género. As relações entre feminismo e teoria do género constituem em si próprias uma questão teórica (e histórica).

[301] As questões filosóficas da liberdade de expressão são, por exemplo, saber se os indivíduos têm o direito de dizer publicamente aquilo que querem dizer, se isto inclui o direito de denegrir ou vilipendiar outrem e se os governos podem (ou devem) censurar alguns tipos de discurso público.

[302] Simone de Beauvoir (1908–1986) é central para a história da teoria feminista. É autora de *O Segundo Sexo* (1949), uma espécie de livro-mãe do feminismo actual, no qual explora a famosa afirmação «On ne naît pas femme, on le devient» (Não se nasce mulher, torna-se uma). A exploração é feita no quadro da filosofia existencialista. Simone de Beauvoir é uma filósofa da geração de Sartre e Merleau-Ponty, que foi atrás caracterizada; pensar nela dessa forma é talvez a maneira mais justa de a situar. Dito isto, a presença de Merleau-Ponty (e da sua exploração da corporeidade) é maior em Beauvoir do que a presença de Sartre.

Catharine MacKinnon, Andrea Dworkin, Iris Marion Young ou Rae Langton, a diversidade é clara.[303]

Da mesma forma que as orientações filosóficas das autoras e activistas feministas são diversas, aquilo que historicamente interessou fazer foi muito diferente em épocas diferentes: da luta pelo voto à discussão dos entendimentos do corpo e da identidade, a discussões sobre concepções sociais, políticas e legais de masculino e feminino, à defesa de ideias como a de que noções convencionais de género servem uma função de opressão, a batalhas legais em torno da circulação da pornografia no espaço público[304], até discussões da natureza da ética[305] e de questões de âmbito antropológico amplo, como a convencionalidade da natureza humana e a natureza das nossas respostas morais.

De entre as muitas vias que seria possível explorar aqui, escolhi o caso de Judith Butler (1956–), cuja crítica do feminismo *mainstream* é influenciada indirectamente por J. L. Austin e, portanto, pela teoria dos actos de fala e a filosofia da linguagem comum (por intermediação de Derrida). Escolhi Butler, antes de mais, porque a sua noção de performatividade do género é desenvolvida em relação com autores atrás mencionados, como Austin, Derrida ou Foucault, mas também porque, sendo uma voz actual, incorpora críticas a décadas de pensamento e acção feministas. Além disso, a obra de Butler cobre grande parte dos tópicos que acabo de referir mais acima (de questões de corporeidade e identidade a questões de convencionalidade do género, a questões de justiça social e reconhecimento, até às questões da natureza das nossas respostas morais).

Doutorada em Filosofia (em Yale), Butler ensina Literatura Comparada na Universidade da Califórnia (em Berkeley). Ocupa também uma cátedra de Filosofia na European Graduate School (Saas-Fee, Suíça). A sua obra é hoje estudada não apenas no contexto do pensamento do género, mas também num contexto mais geral de filosofia moral e

---

[303] A lista de nomes poderia obviamente continuar; menciono apenas mais alguns nomes de autoras de várias nacionalidades e gerações que escreveram sobre temas feministas: Betty Friedan, Michèle Le Dœuff, Monique Wittig, Julia Kristeva, Vandana Shiva (que traz a ligação à ecologia), Miranda Fricker, Jennifer Hornsby, Moira Gatens, Sara Heinämaa, María José Agra, Nuria Sánchez Madrid, Esa Díaz-Léon.

[304] Que tocam, note-se, concepções políticas de liberalismo.

[305] Pense-se, por exemplo, no contraste entre uma ética do cuidado (um nome fundamental e que ocupa muito trabalho em filosofia é o da psicóloga americana Carol Gilligan, proponente de uma *ethics of care* [ética do cuidado]) e éticas dos direitos. Gilligan escreveu em 1982 o célebre livro *In a Different Voice*.

política. As suas teses sobre a performatividade do género foram muito influentes e são consideradas fundadoras da chamada teoria *queer*. O seu primeiro livro, *Subjects of Desire: Hegelian Reflections in Twentieth-Century France* (1987), retoma um tema mencionado atrás neste livro: a enorme importância da discussão da *Fenomenologia do Espírito*, de Hegel, na cena intelectual francesa do século XX em torno do conceito de desejo. O seu livro mais conhecido, aquele que a tornou célebre, é *Problemas de Género: Feminismos e Subversão da Identidade* (1990). Posteriormente, publicou *Bodies That Matter: On the Discursive Limits of «Sex»* (1993), *Excitable Speech: A Politics of the Performative* (1996), *The Psychic Life of Power: Theories in Subjection* (1997), *Antigone's Claim: Kinship Between Life and Death* (2000), *Quadros de Guerra: Quando a Vida É Passível de Luto?* (2009), *Parting Ways: Jewishness and the Critique of Zionism* (2012), entre outros escritos.

A tese básica de Butler acerca de género é que o género é performativo, isto é, o género é uma questão de produção de efeitos. Isto não deve ser confundido com a ideia de que o género seria uma *performance*, no sentido em que ser-se homem ou mulher seria uma actuação ou desempenho, como numa peça de teatro, um papel provisório que o actor ou atriz poderia «despir» uma vez terminada a *performance*, e assim separável daquilo que essencialmente se é. O interesse da identificação da performatividade do género reside precisamente na oposição à ideia de uma determinação interior fixa, prévia e dada, da identidade de género de um indivíduo. Segundo Butler, ser homem ou mulher não é algo interior, dado, um facto, mas sim algo que está a ser feito a cada momento. Nesse sentido, a identidade de género é um domínio de agência e de liberdade. Uma tese mais polémica que acompanha esta é a de que o próprio sexo (i.e., o facto de um organismo ser biologicamente macho ou fêmea) é uma construção social performativa, socialmente reforçada por actos de fala posteriores, sendo que a repetição impõe uma norma e uma coordenação sexo-género. Seja como for, parte do intuito de Butler com a ideia de performatividade do género é desconstruir a suposta e não contestada naturalidade da noção de «mulher» no feminismo mais ortodoxo (que, poderíamos pensar, continua presente nas chamadas éticas do cuidado).[306]

---

[306] Ou, pelo menos, numa caricatura usual destas como uma «moral feminina», acentuando características da relação ética, como o cuidado e o cuidar, que seriam características femininas da relação moral, ocultadas pela dominação de um olhar masculino sobre o fenómeno ético ao longo da história do pensamento. A centração na narração e no contexto, além do cuidar, da ética do cuidado opor-se-ia à centração em regras e na questão da justiça do «olhar masculino» dominante em ética.

Uma ligação directa da tese da performatividade do género à filosofia é a relação com as noções da teoria dos actos de fala. Estas chegam indirectamente a Butler vindas de Austin através de Derrida. A tese é que o género não é uma essência, mas sim uma repetição de actos. É esta repetição que cria a ilusão de uma natureza fixa subjacente. O género não é, contudo, uma natureza fixa subjacente às expressões, antes é performativamente constituído pelas expressões mesmas que supostamente são os seus resultados. O género é, assim, um fazer, mas não um fazer de um sujeito que preexista àquilo que é feito: os indivíduos não escolhem o seu género, nem podem descartá-lo simplesmente. Desvios e variações são inevitáveis.

Butler é bastante crítica da teoria política feminista que se vê a si própria como centrada num sujeito oprimido — a mulher. Vê essa crítica como dependente de uma construção exclusionária que só tem sentido no contexto de uma matriz heterossexual. A desestabilização subversiva que propõe, ao interessar-se, por exemplo, por paródias de género e por *drag*, tem como finalidade expor a convencionalidade envolvida nas questões de género e na discussão destas. É precisamente por mostrar de forma clara e parodística a contingência da relação entre sexo e género que *Problemas de Género* é um texto fundador da teoria *queer*. É devido à natureza performativa do género que é possível desnaturalizá-lo de forma reveladora, expondo a natureza de «dramatização» dos mecanismos culturais do género, apesar das ilusões sociais de fixidez que os acompanham. O problema que permanece é evidentemente o de saber quão coerente é a concepção da agência individual que acompanha estas teses de Butler. Afinal, o que é, e o que faz, o indivíduo segundo Butler? Qual é a natureza da atitude política de Butler? Compreende-se que a preferência de Butler pela análise do parodiar tem por intuito mostrar a convencionalidade e a variação em questões de género. Mas não conduzirá esse enfoque a uma concentração em idiossincrasias e a pouco engajamento político? Esta é uma acusação que a filósofa americana Martha Nussbaum lhe dirigiu. Também Slavoj Žižek acusa Butler de estar presa num quadro político convencional.

Outros temas de Butler relativamente destacáveis da questão do género estão ligados com a psicanálise, tais como a natureza da culpa, dos impulsos de destruição, da vulnerabilidade e da natureza do *self*. Recentemente, Butler tem-se dedicado a analisar as diferenças em torno de mortes que nos fazem sofrer (*grievable deaths*) *versus* outras que não nos tocam da mesma maneira. Em termos de literatura e teoria da arte, o seu interesse continuado por autores como Franz Kafka e Walter Benjamin unifica a abordagem de diversos temas da sua obra.

Orientações wittgensteinianas

Também aqui a minha escolha deixa de fora muita coisa: no que se segue, analisarei simplesmente três filósofos wittgensteinianos contemporâneos — Cora Diamond (1937–), John McDowell (1942–) e Stanley Cavell (1926–2018) — cujas obras considero particularmente importantes para o futuro da filosofia. A orientação wittgensteiniana de Diamond, McDowell e Cavell diz, antes de mais, respeito à forma de conceber a natureza do trabalho filosófico: eles partilham da convicção de que quando se trata de pensar sobre as relações entre o pensamento e o mundo, como é sempre o caso em filosofia, não está disponível um ponto de vista exterior a partir do qual se poderia considerar a forma como estes se coordenam ou correspondem. Não há visões de esguelha (*sideways-on views*), não é possível considerar tal «relação» a partir de fora. Esta orientação global pode, nalguns contextos e aplicações, ser menos imediatamente notória do que noutros. Por exemplo, no caso de McDowell é menos directamente notória em filosofia moral do que na filosofia da linguagem e da mente. A sua abordagem da filosofia moral faz-se, à primeira vista, em diálogo directo com autores clássicos como Aristóteles, Hume ou Kant e autores contemporâneos como Philippa Foot, Christine Korsgaard ou Simon Blackburn. É, no entanto, a orientação wittgensteiniana que sustenta a posição como um todo. Um outro ponto é metodologicamente importante: aquilo que nos três autores, Diamond, McDowell e Cavell, de alguma forma «substitui» a discussão da correspondência pensamento-mundo quando pensamos sobre a forma como pensamos é a atenção à prática e ao comum. No que se segue, darei exemplos do que pode isso significar quando pensamos sobre a nossa forma de pensar ética e esteticamente. Diamond pensa que se formos realistas quanto à nossa experiência moral, vê-la-emos como uma forma de percepção e concepção. Ora, este é um aspecto da experiência moral ao qual as concepções dominantes na ética analítica (concepções «forenses» da ética, centradas na deliberação e na decisão em torno da resposta à questão «o que devo fazer?» ditada pela racionalidade)[307] são cegas

---

[307] Concebida, por exemplo, de forma kantiana ou utilitarista.

(além de, segundo Diamond, serem cegas ante a sua própria cegueira). Este aspecto da nossa experiência moral é, todavia, crucial para, por exemplo, compreender que desacordos morais radicais envolvem divergências de percepção de situações, o que é muito diferente de disputas e desacordos quanto à valoração de uma situação cuja natureza factual não desperta problemas. Tal forma de conceber a natureza da experiência moral subjaz à importância que Diamond dá à literatura na prática da filosofia moral, o que contrasta com a centração em argumentos, mais comum na ética analítica. Por seu lado, McDowell, na sua filosofia moral, concentra a atenção na forma como a pessoa virtuosa encara a «coisa a fazer», abdicando de qualquer universalismo baseado na «razão». Ele não abdica, porém, de ver as nossas capacidades éticas como exercícios de racionalidade. Quanto a Cavell, ele pensa que uma questão ética e existencial — uma busca de nós próprios, uma exploração da condição humana e da expressão — está em jogo no contexto da estética. Uma interpretação particular do cepticismo quanto a outras mentes (aquilo a que chama a «verdade do cepticismo»), bem como um ponto de vista perfeccionista, estão por trás de como Cavell explica o papel de artes como a literatura e o cinema na construção de si.

Diamond

Cora Diamond é também (na verdade, é sobretudo) uma filósofa da linguagem. No entanto, é a sua abordagem da filosofia moral que aqui me interessa. Ela faz uma pergunta extremamente directa: o que fazem, afinal, os filósofos morais? Que género de investigação é a sua? A resposta que dá a esta pergunta levá-la-á a defender que, ao contrário do que muitos filósofos analíticos tendem a pensar, a literatura, e não apenas a formulação e avaliação de argumentos, faz naturalmente parte do trabalho do filósofo moral. A proposta de Diamond deve ser compreendida no âmbito daquilo a que chama «espírito realista» — é este o nome que dá à orientação wittgensteiniana em filosofia.[308] O filósofo wittgensteiniano é um filósofo antiplatónico, um filósofo «imanentista», como se diria numa linguagem mais próxima da filosofia continental. Por contraste com o

---

[308] Segundo Diamond, é impossível compreender a orientação wittgensteiniana em filosofia sem compreender o trabalho de Frege sobre lógica e linguagem. Mas esse não é o meu foco.

realista metafísico, que constantemente sente necessidade de postular entidades abstractas mitológicas quando procura explicar as relações pensamento-mundo, a concepção realista que o filósofo wittgensteiniano tem daquilo que está a fazer quando está a fazer filosofia leva-o a abdicar de mitologias.

Exemplifico em seguida o que significa «abdicar de mitologias» em dois domínios relativamente distantes um do outro, a lógica e a ética. O caso erguido por Diamond, no seu livro *The Realistic Spirit*, contra o realista metafísico tem um pé em cada um destes domínios. Quer a lógica quer a ética são domínios nos quais os filósofos são facilmente levados a considerar que existem «lá fora», independentes de nós e do nosso pensamento, entidades independentes (por exemplo, relações lógicas e factos morais) que constituem a pedra de toque da correcção do nosso pensamento.

Fazendo filosofia, os filósofos lidam com uma tensão entre a *acessibilidade* ao nosso pensamento daquilo que é pensado e a *independência* daquilo que é pensado relativamente ao nosso pensamento. O passo característico do realista metafísico para dar conta da nossa possibilidade de pensar algo independente do facto de ser pensado, e que não é alterado na sua natureza pelo facto de ser pensado por nós, é fazer apelo a entidades, algumas vezes entidades platónicas eternas e imutáveis. É isso que faz, por exemplo, o próprio Frege, com a sua ideia de pensamentos (*Gedanken*) eternos e imutáveis. Os pensamentos fregianos são uma resposta a uma pergunta genérica, a pergunta sobre o que há, que pode ser considerada a pergunta que se faz ao metafísico (obviamente, considerar que a questão da metafísica é uma questão acerca daquilo que há envolve já uma forma peculiar de ver a metafísica — passei por isto atrás, considerando Quine; admitamos, contudo, que a questão da metafísica é de facto uma questão acerca daquilo que há). Uma resposta em forma de lista à questão acerca daquilo que há identificará, por exemplo, coisas naturais e eventos, artefactos humanos de todos os tipos, instituições sociais e teorias, representações e construções imaginativas de cientistas, artistas, poetas e romancistas. Poderíamos ainda acrescentar classes ou propriedades à lista, ou ainda, sob a inspiração, por exemplo, do metafísico americano David Lewis, *possibilia*. O realista metafísico considera que essas entidades existem ou subsistem. Obviamente, o realismo metafísico não é uma única tese simples, mas antes toda uma família de posições que contrasta com uma outra, a família das posições não realistas, entre as quais o idealismo, o nominalismo, o instrumentalismo ou o relativismo.

Ora, a pergunta que o filósofo de orientação wittgensteiniana faz é a seguinte: será que a natureza e o conteúdo de uma lista daquilo que há é realmente o que importa? A resposta de Diamond é negativa; essa resposta é um aspecto fundamental do espírito realista.

O espírito realista wittgensteiniano não é «realista» no sentido filosófico usual em que quando falamos de realismo metafísico falamos de um certo tipo de platonismo e de uma «metafísica de listas», listas daquilo que há. O espírito realista wittgensteiniano está mais próximo de como o termo «realista» é utilizado fora da filosofia. Dizemos a alguém que seja realista quando queremos dizer-lhe que não deve recusar-se a olhar para os factos — alguém que quer, por exemplo, conduzir reformas sociais não estará a ser realista se não considerar como a política e a economia realmente funcionam. Dizemos que um romance é realista quando há nele uma atenção ao detalhe e às particularidades, e certas coisas não acontecem, como objectos inanimados falarem ou pessoas caminharem sobre a superfície das águas. Ser-se realista neste sentido é uma questão de não se deixar levar por ilusões ou fantasias, e de ter atenção aos pormenores e às consequências. Esta atitude intelectual foi muito importante na história do empirismo: basta pensar no conselho de David Hume no final da sua *Investigação sobre o Entendimento Humano* (1748), quando nos incita a lançar ao fogo os volumes repletos de sofismas e ilusões dos metafísicos. Wittgenstein tem, de resto, perfeita consciência do valor do empirismo em filosofia — na verdade, pensa que o empirismo está quase certo. O espírito realista wittgensteiniano está bastante próximo do empirismo: a ideia é que não se quer fantasias em filosofia. Diamond enfatiza a diferença entre este tipo de crítica e o tipo de crítica característica de alguém como Bertrand Russell. Esta última é orientada por um imperativo de parcimónia ontológica em relação a entidades; atacam-se os casos em que postulamos demasiadas entidades sem necessidade (como, por exemplo, os *Sinne* fregianos, que são interpretados pelo Russell autor da teoria das descrições definidas como desnecessários). Mas o tipo de crítica wittgensteiniana não se dirige a uma postulação excessivamente generosa de entidades, continuando a postular apenas as estritamente necessárias: é uma crítica que tem por alvo fantasias filosóficas. Ser realista neste sentido é não se entregar a fantasias.

Poderíamos perguntar se ser realista no sentido wittgensteiniano não equivalerá simplesmente ao verificacionismo, i.e., à ideia familiar de que as nossas enunciações são significativas apenas se é possível, em princípio, estabelecer empiricamente se são verdadeiras ou falsas. Mas, segundo Diamond, esse não é o foco da crítica às fantasias filosóficas: o que está em jogo não é uma questão de verificar experiencial ou experimentalmente as nossas afirmações. O problema das fantasias filosóficas é que elas são uma forma de evitar olhar para as coisas que estão diante dos nossos olhos. Ao invés disso, procura-se mais além. O espírito realista wittgensteiniano concentra, antes, a atenção naquilo que está debaixo dos olhos, mas que não é necessariamente visto por nós: o comum.

Os escritos de Diamond sobre lógica e sobre ética exemplificam o exercício desse espírito realista. O tema do artigo «What Does a *Begriffsschrift* Do?» é a natureza da lógica. Diamond faz duas perguntas: Para que serve uma linguagem como esta, uma *Begriffsschrift*, uma linguagem formal que é uma escrita conceptual e que teve importância determinante na história da lógica? E como podemos lidar com o facto de as distinções lógicas incorporadas nesta linguagem não poderem ser elas próprias objecto de pensamentos?

A partir das respostas, desenvolve a sua posição acerca da natureza da lógica (e uma posição sobre a natureza da lógica é, para o filósofo wittgensteiniano, imprescindível para conceber a natureza do trabalho filosófico enquanto pensamento sobre o pensamento). Desde logo, o que há de bom numa notação simbólica? Será que uma escrita conceptual, uma notação simbólica como a de Frege, tem a pretensão de traduzir numa forma adequada aquilo que é a forma imperfeita da linguagem natural? Diamond começa por rejeitar uma visão bastante difundida das pretensões que Frege teria para a sua *Begriffsschrift*. A ideia seria que as asserções significativas possuem um conteúdo conceptual objectivo, que esse conteúdo é apenas inadequadamente representado na linguagem comum, e que é possível desenhar um sistema de notação no qual se possa dar ao conteúdo conceptual de qualquer asserção uma expressão clara e adequada. A metodologia filosófica consistiria então em determinar o conteúdo objectivo das asserções filosoficamente interessantes, fazer uma crítica da sua expressão na linguagem comum e traduzi-las numa linguagem adequada. Esta é uma forma muito comum, imediatamente reconhecível na tradição analítica, de conceber a metodologia filosófica. No entanto, Diamond rejeita uma a uma todas estas alegações acerca da natureza de uma escrita conceptual. A razão última pela qual não pode ser isso que uma *Begriffsschrift* faz é que as categorias lógicas não são classificações de coisas existentes «lá fora» (*out there*), algo que Frege bem viu. Na verdade, o ponto principal de Wittgenstein sobre a lógica, que ele defende partindo de Frege, é que a lógica não diz respeito a algo que existe ou subsiste de uma dada maneira. A lógica não diz respeito ao acordo do entendimento com algo exterior a si próprio, mas antes ao que é interno ao entendimento. Nem os conceitos e objectos de Frege são classificações de coisas existentes, nem uma escrita conceptual «coloca ou articula» correctamente algo exterior a si. Por tudo isto, não é inteligível falar de «tradução» numa escrita conceptual de asserções significativas inadequadamente representadas na linguagem comum.

Diamond não está com isto a defender que «qualquer coisa serve» quando se trata de lógica. Está, sim, a deixar para trás duas formas de ver a natureza da lógica. Por um lado, não existe uma realidade lógica independente e externa ao nosso pensamento e à nossa expressão. Mas tão-pouco devemos pensar que, se não existe tal realidade lógica independente e externa ao nosso pensamento e à nossa expressão, então as estruturas lógicas do nosso pensamento e expressão são fundamentalmente arbitrárias. Para Diamond, a fantasia reside antes em considerar a lógica algo «aposto» àquilo que a lógica «mede». Para ela, como para o Wittgenstein das *Investigações*, a lógica não pode «estar» senão nas nossas práticas, naquilo que fazemos: tudo o que temos como pedra de toque para pensar sobre a natureza da lógica é a «vida com lógica», não relações lógicas platonicamente subsistentes.

E quanto à ética? Uma maneira simples de colocar as coisas é dizer que ser realista quando se trata de ética equivale a abandonar fantasias atinentes à racionalidade ética e a supostos «factos éticos». Diamond pensa que encontramos muito frequentemente no trabalho em ética um fascínio comparável ao de Frege e Russell ao pensarem sobre linguagem, procurando uma linguagem ideal e um esqueleto lógico por trás da aparência. Também em ética nos deparamos muitas vezes com um fascínio por um ideal de racionalidade prática. Tal ideal de racionalidade pode, por exemplo, levar-nos a pensar que existe uma coisa tal que seria a necessidade ética, algo que garantiria que um argumento ético fosse de natureza absolutamente diferente de um apelo paroquial ao sentimento. A ética seria, assim, uma disciplina cujo propósito seria explicitar os requisitos da pura racionalidade prática. Ora, da mesma forma que Wittgenstein, Diamond pensa que não existe necessidade excepto a necessidade lógica. Mas pensa também que abdicar de mitologias não nos obriga a desistir de tratar aquilo para cuja explicação tinha sido criada uma mitologia — deixar cair o ideal mitológico de racionalidade prática não nos conduz a deixar de procurar compreender a racionalidade prática. Nos seus muito polémicos artigos sobre ética em *The Realistic Spirit*, Diamond propõe-se combater as fantasias acima referidas a partir de vários ângulos, substituindo-as por uma visão realista daquilo a que chama «vida com ética». Eis alguns exemplos.

Talvez o mais controverso de todos os artigos de *The Realistic Spirit* dedicados à ética seja «Eating Meat and Eating People», no qual o célebre filósofo utilitarista australiano Peter Singer, e a sua crítica ao nosso especismo, é um dos alvos. Num simples matiz de uma frase de Singer (uma frase sobre experiências com animais não humanos), Diamond vê um sintoma revelador de tal fascínio não realista por um ideal e dos seus problemas. Singer afirma que nós vemos que o experimentador revela um preconceito a favor da sua própria espécie (i.e., é especista) quando leva a cabo uma experiência com um animal não humano com um propósito que ele não considera ser capaz de justificar o uso de um humano, *até mesmo de um humano mentalmente atrasado* («a retarded human being» são as palavras de Singer). Diamond afirma que as fantasias nos conduzem a «argumentos morais loucos» como este argumento de Singer, capazes de esconder de nós mesmos os nossos próprios *insights* éticos e de dar razões a outros para identificarem os argumentos filosóficos em ética com sofismas. E acrescenta que o que quer dizer com louco é revelado por uma única palavra no texto de Singer — a palavra *even* (até mesmo) — na citação acima. Ao escrever isso, Singer está a discutir com oponentes que sublinham a importância da racionalidade e da linguagem para examinar as diferenças entre animais humanos e não humanos. Ele está interessado em sublinhar o nosso especismo como um viés sem fundamento: é apenas porque somos especistas que não usamos seres humanos que carecem dessas capacidades do mesmo modo que usamos outros animais, nomeadamente em experiências de laboratório.

Aos olhos de Diamond, o que Singer mostra com tal afirmação é a sua cegueira ao tipo de problema envolvido na questão «o que é ser humano?». Singer simplesmente assume que é uma questão a ser respondida pela ciência natural, tanto para os seres humanos quanto para os outros animais, e que tal resposta não poderia constituir por si só fundamento para diferenças morais. Estando sob o feitiço de um ideal de imparcialidade, ao pensar sobre o nosso pensamento sobre seres humanos e animais, assim como sobre experimentação animal, a questão da natureza dos conceitos envolvidos na discussão, em particular o que é ser humano, não se coloca a Singer. Ele não pensa nisso, pensa que os conceitos que utiliza estão disponíveis de forma não problemática.

A questão quase brutal de Diamond que dá título ao artigo — «*Is eating people really like eating animals?*» (será que comer pessoas é realmente como comer animais?) — pretende chamar a atenção para os limites da analogia entre seres humanos e outros animais.

Singer vê como não problemático que existam criaturas com direitos e interesses, e considera que todas elas devem ter esses direitos e interesses reconhecidos e respeitados. Mas, nota Diamond, não é como sinal de respeito pelos seus direitos e interesses que nós não comemos outros seres humanos. Da mesma forma, não é como sinal de respeito por direitos e interesses que nos envolvemos em determinadas práticas (como enterrar os mortos) e não nos envolvemos noutras (como, por exemplo, práticas sexuais com os pais ou irmãos). Todas essas coisas determinam o conceito «ser humano»; são coisas que dizem respeito à «invenção do humano». Isso é algo que Singer simplesmente não vê, e os seus escritos sobre a ética animal mostram isso mesmo. Diamond pensa, portanto, que o tom não acidentalmente moralista de Singer reflecte a sua cegueira perante a forma como o pensamento moral se processa de facto.

Outro exemplo de Diamond provém de um manual de filosofia moral. Um filósofo moral, William Frankena, está a ensinar outras pessoas a fazerem filosofia moral. Ao analisar o diálogo *Críton* de Platão, Frankena desmonta didacticamente os argumentos apresentados por Sócrates. Sócrates tem três argumentos para mostrar porque não deve infringir as leis da cidade; ele indica as premissas (um princípio e uma declaração de facto) e a conclusão de tais argumentos. Digamos que um argumento é o seguinte: (1) devemos obedecer e respeitar os nossos pais e professores; (2) se Sócrates escapar, ele estará a desobedecer aos seus pais e professores; (3) então Sócrates não deve escapar.

Está aqui presente toda uma concepção do que é o pensamento moral: pensando moralmente, lidamos com argumentos sobre o que é bom, mau, justo ou injusto; se alguém concorda com as premissas e essa mesma pessoa é racional, então segue-se a aplicação dos princípios a enunciados de facto e uma conclusão. A filosofia moral opera com argumentos que tratam da aplicação de regras gerais ou princípios a estados de coisas factualmente descritos.

No entanto, se olharmos mais atentamente para alguns dos supostos factos no exemplo acima (por exemplo, os pais e professores em causa quando se diz que escapar seria «desobedecer aos pais e professores»), teremos de nos interrogar sobre o que estamos afinal a falar. Estamos a falar sobre as leis da cidade, mas as leis da cidade não são pais e professores de Sócrates em sentido literal nenhum. Ao vê-las como tal, Sócrates está a olhar para as coisas de maneira nova; está a levar a cabo um trabalho de imaginação moral. Mas Frankena é cego a tal trabalho. Ele pensa que factos são factos e que, ao descrevê-los, o trabalho do filósofo moral não começou ainda. Pode-se discordar da atribuição de valor a factos, não de factos. Mas isso, diz Diamond, pressupõe uma distinção entre facto e valor herdada da idade de ouro da metaética, uma distinção que nos impede de ver o que pode estar envolvido no desacordo moral. A verdade é que quando há desacordo moral podemos nem sequer ver os mesmos factos: temos mesmo de pensar, como Sócrates, que escapar da cidade é «desobedecer aos pais e professores»? Certamente não. Ora, não ver os mesmos factos é um tipo de «distância» (o termo é de Diamond) bastante diferente do desacordo na valoração de factos que seriam os mesmos para todos.

Num outro artigo de Diamond, «Anything but Argument?», temos a acusação feita por um filósofo moral a outro filósofo moral de um tipo específico de falha a fazer filosofia moral. Um filósofo (Stephen Clark) é criticado pela filósofa britânica Onora O'Neill pelo facto de, no seu livro *The Moral Status of Animals*, não dar o passo que conduz além da pura asserção até aos argumentos. Ele ficaria, assim, aquém do trabalho do filósofo moral. O seu caso a favor dos animais apoiar-se-ia apenas num apelo ao sentimento, sendo susceptível de persuadir apenas aqueles que já estão inclinados a aceitar uma dada forma de ver as coisas. Neste caso, a irritação de Diamond diz respeito à suposição de O'Neill de que os argumentos são a única maneira de ir além da mera asserção. Tal suposição depende de O'Neill ter, segundo Diamond, uma certeza cheia de si acerca da natureza do pensamento moral, uma certeza que torna incompreensível o apelo moral de qualquer coisa outra que não seja argumentos. Mas essa concepção de filosofia moral deixa-nos de mãos vazias quando se trata, por exemplo, de fazer sentido do facto de as pessoas verem as suas respostas ao mundo completamente alteradas por meios outros que não a argumentação racional, por um livro ou por um filme, por exemplo. Porque é que isso aconteceria? Ninguém foi racionalmente persuadido de nada. Para O'Neill, trata-se de meras conversões, e conversões contrastam com aquilo que está à altura dos padrões apropriados à filosofia moral, que são padrões argumentativos. Ter sido moralmente abalado e transformado por um filme ou por um livro é coisa que não é *the business of moral philosophy*, fica aquém do trabalho do filósofo moral. Que possa ser um problema que sejamos assim deixados de mãos vazias para compreender o que se passa nas ditas «conversões» é algo que O'Neill não vê.

Os artigos sobre ética em *The Realistic Spirit* aparecem como uma crítica ao modo dominante (pelo menos na filosofia analítica) de olhar para o pensamento moral. Este tem uma forma a que atrás chamei, seguindo Diamond, forense, i.e., centrada na acção e na decisão manifestas, sendo estas tratadas no que diz respeito a argumentos em torno da coisa a fazer (racionalmente). É em contraste com essa forma de ver a filosofia moral que Diamond quer enfatizar o aspecto não forense do pensamento moral, em particular a importância de «ver coisas» (*seeing things*), i.e., a importância de conceber e imaginar para termos sequer a substância sobre a qual o pensamento moral se exerce. A diferença tem repercussões, que não vou aqui explorar, na concepção da natureza do juízo moral, na distinção facto-valor e na oposição entre cognitivismo e não cognitivismo em filosofia moral. O que me importa, todavia, é que Diamond está a sugerir que a concepção dominante da natureza do pensamento moral é cega à sua própria cegueira, no sentido em que os filósofos morais estão frequentemente sob o feitiço de um ideal. Da mesma forma que podemos ser cegos àquilo que uma *Begriffsschrift* de facto faz, por estarmos prisioneiros de um ideal, podemos ser cegos à forma como o pensamento moral de facto acontece. A ideia de ética como uma disciplina filosófica com um escopo perfeitamente delimitado, na qual se lida com aquilo que é racional fazer, com os direitos e os deveres a serem atribuídos a agentes, com a abordagem desses temas por meio de argumentos, muito embora amplamente generalizada, não resiste, de acordo com Diamond, ao escrutínio. Ela não corresponde a uma visão realista da nossa «vida com ética».

Uma visão realista conduz, por contraste, a compreender a importância da concepção e imaginação na nossa vida moral e, portanto, a importância do envolvimento de materiais literários no trabalho do filósofo moral: a discussão moral é recentrada. Passa-se da centração em argumentos e de uma situação em que (nas palavras de Diamond) a permissibilidade do aborto se tornou o paradigma da discussão moral, o que pressupõe uma visão do mundo como compreensível, um assunto que, sem mais problemas, podemos deixar para a epistemologia e a filosofia da ciência, para uma centração em formas de vida e inteligência moral. Ora, para as compreender, a literatura importa.

Ao contrário do que outros filósofos sugeriram quanto à introdução da literatura na filosofia moral, Diamond não vê a literatura como uma ilustração de princípios (racionais, gerais, éticos) ou como nos oferecendo personagens e situações como evidência para questões éticas. Ela tão-pouco está a propor que se abordem os textos filosóficos como literatura ou os textos literários como textos de filosofia moral. O que está a defender é que a literatura é em si própria uma forma de levar a cabo reflexão moral: assim como se pode fazer matemática com demonstrações, mas também desenhando alguma coisa e dizendo «Olha para isto», da mesma forma o pensamento ético decorre em argumentos, mas também nalguma coisa que não é argumento, mas sim histórias, imagens e formas de conceber. Se isto não estiver claro, a ausência de simplicidade (*unplainness*)[309] das obras literárias poderá aparecer como totalmente despicienda, supérflua — secundariamente ilustrativa, precisamente. Um bom exemplo do que Diamond pretende dizer são formas de considerar a personagem Elizabeth Costello, de J. M. Coetzee.[310]

Elizabeth Costello é a personagem do romance com o mesmo nome do escritor sul-africano J. M. Coetzee. Costello é uma escritora já de uma certa idade que vive dilacerada, ferida, com o seu conhecimento de como os animais são tratados nas nossas sociedades. Esse conhecimento, de uma situação que para a maior parte das pessoas nada tem de especial mas que ela compara ao Holocausto (de forma extremamente ofensiva para outros), isola-a, assombra-a. Mas ela não é uma vegetariana ou uma moralista militante que pretenda persuadir os outros das suas razões através dos melhores argumentos: tudo o que Costello quer é salvar a sua alma; ela sabe perfeitamente quão contraditórias são as suas atitudes (por exemplo, usar couro) e os seus sentimentos. É por Costello ser assim que ela é *unplain*: não é possível substituir Costello por um argumento a favor do vegetarianismo ou de um igualitarismo radical; uma personagem não é um dispositivo que esteja apenas a substituir argumentos. Isto contrasta com aquilo que alguém como Singer simplesmente assumiria, diz Diamond — ele assumira que Costello está lá a fazer um papel que seria mais bem desempenhado por um argumento a favor do vegetarianismo ou do igualitarismo radical. É precisamente isto que Diamond recusa: a literatura não é mera ilustração imagética de algo que, no seu melhor, seria «puramente racional» e reconduzível sem resíduo a argumentos.

---

[309] É esta a palavra usada por Diamond.
[310] Cf. DIAMOND, «The Difficulty of Reality».

McDowell[311]

A concepção da natureza das nossas capacidades morais proposta por John McDowell exemplifica a sua posição geral acerca das relações pensamento-mundo. Apesar de ser, ela própria, naturalista (um «naturalismo da segunda natureza»)[312], a posição de McDowell é ao mesmo tempo uma crítica directa ao naturalismo reducionista muito difundido e muito influente na filosofia analítica contemporânea (em ética, mas não apenas em ética). Aquilo a que McDowell chama naturalismo reducionista excede de resto a filosofia: é simplesmente a posição intelectual dominante quando se trata de incorporar na nossa forma de pensar sobre nós próprios a abordagem evolucionista e da neurociência da nossa mente-cérebro, por exemplo, da nossa psicologia moral. Parece quase impossível pensar de outra forma se queremos respeitar conceptualmente o impacto da investigação científica. O naturalismo liberal[313] de McDowell assenta, contudo, na rejeição quer da doutrina ontológica quer da doutrina metodológica do naturalismo dito «científico»[314] e procura oferecer uma alternativa. Ele pensa que a vontade de vermos as nossas capacidades conceptuais, inclusive as morais, como parte da natureza não nos obriga a ser naturalistas reducionistas. Esta estratégia — mostrar que não temos de pensar de determinada maneira, embora tal seja uma tentação — evidencia a concepção wittgensteiniana que McDowell tem do trabalho filosófico. É isto que a filosofia faz: diagnostica tentações conceptuais, liberta-nos delas, indica formas alternativas de pensar. No caso da ética, o que McDowell faz é diagnosticar a atracção injustificada por uma dada concepção metafísica da natureza subjacente

---

[311] Parto de materiais do meu livro sobre John McDowell (MIGUENS e CADILHA, 2014).

[312] O termo «segunda natureza» provém de Aristóteles, que o utiliza em contexto ético para falar do carácter de um humano. McDowell gosta de apresentar a sua posição como uma crítica ao naturalismo reducionista feita sob a égide de Aristóteles, mas também de Kant e de Hegel. Embora eu não vá aprofundar aqui tais relações, a ligação a Kant e Hegel é relevante para fechar o círculo do percurso deste livro, iniciado precisamente com esses dois autores.

[313] Cf. MIGUENS (2019c).

[314] E que é mais propriamente cientificista. A doutrina ontológica do naturalismo científico é a ideia de que o mundo não consiste em nada mais senão as entidades com as quais as explicações científicas nos comprometem, enquanto a doutrina metodológica do naturalismo científico é a ideia de que o inquérito científico seria a única fonte legítima de conhecimento; todas as outras fontes seriam ou ilegítimas ou redutíveis ao conhecimento científico.

a tal forma de pensar sobre a mente. De acordo com essa concepção metafísica, «natureza» identifica-se com propriedades primárias e com o conteúdo de uma *view from nowhere*, uma visão de lado nenhum — na expressão popularizada pelo filósofo americano Thomas Nagel —, que seria oferecida pela ciência natural. McDowell defende que não temos de sucumbir a essa atracção. Não temos tão-pouco de pensar que as atitudes da moralidade são apenas expressão subjectiva de sentimentos, sem conteúdo cognitivo, não sendo susceptíveis de racionalidade, verdade ou falsidade.[315] Não temos, na verdade, para sermos naturalistas, de sequer aceitar uma leitura unívoca daquilo que é «natural para um ser humano». Estas são, no entanto, formas de pensar que nos atraem conceptualmente, que até nos aprisionam. McDowell procura libertar-nos da tentação sugerindo que tais formas de pensar se impõem apenas se nos deixamos seduzir por uma metafísica particular, a que chama «empirismo naturalista superficial» (*shallow empiricist naturalism*). Para o empirismo naturalista superficial, a finalidade da ciência é descobrir a natureza da realidade considerada em termos absolutos, uma «visão de lado nenhum».[316] Segundo tal visão da natureza, a significação e o valor só poderiam ser, evidentemente, «injectados» a partir de fora. Para McDowell, não temos de pensar dessa forma na natureza da natureza.

No artigo «Two Sorts of Naturalism»[317], no qual discute com outra naturalista aristotélica, a filósofa inglesa Philippa Foot, McDowell avança a parábola do lobo racional. A parábola, ou experiência de pensamento, do lobo racional é uma provocação àquilo que queremos dizer com «ser natural». Imaginemos que uma criatura natural, corpórea e biológica como nós, um lobo, se torna racional, i.e., que adquire *lógos*, linguagem. Ela ganha assim o poder de exprimir capacidades conceptuais, capacidades estas que estão racionalmente interligadas com a capacidade de dar — e pedir — razões para pensar e fazer o que quer que seja. Ao passar a ser racional, esse lobo passa a poder considerar, na sua mente, alternativas aos comportamentos naturais dos lobos. Pergunta a si próprio: mas porque é que eu hei-de fazer o que todos os lobos fazem? Porque é que hei-de viver a vida de um lobo? Porque é que hei-de caçar com a alcateia?

---

[315] Noutras palavras, a posição «não cognitivista» (de acordo com a qual asserções morais não têm conteúdo cognitivo substancial, susceptível de verdade ou falsidade, sendo meras expressões de desejos, sentimentos, aprovação e desaprovação) não é a única possível a um naturalista.

[316] A que Susana Cadilha chama «uma perspectiva sem perspectiva».

[317] *In* McDowell (1998).

Porque é que hei-de cooperar? Se ser racional fosse natural, da mesma forma que podemos dizer que caçar é natural para os lobos, que é «a natureza dos lobos», o lobo racional, uma vez tornado racional, pensaria simplesmente que deveria comportar-se como um lobo, por exemplo, caçar com os outros lobos. Aquilo que antes o lobo simplesmente fazia *pensaria agora racionalmente que devia fazê-lo e fá-lo-ia*. Seria isso o ter-se tornado racional. Mas, precisamente, o lobo racional não pensa assim. Ao tornar-se racional, ele deu um passo para fora da sua primeira natureza[318], a sua natureza biológica; não é possível convencer um lobo «possuído pelo *lógos*» de que está a ser irracional se decidir não mais caçar com os outros lobos. E é precisamente assim com os humanos. McDowell utiliza a experiência de pensamento do lobo racional para considerar a forma como a autoridade da nossa segunda natureza (a nossa racionalidade) se impõe à nossa primeira natureza, a nossa animalidade. Aquilo que quer finalmente defender é que ser racional, para um humano, não é simplesmente utilizar as suas capacidades conceptuais para conceber o seu próprio comportamento como apenas mais uma parte do mundo que «acontece». Ser racional é poder considerar (racionalmente) alternativas de acção e razões para estas. Noutras palavras, ser racional, para um humano, é estar no mundo como um agente cuja agência está em aberto e aberta a razões.

Como concebe, então, McDowell as relações entre a nossa primeira natureza e a nossa segunda natureza, as nossas capacidades conceptuais? No caso das capacidades conceptuais morais, a análise centra-se no agente virtuoso. McDowell defende que os ditames da virtude adquirem uma autoridade que substitui a autoridade de que a primeira natureza (i.e., a nossa animalidade) abdicou com a chegada da racionalidade. É nestes termos que ele considera possível falar de exercício racional de capacidades conceptuais morais sem fazer apelo a nenhuma suposta universidade da racionalidade.

Partamos da fenomenologia da moralidade, i.e., de como os requisitos morais se dão a criaturas como nós. Somos (pelo menos muitos de nós) sensíveis a razões morais para agir. Vamos imaginar que o meu amigo Paulo me emprestou duzentos mil euros para pagar parte de uma casa e que eu penso que tenho de lhe pagar a dívida. O que é esse «tenho de»

---

[318] É este o termo que McDowell utiliza para nomear a nossa natureza física e biológica, tal como esta é caracterizada pelas ciências naturais. Na verdade, ele só o utiliza para os humanos.

com que me deparo na minha fenomenologia moral? De que natureza é esse requisito que aparentemente se me impõe?

No artigo «Are Moral Requirements Hypothetical Imperatives?»[319], McDowell discute a crítica feita pela filósofa inglesa Philippa Foot à forma clássica de Kant conceber os requisitos morais. Segundo Kant, os requisitos morais são inescapáveis, e por isso são categóricos. Isto significa simplesmente que, quando um imperativo categórico à maneira de Kant se me coloca, a acção recomendada por esse imperativo se impõe por si própria, ao contrário do que acontece nos imperativos hipotéticos. É isso que significa «tenho de lhe pagar a dívida». Nos imperativos hipotéticos, a acção recomendada é-o com vista a uma finalidade ulterior, mas não nos imperativos categóricos. Para compreendermos a diferença, imaginemos a situação em que penso simplesmente que devo pagar a dívida ao meu amigo Paulo, em contraste com a situação em que penso que devo fazê-lo para ele não deixar de gostar de mim, ou para ele não mandar um gangue atrás de mim para me extorquir o dinheiro. No primeiro caso, o requisito que se me coloca não tem forma instrumental; as razões morais para agir são claramente não hipotéticas, a acção a realizar não é um meio relativo a fins ulteriores, exteriores à acção ela própria. No segundo caso, o requisito que se me coloca tem de facto forma instrumental; as minhas razões para agir são claramente hipotéticas, a acção a realizar é um meio relativo a fins ulteriores. Kant distingue deste modo imperativos categóricos e hipotéticos, e é precisamente isto que Foot critica. Se a diferença entre imperativos categóricos e hipotéticos é essa, então teremos de admitir que outras regras (por exemplo, as regras de etiqueta, como «deve comer-se com faca e garfo») também serão categóricas no sentido de Kant. Afinal, elas são claramente não hipotéticas e não dependem de fins ulteriores. Mas não queremos pensar que os imperativos da moralidade são como regras de etiqueta, por isso uma forma comum de continuar a subscrever hoje a ortodoxia kantiana é fazendo apelo à racionalidade, i.e., sugerindo que o que Kant está a dizer quando fala de imperativos categóricos é que, ao agir moralmente, estamos a fazer aquilo que a racionalidade nos dita. Mas é precisamente isto que Foot pensa não ter fundamento — afinal, porque não há-de alguém ser imoral? Porque havemos de ser morais? Não podemos dizer ao imoral (aquele que não vê razão para obedecer aos preceitos morais que nós próprios aceitamos)[320]

---

[319] *In* McDowell (1998).
[320] Por exemplo, pagar a dívida ao meu amigo Paulo.

que ele é irracional. Podemos dizer muitas outras coisas, como, por exemplo, que ele, ou ela, é cruel, ou egoísta, ou imprudente. Mas a pessoa que pensa que os imperativos morais são categóricos tem mesmo de dizer ao imoral que ele é irracional. Contudo, não parece sustentável fazê-lo, defende Foot. Por si só, os requisitos morais não nos dão razão para agir, afirma: as razões morais estão disponíveis apenas para aquele, ou aquela, a quem o bem moral importa — é neste sentido que os imperativos morais são, segundo Foot, hipotéticos.

McDowell concorda que não há, de facto, irracionalidade em não nos conformarmos aos imperativos morais. No entanto, pensa que Kant tinha razão ao defender que os imperativos morais são categóricos e não hipotéticos: aquilo que Kant procurava captar com a ideia de imperativo categórico é algo que, segundo McDowell, corresponde realmente à forma como os imperativos morais se nos dão. A estratégia que McDowell adopta neste ponto é fazer apelo à forma como uma pessoa virtuosa vê razões para agir. Não adianta perguntar o que é uma pessoa virtuosa: este é um termo operacional; não é para ser *ab initio* pensado como preenchido por uma moralidade particular. Que existem pessoas virtuosas é um ponto de partida. Analisemos como agem as pessoas virtuosas, sugere McDowell. Uma pessoa virtuosa vê a coisa a fazer em situações particulares determinadas sem ter de passar por muitas considerações e cálculos. Imaginemos uma mulher que vai atrasada para uma reunião de trabalho muito importante e que, antes da reunião, quer comprar um presente para celebrar o aniversário do marido que é hoje mesmo; é a sua última oportunidade de não falhar o aniversário. Subitamente, ela vê um homem de idade a cair no meio da rua, como se estivesse a ter um ataque cardíaco — olha em volta: é a única pessoa por perto. Vai ajudar o homem caído no chão, falta à reunião e não compra o presente. A pessoa virtuosa simplesmente vê a coisa certa a fazer numa situação determinada. Aquilo que distingue a pessoa virtuosa, diz McDowell, é a forma como lê acontecimentos, não os seus desejos. Ler de uma determinada forma as circunstâncias dá-lhe a razão para fazer X; ela não precisa de juntar desejos a essa leitura (i.e., não precisa de juntar «desejos» a essas «crenças»). Esta forma de pôr as coisas em filosofia moral ergue-se evidentemente contra o filósofo humiano[321], que vê a razão (i.e., as crenças) como sendo motivacionalmente inerte para os

---

[321] «Humianismo» (assim nomeado em referência ao filósofo escocês David Hume) é um termo para posições sentimentalistas e expressivistas em filosofia moral.

humanos. Representar que as coisas no mundo são de determinada maneira (que o homem caiu, que a loja de presentes está muito perto, que a reunião é daqui a meia hora) não nos faz mover nem um dedo — apenas as paixões nos movem, pensa o humiano. O humiano defende um modelo crença-desejo de motivação para a acção; para ele há um abismo, um lapso, entre ver as circunstâncias de certa maneira (a «razão», as crenças) e ser movido à acção; este lapso tem de ser preenchido por desejos; só desejos (paixões) nos movem à acção. Ter um desejo bruto de E constitui então a «razão» para um agente prosseguir E. Não é de todo assim para McDowell: ele pensa que as crenças elas próprias, i.e., a nossa leitura das circunstâncias, são motivadoras. Não temos de acrescentar desejos. Na forma de McDowell conceber as coisas, não seria possível duas pessoas terem exactamente a mesma percepção de uma dada situação e ainda assim verem diferentes razões para agir (pense-se no exemplo acima; evidentemente, as formas de agir disponíveis são bem mais de uma). McDowell pensa que não há nenhuma percepção neutra dos factos que seja comum a toda a gente, à qual posteriormente uma espécie de camada motivacional independente se vá juntar. Se numa dada situação alguém não vê X como a coisa a fazer (por exemplo, pagar a dívida ao meu amigo Paulo, ou ajudar o homem caído na rua), isto (que é, obviamente, perfeitamente possível) acontece não porque falte a essa pessoa o desejo que uma pessoa virtuosa tem, mas porque ela não vê da mesma forma o que está a acontecer.[322]

Recapitulando: Foot propõe que os imperativos morais são hipotéticos (Kant estava errado), McDowell contrapõe que os imperativos morais são realmente categóricos (Kant tinha razão). Os imperativos morais são categóricos porque nos dão a coisa a fazer incondicionalmente — não precisamos de acrescentar um desejo a uma forma de ver as coisas (Hume estava enganado). Mas o facto de não vermos algum traço moral da realidade (alguma «coisa a fazer») não é sinal de irracionalidade, não podemos dizer tal coisa — quanto a isso, Kant estava errado, diz McDowell. Não podemos dizer que a mulher do exemplo, se decidir ir à reunião e comprar o presente para o marido, é irracional. Não podemos dizer que eu sou irracional se decidir não pagar a dívida ao meu amigo Paulo. Os requisitos morais são de facto imperativos categóricos no sentido

---

[322] Por exemplo, eu vejo o meu amigo Paulo como um capitalista nadando obscenamente num excesso de riqueza, ou a mulher que vai para a reunião sabe que o homem caído é um espião russo que quer atraí-la para a atacar com veneno.

de Kant apenas porque, uma vez sendo reconhecidos, necessariamente motivam aqueles que os reconhecem, não porque sejam reconhecíveis por qualquer ser racional. Noutras palavras, McDowell não partilha do universalismo de Kant quanto à razão e à moralidade. Não há nenhum argumento racional que seja capaz de fazer um agente moral ver uma situação de dada maneira, precisamente porque o que está em causa é ver, i.e., conceber as coisas de determinada maneira, e não raciocinar — o raciocínio é, no melhor dos casos, algo posterior e que já utiliza uma ou outra concepção da situação da acção. Porque é preciso ser o tipo certo de pessoa para ver as coisas de dada maneira, a educação, *Bildung*, é fulcral para a pessoa virtuosa. A transição entre ver e não ver as coisas de certa maneira (por exemplo, ver certa forma de falar de Deus como blasfémia ou ver essas mesmas palavras como um uso de linguagem não muito gentil mas não particularmente problemático e, na verdade, até ousado e criativo) não ocorre por demonstração racional — está mais próxima de uma conversão conceptual.

Recapitulemos: como vê então McDowell o facto de um agente moral ter uma razão para agir e ser movido por ela? McDowell pensa que para compreendermos a natureza do agir moral temos de considerar a circunstância em que o agente se encontra e a capacidade, que o agente pode ou não ter, de ver a saliência moral da situação. A pessoa virtuosa tem um entendimento, uma leitura directa da situação — esta leitura envolve a crença de que há uma coisa a fazer e o estar já motivada a fazê-la.

A partir de que perspectiva são então os requisitos morais perceptíveis? McDowell pensa que eles não são perceptíveis por toda a gente. Ao contrário do que Kant pensava, a racionalidade não os impõe universalmente, a todos os humanos. Não basta eu ser racional para pensar que devo pagar a dívida de duzentos mil euros ao meu amigo Paulo; posso perfeitamente ser racional e não pensar de todo que devo pagar a dívida. A ideia wittgensteiniana (mas também aristotélica) de McDowell é que tais requisitos são perceptíveis a partir do interior de formas de vida determinadas. As nossas respostas morais não são respostas de uma racionalidade universal: requerem um ponto de vista — uma forma de ver as coisas, uma sensibilidade conceptual. Elas são, porém, respostas racionais a algo que está no mundo, i.e., não são meras expressões subjectivas de sentimentos. Noutras palavras: embora McDowell não creia que as razões morais para agir sejam universais, ele defende que elas são objectivas. Estão dependentes sempre de determinadas capacidades paroquiais, capacidades do tipo de agente particular que somos, mas estão lá para ser reconhecidas por qualquer agente que assuma esse ponto de vista.

São vários os ângulos de crítica a uma posição como esta. Ela pode ser criticada por ser puramente intelectualista (se eu não quero fazer X, é por não saber que essa é a coisa a fazer). Pode ser criticada por supor, de forma demasiado idealizada, que não há nenhuma pesagem de razões na deliberação moral de um agente: as razões morais (e apenas estas) silenciam, no agente virtuoso, qualquer outra razão para agir que esteja presente (a metáfora é do próprio McDowell). É, no entanto, assim mesmo que McDowell caracteriza a autoridade das razões morais na nossa «vida moral»; é isso que a ideia kantiana de que os imperativos morais são categóricos significa. E McDowell pensa que a ideia kantiana de imperativos categóricos se nos aplica de facto. Note-se que o conceito que faz aqui muito trabalho — o conceito «ser virtuoso» — não separa pessoas racionais daquelas que seriam irracionais. Ser virtuoso é (para usar os termos aristotélicos) uma questão de costume e de treino do intelecto prático — é esse treino que é fundamental para que certas razões para agir sejam visíveis para um agente particular. A operação das nossas capacidades morais depende deste «afinar» da sensibilidade, do aguçar e sintonizar da nossa percepção (moral). A virtude torna-se, assim, um hábito, numa segunda natureza num humano — mas apenas dada a educação, a moldagem pelo costume. Não há aqui racionalidade universal.

É importante ter claro que esta caracterização que McDowell faz do exercício das nossas capacidades conceptuais morais se coloca como alternativa não apenas a abordagens naturalistas reducionistas, por exemplo, na ciência cognitiva, mas também a éticas filosóficas baseadas em regras explícitas, como o utilitarismo e a deontologia. É uma alternativa wittgensteiniana no sentido em que as nossas capacidades morais envolvem, em primeiro lugar, uma forma de percepção de situações concretas, percepção essa embebida em formas de vida. A centração da caracterização do agir moral na pessoa virtuosa é, além disso, em termos contemporâneos, um contextualismo, no sentido em que agente e situação não são separáveis na caracterização da acção, ao contrário do que acontece nas éticas das regras explícitas, como o utilitarismo e a deontologia, centradas no agente e na aplicação de regras por este.[323]

---

[323] O ponto comum de um enfoque na virtude quando se considera a natureza da acção é a ideia de que regras explícitas, consciente e deliberadamente aplicadas, não são

Tudo isto pode evidentemente parecer muito próximo de um relativismo — afinal, McDowell defende a objectividade da coisa a fazer, mas considera que esta coisa a fazer não é universalmente visível como tal. Ora, numa qualquer situação particular, como saberemos nós que são os nossos olhos, e não os olhos de outrem, que estão abertos para as razões para agir correctas? Aristóteles, o ponto de referência histórico para a centração da análise da acção humana no agente virtuoso, tinha como referência de correcção os hábitos de uma sociedade particular, a sua, a grega, que considerava civilizada, não bárbara — a preocupação de justificar os costumes particulares dessa sociedade não se lhe impunha de todo. Aristóteles escreve para aqueles que já são capazes de compreender aquilo que diz (isso é dito explicitamente na *Ética a Nicómaco*). Noutras palavras, as suas considerações éticas não são dirigidas a todos (não são, por exemplo, dirigidas a mulheres ou àqueles que não são proprietários). Foi muitas vezes objectado a McDowell que a despreocupação aristotélica quanto à justificação não é já a nossa e que, assim sendo, a história a contar sobre as nossas capacidades morais numa situação de pluralismo de costumes morais (como a nossa) deveria ir além dos traços gerais do contextualismo aristotélico. Essa é uma objecção importante.

Até agora, considerei a forma como respondemos a razões para agir; para compreender a natureza das nossas capacidades morais, importa também considerar o que é ver valor no mundo. Como havemos de entender essa capacidade que aparentemente temos? Será possível integrá-la no ponto de vista que a ciência natural tem sobre a natureza? A teoria do erro do filósofo australiano (de Oxford) John Mackie ficou famosa por responder negativamente a esta última questão: não é possível integrar a nossa capacidade de ver valor no ponto de vista que a ciência natural tem sobre a natureza. É este o núcleo da teoria do erro de Mackie como posição em metaética. A nossa vida está povoada de discurso avaliador: pensamos «Este homem é cruel!» quando vemos um homem executar

---

a boa forma de pensar sobre a acção humana. No entanto, a ideia de agente virtuoso pode ter interpretações variadíssimas: de interpretações cognitivas (que sugerem que estão em causa heurísticas rápidas em vez de regras, como no caso do filósofo da mente americano Daniel Dennett) até interpretações religiosas (Jesus Cristo como o protótipo do agente virtuoso, na filósofa da acção Elizabeth Anscombe). A ideia comum é que a virtude se «recomenda» a um agente racional como «nobre» apenas do interior do ponto de vista de alguém que aceita, já que os requisitos da virtude sobre a razão são reais. Apenas a um animal racional, diria McDowell, que acrescenta que as razões se tornam razões para um animal racional precisamente quando o seu estatuto de razões é uma questão em aberto.

uma mulher adúltera ou «Que generoso!» quando alguém se lança a um mar perigosíssimo para salvar uma criança. Pensamos que esse discurso avaliador tem conteúdo cognitivo, i.e., que as coisas são mesmo como estamos a dizer que elas são. Aquele homem é realmente cruel e aquela acção é de facto generosa. As coisas que estamos a dizer podem ser verdadeiras ou falsas. Não são projecções nossas, visões subjectivas. Parece haver valor no mundo, não pode ser apenas ilusão. Mas não há valor no mundo; pensarmos que há valor no mundo é apenas um erro maciço, uma ilusão: o valor não faz parte do tecido do mundo. É isto que defende Mackie. Todos os juízos morais são falsos, avança. Para que o realismo moral seja verdadeiro — para podermos falar de verdade e falsidade de juízos morais —, teria de haver factos *queer*, factos estranhos, i.e., propriedades descritivas que fossem intrinsecamente prescritivas e que conduzissem à acção. Como não existem tais factos, o realismo moral é falso. Este é o seu célebre argumento a partir da *queerness*.

No seu artigo «Values and Secondary Qualities»[324], McDowell procura desconstruir a imagem metafísica que subjaz à teoria do erro de Mackie. Argumenta que para sermos realistas morais não temos de pensar nas propriedades morais como sendo propriedades primárias, como a forma ou o movimento, nem temos de assumir que o mundo tal como ele é em si mesmo só pode ser descrito por propriedades primárias. Na verdade, é essa mesma ideia — a ideia de mundo tal como ele é em si mesmo — que é pura fantasia.

Uma analogia com a cor pode ser esclarecedora. Para um sistema cognitivo sem visão de cor, neste mesmo mundo que é o nosso, não existem cores. Não está presente a perspectiva a partir da qual as cores seriam perceptíveis. Todavia, se pusermos ao lado desse sistema cognitivo, no mesmo mundo, um animal com visão de cor, ele vê cores que estão realmente lá. Ora, não queremos dizer que as cores são «meramente subjectivas» se com isso queremos dizer que elas são ilusões. Noutras palavras, as cores não são menos reais por terem de ser entendidas como a forma em que aparecem a um sujeito, em termos da disposição do objecto para apresentar um certo tipo de aparência perceptiva. A propriedade de um objecto ser vermelho pode perfeitamente ser compreendida como «ser de forma tal, que sob determinadas circunstâncias parece vermelho a alguém». Ora, tal como as cores, também as propriedades morais dependem de ser percepcionadas por sujeitos com a sensibilidade

---

[324] *In* McDowell (1998).

apropriada, em circunstâncias apropriadas. Não há uma coisa tal que seja ser vermelho que não seja aparecer vermelho a um certo tipo de mente, como não há uma coisa tal que seja ser cruel que não seja aparecer cruel a um certo tipo de sensibilidade. Mas isso não significa que essas qualidades não estejam lá para ser percepcionadas, independentemente de aparecimentos particulares a uma mente particular. Considere-se, por exemplo, «ser divertido»: não há uma coisa tal que seja «qualidade de ser divertido em si», mas isso não significa que nada seja divertido.

Mas então essas propriedades são objectivas ou subjectivas? São subjectivas no sentido em que não são independentes de ser percepcionadas, mas são objectivas no sentido em que estão lá para ser experienciadas por um agente ou por vários agentes; elas não são ilusórias. Daqui, McDowell quer retirar que o nosso modelo de realidade não tem de ser o modelo sem espessura das qualidades primárias — a realidade de certas propriedades pressupõe um ponto de vista a partir do qual estas possam ser percepcionadas; não vamos por isso negar a sua realidade. Precisamos de uma concepção do mundo que nos permita ter em conta propriedades tais; uma concepção de mundo tem de ter espaço para o ponto de vista da experiência.

Mas porque não seria aqui suficiente a alternativa humiana, i.e., a ideia de que o valor é não uma ilusão, admitimos isso, mas algo que *nós* espalhamos pelo mundo, que não está no mundo ele próprio? Não será essa alternativa suficiente? É assim que o filósofo inglês neo-humiano Simon Blackburn pensa sobre a nossa natureza moral. Ele considera que os nossos juízos morais são não descrições da realidade, mas sim das nossas atitudes perante ela. As propriedades que nos parecem pertencer aos objectos são apenas projecções, reflexos das nossas respostas subjectivas. Blackburn pretende, no entanto, levar a sério a verdade e a falsidade de asserções morais, i.e., quer recuperar o nosso direito a falar da crueldade do homem que executa a mulher adúltera, ou da generosidade da pessoa que se lança ao mar; ele pensa que temos (porque o ganhamos) o direito a falar dessa forma. A posição que propõe, o seu quase realismo, é atacada por McDowell nos artigos «Projection and Truth in Ethics» e «Non-Cognitivism and Rule-Following»[325]. O erro de um projectivista como Blackburn é, segundo McDowell, ver prioridade e independência explicativa das nossas respostas subjectivas em relação aos aspectos a serem explicados. McDowell crê que tal prioridade não

---

[325] Ambos em McDowell (1998).

existe; os nossos sentimentos não são «pais» dos traços da realidade a que respondem, são antes *siblings*, i.e., irmãos. Ele propõe uma visão sem prioridades (*no priority view*) da relação. A proposta corre o risco de ser circular e conservadora — são essas as contra-acusações de Blackburn. McDowell procura defender-se, atendo-se à ideia de que não podemos falar do valor a não ser a partir de dentro da experiência valorativa. Quando se trata de conceber a natureza das nossas capacidades morais, não podemos dar um passo para fora das nossas próprias práticas e olhar para elas de esguelha, como se fosse a partir de fora.

É com as suas teses acerca de razões e valor — bem mais sofisticadas do que aqui pude passar — que McDowell pretende articular uma alternativa quer ao naturalismo cientista, cuja visão de mundo se reduz a um mundo sem perspectiva, quer ao realismo platónico, de acordo com o qual factos morais subsistem e tornam verdadeiros os nossos juízos morais independentemente de nós. Admitamos então que a abordagem que McDowell propõe das nossas capacidades conceptuais morais consegue dar conta, de forma bastante satisfatória, de práticas e formas de raciocinar particulares de agentes humanos, em comunidades históricas dadas. Contudo, ela terá ainda um problema: terá sempre dificuldade em dar conta daquilo que permite a um humano tomar uma distância crítica perante qualquer prática da sua comunidade e ser desafiado pelas práticas e concepções de outras comunidades. O pluralismo razoável, que de resto faz parte de concepções de moralidade centradas na autonomia que são importantes na nossa tradição intelectual e cultural, não tem de constituir problema para McDowell — mas como poderá o autor lidar conceptualmente com o pluralismo radical? Como poderá ele lidar com o pluralismo visto não como um caminho para a liberdade, mas como um caminho para o niilismo? Se respondemos a propriedades morais a partir de dentro de formas de vida, como estaremos perante o facto de haver mais de um tipo possível de forma de vida moral? Se as visões teleológicas das formas de vida dos humanos parecem afastadas — se as grandes narrativas que nos permitiriam apontar uma forma de vida como aquela que é a forma de vida superior (pensemos em Hegel) ficaram para trás (se é que podemos dizer tal coisa...)[326] —, como ficamos perante o pluralismo? Não creio que McDowell esteja totalmente desarmado, mas não vou desenvolver este ponto. Uma discussão séria

---

[326] Ela é evidentemente tão difícil de fundamentar como a ideia de que uma prática específica seria aquela que é definitivamente superior.

do contextualismo mcdowelliano poderá provir de um relativismo de inspiração nietzschiana (podemos encontrá-lo formulado pelo filósofo inglês Bernard Williams [1929–2003] no seu conhecido livro *A Ética e os Limites da Filosofia*, de 1985).

Gostaria agora de voltar àquilo que me parece ser um dos propósitos maiores do conceito mcdowelliano de segunda natureza: compreender a liberdade de um animal humano (na verdade, será esse o ponto de partida para uma resposta à questão que acabei de deixar em aberto acima). É enquanto dotado de uma segunda natureza que um animal racional humano é livre. Sem se compreender este pano de fundo — a ausência de necessidade, a conexão entre racionalidade e liberdade, a ideia de que razões se tornam razões para um animal racional precisamente quando o seu estatuto de razões é uma questão em aberto —, não é possível apreender com a profundidade necessária (e, portanto, além de Aristóteles) as teses aristotélicas de McDowell. A acção moral enquanto acção virtuosa decorre no espaço aberto pela segunda natureza; ela não decorre nem do mero raciocínio instrumental nem da primeira natureza. Na acção moral, trata-se de ver (conceptualmente) razões para agir, e McDowell defende que quando estamos perante agentes capazes de assim ver razões para agir não podemos falar de fundamentos naturais para as suas acções.

O autor sustenta que a racionalidade das virtudes não tem «fundamento», nomeadamente um fundamento natural, que seria de alguma forma «exterior» às capacidades conceptuais avaliadoras da pessoa virtuosa. Por outro lado, sublinha sempre que a sua concepção das capacidades racionais morais é (por exemplo, ao contrário da de Kant) uma concepção naturalista: as nossas capacidades conceptuais morais não são uma «vontade numénica» supranatural, não são uma razão prática puramente formal, concebida como respondendo a apelos puros da racionalidade. São, simplesmente, capacidades de um animal racional que tem uma segunda natureza. Surpreendentemente, diz McDowell, é reflectindo sobre Kant que chegaremos a uma concepção aceitável da relação da razão com a natureza. É Kant quem nos pode mostrar o caminho de um naturalismo aceitável. Isto significa compreender que as capacidades conceptuais morais que são segunda natureza de animais humanos não são nem necessidades brutas da primeira natureza nem meras atracções humanas: as capacidades conceptuais morais são racionais no sentido em que são a racionalidade a funcionar na sua esfera própria. É esta ideia que faz da descrição de McDowell uma visão kantiana da moralidade, mesmo que despida do formalismo e supranaturalismo com que Kant acompanha a sua filosofia moral.

No núcleo da posição de McDowell acerca de animalidade e humanidade (se quisermos utilizar termos kantianos), está a ideia de que não existem «fundamentos naturais» para a ética, no sentido em que não podemos procurar fundamentos para a moralidade na nossa «primeira natureza», i.e., na nossa natureza física e na nossa animalidade. Não podemos procurar porque simplesmente não encontraremos nada: *não existem fundamentos naturais para a moralidade*. Mas o desejo de procurar fundamentos (naturais) é precisamente um ponto cego do naturalismo cientista — fundamentos naturais são precisamente aquilo que o naturalismo cientificista procura. Mas agir moralmente não é «natural»: a nossa segunda natureza não é um mero «recanalizar» dos impulsos naturais da primeira natureza dos animais humanos. Não é dessa forma que cada um de nós, animal humano, animal racional aristotélico, está perante a sua própria animalidade, a sua primeira natureza. A exploração das relações da animalidade com a racionalidade na concepção das nossas capacidades morais é um contributo essencial da orientação wittgensteiniana de McDowell em ética. Com a experiência de pensamento, ou parábola, do lobo racional, aquilo que McDowell procura mostrar é a conexão íntima entre racionalidade (a segunda natureza dos animais humanos) e liberdade.

Ora, na filosofia contemporânea este é um tema por excelência da tradição do idealismo alemão, e o naturalismo cientificista ou reducionista actual falha ao não reconhecer esta conexão. Ao tentar compreender as nossas capacidades morais, o naturalismo cientificista ou reducionista não «vê» (não pode ver) a conexão entre racionalidade e liberdade. Noutras palavras, o naturalismo cientificista não tem instrumentos conceptuais para conceber as alterações profundas trazidas ao ser de agentes naturais pela posse de racionalidade e linguagem. Porque tudo está aberto ao questionamento reflexivo num animal racional, a autoridade da razão não pode mais ser a mesma autoridade que a «autoridade» da animalidade. Mas não existe aqui *necessidade*: a *liberdade* está inextricavelmente ligada ao exercício das capacidades conceptuais morais nos humanos. O que acontece é que um animal racional como cada um de nós está sempre um passo atrás relativamente à sua própria primeira natureza, um passo atrás quanto aos ditames desta. É com este estatuto que a segunda natureza abre os olhos dos humanos (quando/e se abre) a razões para agir.

A questão da animalidade (nossa e dos outros animais) desencadeia muitas outras questões hoje filosoficamente essenciais, de questões acerca de identidade pessoal até questões acerca de leis e explicação, tanto quanto estas se aplicam ao comportamento dos humanos, i.e., ao comportamento *deste animal que sou eu*. Curiosamente, poderíamos ter aqui um encontro de McDowell com o último Derrida.[327]

Cavell

O nome do filósofo americano Stanley Cavell (1926–2018) é talvez aquele que primeiro vem à mente quando se trata de identificar uma orientação wittgensteiniana em estética.[328] Passo em seguida por alguns pontos-chave que permitem compreender a peculiar composição de temas de filosofia da linguagem, epistemologia, ética e estética característica da obra de Cavell. As *Investigações Filosóficas* são a sua referência permanente. Para ele, as *Investigações* são muito mais do que um texto do cânone: são uma obra-instrumento para fazer coisas em filosofia. Cavell vê as *Investigações* como uma cena de instrução, uma observação e uma análise de como os humanos aprendem a fazer coisas com linguagem e na linguagem, e vão fixando e alterando práticas conceptuais. A ideia cavelliana de filosofia que aqui se ergue — a filosofia como educação de adultos — esclarece, desde logo e só por si, a razão por que a filosofia é diferente da ciência: é que para um humano a cena de instrução não está nunca terminada.[329] Além disso, o que aprendemos com a filosofia, por contraste com o que aprendemos com a ciência, não é, estritamente

---

[327] Cf. para esta discussão Étienne BIMBENET (2011)
[328] Um outro bom exemplo seria Stephen Mulhall. Como no caso de Diamond, Cavell não separa os aspectos estéticos dos aspectos éticos da sua investigação. Como se verá, ele justifica tal atitude. Enquanto chave adicional para entender o perfil de Cavell como filósofo, vale a pena recordar que ele era músico antes de chegar à filosofia.
[329] Adultos são assim, para Cavell, aqueles que não podem senão ter problemas quando são chamados a educar outros, já que têm ainda — e terão sempre — o seu próprio aperfeiçoamento em mãos. A importância desta construção ou procura de si próprio é explorada por Cavell sob o nome de perfeccionismo. O perfeccionismo é a posição em filosofia moral de acordo com a qual a tarefa da filosofia é reconduzir-nos a nós mesmos, descobrirmo-nos. Na sua *Uma Teoria da Justiça* (a que Cavell chama o «épico» de Rawls), John Rawls identifica o perfeccionismo, enquanto posição em filosofia moral, com Nietzsche e exclui-o pelo facto de ser inerentemente elitista e por isso mesmo antidemocrático. Cavell sente necessidade de responder a esta crítica de Rawls e fá-lo em *Conditions Handsome and Unhandsome* («The Conversation of Justice»).

falando, algo novo: em filosofia, trata-se de compreender o que está já à vista, o que está aí, aquilo que já somos, as nossas formas de vida, as nossas práticas conceptuais. Mas o que está mais próximo pode ser o mais difícil de ver.

Muito longe da proclamação rortiana de um fim da filosofia, a proposta de Cavell é acerca de como recomeçar a filosofia. Em toda a sua obra, ele explora um entendimento particular de um tema das *Investigações* que propiciará esse recomeço: a ideia é «trazer as palavras do seu uso metafísico para o seu uso comum» (*Investigações*, § 116). O guia cavelliano para fazer filosofia é, assim, o comum; é o comum que toda a filosofia de tendência platonizante rejeita, e é para aí precisamente que, segundo Cavell, Wittgenstein constantemente nos reenvia. Reenvia-nos para o comum e para a prática, e, ao fazê-lo, também para um limite das justificações: na cena de instrução das *Investigações*, há um momento em que aquele que ensina reconhece que não tem mais justificações a dar acerca do porquê de as coisas serem feitas de certa maneira. Chegamos a um ponto em que apenas se pode dizer «É assim que fazemos», é esta a nossa prática (Cavell chega a chamar a esse momento «o momento de comédia de Molière das *Investigações*»: ao iniciar um trajecto de investigação, afirma-se logo que as explicações chegam ao fim...).

É verdade que, para Cavell, tomar o comum como guia para a filosofia significa, antes de mais, radicar aquilo que faz na tradição da filosofia da linguagem comum, i.e., em Wittgenstein e em Austin. Mas significa também uma forma de conceber os materiais para a filosofia. Ora, os materiais de Cavell estendem-se de Shakespeare e Beckett à música e ao cinema. Na verdade, Cavell é hoje um dos nomes salientes da filosofia do cinema. Foi muito apontado aquilo que ele não saberia sobre cinema. Foi apontado que ele não se interessa por experimentalismo nem por cinema de autor, mas apenas pela experiência do cinema, i.e., pela experiência do espectador. De facto, o cinema que lhe interessa é o cinema popular, não o cinema erudito. É o caso das comédias de Hollywood dos anos 1930 e 1940 (*remarriage comedies*), que estão no centro de *Pursuits of Happiness* (1981)[330], ou do seu célebre curso de Harvard documentado em *Cities of Words* (2004), em que trata em pares sucessivos de um filme e de uma obra de filosofia (que pode ser, por exemplo, a *Crítica da Razão Pura*) ou de literatura, e que pôde chocar precisamente

---

[330] Cavell vê estas *remarriage comedies*, como lhes chama, como centradas na «educação entre adultos», i.e., no encontro moral do par amoroso.

pela justaposição da cultura comum e erudita.[331] Cavell chega a dizer que os seus materiais para fazer filosofia se estendem de J. L. Austin a Jane Austen. Ele vê, de resto, os romances de autoras como Jane Austen e George Eliot (*Orgulho e Preconceito, Mansfield Park, Daniel Deronda* ou *Middlemarch*) como precursores das *remarriage comedies* de Hollywood que acabei de mencionar. A aproximação não é vã: ambos os casos lhe servem para abordar uma questão-chave na sua obra, o perfeccionismo numa vida moral. Os romances e os filmes que Cavell considera servem como reveladores artísticos daquilo que está em causa na nossa avaliação da nossa própria forma de viver, de ir em busca de nós próprios — é esse o foco de análise do perfeccionismo. Apesar da trivialidade das situações retratadas, apesar de esses romances e esses filmes de Hollywood se ocuparem da descrição da vida comum (ou exactamente por causa disso), eles dão lugar ao exame de almas — exame das almas umas pelas outras e de uma alma por si própria. É isso que interessa ao filósofo perfeccionista.

No entanto, e apesar desta deriva pela cultura popular e pelo retratar artístico do trivial, nas principais obras de Cavell — *Must We Mean What We Say?* (1969) e *The Claim of Reason: Wittgenstein, Skepticism, Morality and Tragedy* (1979) — o ponto de partida é a filosofia da linguagem comum no sentido mais canónico do termo. O seu pensamento ergue-se sobre leituras de Wittgenstein e Austin. Ora, Cavell pensa que tanto Wittgenstein quanto Austin não foram simplesmente esquecidos ou ostracizados na tradição analítica, eles foram tornados escolásticos. O seu próprio uso de Wittgenstein e Austin é tudo menos escolástico. De Wittgenstein, ele retém a ideia de acordo no juízo, a ideia de que a linguagem comum não se funda senão sobre ela própria (numa comunidade de humanos não há senão o acordo no juízo para nos «manter na linha», para sustentar as nossas práticas significativas), bem como o interesse pela questão dos critérios. De Austin vem o interesse pela dimensão pragmática, de sucesso e insucesso, dos usos da linguagem,

---

[331] Os pares são Emerson/*Casamento Escandaloso*; Locke/*A Costela de Adão*; John Stuart Mill/*Meia-luz*; Kant/*Uma Noite Aconteceu*; Rawls/*Doido com Juízo*; Nietzsche//*A Estranha Passageira*; Ibsen/*O Pecado das Mães*; Freud/*As Três Noites de Eve*; Platão//*O Grande Escândalo*; Aristóteles/*Com a Verdade Me Enganas*; Henry James e Max Ophüls//*Pigmalião*, de George Bernard Shaw, e Pigmalião; Shakespeare e Rohmer/*Two Tales of Winter*. Seguem-se temas de perfeccionismo moral na *República* de Platão. Esta extensão cavelliana da filosofia do comum à cultura popular é continuada em França por Sandra Laugier em torno de séries televisivas.

o interesse pelas felicidades e infelicidades da expressão. Tal dimensão excede (ou não se identifica com) aquilo a que usualmente se chama o domínio da pragmática, enquanto centrada na consideração da relevância como questão comunicacional (*à la* Habermas, digamos).

Um outro tema nuclear de Cavell além do tema do comum, um tema que está constantemente presente não apenas nos seus aspectos epistemológicos intrafilosóficos, mas também nas abordagens da literatura e do cinema e da arte em geral, é o cepticismo. No cepticismo, Cavell não vê aquilo que a tradição filosófica usualmente vê[332], i.e., um desafio para a epistemologia e um enigma intelectual, algo a que se deve responder com argumentos, procurando provar ao céptico que ele não tem razão em duvidar, quando duvida, por exemplo, da existência do mundo exterior ou da existência de outras mentes. Para Cavell, o cepticismo é, antes, a pedra de toque para explorar a condição humana. Por um lado, o cepticismo revela a estranheza do comum, *the uncanniness of the ordinary* — essa estranheza do comum que é, segundo Cavell, a descoberta de Wittgenstein em filosofia[333]. Mas, sobretudo, Cavell está interessado naquilo a que chama uma assimetria entre cepticismos — entre o cepticismo acerca do mundo real exterior e o cepticismo acerca de outras mentes. Há, em particular, uma *verdade do cepticismo* acerca das outras mentes que contrasta com o cepticismo acerca do mundo real exterior: não somos capazes de sinceramente manter a dúvida sobre o mundo real exterior à nossa mente e ainda assim continuar a viver, mas *vivemos* o cepticismo acerca das outras mentes. Este cepticismo revela algo de fundamental: revela o estado de separação dos humanos uns relativamente aos outros, a possibilidade de não se ser reconhecido pelo outro e de não o reconhecer, a possibilidade de uma «alma» ser cega a outra alma (é a Wittgenstein que Cavell vai buscar este tema da *soulblindness*, cegueira à alma). Noutras palavras, o cepticismo acerca das outras mentes diz respeito não a conhecimento, mas sim a reconhecimento (de mim pelo outro e do outro por mim). Esta questão do reconhecimento tem uma importância que se estende por todo o campo da filosofia (ético, estético, político, metafísico, epistemológico).[334] Mas é precisamente isso

---

[332] Dos cépticos gregos a Montaigne, Descartes e Hume, a prática, a natureza e Deus ajudaram a remover dúvidas cépticas.

[333] Cf. o capítulo dedicado a Wittgenstein neste livro para as notas antropológicas desta noção.

[334] Cavell pensa, de resto, que estas dimensões não podem ser separadas numa investigação filosófica.

que é deflectido quando pensamos no cepticismo como mera questão epistemológica. Ao pensar assim, escondemos de nós próprios o que está realmente em causa no problema das outras mentes, e que não é responder com boas razões aos argumentos do céptico. Ao pensar assim, impedimo-nos de ver que o que está em causa é a possibilidade de não se ser reconhecido, a negação humana do humano, a perda da intimidade com o mundo (poderíamos, é claro, argumentar que este deflectir, este impedir que vejamos algo, é precisamente uma função importante do pensamento humano — lembremo-nos do verso de T. S. Eliot nos *Quatro Quartetos*: «*Human kind cannot bear very much reality*» [O género humano não suporta demasiada realidade]).

Nas mãos de Cavell, o cepticismo (e as *Investigações*) torna-se de qualquer forma um instrumento de exploração da condição humana, que é uma condição de separação e tragédia (as leituras que Cavell faz de Shakespeare — de *Otelo*, de *O Rei Lear* — inserem-se aqui).[335] Ver o cepticismo da forma canónica como um problema epistemológico é, segundo Cavell, uma fuga do comum e da prática — uma forma de deflectir, de afastar, de não admitir que na relação com o outro está em causa reconhecimento (*acknowledgement*), não apenas conhecimento. O cepticismo existencialmente importante é algo de que não escapamos com o desmontar da atitude epistemológica do céptico — neste ponto, Cavell difere declaradamente de outros filósofos wittgensteinianos, por exemplo John McDowell, para quem a terapia wittgensteiniana simplesmente dissolve o problema céptico das outras mentes, ajustando a atitude em epistemologia, revelando formas erróneas de pensar acerca do que é conhecer, ajustando perguntas que fazemos e não temos de fazer, revelando formas de como não temos de pensar —, e o problema céptico afasta-se e ficamos com uma boa forma de pensar sobre comportamento e mente que não presuma uma divisão interior-exterior.[336] É neste ponto

---

[335] E também a abordagem da questão «O que é arte?» Numa situação (a nossa) em que não temos à mão nada de tão simples, para pensarmos na arte contemporânea, como uma tradição e critérios, que nos ajudem a dizer «Isto é arte, isto não é arte», somos naturalmente cépticos quanto à resposta a essa pergunta. Este é, aliás, um caso único em que senso comum e cepticismo se encontram, já que o senso comum usualmente nos afasta do cepticismo. Ora, no âmbito da arte, o cepticismo é a forma de Cavell trazer (por exemplo, em «Music Discomposed», em *Must We Mean What We Say?*) a importância das experiências da confiança e da fraude para a nossa experiência da arte contemporânea.

[336] Cf. Miguens e Cadilha (2014) para uma descrição do disjuntivismo como forma de dissolver o problema céptico das outras mentes, numa esfera puramente epistemológica.

que o entendimento da filosofia como terapia nestes dois filósofos wittgensteinianos, McDowell e Cavell, diverge radicalmente. Filósofos wittgensteinianos respondem a uma tentação como o cepticismo com terapia e não com argumentos. No entanto, a terapia wittgensteiniana de McDowell (por exemplo, perante o cepticismo acerca de outras mentes) é uma terapia conceptual que chega a um fim — a filosofia é terapêutica tanto quanto nos conduz a verificar que não temos de pensar de certa forma, chegando assim a dissolução de um problema que pensávamos que se colocava. A terapia de Cavell é, podemos dizer, existencial, e sem fim: numa investigação filosófica, tratamos de nós próprios e daquilo que somos, e não apenas das nossas formas de pensar coisas sobre as coisas (embora, obviamente, também tratemos destas ao mesmo tempo).

A linha crucial do pensamento de Cavell que liga os dois temas do comum e do cepticismo que até aqui identifiquei, e que é fundamental para compreender o rumo estético da sua filosofia, é o seu perfeccionismo emersoniano, ou emersoniano-nietzschiano.[337] Como americano — e porque a natureza da América lhe interessa —, Cavell atém-se sobretudo a Ralph Waldo Emerson (1803–1882) e Henry David Thoreau, autor de *Walden*[338], que foi o outro grande leitor de Emerson no século xix além de Nietzsche. O escrito de Emerson *The American Scholar*, com o seu louvor do comum e do próximo, e do sublime a encontrar neles, é vital para o perfeccionismo de Cavell. Neste discurso feito em 1837, a ideia de procurar naquilo que está próximo, e é mesmo comum ou trivial e não grandioso — sugerindo aos Americanos a ideia de não precisar para nada das antiguidades cultas da Europa —, oferece uma imagem visionária do que poderia ser a identidade cultural americana.

Como lembrei atrás, o perfeccionismo é a posição em filosofia moral de acordo com a qual a tarefa da filosofia é reconduzir-nos a nós mesmos, descobrirmo-nos. A ideia é que não estamos ainda lá. Temos de esperar por nós próprios. Não por acaso (dadas as relações entre Emerson e Nietzsche), no coração do perfeccionismo está a ideia nietzschiana «Torna-te aquilo que és». Tudo o que estás agora a pensar e a sentir não és ainda tu. Há, assim, para cada indivíduo a tarefa de vir a ser, a transformação e transmutação do eu, sem nenhuma ideia de estado final, um estado terminado daquilo que se é («em volta de cada círculo há sempre mais um círculo a ser desenhado»). É precisamente no quadro

---

[337] Nietzsche foi muito influenciado por Ralph Waldo Emerson.
[338] Obra-marco do pensamento ecológico e libertário.

do seu trabalho sobre perfeccionismo que se compreende a recuperação que Cavell faz destes autores americanos (que considera filósofos), como Thoreau e Emerson, e a quem dedica *The Senses of Walden* (1972, ed. alargada: 1981) e *Conditions Handsome and Unhandsome: The Constitution of Emersonian Perfectionism* (1990). Os temas da confiança em nós próprios (*self-reliance*), da procura do homem futuro, do homem de depois de amanhã, são temas essenciais no perfeccionismo. São, de resto, temas que de Emerson passaram para a filosofia europeia, nomeadamente para Nietzsche. O «homem de depois de amanhã» é para Nietzsche sinónimo de espírito livre, o público desejado, o «filósofo», aquele que está sempre em contradição com o seu ser de hoje e que é avesso à conformidade. Não existe algo que seja um humano já feito e acabado; a filosofia entra na vida dos humanos precisamente aí.

Em termos de linguagem, a busca perfeccionista de si próprio centra a investigação filosófica na expressão. Cavell vê as *Investigações Filosóficas* como uma obra obsessivamente preocupada com expressão e silêncio, com a possibilidade e a impossibilidade de dizer. Cada um de nós, enquanto falante e pensante, está em busca de uma voz. Eu procuro uma voz que seja a minha, mas só posso encontrá-la numa linguagem que está aí antes de mim, em práticas funcionando já, em formas de vida que me precederam. Cercando a minha busca estará, então, sempre o temor da inexpressividade, o temor de não encontrar nunca essa voz que será a minha.

É importante compreender os contornos deste tema cavelliano como um tema de filosofia da linguagem e de filosofia da linguagem comum: perante a linguagem, interessa a Cavell compreender o que é falar e encontrar uma voz. É na expressão que encontramos o mundo e que nos encontramos a nós próprios: a questão não é, portanto, apenas a questão de Austin «O que dizemos nós quando...?», que é a questão que nos dá as nossas próprias práticas conceptuais em acto. Interessa também quem somos nós, nós que dizemos, nós que nos exprimimos.[339] Cavell está interessado nesse «nós» que aparece no critério «o que dizemos *nós*

---

[339] Em *Philosophy the Day After Tomorrow* (2005), Cavell dá um passo em frente em relação a Austin — que podemos considerar justificado ou não. Retomando os actos perlocutórios de Austin e procurando responder à atracção do emotivismo em filosofia moral, Cavell defende que o conceito austiniano de enunciação performativa deve ser suplementado com o conceito de *passionate utterance*: uma enunciação performativa é uma oferta de participação na ordem da lei; uma enunciação apaixonada é um convite à improvisação, às desordens do desejo.

quando». Quem somos «nós»? O que nos permite falar em nome dos outros (quando dizemos «Nós fazemos assim», descrevendo por exemplo uma prática científica ou jurídica)? Como posso compreender a que comunidade posso emprestar a minha voz? Como posso compreender a minha própria voz aí?[340]

Cavell liga directamente as suas explorações do cinema e da literatura com o perfeccionismo — termino aí este breve percurso pelo pensamento de Cavell, já que o tópico é exemplar da sua orientação em estética. Esta é uma orientação que relaciona estética com ética. Quando Cavell analisa, por exemplo, as comédias de Hollywood que referi atrás, poderia parecer que estamos extremamente longe quer de qualquer teoria moral quer de qualquer abordagem mais erudita da arte — o que é que as vicissitudes de um par prestes a divorciar-se mas que acaba por reafirmar o seu casamento podem ter que ver com os graves assuntos da moral tal como os tratam Kant ou Stuart Mill?[341] O que é que a vida no seu aspecto mais comum pode ter a oferecer ao eu ambicioso que se persegue a si próprio e ao seu autoconhecimento — o objecto do perfeccionista? Como o próprio Cavell pergunta, os assuntos da ética não deveriam ser, em vez disso, o aborto, a eutanásia e a desobediência civil, e não a conversa sobre si próprias e sobre os seus assuntos triviais que decorre entre duas pessoas? Qual poderá ser o interesse destes filmes da domesticidade, como eram também romances da domesticidade os de Jane Austen e de George Eliot, que Cavell vê como predecessores das comédias de Hollywood que lhe interessam? O foco do perfeccionismo como visão da moral é, como disse, o exame da alma por outra alma e por si própria numa situação em que não se chegou ainda àquilo que se é (nem se chegará), numa situação em que se está «no mar alto», como diria Nietzsche. Mas é disso mesmo que precisamos para iluminar a natureza da discussão moral, segundo Cavell. É nesse ponto de aventura da personalidade que o ético e o estético convergem; é por essa razão que a literatura ou o cinema do comum importam.

---

[340] Os prolongamentos éticos e políticos destas ideias são explorados pela filósofa francesa Sandra Laugier, muito influenciada por Cavell.
[341] Stuart Mill é outro dos autores trabalhados por Cavell.

O FINAL

Quanto mais perto estamos do presente, menos temos uma visão clara da continuação do percurso. Não presumirei, por essa razão, que seja possível extrair qualquer conclusão global ou declarar o percurso terminado — ele não o está obviamente. O principal propósito deste livro é acompanhar o leitor na construção de uma visão panorâmica de figuras e movimentos da filosofia contemporânea. A minha esperança é que a partir dessa orientação seja possível trabalhar, hoje, em filosofia, da metafísica à estética, da epistemologia à filosofia moral, sem as limitações trazidas pelo demasiado usual isolamento mútuo das tradições da filosofia contemporânea. Retomando o termo de Diamond, tal isolamento mútuo é uma forma de cegueira. A minha sugestão é que esta seja combatida rejeitando — tanto quanto isso for possível — o enclausuramento em qualquer das tradições da filosofia contemporânea.

BIBLIOGRAFIA

Este livro foi desde o início pensado como tendo a *Stanford Encyclopedia of Philosophy* (ed. Edward N. Zalta, https://plato.stanford.edu/) a acompanhá-lo. Aí se encontrarão excelentes entradas sobre praticamente todos os autores e temas aqui tratados. A presente Bibliografia é, assim, apenas uma selecção de algumas entre as muitas fontes bibliográficas que me acompanharam e ajudaram na escrita. Selecciono, em primeiro lugar, aquelas referências que, pela sua perspectiva interpretativa global da história da filosofia contemporânea, foram fundamentais. A história que apresento não pretende ser neutra; aqui ficam as fontes das interpretações a que adiro, ou que me influenciaram. Em seguida, incluo obras de apoio à interpretação de autores particulares (as «figuras»). Não posso deixar de mencionar o trabalho de interpretação levado a cabo pelos meus colegas e amigos da Universidade Nova de Lisboa, nomeadamente António Marques, Filomena Molder, João Constâncio e Nuno Venturinha, em torno de autores como Kant, Nietzsche, Wittgenstein e Benjamin. Esse trabalho foi uma inspiração e uma referência (e uma fonte de traduções). Porque este livro nasceu também da necessidade de enquadrar o trabalho do grupo de investigação que dirijo, o MLAG (Mind, Language, and Action Group, do Instituto de Filosofia da Universidade do Porto), numa perspectiva mais ampla da história da filosofia contemporânea, a Bibliografia inclui referências relativas a esse trabalho. Embora se situe, do ponto de vista temático, sobretudo nas áreas da filosofia da mente, da linguagem e da acção, ele tem, ao longo dos anos, passado por muitos dos autores aqui tratados.

Foram tantas as obras originais por trás da escrita deste livro (dessa perspectiva, curto), que se torna impossível incluir aqui todas as referências. Dada a intenção do livro, pareceu-me mais importante apresentar um «mapa» cronológico das principais obras das «figuras» centrais. É isso que aparece anexo à Bibliografia. Eu própria trabalhei com edições em várias línguas; o ideal é evidentemente o trabalho com as mais recentes traduções e edições em português. Procuro referi-las quando existem.[342] O trabalho de tradução feito em Portugal e no Brasil torna, neste momento, possível aceder em português à quase totalidade das obras aqui analisadas. Estou muito grata a todos aqueles que têm estado envolvidos nessas traduções; eles tornaram o trabalho em filosofia em português muito diferente. Deixo, no entanto, ao leitor a tarefa de procurar as edições com que trabalhará — afinal, o leitor pode sempre preferir as línguas originais.

I. História da filosofia contemporânea: perspectiva interpretativa global

AUXIER, R.; ANDERSON, D. e HAHN, L. (org.), *The Philosophy of Hilary Putnam*, The Library of Living Philosophers, volume XXXIV, Chicago, Open Court, 2015.

BAZ, Avner, *When Words Are Called For: A Defense of Ordinary Language Philosophy*, Cambridge: Massachusetts, Harvard University Press, 2012.

BEANEY, Michael (org.), *The Oxford Handbook of the History of Analytic Philosophy*, Oxford, Oxford University Press, 2013.

BENOIST, Jocelyn, *L'idée de phénoménologie*, Paris, Beauchesne, 2001a.

BENOIST, Jocelyn, *Représentations sans objects: Aux origins de la phénoménologie et de la philosophie analytique*, Paris, Presses Universitaires de France, 2001b.

BENOIST, Jocelyn, *Entre acte et sens: Recherches sur la théorie phénoménologique de la signification*, Paris, Vrin, 2002.

BENOIST, Jocelyn, *Les limites de l'intentionalité: Recherches phénoménologiques et analytiques*, Paris, Vrin, 2005.

BENOIST, Jocelyn, *Sens et sensibilité: L'intentionalité en contexte*, Paris, Éditions du Cerf, 2009.

---

[342] Se não existem, refiro uma edição acessível numa outra língua, de preferência a original.

BENOIST, Jocelyn, *Concepts: Introduction à l'analyse*, Paris, Éditions du Cerf, 2010.

BENOIST, Jocelyn, *Le bruit du sensible*, Paris, Éditions du Cerf, 2013.

BENOIST, Jocelyn, *La logique du phénomène*, Paris, Hermann, 2016.

BENOIST, Jocelyn, *L'adresse du réel*, Paris, Vrin, 2017.

CANTISTA, Maria José, *Filosofia Contemporânea*, Porto, Faculdade de Letras da Univerisdade do Porto, 2006.

CONANT, James, «The Search for Logically Alien Thought: Descartes, Kant, Frege, and the *Tractatus*», *Philosophical Topics* 20, 1991: pp. 115--180.

DAVIDSON, Donald, «Intellectual Autobiography of Donald Davidson», in HAHN, L. (org.), *The Philosophy of Donald Davidson*, Chicago, Open Court, 1999, pp. 3–70.

DELEUZE, Gilles, *Nietzsche e a Filosofia*, Porto, Rés, 1987 (1962).

DESCOMBES, Vincent, *Le même et L'autre: Quarante-cinq ans de philosophie française*, Paris, Minuit, 1979 (publicado em inglês com o título *Modern French Philosophy*, Cambridge, Cambridge University Press, 2001).

DUMMETT, Michael, *Origins of Analytical Philosophy*, Cambridge: Massachusetts, Harvard University Press, 1993.

FLOYD, Juliet e SHIEH, Sanford, *Future Pasts: The Analytic Tradition in Twentieth-Century Philosophy*, Oxford, Oxford University Press, 2001.

GABRIEL, Markus, *Porque não Existe o Mundo*, Lisboa, Temas e Debates, 2014.

GLOCK, Hans-Johann, *O Que É Filosofia Analítica?*, São Paulo, Penso, 2011 (2008).

GORDON, Peter, *Continental Divide: Heidegger, Cassirer, Davos*, Cambridge: Massachusetts, Harvard University Press, 2012.

HABERMAS, Jürgen, *O Discurso Filosófico da Modernidade*, Lisboa, Texto Editores, 2010 (1985).

HAHN, L. (org.), *The Philosophy of Donald Davidson*, The Library of Living Philosophers, volume XXVII, Chicago, Open Court, 1999.

HAHN, L. e SCHILPP, P. (org.), *The Philosophy of W. V. Quine*, The Library of Living Philosophers, volume XVIII, Chicago, Open Court, 1986.

HENRICH, Dieter, *Between Kant and Hegel: Lectures on German Idealism*, Cambridge: Massachusetts, Harvard University Press, 2003.

LAUGIER, Sandra, *L'anthropologie logique de Quine: L'apprentissage de l'obvie*, Paris, Vrin, 1992.

LAUGIER, Sandra, *Du reel à l'ordinaire: Quelle philosophie du langage aujourd'hui?*, Paris, Vrin, 1999.

LAUGIER, Sandra, *Recommencer la philosophie: Stanley Cavell et la philosophie en Amérique*, Paris, Vrin, 2014.

LAUGIER, Sandra e AL-SALEH, Christophe, *John L. Austin et la philosophie du langage ordinaire*, Zurique e Nova Iorque, Olms Verlag, 2011.

LAUGIER, Sandra e CHAUVIRÉ, Christiane (coord.), *Lire les «Recherches Philosophiques» de Wittgenstein*, Paris, Vrin, 2006.

LAUGIER, Sandra e PLAUD, Sabine, *Lectures de la philosophie analytique*, Paris, Ellipses, 2011.

LIMBECK-LILIENAU, Christoph e STADLER, Friedrich, *Der Wiener Kreis: Texte und Bilder zum Logischen Empirismus*, Viena, LIT Verlag, 2015.

LYOTARD, Jean-François, *A Condição Pós-Moderna*, Lisboa, Gradiva, 1989 (1979).

LYOTARD, Jean-François, *O Pós-Moderno Explicado às Crianças*, Lisboa, Dom Quixote, 1993.

MIZAK, Cheryl (org.), *The Oxford Handbook of American Philosophy*, Oxford, Oxford University Press, 2008.

MORAN, Dermot, *Introduction to Phenomenology*, Londres, Routledge, 2000.

PUTNAM, Hilary, *The Collapse of the Fact/Value Dichotomy and Other Essays*, Cambridge: Massachusetts, Harvard University Press, 2002.

PUTNAM, Hilary, «Intellectual Autobiography of Hilary Putnam», *in* AUXIER, R.; ANDERSON, D. e HAHN, L. (org.), *The Philosophy of Hilary Putnam*, The Library of Living Philosophers, volume XXXIV, Chicago, Open Court, 2015, pp. 3–110.

QUINE, W. V., «Autobiography of W. V. Quine», *in* HAHN, L. e SCHILPP, P. (org.), *The Philosophy of W. V. Quine*, The Library of Living Philosophers, volume XVIII, Chicago, Open Court, 1986, pp. 3–46.

RORTY, Richard, *A Filosofia e o Espelho da Natureza*, Lisboa, Dom Quixote, 1998 (1979).

SIMONS, Peter, «The four phases of philosophy: Brentano's theory and Austria's history», *The Monist* 83, 2000, pp. 68–88.

STEKELER-WEITHOFER, Pirmin, *Hegel's Analytic Pragmatism*, no prelo. Disponível em: https://www.sozphil.uni-leipzig.de/cm/philosophie/mitarbeiter/pirmin_stekeler/.

TRAVIS, Charles, *Occasion-Sensitivity: Selected Essays*, Oxford, Oxford University Press, 2008.

TRAVIS, Charles, *Objectivity and the Parochial*, Oxford, Oxford University Press, 2010.

TRAVIS, Charles e KALDERON, Mark, «Oxford Realism», *in* BEANEY, Michael (org.), *The Oxford Handbook of the History of Analytic Philosophy*, Oxford, Oxford University Press, 2013, pp. 489–517.

TUNHAS, Paulo e ABRANCHES, Alexandra, *As Questões Que Se Repetem: Uma Breve História da Filosofia*, Lisboa, Dom Quixote, 2012.

II. Interpretação de figuras e movimentos: outras obras

ADORNO, Theodor W., *The Jargon of Authenticity*, Londres, Routledge, 2003 (1964).

ALVES, Pedro, *Subjectividade e Tempo na Fenomenologia de Husserl*, Lisboa, Centro de Filosofia da Universidade de Lisboa, 2003.

ANSCOMBE, G. E. M., «The First Person», in *idem*, «The Collected Philosophical Papers of G. E. M. Anscombe», Vol. 2 *Metaphysics and Philosophy of Mind*, Oxford, Blackwell, 1981 (1975), pp. 21-36.

BARBARAS, Renaud, *Le tournant de l'expérience: Recherches sur la philosophie de Merleau-Ponty*, Paris, Vrin, 1998.

BARBARAS, Renaud, *Le désir et la distance: Introduction à une phénoménologie de la perception*, Paris, Vrin, 1999.

BEANEY, Michael (ed.), *The Frege Reader*, Londres, Blackwell, 1997.

BENMAKHLOUF, Ali, *Frege, le nécessaire et le superflu*, Paris, Vrin, 2002.

BENOIST, Jocelyn, «Frege philosophe de l'esprit», *in* LAUGIER, Sandra e PLAUD, Sabine, *Lectures de la philosophie analytique*, Paris, Ellipses, 2011, pp. 55-68.

BENTO, Sílvia, «A intensificação estética no pensamento de Theodor W. Adorno», dissertação de mestrado, Porto, Faculdade de Letras da Universidade do Porto, 2013.

BERNET, Rudolf, «Fenomenologia transcendental?», *Kairos* 8, 2013: pp. 115-139.

BIMBENET, Étienne, *L'animal que je ne suis plus*, Paris, Gallimard, 2011.

BORGES-DUARTE, Irene, *Arte e Técnica em Heidegger*, Lisboa, Documenta, 2014.

CANTISTA, Maria José, *Sentido y Ser en Merleau-Ponty*, Pamplona, EUNSA, 1982.

CARMO FERREIRA, Manuel, *Hegel e a Justificação da Filosofia*, Lisboa, Imprensa Nacional-Casa da Moeda, 2002.

CARTWRIGHT, David, *Schopenhauer: A Biography*, Cambridge, Cambridge University Press, 2010.

CONANT, James, «Kierkegaard, Wittgenstein and nonsense», *in* COHEN, T.; GUYER, P. e PUTNAM, H. (org.), *Pursuits of Reasons: Essays in Honor of Stanley Cavell*, Lubbock, Texas Tech University Press, 1992, pp. 195-224.

CONANT, James, «Kierkegaard, Wittgenstein et leur point de vue sur leur oeuvre en tant qu'auteurs», *Europe* 906, 2004, pp. 32–50.

CONSTÂNCIO, João, «On Consciousness: Nietzsche's Departure from Schopenhauer», *Nietzsche-Studien* 40, 2011, pp. 1–42.

CONSTÂNCIO, João, *Arte e Niilismo: Nietzsche e o Enigma do Mundo*, Lisboa, Tinta-da-China, 2013.

COUTO, Diana, *Donald Davidson: Subjetivo-Objetivo — O Retorno ao «Cogito»*, Porto, Faculdade de Letras da Universidade do Porto, 2018.

DELEUZE, Gilles, *A Filosofia Crítica de Kant*, Lisboa, Edições 70, 2018.

DIAMOND, Cora, «The Difficulty of Reality», *in* CAVELL, S.; DIAMOND, C.; MCDOWELL, J.; HACKING, I. e WOLF, C., *Philosophy and Animal Life*, Nova Iorque, Columbia University Press, 2008, pp. 43–89.

ELSTER, Jon, *Making Sense of Marx*, Cambridge, Cambridge University Press, 1985.

ELSTER, Jon, *Marx: A Reader*, Cambridge, Cambridge University Press, 1986.

FARIN, Ingo e MALPAS, Jeff (org.), *Reading Heidegger's «Black Notebooks 1931–1941»*, Cambridge: Massachusetts, MIT Press, 2016.

FRIEDLANDER, Eli, *Walter Benjamin: A Philosophical Portrait*, Cambridge: Massachusetts, Harvard University Press, 2012.

FRIEDLANDER, Eli, *Expressions of Judgement: An Essay on Kant's Aesthetics*, Cambridge: Massachusetts, Harvard University Press, 2015.

GALVÃO, Pedro (org.), *Filosofia: Uma Introdução por Disciplinas*, Lisboa, Edições 70, 2012.

GUSTAFSSON, Martin e SØRLI, Richard, *The Philosophy of J. L. Austin*, Oxford, Oxford University Press, 2011.

HAMMER, Espen (org.), *German Idealism: Contemporary Perspectives*, Londres, Routledge, 2007.

HANNAY, Alastair, *Kierkegaard: A Biography*, Cambridge, Cambridge University Press, 2003.

JACQUETTE, Dale, *The Philosophy of Schopenhauer*, Chesham, Acumen, 2005.

JANIK, Allan e TOULMIN, Stephen, *Wittgenstein's Vienna*, Nova Iorque, Simon & Schuster, 1973.

KRIPKE, Saul, *Wittgenstein on Rules and Private Language*, Cambridge: Massachusetts, Harvard University Press, 1982.

KUEHN, Manfred, *Kant: A Biography*, Cambridge, Cambridge University Press, 2001.

LÉVY, Bernard-Henry, *O Século de Sartre*, Lisboa, Quetzal, 2000.

LONGUENESSE, Béatrice, *Kant and the Capacity to Judge: Sensibility and Discursivity in the Transcendental Analytic of the «Critique of Pure Reason»*, Princeton, Princeton University Press, 1998.
LÖWITH, Karl, *De Hegel à Nietzsche*, Paris, Gallimard, 1969.
MARQUES, António, *Organismo e Sistema em Kant*, Lisboa, Presença, 1987.
MARRATI, Paola, *Gilles Deleuze: Cinema and Philosophy*, Baltimore, Johns Hopkins University Press, 2012.
MARTINS, A. M., «Nota de apresentação a Jürgen Habermas», *in* HABERMAS, Jürgen, *Pensamento Pós-Metafísico*, Coimbra, Almedina, 2004, pp. 7–26.
MARTINS, M. M. B., *L'herméneutique originaire d'Augustin en relation avec une ré-appropriation heideggerienne*, Porto, Fundação Engenheiro António de Almeida, 1998.
MAURO, Carlos; MIGUENS, Sofia e CADILHA, Susana (org.), *Conversations on Practical Rationality and Human Action*, Newcastle, Cambridge Scholars Publishing, 2013.
McGINN, Marie, *Elucidating the «Tractatus»: Wittgenstein's Early Philosophy of Logic and Language*, Oxford, Oxford University Press, 2006.
MIGUENS, Sofia, *Uma Teoria Fisicalista do Conteúdo e da Consciência: D. Dennett e os Debates da Filosofia da Mente*, Porto, Campo das Letras, 2002.
MIGUENS, Sofia, *Racionalidade*, Porto, Campo das Letras, 2004.
MIGUENS, Sofia, *Filosofia da Linguagem: Uma Introdução*, Porto, Faculdade de Letras da Universidade do Porto, 2007.
MIGUENS, Sofia, *Será Que a Minha Mente Está Dentro da Minha Cabeça? Da Ciência Cognitiva à Filosofia (ensaios)*, Porto, Campo das Letras, 2008.
MIGUENS, Sofia, *Compreender a Mente e o Conhecimento*, Porto, Faculdade de Letras da Universidade do Porto, 2009.
MIGUENS, Sofia, «Apperception or environment: J. McDowell and Ch. Travis on the nature of perceptual judgement», *Con-Textos Kantianos* 6, 2017, pp. 79–92.
MIGUENS, Sofia, «Onde nos leva Wittgenstein em filosofia? As respostas de Cora Diamond e Elizabeth Anscombe», *in* FERNANDEZ, Brena; COUTO, Diana e VERÍSSIMO, Luís (org.), *Por Que Razão? Razões para Acreditar, para Agir e para Preferir*, Porto, Faculdade de Letras da Univerisdade do Porto, 2018, pp. 15–45.
MIGUENS, Sofia, «Les problèmes philosophiques de la perception», *in* COHEN-LEVINAS, Danielle e MOATI, Raoul (org.), *Lire «Le bruit du sensible» de Jocelyn Benoist*, Paris, Hermann, 2019a.

Miguens, Sofia, «Is seeing judging? Radical contextualism and the problem of perception», *in* Zapero, David e Marchesan, Eduardo (org.), *Objectivity, Truth and Context*, Londres, Routledge, 2019b, pp. 124-158.

Miguens, Sofia, «Is there a single way for all humans to be human? — McDowell's liberal naturalism in moral philosophy», *in* Caro, Mario de e Macarthur, David (org.), *The Routledge Handbook of Liberal Naturalism*, Londres, Routledge, 2019c.

Miguens, Sofia (org.), *The Logical Alien*, Cambridge: Massachusetts, Harvard University Press, 2019d.

Miguens, Sofia, *et al.* (coord.), *Ser ou não Ser Kantiano*, Lisboa, Colibri, 2015.

Miguens, Sofia e Alberto Pinto, João, «Seeing what a "science of rationality" founders on (with a little help from D. Davidson)», *Poznań Studies in the Philosophy of the Sciences and the Humanities* 111, 2018, pp. 71-92.

Miguens, Sofia e Cadilha, Susana (coord.), *Acção e Ética: Conversas sobre Racionalidade Prática*, Lisboa, Colibri, 2011.

Miguens, Sofia e Cadilha, Susana (coord.), *Frege e Intérpretes de Frege: Seminário de Charles Travis*, Lisboa, Colibri, 2013.

Miguens, Sofia e Cadilha, Susana, *John McDowell: Uma Análise a partir da Filosofia Moral*, Lisboa, Colibri, 2014.

Miguens, Sofia e Preyer, Gerhard (org.), *Consciousness and Subjectivity*, Frankfurt, Ontos Verlag, 2012.

Miguens, Sofia; Preyer, Gerhard e Morando, Clara (org.), *Pre-Reflective Consciousness: Sartre and Contemporary Philosophy of Mind*, Londres, Routledge, 2016.

Miguens, Sofia e Teles, Manuela (coord.), *Aparência e Realidade*, Lisboa, Colibri, 2010.

Miguens, Sofia e Tunhas, Paulo, «Kant in Current Philosophy of Mind and Epistemology», *Con-Textos Kantianos* 6, 2017: pp. 13-17.

Moati, Raoul, *Derrida/Searle: Deconstruction and Ordinary Language*, Nova Iorque, Columbia University Press, 2014.

Molder, Maria Filomena, *O Químico e o Alquimista: Benjamin, Leitor de Baudelaire*, Lisboa, Relógio D'Água, 2011.

Monk, Ray, *Wittgenstein: The Duty of Genius*, Londres, Penguin, 1990.

Monk, Ray, *Bertrand Russell: The Spirit of Solitude (1872-1921)*, Nova Iorque, Free Press, 1996.

Monk, Ray, *Bertrand Russell: The Ghost of Madness (1921-1970)*, Nova Iorque, Free Press, 2000.

MULHALL, Stephen, *Heidegger and «Being and Time»*, Londres, Routledge, 1996.
PINKARD, Terry, *Hegel's Phenomenology: The Sociality of Reason*, Cambridge, Cambridge University Press, 1996.
PINKARD, Terry, *Hegel: A Biography*, Cambridge, Cambridge University Press, 2000.
PIPPIN, Robert, *Hegel's Idealism: The Satisfaction of Self-Consciousness*, Cambridge, Cambridge University Press, 1989.
PIPPIN, Robert, *Hegel on Self-Consciousness: Desire and Death in the «Phenomenology of Spirit»*, Princeton, Princeton University Press, 2011.
POTTER, Michael e RICKETTS, Tom, *The Cambridge Companion to Frege*, Cambridge, Cambridge University Press, 2010.
RAMBERG, Bjørn, Rorty, «Davidson and the future of metaphysics in America», *in* MIZAK, Cheryl, *The Oxford Handbook of American Philosophy*, Oxford, Oxford University Press, 2008, pp. 430-448.
RAWLS, John, *Uma Teoria da Justiça*, Lisboa, Presença, 1993 (1971).
RICHARDSON, John, *Nietzche's System*, Oxford, Oxford University Press, 1996.
RICHARDSON, John, *Nietzche's New Darwinism*, Oxford, Oxford University Press, 2004.
RUSSELL, Bertrand, *My Philosophical Development*, Londres, Unwin, 1959.
RUSSELL, Bertrand, *Autobiography*, Londres, Routledge, 2010 (1950).
SAFRANSKI, Rüdiger, *Martin Heidegger: Between Good and Evil*, Cambridge: Massachusetts, Harvard University Press, 1999.
STRAWSON, Peter Frederick, *The Bounds of Sense: An Essay on Kant's «Critique of Pure Reason»*, Londres, Routledge, 1989 (1966).
TRAVIS, Charles, *Perception: Essays After Frege*, Oxford, Oxford University Press, 2013.
TUNHAS, Paulo, «Abîmes, passage, limites: Système et pré-système chez Kant», tese de doutoramento, Paris, École des Hautes Études en Sciences Sociales, 1998.
VENTURINHA, Nuno, *Lógica, Ética, Gramática: Wittgenstein e o Método da Filosofia*, Lisboa, Imprensa Nacional-Casa da Moeda, 2010.
WESTPHAL, Kennetth, *Hegel's Epistemology: A Philosophical Introduction to the «Phenomenology of Spirit»*, Indianápolis, Hackett, 2003.
WESTPHAL, Kenneth, «Philosophizing about Nature: Hegel's Philosophical Project», *in* BEISER, F. (org.), *The Cambridge Companion to Hegel*, Cambridge, Cambridge University Press, 2008.
ZILHÃO, António, *Linguagem da Filosofia e Filosofia da Linguagem: Estudos sobre Wittgenstein*, Lisboa, Colibri, 1993.

MULHALL, Stephen, *Heidegger and «Being and Time»*, Londres, Routledge, 1996.
PINKARD, Terry, *Hegel's Phenomenology: The Sociality of Reason*, Cambridge, Cambridge University Press, 1996.
PINKARD, Terry, *Hegel: A Biography*, Cambridge, Cambridge University Press, 2000.
PIPPIN, Robert, *Hegel's Idealism: The Satisfaction of Self-Consciousness*, Cambridge, Cambridge University Press, 1989.
PIPPIN, Robert, *Hegel on Self-Consciousness: Desire and Death in the «Phenomenology of Spirit»*, Princeton, Princeton University Press, 2011.
POTTER, Michael e RICKETTS, Tom, *The Cambridge Companion to Frege*, Cambridge, Cambridge University Press, 2010.
RAMBERG, Bjørn, Rorty, «Davidson and the future of metaphysics in America», *in* MIZAK, Cheryl, *The Oxford Handbook of American Philosophy*, Oxford, Oxford University Press, 2008, pp. 430-448.
RAWLS, John, *Uma Teoria da Justiça*, Lisboa, Presença, 1993 (1971).
RICHARDSON, John, *Nietzche's System*, Oxford, Oxford University Press, 1996.
RICHARDSON, John, *Nietzche's New Darwinism*, Oxford, Oxford University Press, 2004.
RUSSELL, Bertrand, *My Philosophical Development*, Londres, Unwin, 1959.
RUSSELL, Bertrand, *Autobiography*, Londres, Routledge, 2010 (1950).
SAFRANSKI, Rüdiger, *Martin Heidegger: Between Good and Evil*, Cambridge: Massachusetts, Harvard University Press, 1999.
STRAWSON, Peter Frederick, *The Bounds of Sense: An Essay on Kant's «Critique of Pure Reason»*, Londres, Routledge, 1989 (1966).
TRAVIS, Charles, *Perception: Essays After Frege*, Oxford, Oxford University Press, 2013.
TUNHAS, Paulo, «Abîmes, passage, limites: Système et pré-système chez Kant», tese de doutoramento, Paris, École des Hautes Études en Sciences Sociales, 1998.
VENTURINHA, Nuno, *Lógica, Ética, Gramática: Wittgenstein e o Método da Filosofia*, Lisboa, Imprensa Nacional-Casa da Moeda, 2010.
WESTPHAL, Kennetth, *Hegel's Epistemology: A Philosophical Introduction to the «Phenomenology of Spirit»*, Indianápolis, Hackett, 2003.
WESTPHAL, Kenneth, «Philosophizing about Nature: Hegel's Philosophical Project», *in* BEISER, F. (org.), *The Cambridge Companion to Hegel*, Cambridge, Cambridge University Press, 2008.
ZILHÃO, António, *Linguagem da Filosofia e Filosofia da Linguagem: Estudos sobre Wittgenstein*, Lisboa, Colibri, 1993.

ANEXO

AS «FIGURAS» — PRINCIPAIS OBRAS CONSIDERADAS

Kant
Crítica da Razão Pura, Lisboa, Fundação Calouste Gulbenkian, 2008 (1781/1787).
Crítica da Razão Prática, Lisboa, Edições 70, 2018 (1788).
Crítica da Faculdade do Juízo, Lisboa, Imprensa Nacional-Casa da Moeda, 2017 (1790).

Hegel
Fenomenologia do Espírito, Lisboa, Página a Página, 2021 (1807).
Ciência da Lógica, Lisboa, Imprensa Nacional-Casa da Moeda, 2018 (1812, 1813, 1816).
Enciclopédia das Ciências Filosóficas em Epítome, Lisboa, Edições 70, 2018 (1817).

Marx
Manuscritos Económico-Filosóficos, Lisboa, Edições 70, 2017 (1844).
Manifesto do Partido Comunista (com Engels), Lisboa, Relógio D'Água, 2021 (1848).
O Capital, Lisboa, Edições Avante!, várias datas (1867, 1885, 1894).

Kierkegaard
Ou-Ou: Um Fragmento de Vida, Lisboa, Relógio D'Água, 2017 (1843).
Concluding Unscientific Postscript to Philosophical Fragments, Cambridge, Cambridge University Press, 2009 (1846).
Ponto de Vista Explicativo da Minha Obra como Escritor, Lisboa, Edições 70, 1986 (1848).
O Desespero Humano, Oeiras, Levoir, 2017 (1849).

Schopenhauer
O Mundo como Vontade e Representação, Lisboa, Edições 70, 2021 (1818).

Nietzsche
O Nascimento da Tragédia, Lisboa, Relógio D'Água, 1997 (1872).
Para Além do Bem e do Mal, Lisboa, Relógio D'Água, 1999 (1886).
Para a Genealogia da Moral, Lisboa, Relógio D'Água, 1999 (1887).
Assim Falou Zaratustra, Lisboa, Edições 70, 2022 (1883–1885).

Frege
Begriffsschrift (1879), *in* BEANEY, 1997.
Os Fundamentos da Aritmética, Lisboa, Imprensa Nacional-Casa da Moeda, 1992 (1884).
«Der Gedanke» (1918), *in* BEANEY, 1997.

Husserl
Investigações Lógicas, Lisboa, Centro de Filosofia da Universidade de Lisboa, 3 volumes, 2005, 2007, 2007 (1900, 1913).
Lições para Uma Fenomenologia da Consciência Íntima do Tempo, Lisboa, Imprensa Nacional-Casa da Moeda, 1994 (1905–1910).
(*Ideen I*) *Idéias para Uma Fenomenologia Pura e para Uma Filosofia Fenomenológica: Introdução Geral à Fenomenologia Pura*, São Paulo, Idéias e Letras, 2006 (1913).
(*Ideen II*) *Ideas Pertaining to a Pure Phenomenology and to a Phenomenological Philosophy. Second Book: Studies in the Phenomenology of Constitution*, Dordrecht, Kluwer, 1993 (1952).
A Crise das Ciências Europeias e a Fenomenologia Transcendental, Lisboa, Centro de Filosofia da Universidade de Lisboa, 2009 (1936).

Wittgenstein
Tratado Lógico-Filosófico (1921/22)/*Investigações Filosóficas* (1953), Lisboa, Fundação Calouste Gulbenkian, 1987.
Conferência sobre Ética, Coimbra, Imprensa da Universidade de Coimbra, 2015, Lisboa, Fundação Calouste Gulbenkian, 2017 (1929).
Observações sobre «O Ramo Dourado» de Frazer, Porto, Deriva Editores, 2011 (1967).

Heidegger
Ser e Tempo, Petrópolis, Vozes, 2012 (1927).

Kant e o Problema da Metafísica, Lisboa, Edições 70, 2023 (1929).
Carta sobre o Humanismo, Lisboa, Guimarães Editores, 1987 (1946).
A Origem da Obra de Arte, Lisboa, Edições 70, 2007 (1935/36).
Essais et conférences, Paris, Gallimard, 1980 (1953).
Construir, Habitar, Pensar, Madrid, La Oficina, 2015 (1951).

Sartre
A Transcendência do Ego, Lisboa, Colibri, 1994 (1936).
O Ser e o Nada, Lisboa, Edições 70, 2021 (1943).
Crítica da Razão Dialética, Rio de Janeiro, Lamparina Editora, 2005 (1960).

Merleau-Ponty
A Estrutura do Comportamento, São Paulo, Martins Fontes, 2006 (1942).
Fenomenologia da Percepção, São Paulo, Martins Fontes, 2006 (1945).
O Visível e o Invisível, São Paulo, Perspectiva, 2000 (1964).
O Olho e o Espírito, Lisboa, Nova Vega, 2013 (1964).

Foucault
História da Loucura, São Paulo, Perspectiva, 2000 (1961).
As Palavras e as Coisas, Lisboa, Edições 70, 2022 (1966).
Vigiar e Punir, Lisboa, Edições 70, 2013 (1975).
História da Sexualidade, Lisboa, Relógio D'Água, 1994, 1.º vol. (1976, 1984, 1984).

Derrida
Gramatologia, São Paulo, Perspectiva, 1999 (1967).
A Voz e o Fenómeno, Lisboa, Edições 70, 2012 (1967).
A Escritura e a Diferença, São Paulo, Perspectiva, 2009 (1967).
Margens da Filosofia, Porto, Rés, 1982 (1972).

Deleuze
Nietzsche e a Filosofia, Porto, Rés, 1987 (1962).
Diferença e Repetição, Lisboa, Relógio D'Água, 2000 (1968).
O Anti-Édipo (com Guattari), Lisboa, Assírio & Alvim, 2004 (1972).
A Imagem-Movimento: Cinema 1, Lisboa, Documenta, 2016 (1983).
A Imagem-Tempo: Cinema 2, Lisboa, Documenta, 2015 (1985).

Ricœur
A Metáfora Viva, Porto, Rés, 1983 (1975).

Tempo e Narrativa, vols. I, II, III, São Paulo, Martins Fontes, 2010 (1983, 1984, 1985).
O Si-Mesmo como Outro, São Paulo, Martins Fontes, 2014 (1990).

Levinas
Totalidade e Infinito, Lisboa, Edições 70, 1988 (1961).

Adorno e Horkheimer
Dialética do Esclarecimento, Rio de Janeiro, Zahar, 1985 (1947).

Adorno
Teoria Estética, Lisboa, Edições 70, 2012 (1970).

Benjamin
As Passagens de Paris, Lisboa, Assírio & Alvim, 2019.
A Modernidade, Lisboa, Assírio & Alvim, 2017.
O Anjo da História, Lisboa, Assírio & Alvim, 2017.
Imagens de Pensamento, Lisboa, Assírio & Alvim, 2018.

Habermas
O Discurso Filosófico da Modernidade, Lisboa, Texto Editores, 2010 (1985).
The Theory of Communicative Action, Boston, Beacon Press, 1983 (1981).

Austin
«Other Minds», *Philosophical Papers*, Oxford, Oxford University Press, 1970 (1961).
Sentido e Percepção, São Paulo, Martins Fontes, 2004 (1962).

Quine
«Dois Dogmas do Empirismo» (1953), in *De Um Ponto de Vista Lógico*, São Paulo, UNESP, 2010.
«Sobre o Que Há» (1948), in *De Um Ponto de Vista Lógico*, São Paulo, UNESP, 2010.
Palavra e Objeto, Petrópolis, Vozes, 2010 (1960).

Davidson
Essays on Actions and Events, Oxford, Oxford University Press, 1980.
Essays on Truth and Interpretation, Oxford, Oxford University Press, 1984.
Subjective, Intersubjective, Objective, Oxford, Oxford University Press, 2001.

Problems of Rationality, Oxford, Oxford University Press, 2004.
Truth and Predication, Cambridge: Massachusetts, Harvard University Press, 2004.

Rorty
A Filosofia e o Espelho da Natureza, Lisboa, Dom Quixote, 1998 (1979).
Consequências do Pragmatismo, Lisboa, Instituto Piaget, 1998 (1982).
Achieving Our Country: Leftist Thought in Twentieth-Century America, Cambridge: Massachusetts, Harvard University Press, 1998.
Contingência, Ironia e Solidariedade, Lisboa, Presença, 1994 (1989).

Badiou
O Ser e o Evento, Rio de Janeiro, Zahar, 1996 (1988).
Manifesto pela Filosofia, Rio de Janeiro, Aoutra, 1991 (1989).
L'antiphilosophie de Wittgenstein, Caen, Nous, 2004.
L'idée du communisme (com Slavoj Žižek), Paris, Ed. Lignes, 2010.
A Aventura da Filosofia Francesa no Século XX, Belo Horizonte, Autêntica Editora, 2015 (2012).

Rancière
A Partilha do Sensível, Porto, Dafne Editora, 2010 (2000).
O Espectador Emancipado, Lisboa, Orfeu Negro, 2010 (2008).

Žižek
The Sublime Object of Ideology, Nova Iorque, Verso Books, 1989.

Agamben
Infancia e historia, Buenos Aires, Adriana Hidalgo, 2001 (1978).
A Linguagem e a Morte, Belo Horizonte, Editora UFMG, 2006 (1982).
O Poder Soberano e a Vida Nua: «Homo Sacer», Lisboa, Presença, 1998 (1995).

Butler
Problemas de Género: Feminismos e Subversão da Identidade, Lisboa, Orfeu Negro, 2017 (1990).

Diamond
The Realistic Spirit, Cambridge: Massachusetts, MIT Press, 1991.

McDowell
Mente e Mundo, São Paulo, Idéias e Letras, 2005 (1994).

Mind, Value and Reality, Cambridge: Massachusetts, Harvard University Press, 1998.

Cavell

Must We Mean What We Say?, Cambridge, Cambridge University Press, 1969.
The Senses of Walden, Chicago, Chicago University Press, 1981 (1972).
The Claim of Reason, Oxford, Oxford University Press, 1979.
Conditions Handsome and Unhandsome: The Constitution of Emersonion Perfectionism, Chicago, University of Chicago Press, 1990.
Cities of Words: Pedagogical Letters on a Register of the Moral Life, Cambridge: Massachusetts, Belknap Press, 2004.